高等学校法学系列教材·基础与应用

合同法

李爱华　白　硕◎主　编
张肖华　郭　可◎副主编

清华大学出版社
北　京

内 容 简 介

本书以《中华人民共和国民法典》合同编为基础,结合最高人民法院相关司法解释与司法实践,以我国理论界通说为主线,对合同法的基本理论、制度和相关知识进行全面深入地阐述和介绍。全书具有简明易懂、系统全面与重点突出的特点。本书总计分为两编28章,具体介绍了以下内容:合同的订立、合同的效力、合同的履行、合同的保全、合同的变更和转让、合同的权利义务、违约责任、买卖合同、赠与合同、借款合同、保证合同、租赁合同、融资租赁合同、保理合同、工程承揽合同、运输保管合同、技术合同、委托合同、物业服务合同、中介合同、合伙合同等。本书既可作为普通高等院校法学、经管等专业教学的教材,也可兼顾高职高专的教学;还可以用于法务人员在岗培训,并为职业资格和职称考试提供学习指导。

本书封面贴有清华大学出版社防伪标签,无标签者不得销售。
版权所有,侵权必究。举报:010-62782989,beiqinquan@tup.tsinghua.edu.cn。

图书在版编目(CIP)数据

合同法/李爱华,白硕主编.—北京:清华大学出版社,2021.9
高等学校法学系列教材.基础与应用
ISBN 978-7-302-58777-4

Ⅰ.①合… Ⅱ.①李…②白… Ⅲ.①合同法-中国-高等学校-教材 Ⅳ.①D923.6

中国版本图书馆CIP数据核字(2021)第146398号

责任编辑:刘　晶
封面设计:汉风唐韵
责任校对:宋玉莲
责任印制:朱雨萌

出版发行:清华大学出版社
网　　址:http://www.tup.com.cn,http://www.wqbook.com
地　　址:北京清华大学学研大厦A座　　邮　编:100084
社 总 机:010-62770175　　邮　购:010-62786544
投稿与读者服务:010-62776969,c-service@tup.tsinghua.edu.cn
质量反馈:010-62772015,zhiliang@tup.tsinghua.edu.cn

印 装 者:三河市天利华印刷装订有限公司
经　　销:全国新华书店
开　　本:185mm×260mm　　印　张:24　　字　数:538千字
版　　次:2021年9月第1版　　印　次:2021年9月第1次印刷
定　　价:79.00元

产品编号:090440-01

本书编审委员会

主　　任：牟惟仲
副 主 任：林　征　　冀俊杰　　张昌连　　翁心刚　　唐征友
　　　　　王海文　　张建国　　车亚军　　田小梅　　李大军
总　　编：李大军
副 总 编：李爱华　　侯春平　　周　晖　　张冠男　　罗佩华
编　　委：李爱华　　李遐桢　　周　晖　　侯春平　　刘志军
　　　　　尚建珊　　李耀华　　张肖华　　白　硕　　罗佩华
　　　　　刘　东　　王虹玉　　尚羿豪　　侯　斌　　崔嵩超
　　　　　刘久照　　郭　可　　杨四龙　　童　俊　　孙　勇
　　　　　葛胜义　　马　平　　郭建磊　　彭爱美　　张冠男
　　　　　荆　京　　储玉坤　　侯晓娜　　郎晨光　　朱忠明
专 家 组：李遐桢　　王海文　　尚建珊　　李耀华　　杨四龙

序　言

随着我国改革开放进程的加快和社会主义市场经济的快速推进,我国经济建设一直保持着持续高速增长的态势,已经成为全球第二大经济体。经济发展越快,市场竞争越激烈,越是需要法律法规作保障,法律法规既是规则,也是企业的行为道德准则。

目前,我国正处于经济稳步发展与社会变革的重要时期,随着经济转型、产业结构调整、传统企业改造,涌现了旅游、物流、电子商务、生物医药、动漫、演艺、文化创意、绿色生态、循环经济等大批新型产业;为支持"中小微"型企业和大众自主创业,为与国际经济接轨,适应中国经济国际化发展趋势,近年来国家不断加大税制改革、调整财政与会计政策,并及时颁布实施了一系列法律法规,包括劳动法、旅游法、商标法、税法、保险法等,以及企业会计准则、税收征管制度等政策规定,为的是更好地搞活经营、活跃市场,确保我国经济的可持续发展。

市场经济是法治经济,经济活动必须遵纪守法,法律法规执行与监管是市场经济的永恒主题。随着我国法律体系的建立,全民都要严格遵守法律法规,所有企业也必须依法办事规范经营。当前,面对经济的快速发展、激烈的国际市场竞争、就业上岗的压力,更新观念、学习新法律法规、调整业务知识结构、掌握各项新的管理制度、加强在职从业人员的法律法规应用技能培训、强化法规道德素质培养已成为亟待推进的工作。

社会需要有知识、会操作、能顶岗的实务型法律法规专业人才,本套丛书的出版不仅有力地配合了高等教育法律教学的创新和教材更新,而且也满足了社会需求,起到了为国家经济建设服务的作用;对依法治国、依法办事、依法经营,对加强法治观念、树立企业形象、提升核心竞争力、有效进行自我保护具有积极的现实意义。

本套教材作为普通高等教育本科院校法律法规课程的特色教材,以读者应用能力训练为主线,以科学发展观为统领,严格按照教育部关于"加强职业教育、突出实践技能与能力培养"的教育教学改革要求,结合各项法律法规的教学特点,以及企事业单位对各种法律专业人才的实际需求,由多年从事法律法规相关课程教学的专家学者与具有丰富实践经验的律师共同撰写。

本套教材包括《合同法》《经济法》《商法》《海商法》《税法》《国际商法》《劳动与社会保障法》《金融法律法规》《保险法律法规》《会计法律法规》《电子商务法律法规》等。参与编写的单位有:吉林工程技术师范学院、北京物资学院、华北科技学院、北京联合大学、哈尔滨师范大学、北方工业大学、山西大学、首钢工学院、牡丹江大学、北京教育学院、燕山大学、北京城市学院、东北财经大学、北京财贸职业学院、厦门集美大学、北京朝阳社区学院、大连商务学院、北京西城社区学院、郑州大学、北京石景山社区学院、大连海事大学、浙江工业大学、大连工业大学等全国三十多所高校。

由于本套教材紧密结合中国经济改革与发展实际,融入法律法规实践教学理念,坚持改革创新,注重与时俱进,有效解决了本科法律教材知识老化、案例过时、重理论轻实践等问题,具有选材新颖、知识系统、案例真实、贴近实际、通俗易懂等特点。因此本套丛书既可以作为普通高等教育本科院校、高职高专院校相关专业课程的首选教材,也可以作为各类企事业机构从业人员的在职教育教材,对于广大社会公众也是非常有益的普法资料。

在教材编著过程中,我们参阅借鉴了大量国内外有关法律法规的最新书刊资料,并得到有关行业企业领导与专家学者的悉心指导,在此一并致谢。为配合本套教材的使用,特提供配套电子课件,读者可以从清华大学出版社网站(www.tup.com.cn)免费下载。希望全国各地区普通高等教育、高职高专院校积极选用本套教材,并请读者多提改进意见,以使教材不断完善。

著 者
2021 年 6 月

前　言

市场经济是法治经济，经济活动必须遵纪守法，经济的健康发展离不开法律保障。随着我国改革的不断深化以及全球经济一体化的加强，牢固树立法制观念、依法经营、依法办事、优化内外部法制环境，对我国经济发展具有特别重要的意义。

合同法是市场经济的基本法，在现代市场经济中发挥着基础性的保障作用。原《合同法》自1999年10月1日起施行，对保护当事人合法权益、促进经济要素自由流动、实现公平交易、维护经济秩序等发挥了重要作用。随着我国社会主义市场经济的快速发展，合同领域出现了一些新问题，需要法律法规提供有效的解决途径。我国新颁布实施的《民法典》合同编在总结《合同法》实施情况的基础上，借鉴国际立法经验，结合《民法典》编纂体系化要求，进一步补充完善了合同的法律法规制度。本书及时出版，不仅有利于法学专业学生及时掌握合同法的新变化，也有利于非法学专业学生及实务工作者了解《民法典》的最新规定。

本书作为普通高等教育合同法课程的特色教材，坚持科学发展观，严格按照国家教育部关于"加强职业教育、突出应用能力培养"的教育教学改革要求，注意突出实际操应用性，注重实践训练，能够满足高等院校的法学专业教学需求。

全书分两编，共28章，坚持以学习者应用能力培养为主线，根据国家新颁布实施的《民法典》，结合司法实务经验，系统介绍了以下内容：合同订立、合同效力、合同履行、合同保全、合同变更和转让、合同的权利义务终止、违约责任、买卖合同、赠与合同、借款合同、保证合同、租赁合同、融资租赁合同、保理合同、工程承揽合同、运输保管合同、技术合同、委托合同、物业服务合同、中介合同、合伙合同、准合同等知识；并通过实例分析讲解，提高读者的合同法规认知与运用能力。

由于本书融入合同法的最新实践教学理念，力求严谨，注重与时俱进，具有知识系统、观点科学、案例真实、贴近实际、突出实用性、易于理解掌握等特点；因此本书既可作为普通高等院校法学、经管等专业教学的首选教材，也可兼顾高职高专的教学；还可以用于法务人员在岗培训，并为职业资格和职称考试提供学习指导。

本书由李大军筹划并具体组织，李爱华和白硕主编，李爱华统改稿，张肖华、郭可为副主编，周晖教授审定。作者写作分工如下：李爱华（第1章、第2章、第8章、第20章、第26章），王虹玉（第3章、第4章、第11章、第12章、第24章、第25章、第27章），罗佩华（第5章、第7章、第13章），郭可（第6章、第19章、第28章），尚羿豪（第9章、第23章），张肖华（第10章、第17章），白硕（第14章、第15章、第16章、第18章、第21章、第22

章),李晓新(文字修改、版式整理、课件制作)。

在教材编著过程中,我们参阅了国内外民法与合同法的最新书刊、网站资料、国家近年新修订颁布实施的《民法典》及最高院司法解释,收录了具有实用价值的典型案例,并得到业界专家教授的具体指导。为方便教学、本书提供电子课件,读者可以从清华大学出版社网站(www.tup.com.cn)免费下载使用。因《民法典》合同编涉及面广且作者水平有限,书中如有不妥之处,恳请专家和广大读者批评指正。

作　者
2021 年 6 月

目 录

第一编 合同通则

第一章 合同概述 ………………………………………………………… 2
- 第一节 《民法典》合同编的适用对象 ………………………………… 3
- 第二节 合同效力 …………………………………………………… 12
- 第三节 合同解释 …………………………………………………… 13
- 第四节 无名合同的参照适用规则 …………………………………… 16
- 第五节 合同的形式 ………………………………………………… 17
- 第六节 合同条款 …………………………………………………… 19

第二章 合同的订立 ……………………………………………………… 24
- 第一节 要约 ………………………………………………………… 24
- 第二节 承诺 ………………………………………………………… 33
- 第三节 特殊形式的要约与承诺 ……………………………………… 40
- 第四节 强制缔约 …………………………………………………… 43
- 第五节 缔约过失责任 ……………………………………………… 44

第三章 合同的效力 ……………………………………………………… 48
- 第一节 合同效力概述 ……………………………………………… 49
- 第二节 合同的有效要件 …………………………………………… 51
- 第三节 附条件的合同和附期限的合同 ……………………………… 53
- 第四节 合同无效 …………………………………………………… 55
- 第五节 合同的撤销 ………………………………………………… 58
- 第六节 效力待定的合同 …………………………………………… 62
- 第七节 因表见代理、表见代表订立的合同 ………………………… 65

第四章 合同的履行 ……………………………………………………… 68
- 第一节 合同的履行概述 …………………………………………… 68
- 第二节 合同履行的基本原则 ……………………………………… 69
- 第三节 合同履行的规则 …………………………………………… 70
- 第四节 履行抗辩权 ………………………………………………… 78
- 第五节 情势变更制度 ……………………………………………… 83

第五章　合同的保全 …… 88
  第一节　合同保全概述 …… 89
  第二节　代位权 …… 90
  第三节　撤销权 …… 93

第六章　合同的变更和转让 …… 97
  第一节　合同的变更 …… 97
  第二节　合同的转让 …… 100

第七章　合同的权利义务终止 …… 108
  第一节　合同权利义务终止概述 …… 109
  第二节　合同权利义务因解除而终止 …… 109
  第三节　合同权利义务因提存而终止 …… 111
  第四节　合同权利义务因抵销而终止 …… 113
  第五节　合同权利义务因其他原因而终止 …… 114

第八章　违约责任 …… 116
  第一节　违约责任概述 …… 117
  第二节　违约责任的构成要件 …… 119
  第三节　违约形态 …… 119
  第四节　违约责任的形式 …… 124
  第五节　免责事由 …… 135

第二编　典型合同

第九章　买卖合同 …… 140
  第一节　买卖合同概述 …… 140
  第二节　买卖合同的主要条款 …… 144
  第三节　买卖合同的效力 …… 144
  第四节　买卖合同中无权处分的效力 …… 153
  第五节　买卖合同中的标的物风险负担 …… 154
  第六节　违反买卖合同的行为及其责任 …… 158
  第七节　特殊买卖 …… 162

第十章　供用电、水、气、热力合同 …… 169
  第一节　供用电、水、气、热力合同概述 …… 169
  第二节　供用电合同 …… 172

第十一章　赠与合同 …… 180
  第一节　赠与合同概述 …… 181
  第二节　赠与合同的内容 …… 183

第三节　赠与合同的撤销 ·· 185
　　第四节　赠与人的穷困抗辩权 ·· 188
第十二章　借款合同 ·· 192
　　第一节　借款合同概述 ·· 192
　　第二节　一方为金融机构的信款合同和自然人借款合同 ······· 195
　　第三节　贷款人的权利和义务 ·· 197
　　第四节　借款人的权利和义务 ·· 198
　　第五节　借款合同的诉讼时效及举证责任 ···························· 200
第十三章　保证合同 ·· 203
　　第一节　保证合同概述 ·· 204
　　第二节　一般规定 ··· 206
　　第三节　保证责任 ··· 210
第十四章　租赁合同 ·· 215
　　第一节　租赁合同的概述 ··· 215
　　第二节　租赁合同当事人的权利、义务 ······························· 217
第十五章　融资租赁合同 ··· 223
　　第一节　融资租赁合同概述 ·· 223
　　第二节　融资租赁合同的法律效力 ······································ 224
第十六章　保理合同 ·· 228
　　第一节　保理合同的概述 ··· 228
　　第二节　保理合同的法律效力 ·· 230
第十七章　承揽合同 ·· 232
　　第一节　承揽合同概述 ·· 232
　　第二节　承揽合同的内容和效力 ··· 236
　　第三节　承揽合同的风险负担和终止 ··································· 241
第十八章　建设工程合同 ··· 244
　　第一节　建设工程合同的概述 ·· 244
　　第二节　建设工程合同的订立和主要条款 ···························· 247
　　第三节　建设工程合同当事人的权利、义务 ························ 249
　　第四节　建设工程合同的相关法律问题 ······························· 251
第十九章　运输合同 ·· 254
　　第一节　运输合同概述 ·· 254
　　第二节　客运合同 ··· 257
　　第三节　货运合同 ··· 262
　　第四节　多式联运合同 ·· 268

第二十章　技术合同 …… 272
第一节　技术合同一般规定 …… 272
第二节　技术开发合同 …… 277
第三节　技术转让合同与技术许可合同 …… 283
第四节　技术咨询合同和技术服务合同 …… 287

第二十一章　保管合同 …… 293
第一节　保管合同概述 …… 293
第二节　保管合同当事人的主要义务、权利 …… 296

第二十二章　仓储合同 …… 300
第一节　仓储合同的概述 …… 300
第二节　仓储合同当事人的主要义务、权利 …… 302
第三节　仓储合同的法律适用 …… 304

第二十三章　委托合同 …… 306
第一节　委托合同概述 …… 307
第二节　委托合同的效力 …… 309
第三节　间接代理中的委托 …… 312
第四节　委托合同的任意解除权 …… 314
第五节　委托合同的终止 …… 315

第二十四章　物业服务合同 …… 317
第一节　物业服务合同概述 …… 317
第二节　物业服务合同的类型 …… 320
第三节　物业服务人的权利和义务 …… 320
第四节　业主的权利和义务 …… 323
第五节　物业服务合同的续聘和终止 …… 324

第二十五章　行纪合同 …… 328
第一节　行纪合同概述 …… 328
第二节　行纪合同和其他合同的异同 …… 329
第三节　行纪合同的特征 …… 333
第四节　行纪人的权利和义务 …… 334
第五节　委托人的权利和义务 …… 336

第二十六章　中介合同 …… 339

第二十七章　合伙合同 …… 343
第一节　合伙合同概述 …… 343
第二节　合伙人的权利和义务 …… 345
第三节　合伙债务和利润 …… 348

第四节　合伙合同的期限和终止 ……………………………………… 349
第二十八章　准合同 ……………………………………………………………… 354
　　第一节　无因管理 ……………………………………………………… 354
　　第二节　不当得利 ……………………………………………………… 359
参考文献 ………………………………………………………………………… 369

第一编 合同通则

第一章 合同概述

【学习目标】

1. 掌握合同的概念和特征。
2. 掌握合同法的适用对象。
3. 了解合同法立法变迁。
4. 简述合同解释的规定。
5. 掌握合同效力的规定。
6. 了解合同形式的规定。
7. 了解合同条款的内容。

【引例】

案件事实:

1. 借款人:何立军。
2. 借款本金:80万元。
3. 借款用途:以贷还贷。
4. 借款期限:自2018年8月23日起至2019年8月22日止。
5. 借款利率:月利率6.18‰。
6. 还款方式:按季结息,每季末月的20日付清利息,贷款到期(包括提前到期),利随本清。
7. 违约责任:借款人未按照约定偿还合同项下借款本息及其他应付款项,出借人有权宣布合同提前到期;借款到期(含被宣布提前到期)借款人未按约偿还的,出借人有权自逾期之日起,按合同约定的借款利率加收50%作为逾期罚息利率计收罚息,对借款人未按时支付的利息,按逾期罚息利率计收复利。
8. 担保情况:被告马金荣、王敏兰对案涉借款提供连带责任保证担保,担保范围包括借款本金及利息、逾期利息、复利、罚息、违约金、损害赔偿和实现债权的全部费用(包括但不限于诉讼费、律师代理费、财产保全费、差旅费等)。
9. 尚欠本息:截至2020年8月13日,尚欠本金799902.37元、利息、复利共计151705元。

【解析】

原告与被告何立军金融借款合同关系事实清楚、证据充分、合法有效,被告应按合同约定还本付息。被告未按合同约定支付利息已构成违约,被告应归还借款本金并支付利息、复利。

被告马金荣、王敏兰作为连带责任保证人,应对被告何立军的上述债务承担连带清偿责任。依照《合同法》第107条、第205条、第206条、第207条,《担保法》第18条、第21条、第31条的规定,判决:(1)何立军归还借款本金799902.37元,支付利息、复利共计151705元;(2)马金荣、王敏兰对何立军上述债务承担连带清偿责任,马金荣、王敏兰承担保证责任后有权向何立军追偿。

2021年1月1日《民法典》生效,《合同法》失效,取代《合同法》第107条的是《民法典》第577条;取代《合同法》第205条的是《民法典》第674条。《合同法》第206条规定对应《民法典》第675条规定。取代《合同法》第207条的是《民法典》第676条。

第一节 《民法典》合同编的适用对象

一、合同的概念

合同是商品交换的法律形式,一切商事交易的展开都离不开合同,从生产至分配、流通领域的每个环节,是一个又一个紧密相连的合同,合同的顺利履行使经济和社会生活处于相对稳定的状态。

合同是民事主体之间设立、变更、终止民事法律关系的协议(《民法典》第464条)。由此可以看出我国合同的定义是建立在"法律行为说"的基础上,即认为合同是民事主体之间设立、变更、终止民事权利义务关系的法律行为。

(一) 合同的特征

依据《民法典》的定义来分析,合同具有三方面的特征。

1. 合同是当事人意思表示一致的协议

合同是当事人意思表示一致的协议,这是合同最本质的特征。不管双方(或多方)当事人起初有何意见分歧,到最后,在双方通过要约、承诺的方式就有关的主要问题达成合意时,合同关系即成立,否则就谈不上合同以及赖之而存的权利义务关系。

2. 合同是双方(或多方)当事人的民事法律行为

合同是双方(或多方)当事人的民事法律行为,而不是单方的民事法律行为。仅一方当事人订立合同是无实际意义的,至少应有两方当事人参与。合同在本质上属于合法行为,只有合同当事人作出的意思表示是合法的,并且符合法律要求的情况下,合同才具有法律约束力。

3. 订立合同的目的是产生某种民事法律方面的效果

订立合同的目的是产生某种民事法律方面的效果,这些效果一般包括设立、变更、终止民事法律关系这三种情形。例如,卖方欲以每吨3000元以上的价格出售500吨建材,而买方愿以2900元以下的价格买进,经过讨价还价,双方订立了合同,价格为每吨2950元。这样就设立了买卖建材的民事法律关系。

(二) 合同与相关概念的关系

1. 合同与协议的关系

合同是民事主体之间设立、变更、终止民事权利义务关系的协议。协议是有关国家、政党、企业、事业单位、社会团体或者个人,在平等协商的基础上,针对具体的事项,经过协商订立的共同遵守和执行的条文。

从上述概念可以看出,合同就是协议,即所有的合同都是协议,但并非所有的协议都是合同,所以说合同是具有特定内容的协议。如果协议的内容写得比较明确、具体,即使其名称写的是协议,也是合同。

2. 合同与合意的关系

合意是合同成立的最基本的条件。合意是指合同双方当事人作出意思表示并达成了一致的一种状态。没有合意也就谈不上合同的内容、履行,等等。但不是所有的合同或其内容都经由合意。例如,附随义务作为合同的内容即未经当事人约定。不是所有合意都能作为合同。例如,朋友之间一起吃饭的约定,等等。

因此,合意并没有全面准确揭示合同概念的内涵。

3. 合同与契约的关系

合同曾有契约与合同之分。契约是双方当事人基于相互对立的意思表示一致而成立的民事法律行为,如买卖契约。合同是双方或者三方以上当事人基于方向并行的意思表示一致而成立的民事法律行为,如合伙合同。我国现行法律不再作这样的区分,而是把二者统称为合同。

二、合同的类型

虽然法律并没有对合同分类作出明确规定,但按照通行的说法,合同主要可以分为以下几类。

(一) 单务合同和双务合同

根据当事人双方权利义务的分担方式,可把合同分为双务合同与单务合同。双务合同,是指当事人双方相互享有权利、承担义务的合同,如买卖、互易、租赁、承揽、运送、保险等合同是双务合同。单务合同,是指当事人一方只享有权利,另一方只承担义务的合同,如赠与、借用合同是单务合同。

(二) 有偿合同和无偿合同

根据当事人取得权利是否以偿付为代价,可以将合同分为有偿合同与无偿合同。有偿合同,是指当事人一方只享有合同权利而不偿付任何代价的合同。有些合同只能是有偿的,如买卖、互易、租赁合同;有些合同只能是无偿的,如赠与合同;有些合同既可以是有偿的也可以是无偿的,由当事人协商确定,如委托、保管合同。双务合同都是有偿合同,单务合同原则上为无偿合同,但有的单务合同也可为有偿合同,如有息贷款合同。

(三) 有名合同和无名合同

根据法律是否设有规范并赋予特定名称为标准,合同可分为有名合同与无名合同。

有名合同,又称典型合同,是指法律设有规范,并赋予一定的名称的合同。如我国《民法典》规定的买卖、借款、租赁等19大类合同均为有名合同。

无名合同,又称非典型合同,是指法律未赋予一定名称的合同。《民法典》信奉自由原则,在不违反社会公德和社会公共利益以及强制规范的前提下,允许当事人订立任何内容的合同。随着社会的不断发展变化,交易活动日益复杂,当事人往往需要在法定合同类型之外,另创新型的合同,以满足不同需要。非典型合同产生以后,经过一定的发展阶段,具有一定的成熟性和典型性时,合同立法就将适时规范,使之成为典型合同。

(四) 要式合同和不要式合同

根据合同的成立是否需要特定的形式,可将合同分为要式合同与不要式合同。

要式合同是指法律要求必须具备一定的形式和手续的合同。例如,书面合同属于要式合同。而书面合同又分为一般书面合同和特殊书面合同,一般书面合同指当事人之间自行订立即发生法律效力的书面合同,特殊书面合同指当事人订立的合同经批准、登记等程序方发生法律效力的书面合同。

不要式合同是指法律不要求必须具备一定形式和手续的合同,如口头合同。需要说明的是,不要式合同并非排斥合同采取书面、公证等形式,只不过法律不强求特定的形式,允许当事人自由选择合同形式,当事人完全可以约定合同采取书面、公证等形式。

(五) 主合同和从合同

根据合同间是否有主从关系,可将合同分为主合同与从合同。主合同,是指不依赖其他合同而能够独立存在的合同。从合同,是指须以其他合同的存在为前提而存在的合同,又称为附属合同。从合同的主要特点在于其附属性,主合同不能成立,从合同就不能有效成立;主合同转让,从合同也不能单独存在;主合同被宣告无效或被撤销,从合同也将失去效力;主合同终止,从合同亦随之终止。例如,保证合同与设立主债务的合同之间的关系,主债务合同是主合同,相对其而言,保证合同即为从合同。

(六) 实践合同和诺成合同

根据合同的成立是否以交付标的物为要件,可将合同分为实践合同与诺成合同。实践合同,又称要物合同,是指除当事人意思表示一致外,还须交付标的物方能成立的合同。如寄存合同,寄存人将寄存物交付保管人后,寄存合同方为成立。诺成合同,又叫不要物合同,是指当事人意思表示一致即可成立的合同,如雇佣合同。

(七) 为订约当事人利益的合同和为第三人利益的合同

根据订立的合同是为谁的利益，可将合同分为为订约当事人利益的合同和为第三人利益的合同。

为订约当事人利益的合同，是指仅为了订约当事人自己享有合同权利和直接取得利益的合同。这种合同，第三人与合同当事人相互之间不得主张合同权利和追究合同责任。

为第三人利益的合同，是指订约的一方当事人不是为了自己，而是为第三人设定权利，使其获得利益的合同。在这种合同中，第三人既不是缔约人，也不通过代理人参加订立合同，但可以直接享有合同的某些权利，可直接基于合同取得利益，合同不得为第三人设定任何义务。合同生效后，第三人可以接受该合同权利，也可以拒绝接受该合同权利。如为第三人利益订立的保险合同。

(八) 格式合同与非格式合同

格式合同，又称定型化合同、标准合同、定式合同，是指当事人一方为了重复使用而预先拟定，并在订立合同时未与对方协商的条款。采用格式条款订立的合同就是格式合同，如保险合同。

非格式合同，是指合同条款全部由双方当事人在订立合同时协商确定的合同。

对于格式合同，对方当事人只能对格式条款表示愿意或不愿意接受，一般不能对其进行修改。因此，对方当事人在签订此类合同时往往处于不利地位。

此外，根据不同的划分标准，还可以将合同划分为有效合同与无效合同；国内合同与涉外合同；传统合同与电子合同等。总之，合同的类型是按一定标准对其进行划分的结果。随着商品交换和内容的复杂化，合同也在不断地发展和变化，掌握合同的共性和特性，对于实践的运用具有重要意义。

【案例 1-1】

某物流公司为王某承运一箱货物，双方签订了《物流业务运单》，王某交纳运费50元，同时还约定物流公司代收货款26500元。该运单中关于赔偿办法约定如下：(1)投保保价运输的，按实际损失赔偿，损失超过保价额的按保价额赔付；(2)不投保保价运输的，损失低于500元的，按实际损失赔偿；损失高于500元的，按单件货物运输费用的十倍赔偿，最高赔偿金额为500元。王某未选择保价运输。当日，王某将货交由物流公司运输，货物在运输中丢失。但物流公司以其未选择保价运输为由，主张应赔其损失500元。

【解析】

王某与物流公司之间的运输合同关系成立，系合法有效合同，双方应按照合同的约定，完全履行自己的义务。王某交纳了运费，物流公司未按约定将货物交付提货人，构成违约,应承担违约责任,赔偿王某的损失。

运单中关于赔偿的约定属于格式条款,虽然《物流业务运单》针对不特定的托运人,但其实质上不具有可议定性,托运人不可能选择其他约定内容,所以该单据中的保值和非保值两个条款都具有格式条款的明显特征,实质上仍应为格式条款,实际上免除了承运人安全运输的义务。根据《民法典》第497条第2款的规定,提供格式条款一方不合理地免除或者减轻其责任、加重对方责任、限制对方主要权利,该格式条款无效。以此,该免责条款无效,物流公司应按实际损失赔偿王某货物损失26500元及运费50元。

三、《民法典》合同编的调整范围

(一) 合同以财产关系为内容

合同是民事主体之间设立、变更、终止民事法律关系的协议,属于民事法律关系。民事法律关系包括人身权法律关系、物权法律关系、债权法律关系、知识产权法律关系、婚姻家庭法律关系等。而《民法典》合同编所调整的合同主要指财产法律关系,不包括婚姻、收养、监护等有关身份关系的协议,这些协议适用其他法律规定。《民法典》第464条第2款规定,婚姻、收养、监护等有关身份关系的协议,适用有关该身份关系的法律规定;没有规定的,可以根据其性质参照适用本编规定。

(二) 合同是民事法律关系的协议

合同是民事主体之间订立的涉及民事权利义务关系的协议,属于民事法律关系。不属于民事法律关系的活动,不属于合同编的合同,举例如下。

(1)政府对经济的管理活动,属于行政管理关系,不适用合同法。例如,财政拨款、征用、征购等,是政府行使行政管理职权,属于行政关系,适用有关行政法。

(2)企业、单位内部的管理关系,是管理与被管理的关系,例如,工厂车间内的生产责任制,是企业的一种管理措施,不适用合同法。

四、各国合同法的编制体系

合同法律制度是指调整各种合同法律关系的法律规范。合同法律制度在民商法中占有非常重要的地位。它与买卖法、代理法、产品责任法、保险法等有着密切的关系,共同构筑成庞大复杂的民商法制度。

西方国家的合同法编制体系各不相同,大陆法系与英美法系各有特色。

(一) 大陆法系的合同法

在大陆法系国家,合同法是以成文法的形式出现的,如法国、德国、意大利、瑞士、日本等国,其合同法都包含在民法典或债务法典之中。大陆法系国家的民法理论把合同作为产生"债"的原因之一,大陆法系对合同的基本观点是,合同是债的一个种类。债是一个总概念,在此之下,合同、侵权行为、代理权的授予、无因管理、不当得利都是产生债的原因,将有关合同的法律规范与产生债的其他原因,如侵权行为等法律规范并列在一起,作为民法的一编,称为债务关系法或者债编。

> **小贴士**
>
> 《法国民法典》把有关合同的内容集中在第三卷加以规定;《德国民法典》设有"总则"一编,以法律行为的概念,把有关合同成立的共同性问题加以规定,而在后面的各种债务关系篇章,实际上是合同法各论,分别对买卖、互易、使用租赁、使用借贷、合伙、保证、和解等18种合同作了具体规定。

(二) 英美法系的合同法

在英美法系国家,合同领域的法律原则主要包含在普通法之中,这是几个世纪以来由法院以判例形式发展起来的判例法。除印度以外,英美法系各国均无系统的、成文的合同法。所以,英美法系的合同法主要是判例法、不成文法。虽然英、美等国也制定了一些有关某种合同的成文法,如英国1893年的《货物买卖法》、美国的《统一商法典》等,但它们只是对货物买卖合同及其他一些有关的商事合同作了具体规定,至于合同法的许多基本原则,如合同成立的各项规则等,仍需依据判例法所确立的法律原则行事。

> **小贴士**
>
> 人们一直盼望统一国际贸易领域的有关法律,特别是统一作为国际商事交易基础的法律——合同法,以排除国际贸易往来中的法律障碍。1980年联合国《国际货物销售合同公约》是国际贸易统一法的重大成果,对统一不同社会制度、不同法系、不同国家在货物买卖领域的法律原则有重大建树,受到不同类型国家的普遍欢迎。然而,《国际货物销售合同公约》管辖的范围仅限于国际货物买卖领域,对合同的有效性等当时难于统一的一些重大问题采取回避态度,等等,因而迫切希望在更广泛的范围统一合同法。
>
> 国际统一私法协会在1994年5月通过了《国际商事合同通则》(Principles of International Commercial Contracts,以下简称《合同通则》)。《合同通则》在继承《国际货物销售合同公约》合理成分的基础上,进一步全面地确立了国际商事合同领域的各项法律原则,是国际合同法统一化进程中的又一重大成果。该通则尽可能地兼容了不同法律体系和不同社会文化背景的一些通用的法律原则,同时还总结和吸收了国际商事活动中广泛适用的惯例和最新立法成果,对今后国际贸易法的进一步统一具有重大和深远的意义。"合同通则"分为前言和7个篇章,共109条,对合同法的各组成部分作了全面、明确的规定。

(三) 我国合同立法的变迁

1. 《中华人民共和国民法通则》

1986 年颁布的《民法通则》是我国调整民事法律关系的基本法。我国有关合同的其他法律都是依据该基本法的原则和精神制定的。《民法通则》中的许多规定都与合同有关，例如关于民事活动的基本原则、民事法律行为、债权、违反合同的民事责任等方面的规定，适用于各种民事合同。

2. 《中华人民共和国合同法》

1999 年 3 月 15 日，全国人民代表大会九届二次会议通过了《合同法》，自 10 月 1 日起施行，原《经济合同法》《涉外经济合同法》《技术合同法》同时废止。该《合同法》包括总则、分则两大部分。总则含 8 章，对合同的订立、合同的效力、合同的履行、合同的变更和转让、合同的权利义务终止、违约责任等问题作出了规范。分则含 15 章，对买卖合同等 15 种合同作出具体规范。

《合同法》自 1999 年实施以来，在保护当事人合法权益、促进商品和要素自由流动、实现公平交易和维护经济秩序方面发挥了重要作用。20 多年来，社会经济关系愈发复杂，新业态、新技术、新场景不断出现，合同法律制度亟须与时俱进。

3. 《中华人民共和国民法典》合同编

2020 年 5 月 28 日公布，2021 年 1 月 1 日起施行的《民法典》，其合同编一共分为三个分编（通则、典型合同、准合同），共计 526 条，占《民法典》条文总数的 40% 以上，在民法典中具有举足轻重的地位。《民法典》合同编在吸收和借鉴《合同法》立法和司法实践经验的基础上，坚持维护契约、平等交换、公平竞争原则，促进了商品和要素的自由流动，完善了合同制度，体现了中国特色。

五、《民法典》合同编的特点

合同是民事、商事活动领域中基本的法律行为形式，《民法典》合同编总体上适应了社会经济关系愈发复杂，新业态、新技术、新场景不断出现的需要，把握了中国的时代脉搏，提供了明确的法律规制，具有时代特色。

（一）体系结构上的创新

1. 民法典体系的创新

我国《民法典》的分则体系设计没有采纳德国、法国和瑞士的立法模式，没有设置债法总则，而是从中国实际情况出发，保持了《合同法》总则体系的完整性和内容的丰富性，这是对大陆法系民法典体系的一种重要创新。同时，为避免债法总则功能的缺失，《民法典》合同编在一定程度上发挥了债法总则的功能，《民法典》合同编新增了 70 个法条，其中将近 1/3 涉及有关债的分类以及不当得利、无因管理等债的规则。合同编的创新体现在以下几点。

第一,在合同的履行中规定了债的分类,补充了多数人之债(按份之债和连带之债)、选择之债、金钱之债等规则,为合同编发挥债法总则的功能创造了条件。

第二,合同编中严格区分了债权债务与合同的权利义务的概念。

第三,借鉴法国法和英美法的经验,规定了准合同。我国《民法典》合同编第三分编对准合同作出了规定,其中规定了无因管理、不当得利制度。我国《民法典》合同编不再在债法中割裂各种债的发生原因,而使得不当得利与无因管理制度与合同制度有效联系,并充分考虑法律适用中的不同情形,从而实现了对法定之债与意定之债的整合。

2.《民法典》体系创新的意义

合同编发挥债法总则的功能,这种体系上的创新既避免了设置债法总则所可能导致的重叠,也便于司法适用,避免了法官找法的困难;另外,此种立法设计也可以在规定债法总则共通性规则的基础上,保持合同法总则体系的完整性,有利于解释适用合同编的规则。

(二)兼顾了合同严守、合同自由和合同正义的关系

《民法典》合同编将合同严守作为最为基础的价值,《民法典》第465条规定:"依法成立的合同,受法律保护。"合同编强调合同对当事人的约束力,并通过合同的履行、保全、解除、违约责任等制度、规则,督促当事人遵守合同。

合同法是自治法或任意法,合同的成立和内容基本取决于当事人意思自治。

市场经济的发展需要进一步强化私法自治,充分鼓励交易,维护交易安全。合同编从合同的订立到履行都强调了增进合同自由和私法自治这一宗旨,有力调动了市场主体从事交易的积极性。合同编在保障合同自由、合同严守的基础上,也注重维护合同正义,如规定了情势变更、不可抗力解除和免责、打破合同僵局以及违约金调整等规则,这些规则不仅填补了现行《合同法》的漏洞,而且为解决因各种情形产生的合同纠纷提供了基本依据,具有重大的现实意义。

(三)强化了对弱势群体的人文关怀

我国《民法典》合同编强化了对弱势群体的保护与关爱,彰显了实质正义和实质平等的要求。合同编强化对弱势群体的保护是为了体现实质正义和实质平等,但并不等于放弃了形式正义和形式平等,而是在弱势群体保护上,合同编既要维护形式公平,也要实现实质公平,对弱势群体之外的主体,仍要以形式平等为原则。

(四)突出对民生的保护

合同编在保留《合同法》所规定的15种典型合同的前提下,新增了4种典型合同,其中专门规定了物业服务合同,这主要是考虑到物业服务对老百姓安居乐业的重要性,与广大业主的权益密切相关。

为落实党的十九大报告提出的"要加快建立多主体供给、多渠道保障、租购并举的住

房制度",合同编在租赁合同一章中进一步完善了买卖不破租赁规则(第725条)、优先购买权规则(第726条)、承租人优先承租权规则(第734条)、承租人死亡后共同居住人的继续承租权规则(第732条)等,这都有助于加强对承租人的保护,有利于实现租售并举的住房制度改革。

(五)贯彻了民商合一的原则

合同编秉持"民商合一"的立法传统,将许多商事法律规范纳入其中,如融资租赁、保理、仓储、建设工程、行纪等合同,都是典型的商事合同,其他一些典型合同既包括民事也包括商事合同规则。合同编通则中的规则也同样采取了民商合一的原则。

为了改善营商环境,合同编进一步补充完善了所有权保留买卖、融资租赁、保理等具有担保性质的规则,并协调了合同性担保权利与担保物权之间的关系。

(六)彰显了绿色原则

良好的生态环境是人民美好幸福生活的重要内容,是最普惠的民生福祉。合同编充分贯彻了绿色原则。例如,明确规定了当事人在合同履行中应当避免浪费资源和破坏生态(第509条)。再如,《民法典》第558条规定:"债权债务终止后,当事人应当遵循诚信等原则,根据交易习惯履行通知、协助、保密、旧物回收等义务。"

(七)增加了电子商务的规则

为适应电子商务交易的发展,合同编中增加了有关电子商务的规则,如《民法典》第469条针对电子合同本身所具有的无纸化、数据化等特点进行了规定;《民法典》第491条在合同订立部分增加了通过互联网方式订约的特别规则;《民法典》第512条对通过信息网络订立的电子合同标的物的交付时间作出了特别规定。这些规定都回应了互联网时代交易的需求。

【案例1-2】

原告与被告签订一份《水稻收购合同》,双方约定:被告将120吨水稻卖给原告,每市斤1.48元,原告预付粮款8万元,待田间道能进车后由原告将水稻运走,如运粮时被告有异议,原告收回8万元并加付利息5.6‰(年利率)。原告于合同签订当日将8万元从其账户通过网银转账到被告指定的账户。被告未向原告交付120吨水稻。

【解析】

原告与被告自愿达成的买卖协议依法成立,原告已经按照约定预付粮款8万元,由于被告未按照约定交付120吨水稻,致使合同目的没有实现,被告应承担违约责任。依据《民法典》第577条,被告返还原告预付款本金8万元及利息。利息按照双方约定利息5.6‰(年利率)计算。

第二节 合同效力

一、守约原则

合同成立与和合同生效是不同的概念。合同成立是指合同双方当事人意思表示一致,即承诺的内容与要约的内容一致。但成立的合同并不必然生效,只有符合法定生效要件才对合同当事人具有法律效力,即对合同当事人具有法律约束力。所谓法律约束力,就是当事人应当按照合同的约定履行自己的义务,非依法律规定或者双方约定,不得擅自变更或者解除合同。

依法成立的合同,受法律保护(《民法典》第 465 条)。这反映了合同民事权益受法律保护原则。如果一方当事人未取得对方当事人同意,擅自变更或者解除合同,不履行合同义务或者履行合同义务不符合约定,从而使对方当事人的权益受到损害,受损害方有权向人民法院起诉要求维护自己的权益。对于擅自变更或者解除合同的一方当事人法院可判令其履行合同义务并承担违约责任。

合同约束力是合同制度的核心,它具有由国家力量保证其履行的强制作用,是国家用法律手段调整经济关系,促进市场经济法制化建设的重要措施。

二、合同的相对性

合同产生的权利义务关系是债的关系,应当遵守债的相对性原则。依法成立的合同仅对合同当事人具有法律约束力。《民法典》第 465 条第 2 款规定,依法成立的合同,仅对当事人具有法律约束力,但是法律另有规定的除外。"仅对合同当事人"是指合同的相对性,基于合同所享有的权利是债权,而债权具有相对性,发生违约时,只能要求违约方承担违约责任。非合同当事人不能诉请强制执行合同。

三、例外情况

合同的相对性原则在个别情况下也有例外。《民法典》第 465 条第 2 款规定,依法成立的合同,仅对当事人具有法律约束力,但是法律另有规定的除外。这里的除外规定是说合同债权对合同当事人以外的第三人发生效力。这类合同称之为涉他合同。涉他合同一般分为对他人有利合同和为他人设立负担合同。而这里所指的涉他合同仅指对他人有利合同。《民法典》第 522 条规定了当事人之间约定向第三人履行合同的情形。

第三节 合同解释

合同的条款是双方当事人意思表示一致达成的协议。实践中,由于种种原因,会对某些条款的含义发生争议。对发生争议的条款应当本着什么原则进行解释才能符合当事人真实的意思表示,《民法典》合同编对此专门作了规定。

一、意思表示的概述

(一) 意思表示的概念

意思表示是指行为人为了产生一定的民法上的效果而将其内心意思通过一定方式表达于外部的行为。意思表示中的"意思"是指设立、变更、终止民事法律关系的内心意图,"表示"是指将内心意思以适当方式向适当对象表示出来的行为。

意思表示作为民事法律行为中最为核心的要素,对于确定民事法律行为的效力具有重要作用。虽然意思表示是民事法律行为的核心要素,与民事法律行为关系密切,但二者也有如下区别:

1. 实施意思表示的主体不同

意思表示只能是一方的意思表示,而民事法律行为既可能由一个意思表示构成,如单方民事法律行为,也可能由双方或者多方的意思表示构成,如双方民事法律行为和多方民事法律行为。

2. 生效要件不同

民事法律行为的一般生效要件包括当事人、意思表示和标的,而意思表示只是民事法律行为的组成部分。意思表示既包括意思表示主体,也包括意思表示的标的。而民事法律行为的成立要件除了意思表示之外,还可能存在法定的或约定的特殊要件。例如必须要订立书面形式或经登记、审批等。

3. 生效时间不同

有相对人的、以对话方式作出的意思表示在相对人知道其内容时生效;以非对话方式作出的意思表示,原则上在其到达相对人时生效。无相对人的意思表示,表示完成时生效。以公告方式作出的意思表示,公告发布时生效。

而民事法律行为是单方民事法律行为的,原则上以意思表示作出时间为生效时间;双方民事法律行为或者多方民事法律行为以各方当事人意思表示一致时成立生效;决议行为则要按照法律或章程规定的程序和方式才能成立生效。如果法律规定或者当事人约定了特殊生效要件的,具备特殊生效要件时才能生效。

(二) 意思表示的类型

依据是否向相对人作出,意思表示可区分为有相对人的意思表示和无相对人的意思表示。

1. 有相对人的意思表示

有相对人的意思表示,是指向特定对象作出的意思表示。这类意思表示在现实生活中最普遍,如订立合同的要约和承诺、行使撤销权的意思表示、行使解除权的意思表示。

有相对人的意思表示大多数是双方或者多方民事法律行为,如合同;也有一些是单方民事法律行为,如行使撤销权的意思表示,这些意思表示的生效虽不需要特定对象的同意,但需要该意思表示被特定对象所受领。

2. 无相对人的意思表示

无相对人的意思表示,是指无须向特定对象作出的意思表示。现实生活中这类意思表示也较多,如悬赏广告、遗嘱、抛弃权利的意思表示。

二、合同的意思表示解释

(一) 意思表示解释的含义

所谓意思表示的解释,就是指因意思表示不清楚或者不明确发生争议时,由人民法院或者仲裁机构对意思表示进行的解释。解释的目的就是明确意思表示的真实含义。意思表示解释不是任意的主观解释,必须遵循一定的规则进行。

(二) 合同的意思表示解释

《民法典》第466条第1款规定,当事人对合同条款的理解有争议的,应当依据本法第142条第1款的规定,确定争议条款的含义。由于有相对人的意思表示主要存在于合同领域,所以《民法典》对相对人的意思表示进行解释的规定,大多数情况下是对合同的解释。

《民法典》第142条规定,有相对人的意思表示的解释,应当按照所使用的词句,结合相关条款、行为的性质和目的、习惯以及诚信原则,确定意思表示的含义。根据法律规定,合同的意思表示解释,应当遵循以下规则。

1. 文义解释

文义解释是指按照意思表示所使用的词句进行解释。这些词句是由表意人和相对人双方形成的,对有相对人的意思表示的解释又涉及对相对人信赖利益的保护,因此不能抛开词句进行完全的主观解释。

合同的条款由语言文字构成。解释合同必须先由词句的含义入手。一些词句在不同的场合可能表达出不同的含义,所以应当探究当事人订立合同时的真实意思。对词句的解释应当按照一个合理人通常的理解来进行。

> **小贴士**
>
> 对于"合理人"应当结合具体情况来判断,如果是一般的民事活动,则"合理人"就是社会一般的人,例如一个人到大卖场买熟食,对买卖合同的含义发生争议,对该买卖合同

的理解就应当按照一个普通人的理解进行解释;如果是某种特殊交易,则"合理人"就是该领域内的人,例如对光伏设备的买卖合同的解释就应当按照该领域的人士的理解来进行。

2. 结合相关条款、行为的性质和目的、习惯以及诚信原则

如果按通常的理解对合同的意思表示所使用的词句进行解释比较困难或者不合理,则应当结合相关条款、行为的性质和目的、习惯以及诚信原则,确定合同条款的含义。

(1)根据相关条款解释。合同条款是合同整体的一部分,相关条款是意思表示的构成部分,与其他条款有着密切的联系,因此不仅要从词句的含义去解释,还要结合相关条款对意思表示进行分析判断,根据不同条款之间的关联性来解释,这样才能较为准确地确定该条款的意思。

(2)根据行为的目的进行解释。根据行为的性质和目的进行解释是指根据当事人作出该意思表示所追求的目的,来对有争议的意思表示进行解释。

(3)按照习惯进行解释。按照习惯进行解释是指对意思表示的内容发生争议以后,应当根据当事人所知悉的生活和交易习惯来对意思表示进行解释。在运用习惯进行解释时,双方当事人应当对运用的习惯是否存在以及其内容进行证明,在当事人未举证的情况下,人民法院也可以主动适用习惯进行解释。

小贴士

按照交易习惯确立合同条款的含义是国际贸易中普遍承认的原则。《联合国国际货物销售合同公约》和《国际商事合同通则》对此都有规定。交易习惯也称为交易惯例,它是人们在长期实践的基础上形成的,是在某一地区、某一行业在经济交往中普遍采用的做法,成为这一地区、这一行业的当事人所公认并遵守的规则。因此,依照交易习惯解释合同条款,是十分必要的。

(4)依据诚信原则解释。依据诚信原则解释是指根据诚信原则对有争议的意思表示进行解释。《民法典》第7条将诚信原则作为民事活动的基本原则,这一基本原则贯穿于民事主体行使权利和履行义务的全过程,也贯穿合同从订立到终止的整个过程。在解释合同条款时也应遵从诚实信用的原则。诚信原则要求法官将自己作为一个诚实守信的当事人来理解、判断意思表示的内容,平衡双方当事人的利益,合理地确定意思表示的内容。

(三)两种以上文字合同的解释

合同文本采用两种以上文字订立并约定具有同等效力的情况下,应当对文本使用的词句推定具有相同的含义。当各文本使用的词句在理解上不一致时,按词句本身的含义或按相关的条款确定其含义已不可能,则应当按照订立合同的相关条款、性质、目的以及诚信原则等予以解释。

【案例1-3】

周立斌与周立志等人于2005年11月共同发起设立××有限公司,周立斌将13万元出资款交给周立志代为办理出资事宜。因周立斌并未参与公司事务管理,周立志系公司的法定代表人。2010年,周立斌为得到周立志的2万元钱,便出具了借条,载明:"借条,今借到周立志人民币贰万元整,借款人周立斌,2010.3.11。"但周立斌认为这笔钱是公司分红款。后周立志向周立斌索要借款未果,于2013年诉至法院。周立斌认为周立志从未向周立斌索要过该2万元借款,已经超过诉讼时效。

【解析】

本案第一争议焦点,周立斌与周立志之间是否存在2万元借款关系。借条能够证明周立斌借款2万元的事实。公司股东之间发生借贷关系也属正常,若周立志付给周立斌的2万元是公司分红款而非借款,周立斌无需出具借条。周立斌并无证据证明周立志付给周立斌的2万元是公司分红款,故借款关系成立。

本案第二争议焦点,周立志主张的2万元借款是否已超过诉讼时效。周立斌出具借条并未载明还款时间,周立志可随时要求周立斌履行还款义务。故虽然周立志于借款发生3年后向法院提起诉讼,并未超过诉讼时效期间。合法的借贷关系受法律保护,当事人应当按照约定全面履行自己的义务。周立斌向周立志借款2万元,证据充分。周立志要求偿还借款有法律依据。

第四节 无名合同的参照适用规则

一、无名合同

有名合同有专门法律对其进行详细的规定,因而首先适用这些规定。但是《民法典》合同编只能将一些现实生活普遍发生并较为成熟的合同加以规定,因此仅规定了19种有名合同。现实生活中各类无名合同很多,还没有在合同编中规定,将来还可能出现一些新的合同,对这些无名合同,只能在适用我国《民法典》合同编总则的同时,根据合同的性质,比照适用近似的有名合同的规定。

二、涉外合同法律适用的规定

涉外合同是指在合同关系的主体、客体和内容这三个因素中至少有一个因素与外国有关的合同。

涉外合同的当事人不仅可以商定双方的权利义务,也可以协商选择处理合同争议所适用的法律。合同的双方当事人没有选择所适用的法律的,适用履行义务最能体现该合同特征的一方当事人经常居所地法律或者其他与该合同有最密切联系的法律。与合同有最密切联系的法律,包括合同缔结地法、合同履行地法、标的物所在地法、当事人本国法、当事人住所地法、法院地法、仲裁地法等。这些原则的适用,应当根据合同的实际情况,具体确定哪一种法律是与合同有最密切联系的法律。通行的做法是:不动产的买卖、租赁、建设工程等合同,适用不动产所在地法律;国际货物或旅客运输合同,适用承运人所在地法律;银行贷款或担保合同,适用贷款或担保银行所在地法律;保险合同,适用保险人所在地法律;劳务合同,适用合同履行地法律。

> **小贴士**
>
> 对于在中华人民共和国境内履行的中外合资经营企业合同、中外合作经营企业合同、中外合作勘探开发自然资源合同,适用中华人民共和国法律。因此,这些合同的当事人不能选择其他国家或地区的法律。

第五节 合同的形式

一、合同形式的规定

关于合同的形式,《民法典》第469条第1款规定,当事人订立合同,可以采用书面形式、口头形式或者其他形式。

二、口头形式

口头形式是指当事人面对面地谈话或者以通信设备如电话交谈达成协议。以口头订立合同的特点是直接、简便、快速,数额较小或者现款交易通常采用口头形式。如在农贸市场买菜、在商场买衣服等。口头合同是老百姓日常生活中广泛采用的合同形式。口头形式当然也可以适用于企业之间,但口头形式没有书面凭证,发生争议后,难以取证,不易分清责任。

三、书面形式

书面形式是指以文字等可以有形再现内容的方式达成的协议。这种形式明确肯定,有据可查,对于防止争议和解决纠纷,有积极意义。

书面形式一般是指当事人双方以合同书、书信、电报、电传、传真等形式达成协议。书面形式是合同书、信件、电报、电传、传真等可以有形地表现所载内容的形式。(《民法典》第469条第2款)

(一)合同书

当事人双方对合同有关内容进行协商订立的并由双方签字或盖章的合同文本,也称作合同书或者书面合同。通常合同书中明确地记载合同的双方当事人的权利义务、解决争议的方法等具体内容。因此,发生争议时可以按照合同的规定进行处理,比较容易解决纠纷,摆脱了"口说无凭"的状况。

合同书,有行业协会等制定的示范性合同文本,国际上也有通行的某种行业的标准文本,也有营业者提供的由营业者制订的格式合同文本,实践中还有大量的双方当事人自己签订的合同文本。一般来说,作为合同书应当符合如下条件:(1)必须以某种文字、符号书写。(2)必须有双方当事人(或者代理人)的签字或盖章。(3)必须规定当事人的权利义务。

(二) 信件、电报、电传和传真

合同也可以通过信件订立,也就是我们所说的书信。书信有平信、邮政快件、挂号信以及特快专递、快递等多种形式。

电报、电传、传真也属于书面形式。

(三) 电子数据交换和电子邮件

网上交易形式如今越来越普遍,通过计算机网络系统订立的合同,主要形式有电子数据交换和电子邮件。《民法典》第 469 条第 3 款规定,以电子数据交换、电子邮件等方式能够有形地表现所载内容,并可以随时调取查用的数据电文,视为书面形式。

1. 电子数据交换

电子数据交换,又称"电子资料通联",是一种在公司、企业间传输订单、发票等商业文件进行贸易的电子化手段。它通过计算机通信网络,将贸易、运输、保险、银行和海关等行业信息,用一种国际公认的标准格式,完成各有关部门或者公司、企业之间的数据交换与处理,实现以贸易为中心的全部过程。

电子数据交换是一种新颖的电子化贸易工具,是计算机、通信和现代管理技术相结合的产物。国际标准化组织将其描述为:"将贸易或者行政事务按照一个公认的标准形成结构化的事务处理或信息数据格式,从计算机到计算机的电子传输。"一般的买卖,是由买方向卖方发出订单,卖方按照订单发货,买方收到货物及发货票后开出支票给卖方,卖方到银行兑现。而电子数据交换的处理过程是:企业收到电子数据交换订单,电子数据交换系统就会自动处理该订单,检查订单是否符合要求;通知安排生产;向供应商订购零配件;向运输部门预订集装箱;向海关、商检等部门申请许可证;通知银行并给订货方开出电子数据交换发票;向保险公司申请保险单等,使整个交易过程在最短时间内准确完成。

小贴士

联合国国际贸易法委员会于 1996 年 6 月通过了《贸易法委员会电子商业示范法》,并于同年 12 月发布了该示范法的说明指南。示范法将以电子方式进行的贸易称作"电子商业",将各种通过电子方式传达信息的手段称作"数据电文",指"经由电子手段、光学手段或类似手段生成、储存或传递的信息,这些手段包括但不限于电子数据交换、电子邮件、电报、电传或传真"。

2. 电子邮件

电子邮件,又称电子信箱。电子邮件的传递是通过电子计算机系统完成的。它要求发信人与收信人都有计算机终端,与计算机网络系统连接并登记注册,网络系统为每一个注册用户分配一个信箱,也就是在计算机的存储空间内划分出区域并确定相应的用户名及口令,用户可以随时随地通过计算机使用口令开启信箱,进行写作和收发信件。

小贴士

电子信箱系统中传递的信件与传统的信件不同,它是电子信件,其内容可以是文本文件、数据文件以及传真、语音和图像文件等。电子信箱是一种新型的快速、经济的信息交换方式,是实现办公自动化的重要手段,不仅可用于个人间、办公室间的通讯,而且可用于各种贸易活动。

四、其他形式

除了书面形式和口头形式,合同还可以以其他形式成立。我们可以根据当事人的行为或者特定情形推定合同的成立,也可以称之为默示合同。此类合同是指当事人未用语言明确表示成立,而是根据当事人的行为推定合同成立,如租赁房屋的合同,在租赁房屋的合同期满后,出租人未提出让承租人退房,承租人也未表示退房而是继续交房租,出租人仍然接受租金。根据双方的行为,我们可以推定租赁合同继续有效。再如,当乘客乘上公共汽车并达到目的地时,尽管乘车人与承运人之间没有明示协议,但可以依当事人的行为推定运输合同成立。

第六节 合同条款

合同的条款就是合同的内容,是合同中经双方当事人协商一致,规定双方当事人权利义务的具体条文。合同的权利义务,除法律规定的以外,主要由合同的条款确定。合同的条款是否齐备、准确,决定了合同能否成立、生效以及能否顺利地履行、实现订立合同的目的。

《民法典》第470条规定,合同的内容一般包括下列条款。

一、当事人的名称或者姓名和住所

这是每一个合同必须具备的条款,当事人是合同的主体。合同中如果不写明当事人,谁与谁做交易都无法确定,就无法确定权利的享受主体和义务的承担主体,发生纠纷也难以解决,特别是在合同涉及多方当事人的时候更难解决。

二、标的

标的是合同的权利义务指向的对象。标的是合同成立的必要条件,是一切合同的必备条款。没有标的,合同不能成立。

合同的种类不同,合同的标的也不同。

(一) 有形财产

有形财产指具有价值和使用价值并且法律允许流通的有形物,如生产资料与生活资料、种类物与特定物、可分物与不可分物、货币与有价证券。

(二) 无形财产

无形财产指具有价值和使用价值并且法律允许流通的不以实物形态存在的智力成果,如商标、专利、著作权、技术秘密。

(三) 劳务

劳务指不以有形财产体现其成果的劳动与服务。如运输合同中承运人的运输行为,保管与仓储合同中的保管行为,接受委托进行代理、居间、行纪行为等。

(四) 工作成果

工作成果指在合同履行过程中产生的、体现履约行为的有形物或者无形物。如承揽合同中由承揽方完成的工作成果,建设工程合同中承包人完成的建设项目,委托开发合同的开发人完成的开发工作等。

三、数量

在大多数的合同中,数量是必备条款,没有数量,合同是不能成立的。因此,数量是合同的重要条款。对于有形财产,数量是对个数、体积、面积、长度、容积、重量等的计量;对于无形财产,数量是个数、件数、字数以及使用范围等多种量度方法;对于劳务,数量为劳动量;对于工作成果,数量是工作量及成果数量。

一般而言,合同的数量要准确,选择使用共同接受的计量单位、计量方法和计量工具。根据不同情况,要求不同的精确度,允许的尾差、磅差、超欠幅度、自然耗损率等。

四、质量

对有形财产来说,质量是物理、化学、生物等性质;对于无形财产、服务、工作成果来说,也有质量高低的问题,并有衡量的特定方法。对于有形财产而言,质量也有外观形态问题。质量指标、技术要求,包括性能、效用、工艺等,一般以品种、型号、规格、等级等体现出来。合同中应当对质量问题尽可能地规定细致、准确和清楚。国家有强制性标准规定的,必须按照规定的标准执行。如有其他质量标准的,应尽可能约定其适用的标准。当事人可以约定质量检验的方法、承担质量责任的期限和条件、对质量提出异议的条件与期限等。

五、价款或者报酬

价款或者报酬,是一方当事人向对方当事人所付代价的货币支付。价款一般指对提供财产的当事人支付的货币,如在买卖合同的货款、租赁合同的租金、借款合同中借款人向贷款人支付的本金和利息等。报酬一般是指对提供劳务或者工作成果的当事人支付的货币,如运输合同中的运费、保管合同与仓储合同中的保管费以及建设工程合同中的勘察费、设计费和工程款等。有些合同比较复杂,货款、运费、保险费、保管费、装卸费、报关费以及一切其他可能支出的费用,由谁支付都要规定清楚。

六、履行期限、地点和方式

(一) 履行期限

履行期限是指合同中规定的当事人履行自己的义务,如交付标的物、价款或者报酬,履行劳务、完成工作的时间界限。履行期限直接关系到合同义务完成的时间,涉及当事人的期限利益,也是确定合同是否按时履行或者迟延履行的客观依据。履行期限可以是即时履行的,也可以是定时履行的;可以是在一定期限内履行的,也可以是分期履行的。不同的合同,对履行期限的要求是不同的,期限可以以小时计,可以以天计,可以以月计,可以以生产周期、季节计,也可以以年计。期限可以是非常精确的,也可以是不十分确定的。

(二) 履行地点

履行地点是指当事人履行合同义务和对方当事人接受履行的地点。不同的合同,履行地点有不同的特点。如买卖合同中,买方提货的,在提货地履行;卖方送货的,在买方收货地履行。在工程建设合同中,在建设项目所在地履行。在运输合同中,从起运地运输到目的地为履行地点。履行地点是确定运费由谁负担、风险由谁承担以及所有权是否转移、何时转移的依据。履行地点也是在发生纠纷后确定由哪一地法院管辖的依据。因此,履行地点在合同中应当规定得明确、具体。

(三) 履行方式

履行方式是指当事人履行合同义务的具体做法。不同的合同,决定了履行方式的不同。买卖合同是交付标的物,而承揽合同是交付工作成果。履行可以是一次性的,也可以是在一定时期内的,也可以是分期、分批次的。运输合同按照运输方式的不同可以分为公路、铁路、海上、航空等方式。履行方式还包括价款或者报酬的支付方式、结算方式等。履行方式与当事人的利益密切相关,应当从方便、快捷和防止欺诈等方面考虑采取最为适当的履行方式,并且在合同中明确规定。

七、违约责任

违约责任是指当事人一方或者双方不履行合同或者不适当履行合同,依照法律的规定或者按照当事人的约定应当承担的法律责任。违约责任是促使当事人履行合同义务,使对方免受或少受损失的法律措施,也是保证合同履行的主要条款。有关合同的法律对于违约责任都已经作出较为详尽的规定。但法律的规定是原则性的,不可能照顾到各种合同的特殊情况。因此,当事人为了特殊的需要,为了更加及时地解决合同纠纷,可以在合同中约定违约责任,如约定定金、违约金、赔偿金以及赔偿金的计算方法等。

八、解决争议的方法

解决争议的方法指合同争议的解决途径,对合同条款发生争议时的解释以及法律适用等。解决争议的途径主要有:一是双方通过协商和解,二是由第三人进行调解,三是通过仲裁解决,四是通过诉讼解决。当事人可以约定解决争议的方法。依照《仲裁法》及《民事诉讼法》的规定,如果选择适用仲裁解决争议,会产生排除法院对其争议的管辖的效果。但是,如果仲裁裁决有问题,可以依法申请法院撤销仲裁裁决或者申请法院不予执行。当事人选择和解、调解方式解决争议,都不能排除法院的管辖,当事人可以提起诉讼。

小贴士

涉外合同的当事人约定采用仲裁方式解决争议的,可以选择中国的仲裁机构进行仲裁,也可以选择在外国进行仲裁。涉外合同的当事人还可以选择解决他们的争议所适用的法律。当事人可以选择选用大陆的法律,香港、澳门、台湾地区的法律或者外国的法律。但法律对有些涉外合同法律的适用有限制性规定的,依照其规定。

当事人在合同中特别约定的条款,如果超出《民法典》第470条规定的8项内容,也能作为合同的主要条款。

小贴士

由于经济贸易活动的多样性,当事人由于缺乏经验,所订合同常易发生难以处理的纠纷。实践中合同的示范文本对于提示当事人在订立合同时更好地明确各自的权利义务起到了积极作用,因此,《民法典》第470条第2款规定订立合同可以参照各类合同的示范文本,其目的是使当事人订立合同更加认真、合同内容更加规范,尽量减少合同规定缺款少项,避免容易引起纠纷的内容。

思考与练习

简述题

1. 简述合同的概念与特点。
2. 简述合同类型。
3. 简述意思表示的概念。
4. 简述合同解释的规定。
5. 简述合同效力的规定。
6. 简述合同形式的规定。
7. 简述合同条款的内容。

第二章 合同的订立

【学习目标】
1. 掌握合同成立的规定。
2. 掌握要约的相关规定。
3. 了解要约邀请的规定。
4. 掌握承诺的主要规定。
5. 了解强制缔约、强制承诺的规定。
6. 了解缔约过失责任的规定。

【引例】
　　两名被告系合伙关系,共同经营麦点装饰公司,但麦点装饰公司没有任何经营手续。因麦点装饰公司需装修材料进行装修,两名被告经常赊欠原告水暖装修材料费,共赊欠原告货款47811.3元,双方核账后被告为原告写下欠条,最终欠款确定为39511.3元,该欠款经原告多次催要被告拒不给付,故原告诉至人民法院。

【解析】
　　原告已经履行完毕了合同义务,二被告未能履行付款义务构成了违约,应当承担继续履行给付货款的义务。二被告应当共同承担给付货款的义务。
　　《民法典》第465条规定,依法成立的合同,受法律保护。《民法典》第577条的规定,当事人一方不履行合同义务或者履行合同义务不符合约定的,应当承担继续履行、采取补救措施或者赔偿损失等违约责任。据此,二被告应共同给付原告人民币39511.3元。
　　合同本质上是一种合意,当事人合议的过程,就是要约、承诺完成的过程。要约、承诺是订立合同的典型过程。一般而言,一方发出要约,另一方作出承诺,合同就成立了。但是,有时要约和承诺往往难以区分。许多合同是经过了一次又一次的要约、反要约(讨价还价),经过反复协商才得以达成。

第一节 要　　约

一、要约的概念

　　要约是希望与他人订立合同的意思表示(《民法典》第472条)。依据这一定义,要约是一方当事人以缔结合同为目的,向对方当事人所作的意思表示。它是订立合同所必须经过的程序。要约在不同的情况下可以称为"发盘""发价"等,发出要约的人称为"要约人",接收要约的人称为"受要约人"。要约可用书面形式,也可通过口头、行为表示。要约主要具有如下法律特征:第一,要约是一种意思表示。第二,要约是希望和他人订立合同的意思表示。

二、要约的构成要件

一项订约的建议要成为一项要约,要取得法律效力,必须具备一定的条件。如果不具备这些条件,在法律上就不能成立要约。从《民法典》第 472 条关于要约定义可以看出,要约成立的要件包括以下几项。

(一)要约内容具体确定

要约的内容必须是确定的和完整的。要约的效力在于,一经被受要约人承诺,合同即可成立。因此,如果一个订约的建议含混不清、内容不具备一个合同的最根本的要素,是不能构成要约的。即使受要约人作出承诺,也会因缺乏合同成立的主要条件而使合同无法成立。要约应当对将来协议的条款有十分明确的表述,但这并不意味要约的内容事无巨细、面面俱到。何为确定的和完整的,一般法律对并无强制性要求,只要其内容具备使合同成立的基本条件,就可以作为一项要约。

(二)要约必须具有缔约目的,并表明经承诺即受此意思表示的拘束

要约人受约束的意旨,即该订约建议需明确地表示,要约人在得到对方的承诺时愿受其约束。一般而言,订约建议包含的交易条件和细节越详细、越明确,就越容易被推定为要约。作为一项要约,它一经对方承诺,要约人即需受其约束,合同即为成立。

(三)要约一般应向特定人发出

要约一般应向特定人发出意味着要约人对谁有资格作为承诺人,作为合同相对方作出了选择,这样对方一承诺,合同就成立了。

【案例 2-1】

某超市想要购进一批毛巾,向几家毛巾厂发出电报,称:本超市欲购进毛巾,如果有全棉新款,请附图样与说明,我商场将派人前往洽谈购买事宜。有几家毛巾厂都回电,称自己满足该超市的要求并且附上了图样与说明。其中甲厂寄送了图样和说明后,又送了 100 条毛巾到该超市,超市看货后不满意,决定不购买甲厂的毛巾。甲厂认为超市发出的是要约,其送毛巾的行为是承诺,合同因为承诺而生效。那么,超市发出的电报到底是要约还是要约邀请?

【解析】

根据案例可知,这份电报的内容并不具备一个合同应该具备的主要条款,如没有写明标的数量、价款,也没有履行的期限。因此该电报不是要约,而是一项要约邀请。超市是不受该电报内容的约束的。超市和甲厂之间没有法律上的关系,甲厂受到的损失应该由其自己承担。

三、要约与要约邀请的区别

(一) 要约邀请的概念

要约邀请又称引诱要约,是指希望他人向自己发出要约的表示。《民法典》第473条规定:"要约邀请是希望他人向自己发出要约的表示。"依据这一规定,要约邀请具有以下特点:

(1)要约邀请是一方邀请对方向自己发出要约。

(2)要约邀请不是一种意思表示,而是一种事实行为,也就是说,要约邀请是当事人订立合同的预备行为,在发出要约邀请时,当事人仍处于订约的准备阶段。

(3)要约邀请只是引诱他人发出要约,它既不能因相对人的承诺而成立合同,也不能因自己作出某种承诺而约束要约人。

(二) 要约邀请和要约的区别

从要约邀请的定义可以看出,要约邀请与要约具有以下不同。

1. 二者表示的目的不同

要约的目的是与对方订立合同,是一个一经承诺就成立合同的意思表示,而要约邀请只是邀请他人向自己发出要约的表示行为,对方发出要约后,自己承诺才成立合同。要约邀请处于合同的准备阶段,没有法律约束力。

2. 内容要求不同

区分要约与要约邀请的关键在于内容是否明确、具体。要约的内容明确、具体,而要约邀请没有这一要求。

小贴士

此外,在区分要约和要约邀请时,还应当考虑到其他情况,诸如是否注重相对人的身份、信用、资力、品行等情况,是否实际接触,一方发出的提议是否使他方产生要约的信赖,等等,应当综合各种因素考虑某项提议是要约还是要约邀请。

(三) 要约邀请的形式

在理论上,要约与要约邀请有很大区别,但事实上往往很难区分。因此,何为要约,何为要约邀请,《民法典》对其进行了规定。但是,法律只能对一些特殊的少量的行为作出规定,许多行为是要约还是要约邀请还是存在争论。

《民法典》第473条第2款规定,拍卖公告、招标公告、招股说明书、债券募集办法、基金招募说明书、商业广告和宣传、寄送的价目表等为要约邀请。商业广告和宣传的内容符合要约条件的,构成要约。

> **小贴士**
> 我国台湾地区"民法典"第154条第2款规定:"货物标定卖价陈列者,视为要约。但价目表之寄送,不视为要约。"

1. 拍卖公告

在拍卖活动中,拍卖人在拍卖前刊登或者以其他形式发出拍卖公告、对拍卖物的宣传介绍或者宣布拍卖物的价格等,都属于要约邀请。竞买人的出价为要约,拍卖人击槌(或者以其他方式)拍定为承诺。

2. 招标公告

招标投标是一种特殊的签订合同的方式,广泛应用于货物买卖、建设工程、土地使用权出让与转让、租赁、技术转让等领域。我国在土地使用权出让与转让、建设工程等方面也规定了招标投标方式。所谓招标是指招标人采取招标通知或者招标公告的方式,向不特定的人发出的,以吸引投标人投标的意思表示。所谓投标是指投标人按照招标人的要求,在规定的期限内向招标人发出的包括合同全部条款的意思表示。对于招标公告或者招标通知,一般都认为属于要约邀请,不是要约。而投标是要约,招标人选定中标人,为承诺。

3. 招股说明书

招股说明书是股份有限公司在公司设立时由公司发起人向社会公开募集股份时或者公司经批准向社会公开发行新股时,向社会公众公开的说明文书。

招股说明书是向社会发出的要约邀请,邀请公众向公司发出要约,购买公司的股份。认股人认购股份,为要约;公司卖出股份,为承诺。经承诺,买卖股份的合同成立。但是,在发起人逾期未募足股份的情况下,则依法失去承诺的权利,认股人撤回所认购的股份。招股说明书是要约邀请,但并非一般的要约邀请,而是具有法律意义的文件。这一点与一般的要约邀请不同。

4. 债券募集办法

债券募集办法又称发行章程或募债说明书。申请发行公司债券的公司在向国务院证券管理部门提交的文件中已有公司债券募集办法,申请经批准后,公司应当及时公告公司债券募集办法,公告内容应与向批准机关呈报事项基本相同。债券募集办法是一种要约邀请,债券发行人经过材料准备阶段、正式申报及审核阶段顺利获得发行批文后,需要履行事后承诺,向社会公众披露债券募集说明书、债券募集说明书摘要、发行公告,这三项文件在性质上属于要约邀请,不具有合同约束力。募集说明书虽规定了大部分债券合同的预设条款,但依其通常 6 个月的时限性及要约邀请之性质,不可解释为实质上的合同。

5. 基金招募说明书

基金招募说明书是基金发起人按照国家有关法律、法规制定的并向社会公众公开发售基金时,为基金投资者提供的、对基金情况进行说明的一种法律性文件。其性质为要约邀请。

6. 商业广告和宣传

商业广告是指商品经营者或者服务提供者承担费用、通过一定的媒介和形式直接或间接地介绍自己所推销的商品或者所提供的服务的广告。商业广告的目的在于宣传商品或者服务的优越性,并以此引诱顾客购买商品或者接受服务。

商业广告均被认为是要约邀请。但法律并不排除商业广告如果符合要约的要件也可以成为要约。因此,《民法典》第 473 条第 3 款规定,商业广告和宣传的内容符合要约条件的,构成要约。

> **小贴士**
>
> 广告是否构成要约,对此各国法律规定不一。关于普通的商业广告,原则上不认为是要约,而仅视为邀请要约。然而英美法院的一些判例主张,要约既可向某一人发出,也可向某一群人发出,甚至可向全世界发出。只要广告的文字明确、肯定,足以构成一项允诺,亦可视为要约。在此问题上,北欧各国法律的规定不同,其强调要约必须是向一个或一个以上的特定人(Specific persons)发出,广告原则上仅是邀请要约。
>
> 《联合国国际货物销售合同公约》规定,除非提出建议的人明确地表示相反的意向,非向特定人提出的建议,仅应视为邀请要约。我国《民法典》对此未作规定,不以"向特定人发出"作为构成要约的一项因素。

7. 寄送的价目表

根据对要约构成要件的分析,寄送的价目表仅指明什么商品、什么价格,并没有指明数量,对方不能以"是""对"或"同意"等肯定词语答复成立合同,自然不符合作为要约的构成要件,只能视作要约邀请。发送的商品价目表,是商品生产者或者销售者推销商品的一种方式。这种方式当然表达了行为人希望订立合同的意思,但并不表明他人表示承诺就立即达成一个合同。实际上,寄送的价目表与商品标价陈列在性质上没有什么差别,只是方式有所不同,商品标价陈列亦作为要约邀请。例如商店销售商品,虽然商品的价格是标明的,但是购买的数量,总是由顾客提出要求。

【案例 2-2】

甲向某出版社乙去函,询问是否出版了有关司法考试的教材和参考资料,乙立即向甲邮寄了司法考试的资料五本,甲认为该书不符合其需要,拒绝接受,双方因此发生了争议。甲乙之间的合同属于(　　)。

A. 已经成立　　　B. 未成立　　　C. 效力待定　　　D. 无效

【解析】

正确答案是 B。

甲的询问是要约邀请行为,乙向甲寄书是现物要约行为,甲拒收是未作出承诺,合同未成立。现物要约是未经订购而当事人一方向对方直接寄物品的行为。

四、要约的撤回与撤销

(一) 要约撤回

1. 要约撤回的概念

要约的撤回,是针对未生效力的要约而言的,是阻止要约生效的行为,即在要约已被发出但尚未到达受要约人的这段时间里,要约人通知对方取消此项要约,使其不发生效力。《民法典》第 475 条规定,要约可以撤回。要约的撤回适用本法第 141 条的规定。

撤回要约的实用价值在于:要约人在发出要约之后,迅速地发现了要约有误的情形,或是发生了不利于己方而需要取消要约的情形,要约人可用更快的通讯方式通知对方。若此撤回通知能赶在要约送达之前或与要约同时送达,均可成功地撤回要约。

2. 要约可以撤回的原因

要约尚未发生法律效力,所以要约撤回不会对受要约人产生任何影响,不会对交易秩序产生任何影响。在此阶段,应当允许要约人使尚未生效的要约不产生预期的效力。

3. 撤回的条件

《民法典》第 141 条规定,行为人可以撤回意思表示。撤回意思表示的通知应当在意思表示到达相对人前或者与意思表示同时到达相对人。因此,撤回要约的条件是撤回要约的通知在要约到达受要约人之前或者同时到达受要约人。要约人如欲撤回要约,必须选择快于要约的方式向受要约人发出撤回的通知,使之能在要约到达之前到达受要约人。如果要约人在发出要约以后马上又以比发出要约更快的方式发出撤回的通知,按照通常情况,撤回的通知应当先于或最迟与要约同时到达受要约人。

如果因为其他原因耽误了,撤回的通知在要约到达之后才到达受要约人。在这种情况下,受要约人应当及时向要约人发出通知,告知其撤回的通知已经迟到,要约已经生效。如果受要约人怠于通知时,要约人撤回要约的通知视为未迟到,仍发生撤回要约的效力。

> **小贴士**
>
> 我国台湾地区"民法典"第 162 条规定:"撤回要约之通知,其到达在要约到达之后,而按其传达方法,依通常情形应先时或同时到达者,相对人应向要约人即发迟到之通知。相对人怠于为前项通知者,其要约撤回之通知,视为未迟到。"

(二)要约的撤销

1. 要约撤销的概念

要约的撤销是针对已发生效力的要约而言的,是消灭要约效力的行为。就是说,在要约已到达受要约人之后,要约人通知对方取消该项要约,从而使要约的效力归于消灭。撤销要约的实用价值类似撤回要约,主要起因于交易的重要条件发生了不利于要约人的变化。

2. 要约的撤销与要约的撤回的区别

要约的撤销与要约的撤回不同之处在于以下几点。

(1)要约的撤回发生在要约生效之前,而要约的撤销发生在要约生效之后。

(2)要约的撤回是使一个未发生法律效力的要约不发生法律效力,要约的撤销是使一个已经发生法律效力的要约失去法律效力。

(3)要约撤回的通知只要在要约到达之前或与要约同时到达就发生效力,而要约撤销的通知在受要约人发出承诺通知之前到达受要约人,不一定发生效力。在法律规定的特别情形下,要约是不得撤销的。

3. 撤销排除

由于撤销要约时要约已经生效,因而对要约的撤销必须严格限定。《民法典》规定了要约可以撤销,但同时规定了除外情况。《民法典》第476条规定对要约撤销规定了两条限制:

(1)要约中含有不可撤销的意思表示。要约中规定了承诺期限的,则可以推断该要约为不可撤销。

不可撤销的意思表示可以用不同的方式作出,最直接和最清楚的方式是由要约人在要约中作一个有效的声明,如"这是一个确定的要约""我们坚持我们的要约直到收到贵方的回复"等。另外,还可以从要约人的其他表示或者行为中推断出来。

(2)有理由认为要约不可撤销并依其信赖行事。受要约人有理由认为要约是不可撤销的,并已经为履行合同做了合理的准备工作。

受要约人的信赖可源于要约人的行为,比如受要约人对要约人有所了解,或者以前在商业上就有来往等,因此相信要约人的要约不可撤销。受要约人的信赖也可源于要约本身的性质,如对某一项要约的承诺需要受要约人进行广泛的、费用昂贵的调查,或者某一要约的发出意在允许受要约人继续向第三方发出要约。受要约人基于对要约不可撤销的信赖所做的行为,可以包括为生产所做的准备、购买或者租用材料或者设备、负担费用,等等。这些行为被视为不可撤销要约。

> **小贴士**
>
> 在要约撤销的问题上,英美法与大陆法的理论迥异。按照英美合同法"对价"的理

论,要约作为诺言在被承诺以前是无对价的,对发出要约的人没有拘束力,因而在要约被承诺以前是可以撤销的,即使是附承诺期限的要约也是如此。大陆法国家则一般认为,要约一旦生效就不得撤销。如《德国民法典》第145条规定,向他方要约订立契约者,因要约而受拘束,但预先声明不受拘束者不在此限。

联合国国际贸易法委员会1980年通过的《联合国国际货物销售合同公约》在这个问题上调和了两大法系的不同做法。该公约第16条规定,在未订立合同之前,发价得予撤销,如果撤销通知于被发价人发出接受通知之前送达被发价人。但在两种情况下发价不得撤销:(1)发价写明接受发价的期限或以其他方式表示发价是不可撤销的;(2)被发价人有理由信赖该项发价是不可撤销的,而且被发价人已本着对该项发价的信赖行事。可见在是否可以撤销的问题上,基本上采纳了英美法系的做法,但是对撤销的条件作了较为严格的限制。这种做法也是两大法系相互妥协的产物。《国际商事通则》作了与公约同样的规定。我国《民法典》的规定采纳了公约与通则的做法。

五、要约生效时间的规定

要约生效的时间

《民法典》第474条规定,要约生效的时间适用本法第137条的规定。《民法典》第137条规定,以对话方式作出的意思表示,相对人知道其内容时生效。以非对话方式作出的意思表示,到达相对人时生效。以非对话方式作出的采用数据电文形式的意思表示,相对人指定特定系统接收数据电文的,该数据电文进入该特定系统时生效;未指定特定系统的,相对人知道或者应当知道该数据电文进入其系统时生效。当事人对采用数据电文形式的意思表示的生效时间另有约定的,按照其约定。

1. 以对话方式作出要约

以对话方式作出要约的意思表示时,"其意思表示以相对人了解时发生效力"。

2. 以非对话方式作出要约

我国的规定采取"到达主义",与大多数国家做法一致。要约"到达受要约人时"并不是指一定实际送达到受要约人或者其代理人手中,要约只要送达到受要约人通常的地址、住所或者能够控制的地方(如信箱等)即为送达。"送达到受要约人时"生效,即使在要约送达受要约人之前受要约人已经知道其内容,要约也不生效。

3. 以数据电文发出要约

数据电文都是现代化的通信工具传送的信息,发出就已到达。

数据电文形式发出要约也是非对话方式一种,相对人指定特定系统接收数据电文的,该数据电文进入该特定系统时生效;未指定特定系统的,相对人知道或者应当知道该数据电文进入其系统时生效。当事人对采用数据电文形式的意思表示的生效时间另有约定的,按照其约定。

> **小贴士**
>
> 要约生效,有人认为,应采取"发信主义",即要约发出之后就生效。但大多数人认为应当采取"到达主义",要约必须自到达受要约人时才生效。世界上许多国家和国际公约都持这种观点。如《德国民法典》第130条规定,在相对人以非对话方式向其为意思表示时,意思表示以通知达到相对人时发生效力。《联合国国际货物销售合同公约》和《国际商事合同通则》也都规定,要约于送达受要约人时生效。

六、要约失效

在要约失效后,受要约人也丧失了承诺的资格,其发出同意接受要约的表示,只能视为向要约人发出新的要约。因此,判断要约是否失效,对于认定合同是否成立十分重要。

要约失效,是指要约丧失了法律拘束力,即不再对要约人和受要约人产生拘束。《民法典》第478条规定了以下几种要约失效的情形:

(一)要约被拒绝

受要约人接到要约后,通知要约人不同意与之签订合同,则拒绝了要约。在拒绝要约的通知到达要约人时,该要约失去法律效力。受要约人的通知中,可能明确地说明拒绝要约,但有的通知中,既没有说明接受要约,也没有明确拒绝要约,也没有明确提出反要约。如果受要约人的回复没有作出承诺,但提出了一些条件,要约人在规定期限内仍不作答复,可以视为拒绝要约。

(二)要约被依法撤销

要约被撤销当然使要约失效,此处不再赘述。

(三)受要约人未在承诺期限内承诺

1. 要约的期限已过

要约中确定了承诺期限的,表明要约人规定了要约发生法律效力的期限,超过这个期限不承诺,要约的效力当然归于消灭。

2. 要约没有规定承诺期限

要约如果没有规定承诺期限,分两种情形:(1)口头要约若未得到当即承诺,要约即失效。(2)若当事人以函电方式发出要约,如不在相当期间内或"依通常情形可期待承诺达到的期间内"作出承诺,要约即告失效。

(四)受要约人对要约的内容作出实质性变更

受要约人对一项要约的内容作出实质性的变更,为反要约。提出反要约就是对要约的拒绝,使要约失去效力,要约人即不受其要约的拘束。

【案例2-3】

甲厂以传真的方式向某化工厂发出订购单,内容如下:"订购60吨化工原料,价格200元/吨,交货期5月25日前,付款提货。若贵厂同意请于3日内回复。"传真发出一天后,甲厂即收到化工厂的传真回复:"同意贵厂订购单内容,但由于生产原因,交货期只能在5月30日前。请贵厂理解。贵厂如无异议提出,则视为接受。"问:甲厂的订购单是一项要约吗?化工厂的回复是承诺吗?

【解析】

甲厂的订购单符合要约的要件,是一项要约。而化工厂对甲厂要约的主要条款作了修改,实际上并没有接受甲厂的要约,所以化工厂的回复不是对甲厂要约的承诺,而是向甲厂提出了一项新的要约。

第二节 承 诺

一、承诺的概念和要件

《民法典》第479条规定,承诺是受要约人同意要约的意思表示。承诺的法律效力在于,受要约人所作出的承诺一旦到达要约人,合同便告成立。

承诺必须具备一定的条件,包括:

(一)承诺必须由受要约人作出

要约是要约人向特定的受要约人发出的,受要约人是要约人选定的交易相对方,受要约人进行承诺的权利是要约人赋予的,只有受要约人才能取得承诺的能力,受要约人以外的第三人不享有承诺的权利。因此,第三人进行承诺不是承诺,只能视作对要约人发出了要约。

(二)承诺须向要约人作出

承诺是对要约的同意,是受要约人与要约人订立合同,当然要向要约人作出。如果承诺不是向要约人作出,则作出的承诺不视为承诺,达不到与要约人订立合同的目的。

(三)承诺的内容须与要约保持一致

承诺必须是对要约完全的、单纯的同意。因为受要约人如果想与要约人签订合同,必须在内容上与要约的内容一致,否则要约人就可能拒绝要约人而使合同不能成立。这是承诺最核心的要件。如果受要约人在承诺中对要约的内容加以扩张、限制或者变更,便不能构成承诺,而应当视为对要约的拒绝,同时,提出了一项新的要约,称为反要约。《民法典》第488条规定,承诺的内容应当与要约的内容一致。受要约人对要约的内容作出实质性变更的,为新要约。有关合同标的、数量、质量、价款或者报酬、履行期限、履行地点和方式、违约责任和解决争议方法等的变更,是对要约内容的实质性变更。法律上认可了承诺可以对要约的内容作出非实质性变更。

> **小贴士**
> 所谓非实质性变更,是指除《民法典》第488条所规定的实质性变更以外的内容变更。从表面上看,非实质性变更也是对要约内容的变更,但此种变更没有实质改变要约的内容,对当事人的利益也没有产生重大影响,没有实质性地增加要约人的负担,因此,也可以成为有效的承诺。

(四)承诺必须在要约规定的期限内到达要约人

根据《民法典》第481条的规定,如果要约规定了承诺期限,则承诺应在规定的承诺期限内作出,如果要约没有规定承诺期限,则承诺应当在合理的期限内作出。如果要约规定的承诺期限已过,或者已超过了合理的时期,则不应再作出承诺。如果承诺期限已过而受要约人还想订立合同,当然也可以发出承诺,但此承诺已不能视为承诺,只能视为一项要约。原来的要约人不再受原要约的拘束,他可以不答应受要约人,也可以答应,如果答应,是作为受要约人承诺要约人的要约。

二、承诺方式

承诺方式是指受要约人将其承诺的意思表示传达给要约人时所采用的方式。对一项要约作出承诺即可使合同成立,因此承诺以何种方式作出是很重要的事情。一般来说,法律并不对承诺必须采取的方式作规定,而只是规定承诺应当以明示或者默示的方式作出。《民法典》第480条规定:"承诺应当以通知的方式作出;但是,根据交易习惯或者要约表明可以通过行为作出承诺的除外。"根据《民法典》的规定,承诺有两种方式:

(一)以明示的方式承诺

明示的方式是指可以口头或者书面作出承诺。一般来说,如果法律或要约中没有规定必须以书面形式作出承诺,当事人就可以口头形式作出承诺。"承诺应当以通知的方式作出"(《民法典》第480条)就是明示方式的承诺。

> **小贴士**
> 《德国民法典》第130条规定:"在相对人以非对话方式向其为意思表示时,意思表示以通知达到相对人时发生效力。"这说明《德国民法典》原则上应当采取通知的方式进行。

(二)以默示的方式承诺

默示的方式是指要约人尽管没有通过书面或者口头方式明确表达其意思,但是通过实施一定的行为和其他形式作出了承诺。"根据交易习惯或者要约表明可以通过行为作出承诺"(《民法典》第 480 条)就是默示方式承诺。所谓的行为通常是指履行的行为,比如预付价款、装运货物或在工地上开始工作等。如甲写信向乙借款,乙未写回信但直接将借款寄来。

缄默是不作任何表示,即不行为,与默示不同。默示不是明示但仍然是表示的一种方法,而缄默与不行为是没有任何表示,所以不构成承诺。但是,如果当事人约定或者按照当事人之间的习惯做法,承诺以缄默与不行为来表示,则缄默与不行为也会成为一种表达承诺的方式。但是,如果没有事先的约定,也没有习惯做法,而仅仅由要约人在要约中规定如果不答复就视为承诺是不行的。

小贴士

我国台湾地区"民法典"第 161 条规定:"依习惯或依其事件之性质,承诺无需通知者,在相当时期内,有可认为承诺之事实时,其契约为成立。前项规定,于要约人要约当时预先声明承诺无需通知者,准用之。"国际公约中也有大致类似的规定,《联合国国际货物销售合同公约》第 18 条中规定:"受要约人声明或做出其他行为表示同意一项要约,即为承诺。缄默或不行为本身不等于承诺。"

【案例 2-4】

A 公司向 B 公司发函表示有化工原料 20 公吨,价格 20000 美元/公吨,如有意购买,可派人前来看货,并在 5 天内供货。B 公司派张三来洽谈,看货后表示价格的问题需要回去商量,如果决定购买,5 天内带款提货,如果 5 天内未做表示,A 公司可以另卖他人。A 公司给予认可。3 天后,A 公司把货物卖给了 C 公司。当第 4 天 B 公司派人带款来提货,已经无货可领。于是,发生纠纷。问 A 公司和 B 公司之间的合同是否成立?

【解析】

A 公司和 B 公司之间的合同成立。因为"B 公司派张三来洽谈,看货后表示价格的问题需要回去商量,如果决定购买,5 天内带款提货,如果 5 天内未做表示,A 公司可以另卖他人。A 公司给予认可"。所以,这构成 A 公司对 B 公司的承诺,因此合同成立。

三、承诺的期限

承诺的期限是指受要约人作出承诺的期限,如果受要约人没有在承诺的期限内作出承诺,则可能无法产生承诺的效力,并导致合同无法成立。因此,承诺期限直接关系到合同的成立与生效。《民法典》第 481 条对此问题作了规定。

(一)承诺应当在要约确定的期限内到达要约人

《民法典》第 481 条规定,承诺应当在要约确定的期限内到达要约人。因为超过承诺期限,则要约失效,在此期限内作出的承诺才是有效的承诺。

(二) 要约没有确定承诺期限应遵循的规则

要约没有确定承诺期限的,承诺应当依照下列规则:

1. 要约以对话方式作出的,应当即时作出承诺。

要约没有规定承诺期限的,如果是口头要约,则按照一般的法律规定,必须即时承诺才有效。口头发出的要约包括双方面谈提出的要约和在电话交谈中提出的要约,对于这种口头要约,如当时不立即表示接受,则在谈话结束后,该项口头要约即不复存在。《民法典》第481条规定:"要约没有确定承诺期限的,要约以对话方式作出的,应当即时作出承诺"。

> **小贴士**
>
> 《德国民法典》与我国《民法典》的规定一致,但《联合同国际货物销售合同公约》《国际商事合同通则》的规定与我国规定有些不同,公约第18条规定:"对口头发价必须立即接受,但情况有别者不在此限。"通则第2.7条也规定对口头要约必须立即作出承诺,除非情况另有表明。"情况有别者""情况另有表明"是指要约人在口头要约中规定了承诺期限等情况。

2. 要约以非对话方式作出的,承诺应当在合理期限内到达。

要约没有规定承诺期限,如果要约以非对话方式作出,如何确定承诺的期限?《民法典》第481条规定:"要约以非对话方式作出的,承诺应当在合理期限内到达"。

> **小贴士**
>
> 我国《民法典》中"合理期限"的规定与其他国家和地区的法律以及国际公约等的规定是一致的。有些类似的规定。《德国民法典》第147条规定:"对向非在场人发出的要约,只能在通常情况下可预期到达的时间内作出承诺。"以"在通常情况下可预期到达的"时间作为承诺期限。我国台湾地区"民法典"第157条规定:"非对话为要约者,依通常情形可期待承诺到达时期内,相对人不为承诺时,其要约失其拘束力。"以"通常情形可期待承诺到达时期"作为承诺期限。
>
> 《联合国国际货物销售合同公约》第18条规定,要约中如未规定时间,应"在一段合理的时间内"送达要约人,"但须适当地考虑到交易的情况,包括发价人所使用的通讯方法的迅速程度"。

四、承诺的迟延

(一) 延迟承诺

承诺迟延是指受要约人未在承诺期限内作出承诺。"承诺应当在要约确定的期限内到达要约人"(《民法典》第481条第1款)。这一规定说明,承诺本应在承诺期限内作出,超过有效的承诺期限,则视为延迟承诺。

(二) 延迟承诺的种类及后果

迟延承诺可以分为两种,其后果不同。

1. 通常的迟延

通常的迟延是指受要约人没有在承诺的期限内发出承诺。超过有效的承诺期限,要约已经失效,对于失效的要约发出承诺,不能发生承诺的效力,应视为新要约。此时,要约人将处于受要约人的地位,其可以接受或者拒绝该新要约。

2. 特殊的迟延

特殊的迟延是指受要约人没有迟发承诺的通知,但因为送达等原因而导致迟延。构成特殊的迟延应具备以下条件:(1)受要约人在承诺期限内发出承诺。(2)承诺按照通常情形能够及时到达要约人,但因其他原因,承诺到达要约人时超过承诺期限。(3)要约人未及时通知受要约人因承诺超过期限不接受该承诺。特殊迟延承诺为承诺有效。

五、承诺的撤回

(一) 承诺的撤回的定义

承诺的撤回是指受要约人阻止承诺发生法律效力的意思表示,是指受要约人在发出承诺通知以后,在承诺正式生效之前撤回其承诺。如果撤回承诺的通知晚于承诺的通知到达要约人,则承诺已经生效,合同已经成立,受要约人便不能撤回承诺。《民法典》第141条、第485条对承诺的撤回作了规定。

(二) 承诺的撤回的条件

由于承诺一经送达要约人即发生法律效力,合同即刻成立,并且为了使承诺的撤回不会对要约人产生不利的影响,撤回承诺意思表示只能在如下两种情况下生效:(1)撤回的通知应当在承诺到达相对人之前到达。(2)撤回的通知与承诺同时到达相对人。

六、承诺的生效

承诺生效的时间即为合同成立的时间,当事人此时开始享有合同权利,承担合同义务。确定承诺生效的时间非常重要。《民法典》对此作了详细规定。

(一) 以通知方式作出的承诺的生效

1. 以对话方式作出的承诺的生效

以对话方式作出的承诺,是指当事人直接以对话的形式作出承诺。在以对话方式作出的承诺意思表示中,意思表示的发出和受领是同步进行的。《民法典》第 137 条第 1 款规定:"以对话方式作出的意思表示,相对人知道其内容时生效"。从该条规定可以看出,只有在表意人的意思表示被相对人知悉对话的内容时,该承诺的意思表示才能够生效。因此,对以对话方式作出的承诺意思表示生效,《民法典》采取了了解主义。

2. 以非对话方式作出的承诺的生效

以非对话方式作出的承诺,是指当事人以对话以外的形式发出承诺的意思表示。《民法典》第 137 条第 2 款规定:"以非对话方式作出的意思表示,到达相对人时生效"。从该条规定可以看出,以非对话方式作出意思表示的生效,《民法典》采用了到达主义。到达并不意味着相对人必须亲自收到,只要意思表示已进入受领人的控制领域,并在通常情况下可以期待受领人能够知悉意思表示的内容,就视为已经到达。如果由于邮局及其他原因导致承诺通知丢失或延误,应由发出承诺的人承担后果。

3. 采用数据电文形式的承诺的生效

依据《民法典》第 137 条第 2 款的规定,对于采用数据电文形式作出的承诺,其生效有两种情形:(1)相对人指定了特定的系统接收数据电文的,该数据电文进入该特定系统时生效。(2)相对人未指定特定的系统接收数据电文的,相对人知道或者应当知道该数据电文进入其系统时生效。在此情形下,相关数据电文到达相对人的任何一个系统,即被推定为相对人知道或应当知道,该数据电文进入其系统时生效。

(二)无需以通知方式作出的承诺的生效

《民法典》第 484 条第 2 款规定:"承诺不需要通知的,根据交易习惯或者要约的要求作出承诺的行为时生效。"因此,根据交易习惯或者要约表明可以通过行为作出承诺,承诺以行为方式作出时生效。

> **小贴士**
>
> 需要指出的是,对于以行为方式承诺的,仅限于法律有明确规定、有交易习惯或要约有明确规定的情形,在没有法律规定、习惯或要约明确规定的场合,当事人应当以通知的方式作出承诺的意思表示。

七、合同成立时间和地点的规定

一般情况下,当事人于合同成立时开始享有合同权利、承担合同义务。合同订立的地点与法院管辖的确定以及法律的选择适用密切相关。确定合同成立时间和地点的规定非常重要。

(一)合同成立的时间

由于对要约作出承诺而使合同成立,因此,承诺生效的时间在合同编中具有重要的意义,其直接决定了合同成立的时间。

依据《民法典》第483条,承诺生效时合同成立,但是法律另有规定或者当事人另有约定的除外。也就是说,承诺生效时合同成立,这是最普遍的方式。但合同成立还有其他方式。具体而言,有两种情况:第一,法律另有规定。第二,当事人另有约定。在法律另有规定或者当事人另有约定时,承诺生效也不一定导致合同成立。

【案例2-5】

甲向乙发出要约,乙于5月10日收到要约,于6月15日发出承诺,当时已超过了承诺期限。该承诺于6月20日到达甲处。甲随即通知乙该承诺有效,通知于6月26日到达乙处,该合同成立时间为何时?

【解析】

《民法典》第483条,承诺生效时合同成立。承诺生效时间,依据《民法典》第137条第2款规定:"以非对话方式作出的意思表示,到达相对人时生效"。甲对于新要约的承诺通知是于6月26日到达乙处的,因此,合同成立时间为6月26日。

(二) 合同成立的地点

1. 承诺生效的地点为合同成立的地点

承诺生效时合同成立,承诺生效地点为合同成立地点是基本原则。《民法典》第492条规定,承诺生效的地点为合同成立的地点。承诺生效的地点是一个事实,真正有法律意义的是合同成立的地点。需要指出的是,按照合同自由原则,合同成立的地点也可以由当事人另行约定,因为当事人可以约定承诺生效的地点,也就是可以约定合同成立的地点。

2. 采用数据电文形式订立合同时合同成立的地点

采用数据电文形式订立合同的,收件人的主营业地为合同成立的地点;没有主营业地的,其住所地为合同成立的地点。当事人另有约定的,按照其约定。(《民法典》第492条)

3. 以合同书形式订约的合同成立地点

《民法典》第493条规定,以最后签字、盖章或者按指印的地点为合同成立的地点,具体规定如下:

(1)必须是当事人采用合同书形式订立合同。

(2)当事人对于合同成立地点有约定的,依据当事人的约定。

(3)合同没有约定合同成立地点,双方当事人签字或者盖章不在同一地点的,则以最后签字或者盖章的地点为合同成立地。

第三节　特殊形式的要约与承诺

一、确认书

当事人在合同的订立过程中,常常会提出签订确认书的要求。所谓确认书,是指在双方达成合意之后,合同的正式成立还需通过特定方式予以确认。确认书通常采用书面的形式,自签订确认书之日起,合同正式宣告成立。

小贴士

实践中,在当事人初步达成的合同文本中通常会载明"以我方最后确认为准",这就是要求签订确认书。按照我国外贸企业的习惯做法,双方以函电方式达成协议后,中方往往还要提出一式两份的销售确认书,邮寄对方交换签字后,才作为合同正式成立的依据。这种销售确认书实质上是一份简单的书面合同。

《民法典》第491条第1款规定:"当事人采用信件、数据电文等形式订立合同要求签订确认书的,签订确认书时合同成立。"这就确认了签订确认书的订约方式。

签订确认书实际上是与承诺联系在一起的。如果双方达成协议以后,一方要求以其最后的确认为准,这时,确认书实际上是其对要约所作出的最终的、明确的、肯定的承诺。在没有签订确认书之前,合同并没有成立。可见,在此种情形下,确认书实际上是承诺的重要组成部分,是判断是否作出承诺的要素。

【案例2-6】

甲水果批发商曾向乙水果供应点购买过荔枝。因乙处荔枝质量好,价格便宜,投入市场后销售情况很好。甲又向乙传真购买10吨荔枝的合同。随后,甲担心乙不继续供货,在发出传真一周后又向乙寄去一封挂号信,信中除了提出再多买5吨荔枝外,又提出双方在协商的基础上签订合同确认书。乙收到甲传真后,同意按甲传真中的条件供货10吨。挂号信及确认书一事双方均未再提及。不久,因供求关系变化,荔枝跌价,甲要求其订购的荔枝价格也要下调5%,否则不收货。乙没有理睬甲的要求,按原约定送来荔枝15吨。甲要求按照下调的价格支付货款,乙不同意,认为自己按合同履行义务,对方也应按合同支付价款。双方协商不成,诉至法院。

【解析】

法院在核查事实时发现,乙在收到甲要求签订合同确认书之前已经发出同意供货10吨的传真,故判决10吨荔枝按旧价格执行,后5吨荔枝通过当事人和解,按甲提出的价格执行。

法院的处理是正确的。因为前10吨荔枝在甲提出签订合同确认书之前乙已经承诺供货,而且该承诺在甲的建议到达受要约人之前已经到达要约人,因此签订合同确认书的建议不能生效,但甲乙双方买卖10吨荔枝的合同成立,所以10吨荔枝按原合同价格执行。后5吨荔枝买卖合同没有签订确认书,合同没有成立。当事人通过自行和解达成协议,法院尊重当事人协商的结果。

二、网上发布的商品或者服务信息符合要约条件的订单

《民法典》第491条第2款规定:"当事人一方通过互联网等信息网络发布的商品或者服务信息符合要约条件的,对方选择该商品或者服务并提交订单成功时合同成立,但是当事人另有约定的除外"。该条款的目的在于适应电子商务发展的需要,有效解决关于电子商务合同成立时间的纠纷。依据本款的规定,如果一方通过互联网等信息网络发布的商品或服务信息符合要约条件,即由特定人作出、具有受拘束的意思、有相对人且内容确定,那么,相对方只要选择了该商品或服务,且提交订单成功,合同就宣告成立。相对方选择商品或服务并提交订单成功即意味着承诺已经到达要约人。

三、交叉要约

交叉要约是指订约当事人采取非直接对话的方式,相互不约而同地向对方发出了内容相同的要约。交叉要约最大的特点在于,通过交叉要约成立合同,使合同成立时间提前,从而鼓励交易,减少交易费用。

交叉要约具有以下特点:

1. 双方各自向对方发出要约。
2. 双方是以口头形式以外的方式发出要约。
3. 双方的要约必须到达对方。
4. 双方的要约在合同必要条款方面是一致的。

如甲对乙作出订立合同的要约,而乙对甲也作出了同样内容的要约。此时双方的意思表示的内容完全一致,而且双方均有订立合同的意思表示,并且发出要约的时间也几乎在同时。既然双方有相同的意思表示,法律即可推定其必互有承诺的结果,所以认定合同成立。合同成立的时间以后一个要约到达对方当事人时为准。由于此种情况下难以认定谁是要约人谁是承诺人,因此将此种特别方式作为合同成立的方式之一。

四、悬赏广告

(一)悬赏广告的概念

悬赏广告是指悬赏人以广告的形式声明对完成悬赏广告中规定的特定行为的人,

给付广告中约定报酬的行为。《民法典》第 499 条规定:"悬赏人以公开方式声明对完成特定行为的人支付报酬的,完成该行为的人可以请求其支付。"悬赏广告具有以下特征:

1. 悬赏广告是以公开的方式所作出的意思表示。
2. 它是以对完成特定行为的人给予报酬为内容的意思表示。
3. 悬赏广告是一种单方法律行为。
4. 悬赏广告是独立的债的发生原因。

(二) 悬赏广告的性质

关于悬赏广告的性质,主要有两种观点:一是单方行为说。二是要约说。《民法典》第 499 条规定:"悬赏人以公开方式声明对完成特定行为的人支付报酬的,完成该行为的人可以请求其支付。"本条实际上明确了悬赏广告的单方行为性质,采纳了单方行为说。而不是要约说。

(三) 悬赏人负有按照其允诺支付报酬的义务

悬赏广告一旦生效,悬赏人就负有对任何完成悬赏广告所声明的行为的人给付报酬的义务。与此相应,完成特定行为的相对人即享有报酬请求权。如果广告中确定了完成特定行为的时间,则这一时间要求也构成对相对人完成特定行为的限制。由于悬赏广告在性质上是单方行为,因此,即便完成悬赏广告指定行为的人在行为时不知道广告的存在,其也仍有权请求悬赏人支付报酬。

如果数人都完成了特定行为,则应当按照先来后到的原则,认定谁最先完成了该行为,并由谁获得悬赏。此外,完成指定行为的人开始实施行为时,没有必要通知悬赏人。即使不知道广告的存在而完成了指定行为的人,也享有债权。如果悬赏人在悬赏广告中声明对完成特定行为的相对人支付报酬,但没有明确具体的报酬数额,则在行为人完成悬赏广告声明的行为时,仍有权请求悬赏人支付相应的报酬,当事人可以就报酬的具体数额进行协商,协商不一致的,可以由法院进行判定。

【案例 2-7】

甲与同学打赌,故意将一台旧电脑遗留在某出租车上,看是否有人送还。与此同时,甲通过电台广播悬赏,称捡到电脑并归还者,付给奖金 500 元。该出租汽车司机乙很快将该电脑送回,主张奖金时遭拒。下列哪一表述是正确的?

A. 甲的悬赏属于要约
B. 甲的悬赏属于单方允诺
C. 乙归还电脑的行为是承诺
D. 乙送还电脑是义务,不能获得奖金

【解析】

正确答案是 B。《民法典》第 499 条实际上明确了悬赏广告的单方行为性质,采纳了单方行为说,而不是要约说。

第四节 强制缔约

一、强制缔约的概念

强制缔约是指只要一方当事人提出缔结合同的请求,另一方当事人就依法负有法定的与之缔结合同的义务。强制缔约制度是对意思自治原则下当事人缔约自由的限制,通过此种限制可以有效地保护弱势群体的利益,从而实现合同的实质正义。从定义可以看出,强制缔约具有以下特点。

(1)强制缔约属于法定义务。

(2)强制缔约是对合同自由的限制。

(3)强制缔约的功能在于维护公共利益。

(4)强制缔约仍然要经过要约和承诺的程序,只不过一方当事人必须发出要约或者必须作出承诺而已。

《民法典》第 494 条第 1 款规定:"国家根据抢险救灾、疫情防控或者其他需要下达国家订货任务、指令性任务的,有关民事主体之间应当依照有关法律、行政法规规定的权利和义务订立合同。"这就确认了强制缔约制度。

二、根据指令性任务或者国家订货任务签订合同

强制缔约应当包括对缔约的限制和对内容的限制两方面的内容,因为合同一方当事人不仅负有与相对人订立合同的义务,而且还负有以相对人可接受的合理、相同内容订立合同的义务。

在我国原有高度集中的经济管理体制下,对企业的生产经营活动实行指令性计划管理,国家有关部门向企业下达指令性计划以后,企业必须严格依据计划订立合同。自我国经济体制改革以来,为了搞活经济,指令性计划的管理范围逐渐缩小。不过自 1992 年起,为维护全国经济和市场的稳定,满足国防军工、重点建设、防疫防灾以及国家战略储备的需要,开始试行国家订货制度。因此,在《民法典》有必要对根据指令性任务或者国家订货任务订约的规则作出规定。《民法典》第 494 条第 1 款规定:"国家根据抢险救灾、疫情防控或者其他需要下达国家订货任务、指令性任务的,有关民事主体之间应当依照有关法律、行政法规规定的权利和义务订立合同。"

三、强制要约

强制要约是指依据法律或行政法规的规定，一方当事人必须向他方当事人作出要约的意思表示。通常情形下，强制缔约主要体现为强制承诺，在法律规定的特殊情形下，其才体现为强制要约。《民法典》第494条第2款规定："依照法律、行政法规的规定负有发出要约义务的当事人，应当及时发出合理的要约"。从该规定可以看出，强制缔约不仅包括对承诺的强制，还包括对要约的强制，即根据法律的规定，某一权利主体有义务及时向他人发出要约以订立合同。

四、强制承诺

强制承诺是指依据法律或行政法规的规定，一方当事人必须针对他人的要约作出承诺的意思表示，即对接受要约义务的强制。虽然受要约人依法负有必须订立合同的义务，但这并不意味着该合同可以依据法律的规定直接成立，当事人仍然应当依据要约承诺的一般程序订立合同。这就要求要约人必须作出明确的要约，强制缔约义务人负有必须作出承诺、订立合同的义务。《民法典》第494条第3款规定："依照法律、行政法规的规定负有作出承诺义务的当事人，不得拒绝对方合理的订立合同要求。"

第五节 缔约过失责任

一、缔约过失责任的概念

缔约过失责任指当事人在订立合同的过程中，因违背诚实信用原则而给对方造成损失的赔偿责任。《民法典》第500条规定，当事人在订立合同的过程中，实施了假借订立合同、恶意进行磋商等违背诚信原则的行为，造成对方损失的，应当承担赔偿责任。这就在立法中确立了缔约过失责任制度。

根据自愿原则，当事人可以自由决定是否订立合同，与谁订立合同，订立什么样的合同。为订立合同与他人进行协商，协商不成的，一般不承担责任。但是，当事人进行合同的谈判，应当遵循诚实信用原则。根据《民法典》的上述规定，因违背诚实信用原则给对方当事人造成损失的，应当承担损害赔偿责任，该责任的承担需要具备以下条件：

(1) 缔约过失发生在合同订立过程中。
(2) 一方违背诚实信用原则。
(3) 造成他人信赖利益的损失。

二、缔约过失责任的类型

根据《民法典》的规定,缔约过失责任主要有以下几种类型。

(一) 假借订立合同,恶意进行磋商

所谓"假借"就是根本没有与对方订立合同的目的,与对方进行谈判只是个借口,目的是损害对方或者第三人的利益,恶意地与对方进行合同谈判。

【案例2-8】

甲知道乙有转让餐馆的意图,甲并不想购买该餐馆,但为了阻止乙将餐馆卖给竞争对手丙,却假意与乙进行了长时间的谈判。当丙买了另一家餐馆后,甲中断了谈判。后来乙以比丙出价更低的价格将餐馆转让了。此时乙可以主张过失缔约责任。

(二) 故意隐瞒与订立合同有关的重要事实或者提供虚假情况

小贴士

《意大利民法典》第1338条规定:"知道或者应当知道契约无效原因存在的一方没有将其通知另一方,则该方要为此就对方在契约有效期内基于依赖、没有过错而遭受的损失承担赔偿责任。"

(三) 泄露或者不正当地使用商业秘密或者其他应当保密的信息

在订立合同的过程中,为达成协议,有时告诉对方当事人商业秘密是难免的,但一般也应提请对方注意不得泄露、使用。在这种情况下,对方当事人有义务不予泄露,也不能使用商业秘密。如果违反规定,则应当承担由此给对方造成损害的赔偿责任。在有的情况下,虽然一方当事人没有明确告知对方当事人有关的信息是商业秘密,基于此种信息的特殊性质,按照一般的常识,对方当事人也不应当泄露或者不正当地使用,否则有悖于诚实信用原则,也应当承担赔偿责任。

(四) 其他违背诚实信用原则的行为

当事人按照诚实信用的原则进行谈判,有谈判成功的,也有谈判不成功的,中途停止谈判也是正常的。但是,如果当事人违背诚实信用的原则终止谈判,并因此损害了对方当事人的利益,则要承担缔约过失的责任,赔偿损失。

【案例2-9】

甲向乙保证,如果乙努力取得经验并准备投资15万美元,则向乙授予专营许可。此后的两年间,乙为订立该合同做了大量工作,且一直深信将会得到甲的专营许可。当订

立协议的一切准备工作就绪时,甲通知乙必须投资更多的资金。乙拒绝了这种要求,同时要求甲承担过失缔约责任,补偿其为准备订立合同所支付的费用。

三、缔约过失责任的赔偿范围

当事人在订立合同的过程中,实施了假借订立合同、恶意进行磋商等违背诚信原则的行为,造成对方损失的,应当承担赔偿责任。需要指出的是,在缔约阶段,合同还没有成立,即使实施了假借订立合同、恶意进行磋商等违背诚信原则的行为,另一方也不得请求其承担违约责任,而是缔约过失责任。(《民法典》第500条和第501条)

在缔约过失责任中,应当以信赖利益作为赔偿的基本范围。信赖利益的损失限于直接损失,直接损失是指因为信赖合同的成立和生效所支出的各种费用,具体包括:

(1)因信赖对方的要约邀请和要约有效而与对方联系、实地考察以及检查标的物等所支出的各种合理费用。

(2)因信赖对方将要缔约,为缔约做各种准备工作并为此所支出的各种合理费用。

(3)为支出上述各种费用所失去的利息。

思考与练习

一、简述题

1. 试述合同的成立条件。
2. 试述要约的有效条件。
3. 要约与要约邀请有何区别,如何区分?
4. 试述要约的法律效力。
5. 要约的撤回与撤销有何区别?
6. 试述承诺的成立条件。
7. 如何确定合同成立的时间和地点?
8. 缔约过失责任与违约责任有何区别?

二、案例分析

【基本案情】

甲公司与乙公司签订了购买空调100台的合同,约定每台空调价格为1900元,合同订立后,乙公司当即支付预付款19000元。甲公司提供40台空调后,乙公司经检验认为该产品质量不合格,要求退货。甲公司认为自己不可能在合同约定的时间内向乙公司提供合同约定的空调,于是建议由丙公司供货,货款由乙公司向丙公司支付,乙、丙公司表示同意。双方约定:由丙公司供货的合同应当采用书面形式。但双方协商一致后,直接通知丙公司向乙公司供货，未签订书面合同。

后，丙公司向乙公司交付空调100台，价款共计190000元。但乙公司仅向丙公司支付货款171000元，扣除了乙公司已经向甲公司支付的19000元预付款。丙公司向法院起诉，要求乙公司支付剩余货款，并支付相应的利息。

【思考讨论】

乙与丙公司之间是否成立合同关系？丙公司的主张是否有法律依据？

【分析要点】

《民法典》第490条第2款规定，法律、行政法规规定或者当事人约定合同应当采用书面形式订立，当事人未采用书面形式但是一方已经履行主要义务，对方接受时，该合同成立。甲公司与乙公司在签订由丙公司交付货物的合同中约定，该合同应当采用书面形式，则该合同应当于双方在书面合同上签名或盖章时生效。双方只是就合同的内容达成口头协议，未依照约定订立书面合同。口头合同成立后，丙公司向乙公司交付了约定的100台空调，乙公司接收并支付了90台空调的货款，双方当事人已经履行了合同主要义务，除了乙公司已向甲公司支付的10台空调的预付款。这说明，甲公司与乙公司之间就由丙公司代为交付空调的合同已经有效成立。乙公司拒绝向丙公司支付10台空调的价款，是违约行为，丙公司有权向乙公司追偿。

第三章 合同的效力

【学习目标】
1. 了解合同效力的含义。
2. 掌握附条件、附期限合同的规则。
3. 掌握效力待定合同的种类、效力。
4. 掌握因表见代理、表见代表订立合同的效力。
5. 了解合同无效的事由。
6. 了解合同的撤销事由。

【引例】
甲要购买英国制造的望远镜。2016年9月2日,甲在乙开办的商店中相中了一台标签标明产自英国的某品牌望远镜,于是甲便购买了此望远镜。后来,甲因为不小心将望远镜的镜片碰坏了,就于2017年9月8日到该品牌望远镜的特约维修点去修理。经询问,甲发现该望远镜实际上是产自中国香港而非英国。但由于事务繁杂,甲一直拖到2018年9月20日才找乙要求退货。如果按照合同法来处理此事,则下列选项中,正确的是(　　)。

A. 乙必须办理退货,因为乙店的行为构成欺诈,甲撤销了合同
B. 乙可以不退货,因为超过了撤销权的行使期间
C. 乙可以不退货,因为乙未实施欺诈,合同一直有效
D. 乙换货即可,不必全部满足甲的要求

【解析】

正确答案为B

由于乙以故意虚假表述致使甲陷入错误认识而订立买卖合同,乙的行为属于欺诈,甲与乙的合同属于可撤销合同。甲作为陷入错误认识的一方为撤销权人。甲于2017年9月8日便知道了撤销事由,但直到2018年9月20日才要求乙退货,即要求撤销合同,此时已经超过了撤销权的1年的存续期间,撤销权已经消灭,所以甲不能撤销合同,合同继续有效,乙有权拒绝退货。故正确答案为B。

第一节 合同效力概述

一、合同效力的概念

合同的效力,又称合同的法律效力,是指法律赋予依法成立的合同具有拘束当事人各方乃至第三人的强制力。对于合同的效力,应当从以下几个方面理解。

(1)合同的效力,是法律赋予的,由国家强制力保障,在合同成立后,合同当事人可以依据合同约定及法律规定要求合同相对方实际履行合同或承担合同义务。

(2)合同的效力反映的是对合同各方当事人合意的法律评价,既是国家意志的表现,也是各方当事人使自身意志上升为法律的国家意志的结果,即在各方当事人的合意与国家意志的统一中,最大限度地满足各方当事人的意思自治。

(3)合同的效力作为各方当事人的合意的法律评价时,表现是多样的。当法律对当事人的合意作出肯定的法律评价时,合同是有效的,此时合同具有履行效力,当事人应当按照合同约定履行债务或实现债权;当法律对于当事人的合意作出否定的法律评价时,合同是无效的,合同不具有履行效力,意味着合同不能产生当事人追求的法律效果,当事人无法按照合同约定履行债务或实现债权;当法律对于当事人的合意作出相对否定的法律评价时,合同是可撤销或者效力待定的,即合同当事人、代理人或其他依据法律有权的人可以自行决定合同是否产生肯定的法律评价。

(4)合同的效力不仅可以及于合同当事人,还可以及于第三人。《民法典》第465条第2款规定,依法成立的合同,仅对当事人具有法律约束力,但是法律另有规定的除外。

> **小贴士**
>
> 上述规定可以从两个方面来理解,一方面是一般情况下,已成立并生效的合同仅对于当事人存在法律拘束力,其表现在:(1)当事人必须全面履行合同所设定的义务;(2)当事人不履行合同义务或履行义务不符合法律规定的,应当承担违约责任;(3)除当事人另有约定或法律另有规定外,一方当事人不得擅自解除或变更合同,不得将其权利义务转让给其他第三人;(4)合同依法成立后,当事人之外的任何组织或个人均不得非法干预合同。另一方面是例外情况下,即"法律另有规定"的情况下,已成立并生效的合同对于第三人也可以产生法律拘束力,具体表现为:(1)合同的保全制度;(2)真正的利益第三人合同制度;(3)第三人行使撤销权或代位权制度;(4)涉他合同中向第三人履行或由第三人履行的代为履行制度;(5)"买卖不破租赁"制度。

二、合同的成立与有效

（一）合同成立

我国《民法典》在合同成立的问题上最大限度地尊重了当事人的意志,合同的成立是当事人意思自治的体现。合同的有效与生效是法律对于当事人意思自治的法律评价,是对当事人合意的肯定或否定的结果。因此,合同的成立、合同的有效与合同的生效是不同层次的制度。

当事人合意是合同成立的要件。当事人就民事权利、义务达成一致意见,形成合意,合同即为成立。

（二）合同有效成立的要件

当事人的合意符合法律规定的有效要件的,法律赋予其有效的法律效果,不符合有效要件或欠缺有效要件的合同,则会被归于无效、可撤销或效力待定。

根据《民法典》第143条的规定,具备以下条件的民事法律行为有效:(1)行为人具有相应的民事行为能力;(2)意思表示真实;(3)不违反法律、行政法规的强制性规定,不违背公序良俗。合同的订立与成立为民事法律行为,即前述规定为依法成立的合同的有效要件。合同的有效要件详述见下一节。

三、合同有效与合同生效

（一）合同有效

合同有效是指合同符合《民法典》第143条的规定,是合同具备有效要件时的状态,但并没有考虑合同是否具备履行条件。

（二）合同生效

合同生效除了要具备合同有效的要件,还要具备合同履行的条件,合同生效后,法律即赋予其合同履行的强制力。也就是说,合同有效并不意味着合同生效。

《民法典》第502条第1款、第2款规定,依法成立的合同,自成立时生效,但是法律另有规定或者当事人另有约定的除外。依照法律、行政法规的规定,合同应当办理批准等手续的,依照其规定。未办理批准等手续影响合同生效的,不影响合同中履行报批等义务条款以及相关条款的效力。应当办理申请批准等手续的当事人未履行义务的,对方可以请求其承担违反该义务的责任。

小贴士

前述规定应当从两个方面理解,一方面是合同生效的时间,一般情况下合同成立时生效,即合同成立与合同生效的时间是一致的,但法律另有规定或当事人另有约定的情况除外,例如附条件生效和附期限生效的合同,在合同成立时并不生效,待条件成就或期限届至时合同生效,此时的合同成立与合同的生效时间并不一致。

另一方面是法律、行政法规对于某些合同设置了批准等手续,从而影响合同的效力。对于法律、行政法规规定的需要办理批准等手续才可以生效的合同,即使形成合意并具备合同的有效要件,也不能达到合同生效的法律效果。同时,法律赋予该种合同履行报批等义务的条款效力独立于整体合同的效力,合同当事人未履行报批等义务,可参照合同违约责任的规定,承担违约责任。

四、合同效力与争议解决条款的效力

《民法典》第506条规定,合同不生效、无效、被撤销或者终止的,不影响合同中有关解决争议方法的条款的效力。合同当事人对于权利、义务的约定属于实体性条款,对于争议解决条款的约定是一种程序上的合意,该条款是程序性条款。程序性条款的效力独立于实体性条款的效力,不受合同实体性条款效力的影响,当然程序性条款也需要合法,不能违背法律的强制性规定。合同终止,终止的是实体权利义务关系,有关争议解决方法的条款并不随之终止。

第二节 合同的有效要件

合同的有效要件,是评价合同当事人合意的标准。按照《民法典》第143条的规定,合同具备以下条件时方为有效:

一、行为人具有相应的民事行为能力

民事行为能力是行为人通过自己的行为参与民事活动,享有权利和承担义务的能力。民事行为能力是行为人实施民事法律行为的相应保证。这里的"相应",强调行为人所实施的民事法律行为应当与其行为能力相匹配,具体包括三种情况:

1. 完全民事行为能力人

完全民事行为能力人可以从事一切民事法律行为,其行为能力不受限制。

2. 限制行为能力人

对于限制行为能力人而言,只能实施与其年龄、智力、精神健康状况等相适应的民事法律行为和纯获利益的民事法律行为,实施其他行为需要经过法定代理人的同意或者追认。

《民法典》第19条规定:"八周岁以上的未成年人为限制民事行为能力人,实施民事法律行为由其法定代理人代理或者经其法定代理人同意、追认;但是,可以独立实施纯获

利益的民事法律行为或者与其年龄、智力相适应的民事法律行为。"

《民法典》第22条规定:"不能完全辨认自己行为的成年人为限制民事行为能力人,实施民事法律行为由其法定代理人代理或者经其法定代理人同意、追认;但是,可以独立实施纯获利益的民事法律行为或者与其智力、精神健康状况相适应的民事法律行为。"

《民法典》第145条规定:"限制民事行为能力人实施的纯获利益的民事法律行为或者与其年龄、智力、精神健康状况相适应的民事法律行为有效;实施的其他民事法律行为经法定代理人同意或者追认后有效。相对人可以催告法定代理人自收到通知之日起30日内予以追认。法定代理人未作表示的,视为拒绝追认。民事法律行为被追认前,善意相对人有撤销的权利。撤销应当以通知的方式作出。"这里的"纯获利益"指的是就权利与义务而言,限制行为能力人仅享有权利而不承担义务。

由此可见,限制行为能力人实施与其年龄、智力、精神健康状况等相适应的民事法律行为和纯获利益的民事法律行为有效,实施其他民事法律行为则会产生效力待定的效果,如法定代理人追认,则合同有效,如法定代理人拒绝追认或善意相对人撤销合同,则合同无效。

【案例3-1】

一名13岁的初中生自行购买一本价值30元的书,其购买正常价格的书籍的行为与年龄、智力相符合,因此该初中生与书店所订立的买卖合同是有效的。

【案例3-2】

一名13岁的初中生前往电脑专卖店,以1万元的价格购买了一台电脑,由于13岁的初中生缺乏对贵重物品及较大金额的判断力,该行为不符合其年龄以及智力水平,就需要法定代理人进行追认,如法定代理人进行追认,则该初中生与商店所订立的买卖合同有效,如法定代理人拒绝追认或法定代理人在追认前,商店通知法定代表人撤销该买卖合同,则该初中生与商店所订立的买卖合同无效。

3. 无行为能力人

无行为能力人由于不具备行为能力,其实施的民事法律行为是无效的。《民法典》第144条规定,无民事行为能力人实施的民事法律行为无效。

二、意思表示真实

意思表示真实,是指缔约人的表示行为应真实地反映其内心的效果意思,即要求其效果意思与表示行为相一致。意思表示作为法律行为的核心要素,其真实性对于保证行为人正确实现行为目的至关重要。在意思表示不真实的情况下,民事法律行为不能具备完全有效的效力。意思表示不真实所订立的合同有以下几种类型:

1. 因误解所订立的合同

在一般误解的情况下,合同有效。在重大误解的情况下,合同可被撤销。

2. 因欺诈、胁迫所订立的合同

在该情形中,受欺诈人、受胁迫人的意思表示虽然从表面看是真实的,但实际上并非其内心自由意志的体现。该种情形下合同可被撤销。

3. 因处于危困状态、缺乏判断能力等,订立的显失公平的合同

合同一方当事人利用对方处于危困之中或缺乏判断力,迫使对方签订违背其真实意愿的合同。该种情形下合同可被撤销。

4. 虚假意思表示合同

虚假意思表示合同,是指当事人双方均知道其所表示的意思并非真意,为掩盖真实法律行为进而通谋做出与真意不一致的假合同,假合同所指向的法律效果并非当事人内心的真实意思表示,因此假合同无效。

三、不违反法律、行政法规的强制性规定,不违背公序良俗

1. 不违反法律

法律由全国人大常委会通过并颁布,行政法规由国务院颁布,这里的"法律、行政法规"应严格限制,不包括国务院部门规章、地方政府规章及地方法规。

2. 不违反强制性规定

强制性规定包含效力性强制规定和管理性强制性规定。违反强制性规定,其后果有可能是无效,也有可能仅是一方当事人受到行政制裁等,并不必然导致合同无效。对此,将在本章第四节详细阐述。

3. 不得违背公序良俗

公序良俗是社会公共利益的体现。由于法律不能面面俱到地规定社会生活和经济活动中全部情形,因此将合同不得违背公序良俗作为保护社会公共利益的最后一道防线。

第三节 附条件的合同和附期限的合同

当事人对于合同效力可以约定附条件或者附期限,这也是意思自治原则的体现。

一、附条件的合同

(一)附条件合同的概念

合同中所附条件是指,当事人以未来客观上不确定发生的事实,作为合同效力的附款。《民法典》第158条规定,民事法律行为可以附条件,但是根据其性质不得附条件的

除外。附生效条件的民事法律行为,自条件成就时生效。附解除条件的民事法律行为,自条件成就时失效。

(二)附条件的合同种类

以所附条件决定合同效力发生或消灭为标准,条件可以分为生效条件和解除条件。

1. 附生效条件的合同

附生效条件的合同,生效条件具备之前,合同虽已成立但未生效,其效力是否发生处于不确定状态。条件具备,合同生效;条件不具备,合同就不生效。

2. 附解除条件的合同

附解除条件的合同,是指对已经生效的合同,当条件具备时,该合同失效;如果该条件确定不具备,则该合同将继续有效。

(三)所附条件的特点

所附条件具有以下特点:

(1)条件系当事人达成合意共同约定,并作为合同的一部分内容。当事人不得以法定条件作为其所附条件。

(2)条件是未来可能发生的客观事实。既成事实、必成事实、不可能发生的事实以及合同当事人可以主观决定的事实不能作为合同的所附条件。

(3)所附条件是当事人用以控制合同效力的附属意思表示。应当将所附条件与合同自身内容加以区分,如供货条件属于合同自身内容,而非合同效力的意思表示。

(4)所附条件中的事实应为合法事实,违法事实不能被设定为合同的附条件。

另外,当事人为自己的利益不正当地阻止条件成就的,视为条件已成就;不正当地促使条件成就的,视为条件不成就。

二、附期限的合同

(一)附期限合同的概念

合同中所附期限是指,当事人以确定将来要发生的事实,作为合同效力的附款。《民法典》第 160 条规定,民事法律行为可以附期限,但是根据其性质不得附期限的除外。附生效期限的民事法律行为,自期限届至时生效。附终止期限的民事法律行为,自期限届满时失效。

(二)附期限的合同种类

以所附期限决定合同效力的生效或失效为标准,期限可以分为生效期限和终止期限。

1. 生效期限和终止期限的定义

附生效期限的合同,期限届至前,合同虽成立但并未生效,期限届至,合同生效;附终止期限的合同,期限届至前,合同始终有效,期限届至时,合同失效。

2. 附期限合同和附条件合同区别

附期限合同和附条件合同区别在于,期限是将来确定要发生的事实,虽然期限的到来具体日期可能存在不确定性,但期限的到来是必然性的,因此附期限合同的效力是确定的;而条件的成就存在不确定性,因此附条件合同的效力是不确定的。

第四节 合 同 无 效

一、无效合同概述

(一) 无效合同的概念

无效合同,是指经合同当事人协商一致并成立,但按照法律规定不允许按照合同当事人的合意赋予合同法律效果,不能产生当事人预期的法律效果的合同。

合同无效是自始无效。合同无效从合同成立时就不发生效力。如2020年1月1日订立的合同,在2021年1月1日被法院确认为无效,则合同自2020年1月1日订立时就不发生效力。

合同无效是当然无效。当然无效是指合同无效具有必然性,无需任何人主张,合同均不发生效力。

> **小贴士**
>
> 这里包含两层含义,一是合同无效是法定情形,也是法律对已成立合同评价的结果,当事人无权确定合同无效。一般来讲,当事人约定合同在什么情况下无效的约定,是对合同不生效的约定。合同不生效与合同无效存在区别,合同不生效是合同当事人意思自治的结果,而合同无效是法律规定直接赋予的法律效果。二是无论当事人请求与否,人民法院和仲裁机构均有权主动确认合同无效。这与可撤销合同不同,当事人必须向法院或仲裁机构提出撤销合同的请求,法院或仲裁机构才可根据当事人的请求撤销合同。

(二) 合同无效的情形

合同无效可以是全部无效,也可以是部分无效。合同无效的原因存在于合同内容的全部时,合同全部无效;无效的原因存在于合同内容的一部分,且该部分无效又不影响其余部分时,其余部分仍然有效。

免责条款无效是合同部分无效的一种情况。免责条款是合同双方当事人约定排除或者限制当事人的民事责任的合同条款,具有约定性。《民法典》第506条规定:"合同中的下列免责条款无效:造成对方人身损害的;因故意或重大过失造成对方财产损害的。"该条规定是对于免责条款效力的规定。

二、合同无效的事由

按照《民法典》第 144 条、第 146 条、第 153 条、第 154 条的规定，有关法律及司法解释规定，对于合同无效的事由进行如下分析。

（一）无民事行为能力人签订的合同

不满 8 周岁的未成年人和不能辨认自己行为的成年人为无民事行为能力人。无民事行为能力人不能签订合同，应当由其法定代表人代理签订合同，无民事行为能力人签订的合同无效。

小贴士

应注意区分合同的签订主体与合同主体，无民事行为能力人虽然不能作为合同的签订主体，但作为民事主体仍然可以作为合同当事人，享有合同权利，履行合同义务。

（二）以虚假意思表示订立的合同

虚假意思表示合同，是指当事人双方均知道其所表示的意思并非真意，为掩盖真实法律行为进而通谋做出与真意不一致的假合同，被隐藏的真实法律行为成为隐匿行为。由于合同双方对于假合同所指向的法律效果并非真意，即双方意思表示不真实，且双方对此互相明知，不符合意思自治原则，所以法律对于该种合同的法律评价持否定的态度。至于隐匿行为的效力，应结合具体情况分析，符合有效要件的，为有效合同，存在合同无效情形的，为无效合同。

【案例 3-3】

甲卖给乙一套二手房，在中介机构的帮助下签订了两个合同（俗称"阴阳合同"），两份房屋买卖合同中，"阴"合同约定的是二手房交易的真实价格为 1000 万元；"阳"合同写的价格为 500 万元，是为少缴税而商定的假价格。

本案中本案的"阳"合同是假合同，是甲、乙双方为隐藏真实法律行为作出的与甲、乙双方的真实意思不符的意思表示，应当被认定为无效；"阴"合同是隐匿行为，为有效合同。因此应按"阴"合同纳税。

（三）合同内容违反法律、行政法规的效力性强制性规定

《民法典》第 153 条第 1 款规定，违反法律、行政法规的强制性规定的民事法律行为无效。但是，该强制性规定不导致该民事法律行为无效的除外。该条规定明确指出，仅违反法律、行政法规的强制性规定的民事法律行为无效。法律由全国人大和全国人大常委会颁布，行政法规由国务院颁布。不得根据国务院部门规章、地方政府规章及地方法规的强制性规定认定合同无效。

1. 强制性规定的定义

强制性规定又称强制性规范，是法律规范的一种，与任意性规范相对。任意性规范是指所规定的权利、义务具有相对肯定的形式，允许当事人通过意思自治进行变更的法律规范。任意性规范具有较强的引导性，而强制性规范则是法律所规定的权利、义务，具有绝对性，旨在保护国家公共利益、社会公共利益等，排除了合同当事人的意思自治。

2. 强制性规定的类型

强制性规定又分为效力性强制规定和管理性强制规定。

(1)效力性强制性规定。效力性强制性规定的对象是民事法律行为。第一类是直接规定合同或民事法律行为的效力。例如，《民法典》第497条规定，"有下列情形之一的，该格式条款无效：①具有本法第一编第六章第三节和本法第506条规定的无效情形；②提供格式条款一方不合理地免除或者减轻其责任、加重对方责任、限制对方主要权利；③提供格式条款一方排除对方主要权利。"第二类是未明文规定合同或者民事法律行为无效，但从其规定可看出是无效的，即禁止性规定。国家制定法律时对一些特别重大的，损害国家利益、社会公共利益的行为，规定为禁止行为，例如国家禁止经营、毒品交易、走私等。禁止性规定在条文中未明示民事法律行为是否无效，但其仍然是无效的。即在效力性强制性规定中，大部分规定、规范的对象是行为本身，直接规定合同无效、民事法律行为无效，以禁止某些行为。

(2)管理性强制性规定。管理性的强制性规定可分为三类。第一类是主体需附加上特殊的资质、资格要求，如限制当事人市场准入的资格或资质条件的；第二类是某种民事法律行为(合同)需经过特殊的程序；第三类是某些合同要经过行政许可，这种行政许可是为了进行行政管理，而不是限制当事人的利益。

违反效力性强制性规定的合同，为无效合同，当事人预期的私法上的法律效果将不能实现；违反管理性强制性规定的合同，当事人预期的私法上的法律效果不受到影响，但并不排除受到刑事上或行政上的制裁。

(四)违背公序良俗

公序良俗是公共秩序和善良习俗的简称，属于不特定概念，是公共利益的体现。违背公序良俗的行为主要有：①危害国家政治、经济、财政、税收、金融、治安等秩序的行为；②危害家庭关系的行为；③违反性道德的行为；④违反人权和人格尊重的行为；⑤限制经济自由的行为；⑥违反公正竞争的行为；⑦违反消费者保护的行为；⑧违反劳动者保护的行为等。同强制性规定一样，公序良俗也体现了国家对公民意思自治的一种限制，违背公序良俗所订立的合同无效。

【案例 3-4】

甲(男)与乙(女)约定,甲包养乙五年,每年支付乙 100 万元。该合同违背善良风俗,应当被认定为无效。

(五) 恶意串通,损害他人合法权益

恶意串通,损害他人合法权益的合同无效。这里的"他人"包括自然人、法人、非法人组织。所谓恶意串通,指的是合同当事人或代理人为谋取不正当利益相互勾结,实施的损害他人合法权益的行为。恶意串通要求主观上为合同双方故意、互有串通、为谋取不正当利益为目的,客观上为合同双方实施了一定形式的行为来达到这一目的。

【案例 3-5】

甲与乙于 2000 年结婚,2020 年乙因夫妻感情不和提起诉讼离婚。甲与乙离婚诉讼期间,甲为了多分财产而让乙少分财产,便与丙签订了一份借款合同,合同约定丙于 2017 年出借给甲 50 万元,借款期限为 2 年。与此同时,甲向丙转账 50 万元,称该款为归还的借款。

该合同为甲与丙恶意串通,为转移甲与乙的夫妻共同财产,损害乙的合法权益,因此,该合同应当被认定为无效。

三、无效合同的法律后果

合同被确认无效后,因该合同取得的财产,应当予以返还;不能返还或者没有必要返还的,应当折价补偿。合同被确认为无效,自始无效,应当恢复到合同成立前的状态,因此合同当事人无论是否有过错,均应返还所取得的财产。如财产不能返还或没必要返还的,为达到恢复原状的目的,应当采取折价补偿的方式。

有过错的一方应当赔偿对方因此所受到的损失,双方都有过错的,应当各自承担相应的责任。

当事人恶意串通,损害国家、集体利益或者第三人利益的,因此取得的财产收归国家所有或者返还给第三人。例如毒品买卖所签订的买卖合同被确认为无效后,毒品和出卖人的违法所得均应被国家收缴,而不是返还给合同当事人。

第五节 合同的撤销

一、合同的撤销概述

(一) 合同的撤销的概念

合同的撤销是指因当事人意思表示不真实,通过撤销权人行使撤销权,使有效的合

同归于无效。合同的撤销需要撤销权人来实现,合同被撤销的决定权在于撤销权人,如撤销权人不行使撤销权,则合同不能被撤销。

合同被撤销前合同有效,合同被撤销后合同自始无效。合同的撤销不影响合同中争议解决方法条款的效力。

(二)合同被撤销的原因

《民法典》合同编中对于合同被撤销的原因没有作出规定。由于合同编是《民法典》的一个分编,调整的是民事关系,合同行为亦是民事法律行为,因此合同编中没有规定的内容应当适用《民法典》第一编总则的规定或其他分编的有关规定。

合同被撤销的原因在《民法典》第一编总则当中有所规定。我国《民法典》规定了四种可撤销的民事法律行为:因重大误解实施的民事法律行为、受欺诈实施的民事法律行为、受胁迫实施的民事法律行为、显失公平的民事法律行为。

二、可撤销合同的类型

合同行为作为民事法律行为,按照我国《民法典》总则中规定的四种可撤销的民事法律行为,可撤销的合同包括也分为四种类型:因重大误解成立的合同、因欺诈成立的合同、因胁迫成立的合同、自始显失公平的合同。

(一)因重大误解成立的合同

重大误解,是指行为人因对合同内容的重要事项产生重大认识错误,致使行为人作出与预期效果不一致的意思表示,产生严重不利后果,以至于达不到缔约目的。

1. 重大误解的要件

重大误解需要包含以下要件:

(1)行为人主观上存在重大认识错误,使其认识的事实与客观事实之间存在较大的差距,且该种认识错误归结于自身原因。

(2)因重大误解实施的行为给行为人造成较大的损失,这种损失可以是已经发生的,也可以是未来必然发生的,重大误解与造成较大损失之间存在因果关系。

(3)行为的结果不符合行为人的意思,即意思表示与意思不一致,行为人不愿承担对错误认识的风险。

2. 重大误解的情形

重大误解的情形一般可以分为以下几种:

(1)对合同性质产生误解。比如将借贷误认为是赠与。

(2)对相对人的误解。比如将 A 公司误认为 B 公司并与之签订合同。

(3)对标的物品种、质量、数量的误解。比如将玻璃制餐具误认为瓷质餐具。对于标的物品种、质量、数量的误解给行为人造成重大损失时认定为重大误解,否则按照一般误解认定。

(二) 因欺诈成立的合同

1. 欺诈的概念

欺诈是一方当事人故意陈述虚假情况或故意隐瞒事实,使相对人陷入错误判断,并基于此作出意思表示的行为。《民法典》第148条规定:"一方以欺诈手段,使对方在违背真实意思的情况下实施的民事法律行为,受欺诈方有权请求人民法院或者仲裁机构予以撤销。"欺诈的构成不以受欺诈人客观上遭受损害后果的事实为要件,只要受欺诈人因欺诈行为订立了合同,即可成立欺诈。

欺诈人可以是相对人的欺诈,也可以是第三人的欺诈。一般来讲,欺诈是合同的一方当事人作出欺诈行为,另一方由于欺诈人的欺诈行为陷入错误判断,并据此订立合同;但实施欺诈行为的人除合同当事人外,还有可能是第三人。

小贴士

这里的第三人,一般是指合同当事人之外、与一方存在某种关系的特定人。当事人之外的第三人对其中一方当事人实施欺诈的目的,有可能是仅仅为了帮助对方当事人达成交易,也有可能是为了实现自己的目的。第三人的欺诈要求合同一方当事人知道或应当知道第三人对相对人实施欺诈行为。

《民法典》第149条规定:"第三人实施欺诈行为,使一方在违背真实意思的情况下实施的民事法律行为,对方知道或者应当知道该欺诈行为的,受欺诈方有权请求人民法院或者仲裁机构予以撤销。"

2. 欺诈的构成要件

欺诈的构成要件如下:

(1)主观上行为人须有欺诈的故意。这种故意既包括使对方陷入错误判断的故意,也包括诱使对方基于此错误判断而作出意思表示的故意。

(2)客观上行为人须有欺诈的行为。这种欺诈行为既包括积极欺诈:以积极的言辞和行为,提供虚假的情况;也包括消极欺诈:负有说明义务的一方故意隐瞒事实真相。

(3)受欺诈人因行为人的欺诈行为陷入错误判断,即欺诈行为与错误判断之间存在因果关系。

(4)受欺诈人基于错误判断作出意思表示。只有在合同成立前才可能构成欺诈,在合同成立后的虚假陈述或隐瞒事实真相并不构成欺诈,除非合同成立后的欺诈使得当事人修改合同。

(三) 因胁迫成立的合同

1. 胁迫的概念

《民法典》第150条规定"一方或者第三人以胁迫手段,使对方在违背真实意思的情况下实施的民事法律行为,受胁迫方有权请求人民法院或者仲裁机构予以撤销。"

胁迫,是指行为人通过威胁、恐吓等不法手段对他人思想上施加强制,由此使他人产生恐惧心理并基于恐惧心理作出违背自己意志而迎合胁迫人订立合同的行为。

胁迫与欺诈一样,胁迫人可以是合同当事人,也可以是第三人。

误解、欺诈、胁迫的共同特点是在意思形成过程中产生的意思瑕疵,不同的是误解和欺诈在意思形成过程中意志是自由的,而胁迫在意思形成过程中,意志是不自由的。当事人因受胁迫而作出意思表示,其意思表示并没有产生错误,受胁迫人在作出符合胁迫人要求的意思表示时,清楚地意识到自己意思表示的法律后果,只是这种意思表示的作出并非基于受胁迫人的自由意志。

> **小贴士**
>
> 胁迫的方式应当是对于受胁迫人的精神压力,使受胁迫人产生恐惧心理,并不包括直接暴力的方式,如以暴力形式按住当事人的手进行签字画押,因当事人没有意思表示,所以不存在意思瑕疵的问题。

2. 胁迫的构成要件

胁迫的构成要件一般应当包括:

(1)胁迫人主观上有胁迫的故意,即故意实施胁迫行为使他人陷入恐惧以及基于此恐惧心理订立合同。胁迫的目的是使受胁迫人作出屈服于胁迫人意志的意思表示。

(2)胁迫人客观上实施了胁迫的行为,即以将要实施某种加害行为威胁受胁迫人,以此使受胁迫人产生心理恐惧。这种加害既可以是针对财产权益,也可以是针对人身权益,即可以针对受胁迫人自身,也可以是对第三人,客观上使受胁迫人产生了恐惧心理。

(3)胁迫须具有非法性,包括手段非法或目的非法,缺乏非法性要件,则胁迫不成立。

(4)受胁迫人基于胁迫产生的恐惧心理作出意思表示。换言之,意思表示的作出与胁迫存在因果关系。此处因果关系的判断,应以受胁迫人自身而非其他人为标准。

(四)自始显失公平的合同

《民法典》第151条规定:"一方利用对方处于危困状态、缺乏判断能力等情形,致使民事法律行为成立时显失公平的,受损害方有权请求人民法院或者仲裁机构予以撤销。"

> **小贴士**
>
> 《民法通则》和《合同法》规定显失公平与乘人之危作为两种可撤销合同的原因,现行《民法典》将乘人之危并入显失公平中作为显失公平的原因。

三、撤销权及其行使

（一）撤销权及其权利人

撤销权是指撤销权人依照其单方意思表示使合同等民事法律行为溯及既往地消灭的权利，其性质是形成权，以行使撤销权提起的诉讼为形成之诉。

法律将撤销权赋予合同一方当事人。在因重大误解而成立的合同中，撤销权人为误解人；在因欺诈而成立的合同中，撤销权人为受欺诈人；在因胁迫而成立的合同中，撤销权人为受胁迫人；在因显失公平而成立的合同中，撤销权人为受到不利影响之人。

（二）撤销权行使及消灭

行使撤销权，须撤销权人向法院或者仲裁机构提出请求，由法院或者仲裁机构裁决撤销。撤销权不能以通知的方式行使。

撤销权适用除斥期间的规定，除斥期间为不变期间，不能终止、中断和延长。

《民法典》第152条规定有下列情形之一的，撤销权消灭：(1)当事人自知道或者应当知道撤销事由之日起1年内、重大误解的当事人自知道或者应当知道撤销事由之日起90日内没有行使撤销权；(2)当事人受胁迫，自胁迫行为终止之日起1年内没有行使撤销权；(3)当事人知道撤销事由后明确表示或者以自己的行为表明放弃撤销权。当事人自民事法律行为发生之日起5年内没有行使撤销权的，撤销权消灭。

（三）撤销权行使的效力

撤销权行使后，合同溯及既往地自成立时起无效。

【案例3-6】

李某为白云公司员工，白云公司未依法为李某缴纳社保。一日，李某从公司楼梯处摔倒，造成脊柱断裂，被认定为伤残2级。事后，李某与白云公司协商一致达成赔偿协议，但约定的赔偿金额低于李某应当享受的工伤保险待遇的60%。后李某以显失公平为由，要求撤销该赔偿协议。经过法院审理认定，该赔偿协议约定的赔偿金额明显低于李某应当享受的工伤保险待遇，应当认定为显失公平，依法撤销赔偿协议。

第六节　效力待定的合同

一、效力待定的合同概述

效力待定的合同是指合同订立后，因合同当事人缺乏行为能力或权利致使合同缺乏有效要件，须有权人追认后才能赋予合同有效或无效的法律后果。效力待定的合同即非有效合同,也非无效合同,其效力有待于有权人的单方决定。

在合同效力待定的情况下,有权人对合同的追认,是指明确表示同意合同有效,它是一种单方意思表示,无需相对人作出意思表示,即可使效力待定的合同成为有效的合同。有权人的追认,可以以明示方式作出,也可以以默示方式作出,如自愿履行债务。

有权人的追认是不附加任何条件的,须对合同全部内容进行追认,如只对部分内容进行追认,须取得相对人的同意。

二、效力待定的合同种类

效力待定的合同主要包括三类,限制民事行为能力人订立的与其行为能力不相符合的非纯获利益的合同、无权代理订立的合同、自己代理和双方代理订立的合同。

(一)限制民事行为能力人订立的与其行为能力不相符合的非纯获利益的合同

1. 限制民事行为能力人订立合同的效力

我国《民法典》第145条规定:"限制民事行为能力人实施的纯获利益的民事法律行为或者与其年龄、智力、精神健康状况相适应的民事法律行为有效;实施的其他民事法律行为经法定代理人同意或者追认后有效。"

限制行为能力人因其智力或者精神状况没有达到正常的成年人的水平,故为保护其利益,其只能实施那些与其年龄、智力、精神健康状况相适应的民事法律行为,包括订立小额合同,或者纯获利益的民事法律行为,而其他的民事法律行为需要得到其法定代理人的追认后才能发生效力,在其法定代理人追认之前,属于效力待定。例如,12岁的初中生购买一本20元的课外书,因12岁的初中生实施的购买书籍的民事法律行为符合其智力水平,则该合同是有效的;如一名12岁的初中生购买价值两万元的电脑,因12岁的初中生实施的购买贵重物品的民事法律行为不符合其智力水平,则该合同效力待定。

限制民事行为能力人订立的与其行为能力不相符合的非纯获利益的合同,经其法定代理人追认,合同有效,法定代理人拒绝追认的,合同无效。

2. 催告权与撤销权

为了平衡当事人之间的利益,《民法典》也赋予了相对人催告权与撤销权,相对人可以催告法定代理人自收到通知之日起30日内予以追认。法定代理人未作表示的,视为拒绝追认。民事法律行为被追认前,善意相对人有撤销的权利。撤销应当以通知的方式作出。"善意"是指相对人在订立合同时不知道也没有义务知道与其订立合同的当事人为限制民事行为能力人。

(二)无权代理订立的合同

1. 无权代理订立的合同概念

无权代理订立的合同,是指无代理权的人以被代理人的名义与相对人订立的合同。

2. 无权代理订立的合同的效力

行为人没有代理权、超越代理权或者代理权终止后以被代理人名义订立的合同,因该合同以被代理人名义签订的,法律后果归于被代理人,所以未经被代理人追认,该种合同对被代理人不发生效力,由行为人承担责任。

《民法典》第171条第1款规定:"行为人没有代理权、超越代理权或者代理权终止后,仍然实施代理行为,未经被代理人追认的,对被代理人不发生效力。"

3. 被代理人的追认与善意相对人的撤销权

《民法典》第171条第2款规定:"相对人可以催告被代理人自收到通知之日起30日内予以追认。被代理人未作表示的,视为拒绝追认。"《民法典》第503条规定:"无权代理人以被代理人的名义订立合同,被代理人已经开始履行合同义务或者接受相对人履行的,视为对合同的追认。"这是对被代理人以默示方式追认无权代理行为的规定。

《民法典》第171条第3款、第4款规定:"行为人实施的行为被追认前,善意相对人有撤销的权利。撤销应当以通知的方式作出。行为人实施的行为未被追认的,善意相对人有权请求行为人履行债务或者就其受到的损害请求行为人赔偿。但是,赔偿的范围不得超过被代理人追认时相对人所能获得的利益。相对人知道或者应当知道行为人无权代理的,相对人和行为人按照各自的过错承担责任。"

> **小贴士**
>
> 此处所谓"善意",是指相对人在与无权代理人订立合同时,不知道同时也没有义务知道无权代理人没有代理权。

被代理人的追认应当以明确的意思表示向相对人作出,如果仅向行为人作出意思表示,也必须使相对人知道后才能产生法律效果。追认必须在相对人催告期限尚未届满前以及善意相对人未行使撤销权前行使。一旦被代理人作出追认,无权代理就变成有权代理,行为人实施的民事法律行为就从成立时起对被代理人产生法律效力。

(三)自己代理和双方代理订立的合同

1. 自己代理订立的合同

代理人以被代理人的名义与自己实施民事法律行为,称为"自己代理"。《民法典》第168条第1款规定:"代理人不得以被代理人的名义与自己实施民事法律行为,但是被代理人同意或者追认的除外。"在自己代理的情况下,合同内容实际上是代理人一人决定的,只表现代理人一人的意志,不能构成双方当事人的协议,只有在合同经被代理人追认后,该合同才能体现了合同双方的意志,合同成立并有效。因此,自己代理订立的合同是一种效力待定的合同

2. 双方代理订立的合同

代理人以被代理人的名义与自己同时代理的其他人实施民事法律行为,称为"双方

代理"。《民法典》第168条第2款规定:"代理人不得以被代理人的名义与自己同时代理的其他人实施民事法律行为,但是被代理的双方同意或者追认的除外。"双方代理和自己代理本质相同,都是体现了代理人一人的意志,不能构成双方当事人协议,只有在合同经被代理的双方同意或者追认后,该合同才能体现了合同双方的意志,合同成立并生效。因此,双方代理订立的合同是一种效力待定的合同。

【案例3-7】

甲(17岁,无业)用继承的钱买了一套100万元的商品房,其父母主张合同无效。出卖人则主张:甲看起来像是30岁,自己并不知道他的实际年龄,故自己的善意应当得到保护,合同应有效。

限制民事行为能力人制度虽然对善意相对人的善意进行保护,但仅限于其在法定代理人追认之前享有撤销权,善意相对人并没有单方使合同生效的权利。既然甲的父母不愿意追认,则合同无效(确定地不生效)。

第七节 因表见代理、表见代表订立的合同

表见代理与表见代表制度的设立是为了保护善意相对人的利益,维护民事主体对整个交易支付的信赖,保护交易安全,提高交易效率。

一、因表见代理订立的合同

表见代理是指行为人无权代理,但善意相对人有理由相信行为人有权代理,则该代理行为有效。

《民法典》第172条规定:"行为人没有代理权、超越代理权或者代理权终止后,仍然实施代理行为,相对人有理由相信行为人有代理权的,代理行为有效。"构成表见代理需要满足以下两个条件:

(1)行为人在无权代理的情况下就以被代理人的名义与相对人签订合同,无权代理包括没有代理权、超越代理权或者代理权终止三种情形。

(2)相对人在主观上必须是善意的。所谓善意,是指相对人不知道并且不应当知道行为人实际上是无权代理。如果相对人明知或者应知行为人没有代理权、超越代理权或者代理权已终止,而仍与行为人订立合同,那么就不构成表见代理,而成为无权代理。

小贴士

应当注意的是,表见代理意味着代理有效,效果与有权代理相一致,因表见代理签订的合同符合有效要件的,应当认定为合同有效。

二、因表见代表订立的合同

表见代表是指行为人无权代表,但善意相对人有理由相信行为人有权代表,则该代表行为有效。代表人包括法人的代表人和非法人组织的负责人。

《民法典》第61条规定:"依照法律或者法人章程的规定,代表法人从事民事活动的负责人,为法人的法定代表人。法定代表人以法人名义从事的民事活动,其法律后果由法人承受。法人章程或者法人权力机构对法定代表人代表权的限制,不得对抗善意相对人。"

《民法典》第504条规定:"法人的法定代表人或者非法人组织的负责人超越权限订立的合同,除相对人知道或者应当知道其超越权限外,该代表行为有效,订立的合同对法人或者非法人组织发生效力。"

【案例3-8】

甲公司托王某购买1辆货车,给了王某一份加盖合同专用章的空白授权书,王某擅自在授权委托书上填写授权购买1辆小客车,并以甲公司的名义与丙公司签订了一份买卖1辆小客车的合同,丙公司订立合同时不知王某无代理权,善意且无过失。后来,甲公司主张王某无权代理,并对其行为不予追认。丙公司认为是"表见代理",主张合同有效。

本案中,加盖合同专用章的空白授权书是甲公司交给王某的,甲公司因其行为,使王某有代理权存在的表征(权利外观),丙是善意的相对人。因此,本案成立表见代理,发生代理的效果,合同有效。

【思考与练习】

一、简答题

1. 简述合同成立与合同生效的区别。
2. 简述附条件合同的效力。
3. 简述无效合同的认定。
4. 简述合同生效的一般要件。
5. 简述表见代理的生效要件。

二、案例分析

【基本案情】

1998年12月,福莱有限责任公司(以下简称"福莱公司")与方城公司订立了一份房屋买卖合同,合同规定,福莱公司购买方城公司5套住房,共1000平方米,总价款

1000万元,于 2000 年 12 月交房。合同订立以后,福莱公司便向方城公司分两期支付了 1000 万元购房款。但至 2000 年 12 月,方城公司提出因土地纠纷,房屋不能如期建成。福莱公司要求退款,方城公司数次承诺延期偿还本金,其公司董事长李某代表公司向福莱公司董事长章某某口头表示,如半年内不能偿还本金,可以月息 8% 向福莱公司支付占用资金的利息损失,也可以将其新开发的小区蓝色家园的两套别墅抵给福莱公司。

但福莱公司催告数次后,方城公司依然未能按期还款。后福莱公司因急需资金,被迫与方城公司于 2001 年 1 月 30 日签订《退款协议书》,约定福莱公司免除方城公司的违约责任,条件是方城公司必须于 2001 年 12 月 30 日前分三次归还福莱公司购房款本金 990 万元。《退款协议书》第 2 条规定了方城公司退还部分本金的期限,即"2001 年 6 月 30 日前退购房本金人民币 500 万元;2001 年 9 月 30 日前退 300 万元;2001 年 12 月 30 日归返余下全部本金 190 万元",但直到 2002 年 3 月 1 日,方城公司未按照合同中规定的期限清偿任何一笔债务。福莱公司便于 2002 年 3 月底在法院提起诉讼,请求撤销《退款协议书》,要求方城公司按月息 8% 向福莱公司支付占用资金的利息损失,或将其新开发的小区蓝色家园的两套别墅的所有权移转给福莱公司。

【思考讨论题】

依据《民法典》规定分析福莱公司是否有权撤销该《退款协议书》?

【分析要点】

本案中的退款协议书已构成显失公平的合同,其主要理由如下。

第一,该协议书明显违反了福莱公司的真实意思。显失公平的合同也可以说是一方意思表示不真实的合同。

第二,受害的一方在订立合同时缺乏经验或情况紧迫。也可以说,在订立合同时受害人因无经验,对行为的内容缺乏正当认识的能力,或者因为某种急需或其他的急迫情况而接受了对方提出的条件。

第三,该协议书对福莱公司明显不公。

第四,一方获得的利益超过了法律所允许的限度。如标的的价款显然大大超出了市场上同类物品的价格或同类劳务的报酬标准等。

《民法典》第 151 条规定:"一方利用对方处于危困状态、缺乏判断能力等情形,致使民事法律行为成立时显失公平的,受损害方有权请求人民法院或者仲裁机构予以撤销。"因此,福莱公司有权要求撤销该《退款协议书》。

第四章 合同的履行

【学习目标】
1. 了解合同履行的含义和基本要求。
2. 了解《民法典》对选择之债、按份之债、连带之债的规定。
3. 了解涉他合同的履行规则。
4. 了解情势变更原则的含义。
5. 了解掌握履行抗辩权的种类和行使履行抗辩权的方法。

【引例】

甲公司与乙公司签订买卖合同,按照合同的约定,乙公司在收到甲公司交付的货物之后付款。此时,有传言称乙公司的董事长因为涉嫌刑事犯罪可能被抓,经过调查分析,甲公司确认了此项事实。乙公司的董事长为乙公司的创立人,甲公司担心乙公司的董事长被抓之后,乙公司人心涣散,自己交货之后无法按照合同的约定得到货款,所以在债务履行期限届满后,甲公司未向乙公司交付货物,并提出只有在乙公司付款之后,自己才交付货物。甲公司的行为属于(　　)。

A. 行使先履行抗辩权的行为　　　　B. 行使不安抗辩权的行为
C. 行使同时履行抗辩权的行为　　　D. 违约行为

【解析】

正确答案为 D

甲公司的行为具有行使不安抗辩权的表象,但是甲公司没有确切的证据可以证明,乙公司董事长被抓会使乙公司丧失或者可能丧失履行能力,不具备不安抗辩权的成立要件,因此,甲公司不享有不安抗辩权,其在债务履行期限届满之后仍不履行债务,构成违约。D 项当选。

第一节　合同的履行概述

合同的履行,是指债务人按照合同约定全面地、适当地完成其合同约定的义务,以使债权人的合同债权得以实现,债务人的合同债务得以消灭。履行效力是缔约的真正目的和合同法的全部意义,是合同法律效力的首要表现。

合同的履行又称为"债的清偿"。合同是债发生的主要根据,所以合同的效力被包含在债的效力之内。对于合同履行的理解,可以从两个方面进行。一是从合同效力的方面来讲,合同的履行是依法成立的合同所必然发生的法律效果,并且是构成合同法律效力的主要内容。二是从合同关系消灭的角度看,债务人全面地、适当地履行合同,导致了合同关系的消灭,合同的履行是合同关系消灭的原因。

> **小贴士**
> 我国《民法典》合同编通则对于合同履行的基本原则、合同履行的规则、履行中的抗辩权、情势变更制度等作了详细的规定,同时这些规定中包含了债法的一般性规则,具体为选择之债、按份之债与连带之债、具有合法利益的第三人代为履行规则等,使合同编通则能够发挥债法总则的作用。

第二节 合同履行的基本原则

一、全面履行原则

《民法典》第 509 条第 1 款规定,当事人应当按照约定全面履行自己的义务。全面履行原则是合同履行的重要原则,也是当事人完成合同义务的基本要求,其目的在于保障合同债权人全面实现其合同债权,保障社会经济利益与经济秩序。全面履行意味着当事人应当按照合同约定全面履行义务,其应当履行的义务不限于合同的主要义务,对于当事人约定的其他义务,当事人也应当按照约定履行。

二、诚信履行原则

《民法典》第 509 条第 2 款规定,当事人应当遵循诚信原则,根据合同的性质、目的和交易习惯履行通知、协助、保密等义务。诚信原则是我国民法的基本原则。《民法典》第 7 条规定,民事主体从事民事活动,应当遵循诚信原则,秉持诚实,恪守承诺。合同行为作为民法调整的对象,也应当遵循诚信原则,当事人应当按照诚信原则行使合同权利,履行合同义务,不仅要保护自身合法权益,也要尽力维护相对人的权益不受侵害。

诚信履行原则,不仅要求当事人应当按照合同约定履行自己的义务,也要履行合同未作约定但依照诚信原则应当履行的通知、协助、保密等义务。附随义务并不局限于通知、协助、保密的义务,当事人应当履行的附随义务应当根据合同的性质、目的和交易习惯作具体判断。

三、绿色原则

我国《民法典》总则编第 9 条规定了绿色原则:"民事主体从事民事活动,应当有利于节约资源、保护生态环境。"合同编第509条第3款又加以规定："当事人在履行合同过程中,应当避免浪费资源、污染环境和破坏生态。"依照本款规定,当事人在履行合同过程中,应当避免浪费资源,避免污染环境和破坏生态。

第三节 合同履行的规则

一、提前履行与部分履行的限制规则

(一)提前履行的限制

《民法典》第530条规定："债权人可以拒绝债务人提前履行债务,但是提前履行不损害债权人利益的除外。债务人提前履行债务给债权人增加的费用,由债务人负担。"

合同当事人应当按约履行债务,按约履行的内容包括履行时间、履行方式、履行地点等。债务人提前履行合同,并非对债权人一定有利。债务人提前履行合同损害债权人利益的,债权人可以拒绝;债务人提前履行债务不损害债权人利益的,债权人应当接受。因债务人提前履行合同给债权人造成损失的,应承担赔偿责任。债务人提前履行债务不损害债权人利益的举证责任应当由请求提前履行的债务人一方承担。

债权人接受债务人提前履行债务给债权人增加的费用,由债务人负担。

(二)部分履行的限制

《民法典》第531条规定："债权人可以拒绝债务人部分履行债务,但是部分履行不损害债权人利益的除外。债务人部分履行债务给债权人增加的费用,由债务人负担。"

合同履行应当以全面履行为原则,债务人应当履行全部合同债务,禁止部分履行,但是部分履行不损害债权人利益的除外。

债权人接受债务人部分履行给债权人增加费用的,由债务人负担。

【案例4-1】

甲方向购买乙方10台相同型号的风力发电机,乙方分批供货,供货5台后因停产无法向甲方交付剩余5台风力发电机,由于甲方需要同样型号的风力发电机共10台才能投入使用,所以甲方有权拒绝乙方的部分履行。如果债务人部分履行债务不损害债权人的利益,债权人应当接受,不得拒绝。

二、不完全合同的履行补正规则

(一)不完全合同概述

不完全合同是指,合同虽然成立并生效,但缺乏具体履行条款,必须经过补正后才能

履行的合同。为达到鼓励交易和促成交易的目的,合同具备三要素,即主体、标的、数量即可成立。订立合同是为了追求合同履行的法律效果,而现实生活中,合同常常不能面面俱到地规定全部履行条款,使得合同生效后不能顺利履行。因此,对于"不完全合同"的履行需要进行补正才能保证实现合同目的,确保合同正确履行。

不完全合同的补正可以通过协议方式补正、按照合同有关条款或者交易习惯进行补正、按照法律规定进行补正。

(二)质量、价款或者报酬、履行地点等内容没有约定或者约定不明确的补正规则

《民法典》第510条至514条的规定,是对质量、价款或者报酬、履行地点等内容没有约定或者约定不明确的补正规则。

合同生效后,当事人就质量、价款或者报酬、履行地点等内容没有约定或者约定不明确的,可以协议补充;不能达成补充协议的,按照合同相关条款或者交易习惯确定。依照此仍不能确定的,适用下列规定:

(1)质量要求不明确的,按照强制性国家标准履行;没有强制性国家标准的,按照推荐性国家标准履行;没有推荐性国家标准的,按照行业标准履行;没有国家标准、行业标准的,按照通常标准或者符合合同目的的特定标准履行。

(2)价款或者报酬不明确的,按照订立合同时履行地的市场价格履行;依法应当执行政府定价或者政府指导价的,依照规定履行。

(3)履行地点不明确,给付货币的,在接受货币一方所在地履行;交付不动产的,在不动产所在地履行;其他标的,在履行义务一方所在地履行。

(4)履行期限不明确的,债务人可以随时履行,债权人也可以随时请求履行,但是应当给对方必要的准备时间。

(5)履行方式不明确的,按照有利于实现合同目的的方式履行。

(6)履行费用的负担不明确的,由履行义务一方负担;因债权人原因增加的履行费用,由债权人负担。

> **小贴士**
>
> 应当注意的是,补正的步骤顺序,首先是当事人协议约定补正,这是充分尊重意思自治的体现,其次是按照合同有关条款或者交易习惯进行补正,最后才按照法律规定进行补正。

三、选择之债的履行规则

(一)选择之债的概念

传统民法理论上,按照债的可选择性,债可分为简单之债和选择之债。

简单之债是指债的标的只有一个,当事人无法进行选择,只能按约履行。生活中和

经济往来中的大部分合同都是简单之债。

选择之债是指在合同标的有多项而债务人只需履行其中一项的,合同当事人享有选择权的债。

(二) 选择权的归属

《民法典》第515条第1款规定了选择权归属的一般原则:"标的有多项而债务人只需履行其中一项的,债务人享有选择权;但是,法律另有规定、当事人另有约定或者另有交易习惯的除外。"选择权有可能归于债务人,也有可能归于债权人。

法律为促成交易的目的,原则上,债务人享有选择权,因为将选择权赋予债务人,债务人可根据实际情况作出最有利于自身的选择,这样有利于合同的顺利履行。

选择权的归属有三种例外:

1. 法律另有规定

法律对于某一事项选择权的归属作出了特别规定的,应当适用该规定。

2. 当事人另有约定

法律充分尊重当事人的意思自治原则,合同当事人可以对选择权的归属进行约定,在当事人对选择权的归属作出约定的情况下,首先适用当事人的约定。

3. 另有交易习惯

法律尊重经济活动中的交易习惯,主张适用交易习惯的一方,对交易习惯的存在负有举证责任。

(三) 选择权的转移

《民法典》第515条第2款对选择权的转移作出了规定:"享有选择权的当事人在约定期限内或者履行期限届满未作选择,经催告后在合理期限内仍未选择的,选择权转移至对方。"合同约定了选择期限的,选择权人应当在约定期限内行使选择权;合同未约定期限的,选择权人应当在履行期限届满前行使选择权;如选择权人在选择期限内或合同履行届满未作出选择,对方有权进行催告,要求在合理期限内行使选择权,如选择权人在合理期限内仍未作出选择,选择权转移给对方。

(四) 选择权的行使

选择之债的选择权是形成权,选择权一经当事人行使,直接导致债的标的确定,选择之债变成了简单之债。选择权的行使采用通知的方式。《民法典》第516条规定:"当事人行使选择权应当及时通知对方,通知到达对方时,标的确定。标的确定后不得变更,但是经对方同意的除外。"

另外,为防止享有选择权的当事人滥用选择权损害对方利益,法律还对选择权的行使作出了一定限制。《民法典》第516条规定:"可选择的标的发生不能履行情形的,享有选择权的当事人不得选择不能履行的标的,但是该不能履行的情形是由对方造成的除外。"

四、按份之债的履行规则

（一）按份之债的概念

按份之债分为按份债权和按份债务。《民法典》第517条第1款对按份债权和按份债务的概念作出了规定,债权人为2人以上,标的可分,按照份额各自享有债权的,为按份债权;债务人为2人以上,标的可分,按照份额各自负担债务的,为按份债务。

（二）按份之债的履行

按份之债一定都具有可分性,标的的分割不影响标的的性质。

按份之债的债权人按照份额各自享有债权,每个债权人只能就自己的份额向债务人主张债权,不得超过自己份额行使债权,其主张自己的债权时,不影响其他债权人对债权的主张。按份债务的债务人按照份额各自负担债务,每个债务人只就自己应当承担的份额向债权人履行债务,对超过自己份额的债务有权拒绝。

如果债权人受领超出自己债权范围内的债权,则为不当得利;如果债务人承担的债务超出自己的债务范围,则为无因管理。

按份债权人或者按份债务人的份额难以确定的,视为份额相同。

五、连带之债的履行规则

（一）连带之债的概念

连带之债分为连带债权和连带债务。《民法典》第518条第1款对连带债权和连带债务的定义作出了规定,债权人为2人以上,部分或者全部债权人均可以请求债务人履行债务的,为连带债权;债务人为2人以上,债权人可以请求部分或者全部债务人履行全部债务的,为连带债务。

连带之债产生的原因由法律规定或者当事人约定,如果法律没有规定或者当事人没有约定,则不能成为连带之债。

（二）连带之债的份额确定规则

连带之债是对外的连带义务,对内需要确定份额。份额的确定可以按照约定,也可以按照法律规定。《民法典》第519条第1款规定:"连带债务人之间的份额难以确定的,视为份额相同。"《民法典》第521条第1款规定:"连带债权人之间的份额难以确定的,视为份额相同。"

（三）连带债务的履行规则

1. 连带债务的追偿权

连带债务人的追偿权是指一个连带债务人因履行债务、抵销债务等使连带债务人对债权人的债务在一定范围内消灭的,该连带债务人享有向其他连带债务人追偿的权利。行使追偿权的债务人必须是向债权人履行的债务超过了自己债务份额的债务人,如果一个债务人对债权人清偿债务没有超过自己应当承担的责任,则不能行使追偿权。

《民法典》第519条第2款规定,实际承担债务超过自己份额的连带债务人,有权就超出部分在其他连带债务人未履行的份额范围内向其追偿,并相应地享有债权人的权利,但是不得损害债权人的利益。

> **小贴士**
>
> 某个债务人清偿的债务超出自己债务份额的,其超出的部分则会转化为对其他债务人的债权,该债务人有权请求其他债务人向其清偿债务。因此,其他连带债务人对债权人的抗辩,可以向该债务人主张。

2. 因部分连带债务人履行、提存、抵销、免除、混同对其他连带债务人产生的效力

(1)履行、抵销债务或者提存。《民法典》第520条第1款规定,部分连带债务人履行、抵销债务或者提存标的物的,其他债务人对债权人的债务在相应范围内消灭;该债务人可以依据前条规定向其他债务人追偿。

(2)因免除而获得全体债务人免责。《民法典》第520条第2款规定,部分连带债务人的债务被债权人免除的,在该连带债务人应当承担的份额范围内,其他债务人对债权人的债务消灭。债权人免除其中一个或者部分连带债务人的债务的,债权人仍可向其他债务人请求履行,但是其他债务人承担的连带债务数额要扣除被免除的连带债务人应当承担的内部份额。

> **【案例4-2】**
>
> 连带债务人甲、乙、丙对债权人丁负有100万元债务,就连带债务人内部而言,甲分担20万元份额、乙分担30万元份额、丙分担50万元份额。现债权人表示免除甲的债务。此时,债权人仍可向乙、丙主张债权,但是要扣除甲承担的份额20万元,即乙、丙对债权人只承担80万元连带债务。

(3)因混同而获得全体债务人免责。部分连带债务人的债务与债权人的债权同归于一人的,在扣除该债务人应当承担的份额后,债权人对其他债务人的债权继续存在。

3. 债权人的延迟受领

债权人对部分连带债务人的给付受领迟延的,对其他连带债务人发生效力。

(四)连带债权的履行规则

《民法典》第521条第2款规定:"实际受领债权的连带债权人,应当按比例向其他连带债权人返还。"

连带债权对于债务人来说,是连带的,但是对于债权人内部来说,是有份额的。该份额有约定从约定,没有约定适用相关法律规定,既没有约定也没有法律规定的,视为份额相同。连带债权人受领超过其份额的债务,应当按照比例向其他连带债务人返还。

连带债权参照《民法典》合同编第四章连带债务的有关规定。

六、涉他合同的履行规则

涉他合同,又称为涉及第三人的合同,包括利益第三人合同和由第三人履行的合同。

(一) 利益第三人合同

利益第三人合同指的是债务人向第三人履行的合同。根据第三人对债务人是否享有履行请求权,将利益第三人合同分为不真正利益第三人合同和真正利益第三人合同。

1. 不真正利益第三人合同

《民法典》第522条第1款规定了不真正利益第三人合同。当事人约定由债务人向第三人履行债务,债务人未向第三人履行债务或者履行债务不符合约定的,应当向债权人承担违约责任。

不真正利益第三人合同没有突破合同相对性。对于不真正的利益第三人合同,由债务人向第三人履行债务,是债权人与债务人之间所作的约定,也是债务人的义务,该约定不对第三人产生法律约束力。

不真正利益第三人合同中的第三人不享有请求债务人履行的权利,履行请求权仍然属于作为合同当事人的债权人。

债务人未向第三人履行债务或者履行债务不符合约定的,债务人应当向债权人承担违约责任,而不是向第三人承担违约责任。第三人没有享受到预期利益的,可以依据其与债权人之间的约定等另做处理。

2. 真正利益第三人合同

《民法典》第522条第2款对真正利益第三人合同作出了规定:"法律规定或者当事人约定第三人可以直接请求债务人向其履行债务,第三人未在合理期限内明确拒绝,债务人未向第三人履行债务或者履行债务不符合约定的,第三人可以请求债务人承担违约责任;债务人对债权人的抗辩,可以向第三人主张。"

从上述规定可知,真正利益第三人合同具有以下特点:

(1)真正利益第三人合同中的第三人对债务人享有履行请求权。真正利益第三人合同中的第三人取得履行请求权要有法律规定或者当事人约定。

> **小贴士**
>
> 根据合同相对性原则,合同项下的权利与义务只能由合同当事人享有或者承担,履行请求权只归债权人享有。而真正的利益第三人合同赋予合同当事人之外的第三人履行请求权,这是对合同相对性原则的突破,应当严格掌握,要以有法律规定或者当事人约

定赋予第三人履行请求权为前提。

在利益第三人合同中,债权人与债务人特别约定,债务由债务人向第三人履行,第三人可以直接请求债务人向其履行。如果合同当事人仅是约定由债务人向第三人履行债务,没有赋予第三人履行请求权的,不属于的真正的利益第三人合同。利益第三人合同是为第三人的利益而设置,按照民法的自愿原则,即使是为他人赋予利益,他人也有权拒绝。因此,真正利益第三人合同中的第三人享有拒绝权,第三人在合理期限内可以拒绝,未在合理期限内明确拒绝的,第三人就取得了直接请求债务人履行的权利,可以直接请求债务人向其履行。

(2)真正的利益第三人合同中的第三人有权请求债务人承担违约责任。债务人未向第三人履行债务或者履行债务不符合约定的,第三人可以请求债务人承担继续履行、赔偿损失等违约责任。一般认为,第三人对债务人虽取得履行请求权,但由于其不是合同当事人,合同本身的权利,如解除权、撤销权等,第三人不得行使。

(3)债务人对债权人的抗辩,可以向第三人主张。债务人基于债务人地位对债权人所享有的抗辩,不应因向第三人履行而受到影响。这些抗辩包括债权不成立的抗辩、产生债权的合同被撤销或者被宣告无效的抗辩、合同债权因履行或者清偿等原因消灭的抗辩、同时履行抗辩、不安抗辩、后履行抗辩等。

> **小贴士**
>
> 由于合同具有相对性,合同项下的权利与义务只由合同当事人享有或者承担,合同仅对当事人具有法律约束力,对合同当事人之外的第三人不具有法律约束力。不真正利益第三人合同并没有突破合同的相对性,而真正利益第三人合同对合同相对性有所突破,法律上对这种突破的条件又作出相应的限制。由此可知,向第三人履行的合同,以不真正利益第三人合同为原则,以真正利益第三人合同为例外。

(二) 由第三人履行的合同

由第三人履行的合同,又称第三人负担的合同,是指双方当事人约定债务由第三人履行的合同。《民法典》第523条规定,当事人约定由第三人向债权人履行债务,第三人不履行债务或者履行债务不符合约定的,债务人应当向债权人承担违约责任。

> **小贴士**
>
> 首先应当明确的是,由第三人履行的合同没有突破合同相对性,不解决债权人是否具有直接请求第三人履行的问题。根据合同的相对性原则,未经第三人同意,合同当事人不得为第三人设定义务和负担。由于在由第三人履行的合同中,对第三人设定义务与负担来自于债权人和债务人的约定,并没有与第三人达成合意。因此,债权人只能向第三人履行债务提出请求,而不能就债务人不履行债务主张违约责任。

由第三人履行的合同具有以下特点。

（1）合同是在债权人与债务人之间订立，以债权人、债务人为合同双方当事人，第三人不是合同当事人。第三人向债权人履行债务的原因，可能基于第三人与债务人之间存在的法律关系，也可能基于非法律关系等。第三人向债权人履行债务是基于什么原因，不属于由第三人履行合同的问题，不影响由第三人履行合同的成立和生效。

（2）合同标的是第三人向债权人的履行行为。由第三人履行的合同，不是由债务人直接向债权人履行债务，而是由第三人向债权人履行债务。根据合同相对性原则，合同仅对合同当事人产生法律约束力。对于由第三人履行的合同，虽然合同债权人与债务人约定由第三人向债权人履行债务，但是由于第三人不是合同当事人，合同对该第三人并没有法律约束力。第三人不向债权人履行债务的，可能会向债务人承担责任，但这是基于债务人与第三人的约定，而不是基于由第三人履行的合同。

（3）第三人不履行债务的违约责任，由债务人承担，而不是由第三人承担。债务人是合同当事人，而不是第三人的代理人。第三人不履行债务或者履行债务不符合约定的，由债务人向债权人承担违约责任。

七、具有合法利益的第三人代为履行

为了促进债权的实现，同时有效保护债务人的利益，只要第三人对履行的债务具有合法利益，且不违反法律规定和当事人的约定，可以由第三人代为清偿。就债务履行有合法利益的第三人代为履行后，债权人的债权即移转至该第三人。

《民法典》第524条对具有合法利益的第三人代为履行作出了规定："债务人不履行债务，第三人对履行该债务具有合法利益的，第三人有权向债权人代为履行；但是，根据债务性质、按照当事人约定或者依照法律规定只能由债务人履行的除外。债权人接受第三人履行后，其对债务人的债权转让给第三人，但是债务人和第三人另有约定的除外。"为了保护就债务履行有合法利益的第三人，《民法典》第524条的规定打破了债的相对性，赋予该第三人代为履行的权利。该第三人代为履行债务，不需要考虑是否违反债务人的意思，债权人也不得拒绝。

> **小贴士**
>
> 何谓"合法利益"，法律没有作出明确规定，一般按照实践中的情形具体判断。具体而言，这种利益的享有应当是合法的、合理的、正当的。考虑到本条对债务履行具有合法利益的第三人履行债务后的法律效果规定为法定的债权移转，对第三人的利益保护较强，在具体认定是否属于"对债务履行具有合法利益的第三人"时，也要注意考量各方利益的平衡问题。
>
> 此外，自愿原则是民法的基本原则，如果债权人与债务人特别约定只能由债务人履

行的,应当尊重该特别规定,排除第三人的履行。法律对此作出特别规定的,依照法律规定。

八、合同当事人及相关人员的变化对合同履行的影响

合同生效后,当事人不得因姓名、名称的变更或者法定代表人、负责人、承办人的变动而不履行合同义务。

第四节 履行抗辩权

一、履行抗辩权的含义

履行抗辩权是为了保护债务人的利益而设的权利,这种权利可以对抗债权人的履行请求权,包括对抗、延缓请求权的行使,或使请求权归于消灭。履行抗辩权均存发生于双务合同中,履行抗辩权的行使必须以履行请求权的行使为前提。请求权存在,抗辩权才有可能存在,请求权消灭,抗辩权随之消灭,但抗辩权的消灭不影响请求权的行使。

履行抗辩权包括同时履行抗辩权、后履行抗辩权、不安抗辩权。这些抗辩权通常关系到债务人的个人利益,与社会、公共利益无关,因此,只有债务人主张时,法院才能对此审查,债务人未提出抗辩,法院不能依职权主动审查。

二、同时履行抗辩权

(一)同时履行抗辩权的概念

1. 同时履行抗辩权的定义

同时履行抗辩权是指在没有先后履行顺序的双务合同中,一方当事人在对方当事人未为履行或者履行不符合约定的情况下,享有拒绝对待给付的权利。《民法典》第525条规定:"当事人互负债务,没有先后履行顺序的,应当同时履行。一方在对方履行之前有权拒绝其履行请求。一方在对方履行债务不符合约定时,有权拒绝其相应的履行请求。"这是我国《民法典》对同时履行抗辩权作出的规定。

2. 同时履行抗辩权特点

从《民法典》第525条的规定可以看出,同时履行抗辩权具有两个特点:

(1)同时履行抗辩权针对的是当事人互负债务,但是没有先后履行顺序的情况。从公平角度考虑,这种情况下当事人应当同时履行,当事人可以同时履行抗辩权对抗对方当事人的履行请求权。

(2)同时抗辩权是一种拒绝权。这种拒绝权可以中止自己的履行,而非终止履行。同时履行抗辩权制度并非追求双方当事人债务的同时履行,也不是非要促成当事人按照

"一手交钱、一手交货"的简单交易方式履行债务。同时抗辩权的目的在于打破交易的僵局,促使债务的履行,所以在一方当事人行使同时履行抗辩权后,中止自己的债务。如对方履行其债务,则被中止的债务恢复履行。

(二)同时履行抗辩权的成立要件

1. 须基于同一双务合同互负债务,在履行上存在关联性

例如,买卖合同中,卖方负有交付货物的义务,买方负有交付货款的义务。租赁合同中,出租人负有提供租赁物的义务,承租人负有交付租金的义务。单务合同仅一方负有债务,另一方享有权利,自然不适用同时履行抗辩权。

2. 当事人的债务没有先后履行顺序

如果当事人互负债务,但是依照当事人约定能够确定先后履行顺序的,自无同时履行抗辩权的适用余地,可能适用的是后履行抗辩权和不安抗辩权制度。

3. 须双方所负的债务均已届履行期

如果一方当事人的债务尚未到期,在对方当事人请求履行时,该当事人可以主张债务履行期尚未届至的抗辩,无须适用同时履行抗辩权制度。

4. 对方当事人未履行自己所负的债务或者履行债务不符合约定,但仍然提出履行请求

履行债务不符合约定的情况,包括部分履行、瑕疵履行等。例如,300台空调的买卖合同,卖方交付了200台空调,尚有100台未交付,抑或卖方交付的300台空调的质量不符合约定,但卖方仍然要求买方支付全部货款。

(三)同时履行抗辩权的效力

《民法典》第525条规定,一方在对方履行之前有权拒绝其履行请求。一方在对方履行债务不符合约定时,有权拒绝其相应的履行请求。

【案例4-3】

按照合同约定,卖方需要向买方交付10吨货物,卖方仅交付了6吨货物,卖方要求买方支付10吨货物的全部货款,此时买方可以拒绝支付剩余的4吨货物的货款;如卖方交付的10吨货物均存在严重质量问题,买方可以拒绝支付全部货款。

小贴士

应当明确的是,同时履行抗辩权属延期的抗辩权,只是暂时阻止对方当事人请求权的行使,非永久的抗辩权。对方当事人完全履行了合同义务,同时履行抗辩权消灭,当事人应当履行自己的义务。当事人行使同时履行抗辩权致使合同迟延履行的,该当事人不承担违约责任。

三、后履行抗辩权

(一)后履行抗辩权的概念

后履行抗辩权,是指在双务合同中应当先履行的一方当事人未履行或者履行债务不符合约定的,后履行的一方当事人享有拒绝对方履行请求或者拒绝对方相应履行请求的权利。《民法典》第526条对后履行抗辩权作出了规定:"当事人互负债务,有先后履行顺序,应当先履行债务一方未履行的,后履行一方有权拒绝其履行请求。先履行一方履行债务不符合约定的,后履行一方有权拒绝其相应的履行请求。"

> **小贴士**
> 大陆法系传统民法有同时履行抗辩权和不安抗辩权,没有后履行抗辩权。后履行抗辩权是我国在结合司法实践的基础上,独创的一种抗辩制度。

(二)同时履行抗辩与后履行抗辩竞合

后履行抗辩权不仅适用于对抗对方的履行请求,还可以对抗对方提出的履行或承担违约责任的请求。一方面,如果一方未履行,而要求另一方履行,另一方有权拒绝其履行要求。另一方面,如果一方不适当履行其债务,另一方也有权拒绝其相应的履行要求。而在后一种情况下,必然是一方已经先作出了履行,因其履行不符合约定,而使后履行一方享有的抗辩权。在此情况下,同时履行抗辩与后履行抗辩将会发生竞合现象。

(三)后履行抗辩权与同时履行抗辩权区别

后履行抗辩权与同时履行抗辩权都适用于双方互负债务的双务合同,但两者具有明显的区别,具体表现在两个方面。

1. 适用范围不同

同时履行抗辩权适用于当事人互负债务、没有先后履行顺序的情况;而后履行抗辩权适用于当事人存在先后履行顺序的情况。也就是说,同时履行抗辩权针对同时履行而适用,后履行抗辩权针对异时履行而适用。

2. 权利主体不同

同时履行抗辩权是为双方提供的,即只要有一方不履行或不适当履行债务,另一方就有可能享有同时履行抗辩权;而后履行抗辩权中,后履行的一方当事人可以行使后履行抗辩权,对抗应先履行债务的对方当事人的履行请求,应先履行债务的当事人不能行使后履行抗辩权。

（四）后履行抗辩权的成立要件

1. 需要基于同一双务合同

双方当事人因同一合同互负债务，在履行上存在关联性。后履行抗辩权不适用于单务合同。

2. 当事人的债务有先后履行顺序

当事人互负债务，并且能够确定先后履行顺序。这种履行顺序的确立，或依法律规定，或按当事人约定，或按交易习惯。一些法律对双务合同的履行顺序作了规定。当事人在双务合同中也可以约定履行顺序，谁先履行，谁后履行。在法律未有规定、合同未有约定的情况下，双务合同的履行顺序可依交易习惯确立。例如，在饭馆用餐，先吃饭后交钱。旅店住宿，先住宿后结账。乘飞机、火车，先购票后乘坐。

3. 应当先履行的当事人不履行债务或者履行债务不符合约定

例如，对于应先交付租赁物再付租金的租赁合同，出租方不按时交付租赁物或者交付的租赁物不符合约定。再如，对于先供货再付款的买卖合同，供货方不交付商品或者交付的商品不符合约定。

4. 后履行一方当事人的债务已届履行期

如果后履行一方当事人的债务尚未到期，在对方当事人请求履行时，后履行一方当事人可以主张债务履行期尚未届至的抗辩，无须适用后履行抗辩权制度。

（五）后履行抗辩权的效力

后履行抗辩权属延期的抗辩权，后履行抗辩权的行使并不能导致请求权的消灭，只是暂时阻止对方当事人请求权的行使，非永久的抗辩权。对方当事人履行了合同义务，后履行抗辩权消灭，当事人应当履行自己的义务。后履行一方当事人行使后履行抗辩权致使合同迟延履行的，该当事人不承担违约责任，迟延履行的责任由对方承担。后履行一方当事人行使后履行抗辩权，不影响追究应当先履行一方当事人的违约责任。

四、不安抗辩权

（一）不安抗辩权的概念

1. 不安抗辩权的定义

双务合同中，先履行的一方一般不享有履行抗辩权，但是在后履行债务一方丧失或者可能丧失债务履行能力的情况下，仍然要求应先履行债务一方先作出给付，会损害先履行一方的利益，有悖公平，因此法律设立不安抗辩权制度，赋予应先履行债务一方在这些情况下中止履行债务的权利，这就是不安抗辩权。

不安抗辩权是指双务合同成立后，应当先履行的当事人有确切证据证明对方不能履行义务，或者不履行合同义务的可能性较高时，在对方恢复履行能力或者提供担保之前,有权中止履行合同义务。《民法典》第527条对不安抗辩权作出了规定:"应当先履行债务的当事人,有确切证据证明对方有下列情形之一的,可以中止履行:(1)经营状况严重恶化;(2)转移财产、抽逃资金,以逃避债务;(3)丧失商业信誉;(4)有丧失或者可能丧失履行债务能力的其他情形。当事人没有确切证据中止履行的,应当承担违约责任。"

2. 不安抗辩权与后履行抗辩的区别

(1)与后履行抗辩权不同的是,行使不安抗辩权的一方应当是先履行的一方,后履行的一方无权行使不安抗辩权。

(2)不安抗辩权和后履行抗辩权另一个重要区别是,不安抗辩权是针对后履行的一方有可能发生或将要发生履行不能的债务而进行的抗辩,而后履行抗辩权是针对的先履行一方不履行债务或履行的债务不符合约定。

(二)不安抗辩权的成立要件

1. 当事人需基于同一双务合同互负债务

这也是三大履行抗辩权,即同时履行抗辩权、后履行抗辩权和不安抗辩权共同的成立要件。三大履行抗辩权均不适用于单务合同。

2. 当事人互负的债务有先后履行顺序

这也是不安抗辩权和后履行抗辩权共同的成立要件,只是不安抗辩权由应当先履行债务的一方当事人享有,后履行抗辩权由后履行债务的一方当事人享有。当事人互负的债务没有先后履行顺序的,属于同时履行抗辩权的成立要件。

3. 后履行的当事人发生了丧失或者可能丧失债务履行能力的情形

这些情形包括经营状况严重恶化,转移财产、抽逃资金以逃避债务,丧失商业信誉和其他丧失或者可能丧失履行债务能力的情形。例如,某生产大型设备的企业在向买家交付货物前,由于市场骤然变化致使该企业产品难以销售,很可能导致无力支付货款,卖方有权行使不安抗辩权,中止供货。又如,某学校有偿邀请一名教授来学校举办讲座,约定先付授课费,因教授生病住院可能难以如期举办讲座,学校即可以行使不安抗辩权,不向教授预付约定的授课费。

(三)不安抗辩权的效力

不安抗辩权的行使,会产生两个效力:

1. 中止合同的履行

不安抗辩权属延期的抗辩权,不安抗辩权的行使并不能直接导致请求权的消灭,只是暂时中止合同的履行。合同中止与合同解除、终止不同,合同中止的情况下,合同仍然有效,只是暂停合同的履行,待抗辩事由结束后,合同还可以继续履行。

2. 提出先履行抗辩的一方有权要求后履行的一方提供相应的担保

《民法典》第528条规定:"当事人依据前条规定中止履行的,应当及时通知对方。对方提供适当担保的,应当恢复履行。"不安抗辩权的行使,对对方当事人影响重大,当事人行使不安抗辩权中止履行后,往往会给对方当事人一个"补救"机会,即要求对方当事人在一定期限内提供担保。这种担保根据具体情况判断,可以是物的担保,也可以是其他第三人作出的保证。无论是何种担保,只要能保证先履行一方的利益,就都可以成为有效的担保。对方未提供担保的,应当先履行债务一方可以解除合同;对方提供担保的,应当先履行债务一方恢复履行。

【案例 4-4】

甲公司与乙公司签订买卖合同,约定甲公司向乙公司出售价值 2000 万元的货物。甲公司向乙公司交付货物前,发现乙公司存在多起执行案件,执行标的达 3000 万元,且乙公司已经被列为失信被执行人,因此以乙公司履约能力不足为由要求中止合同的效力。乙公司向法院提起诉讼,要求甲公司承担未按期交付货物的违约责任。经法院审判,认定乙公司丧失履行债务的能力,甲公司行使不安抗辩权有效,该合同中止履行。后乙公司经营情况好转,全部债务已经清偿,要求甲公司履行交付货物的约定。本案中,乙公司已经恢复履行债务的能力,不安抗辩事由结束,买卖合同应当继续履行。

第五节 情势变更制度

一、概说

情势变更制度是指合同成立后,合同的基础条件发生了当事人在订立合同时无法预见的、不属于商业风险的重大变化,继续履行合同对于当事人一方明显不公平的,因此允许合同变更或解除的制度。

小贴士

情势变更制度又称为"情势变更原则"。情势变更制度在大陆法系的多数国家中被立法确认,但在我国民事立法中一直存在争议。2009 年,在总结我国司法实践基础上,《最高人民法院关于适用〈中华人民共和国合同法〉若干问题的解释》第 26 条规定:"合同成立以后客观情况发生了当事人在订立合同时无法预见的、非不可抗力造成的不属于商业风险的重大变化,继续履行合同对于一方当事人明显不公平或者不能实现合同目的,当事人请求人民法院变更或者解除合同的,人民法院应当根据公平原则,并结合案件的实际情况确定是否变更或者解除。"

我国《民法典》在总结司法实践基础上,第一次以立法的形式确定了情势变更制度。《民法典》第 533 条规定:"合同成立后,合同的基础条件发生了当事人在订立合同时无法预见的、不属于商业风险的重大变化,继续履行合同对于当事人一方明显不公平的,受不利影响的当事人可以与对方重新协商；在合理期限内协商不成的，当事人可以请求人民法院或者仲裁机构变更或者解除合同。人民法院或者仲裁机构应当结合案件的实际情况，根据公平原则变更或者解除合同。"

二、情势变更制度的适用条件

1. 情势变更制度应当适用于合同没有约定，法律也没有规定的情形

如合同订立的基础发生变化，当事人对这种变化进行了约定或法律对于这种情况有具体规定，则不适用于情势变更制度，应按照当事人合同约定或法律规定进行处理。

2. 合同成立后，合同的基础条件发生了重大变化

对于重大变化应做以下几个方面理解。

（1）这种重大变化应当是导致合同基础动摇或丧失的客观事实。对于哪些客观情况能称之为"重大变化"，要根据客观情况本身及其对合同基础的影响等进行具体判断。

（2）这种重大变化应发生在合同成立后。如果这种重大变化发生在合同成立之前，则不会影响合同的效力。对于合同履行完毕之后是否能适用情势变更制度，学界存在不同的观点。

小贴士

多数学者认为，如果这种重大变化发生在合同履行完毕之后，因合同权利义务因履行完毕而终止，自然没有调整合同权利义务的必要和可能，由此不能适用情势变更制度。少数学者认为不能一概地认为已经履行完毕的合同不能适用情势变更制度。德国学者梅迪库斯认为：合同是否已经履行以及合同是如何履行的问题，也不具有法律上的重要性。

我们尤其不能一般地认为：对于已经履行的合同，不能再提出交易基础受到破坏的问题。因为，受到现实情况损害的当事人已经履行了他的给付义务的事实，与他应该获得何种对待给付的问题，是毫无关联的。目前国内主流观点为第一种观点。

（3）这种重大变化应当是当事人在订立合同时无法预见的。如果当事人在订立合同时能够预见或者应当预见但没有预见到，或者虽然预见到但没有反映到合同权利义务关系的设定上，由此产生的不利后果均由该当事人自己承受，不能适用情势变更制度对合同关系进行调整。

（4）该种重大变化不可归责于当事人。该种重大变化不是合同当事人可以控制的，该种重大变化所带来的损失也不能归责于一方或双方，否则应当按照过错原则由过错一方风险或违约责任，不应当适用情势变更制度。

（5）这种重大变化不能属于商业风险。商业风险是商业活动中固有的风险，法律推定当事人有所预见，商业风险所带来的后果应由当事人承担。

3. 继续履行合同对于当事人一方明显不公平

这是适用情势变更制度的重要所在。法律充分尊重当事人的意思自治,这是合同法的基石。情势变更制度的适用是为了维护交易公平,进而对合同当事人的意思自治进行适当调整。合同严守是原则,情势变更制度只能是例外。只有在继续履行合同对于一方当事人明显不公平时,才可能适用情势变更制度,对当事人之间的权利义务关系进行干预和调整。

三、情势变更制度适用的效果

满足以上情势变更制度适用条件的,可以产生以下法律效果。

1.受情势变更不利影响的一方有权请求与对方重新协商,对方应当积极回应,双方当事人应依诚信、公平原则,重新调整权利义务关系,变更或者解除合同。

2.双方协商不成的,当事人可以请求法院或者仲裁机构作最终裁断。人民法院或者仲裁机构应当结合案件的实际情况,判断是否符合情势变更制度的适用条件,法院或仲裁机构应当根据公平原则,就变更合同还是解除合同,如何变更合同、解除合同后的法律后果等作出裁断。

小贴士

应当注意,适用情势变更制度变更或者解除合同,是程序法上的效果,当事人仅在程序上可以向法院或者仲裁机构提出请求,最终是否变更或者解除合同,由人民法院或者仲裁机构进行裁判,当事人无干涉权利。当事人依照《民法典》第563条和第564条的规定主张解除合同,是实体法上的效果,当事人依法享有合同解除权,是实体权利。

【思考与练习】

一、简答题

1.简述连带债务的履行规则。
2.简述同时履行抗辩权的成立要件。
3.简述后履行抗辩权的成立要件。
4.简述不安履行抗辩权的成立要件。

二、案例分析

【基本案情】

2012年年初,康健投资有限公司(以下简称"康健公司")在翠湖边建造了一个风景优美的高尔夫球场,但因为资金周转困难,不得已只好转让部分股权给晨曦房地产开发有限公司(以下简称"晨曦公司")。

2012年2月,双方达成一份转让协议,协议中约定,康健公司将51%的股权转让给晨曦公司,转让价款为1亿2000万元,分两期支付,在合同生效后即支付一半价款,另一半价款在一年后支付。在协议签订时,有关媒体已经报道国家可能对高尔夫球场进行整顿,因此在康健公司的要求下,双方在合同第10条特别约定:"如果该项目属于国家整顿之列,并因此导致该球场无法经营,则乙方(晨曦公司)仍然应当向甲支付全部款项。"合同约定自合同签订日起,晨曦公司便将派人进驻高尔夫球场接管运营。

合同签订后,晨曦公司按照约定支付了一半价款,并开始接管球场,从事经营。

2012年9月,国家开始整顿高尔夫球场,该球场也在被整顿之列,省政府发文要求该球场停止营业,待整顿后接上级部门通知,方可继续营业,球场因此无法继续经营。

2013年2月,第二期价款清偿期届至时,康健公司要求晨曦公司支付另一半价款。晨曦公司提出,康健公司既然已经预见到该可能,应当及时告知晨曦公司该情形,否则构成欺诈,其有权请求撤销该合同。同时,因为国家整顿高尔夫球场,该球场已无法经营,因此该转让的财产价值已经严重贬损,晨曦公司订立合同的目的已经无法实现,因此按照《合同法》第67条的规定,其有权行使后履行抗辩权,拒绝支付剩余价款,同时提出,国家整顿高尔夫球场已构成不可抗力,可以使其免除支付价款的责任。双方为此发生争议,诉至法院。

【思考讨论题】

1. 依据《民法典》分析本案合同第10条是否有效?是否与后履行抗辩权的规定相冲突?

2. 依据《民法典》分析国家整顿高尔夫球场是否属于不可抗力?

【分析要点】

1. 首先,在协议签订时,有关媒体已经报道国家可能对高尔夫球场进行整顿,而且国家整顿高尔夫球场在双方当事人签订合同时只是有可能发生,而非必然发生,更何况在谈判过程中双方已经将该条文纳入合同之中,而晨曦公司仍然接受该条款,表明晨曦公司是自愿接受该条款。康健公司已经进行了披露和告知,该条也表明双方对商业风险作出了安排,由于该条款是双方想法的真实表达,应当认为是合法有效的。

其次,《民法典》第526条规定:"当事人互负债务,有先后履行顺序,应当先履行债务一方未履行的,后履行一方有权拒绝其履行请求。先履行一方履行债务不符合约定的,后履行一方有权拒绝其相应的履行请求。"

第一,本案中不存在先履行的一方不履行或不适当履行合同债务的情况。

第二,本案合同第10条实际上是明确排除了先履行抗辩权的行使。

第三,在协议签订时,有关媒体已经报道国家可能对高尔夫球场进行整顿,晨曦公司应当知道其受让的高尔夫球场可能被整顿,而且晨曦公司已经接管了该高尔夫球场,并进行了实际的经营,表明其愿意接受球场被整顿的风险。

因此，合同第 10 条与后履行抗辩权的规定并不冲突。

2.国家整顿高尔夫球场不属于不可抗力,理由在于:

第一,本案并不存在不能预见的问题。一方面,预见性取决于人们的预见能力,人们的预见能力的提高,必须影响到预见的范围;另一方面,预见性往往因人而异,某人可以预见,而他人却不一定能够预见,反之亦然。

第二,本案并不存在不可避免并不能克服的问题。所谓不可避免和不能克服,表明事件的发生和事件造成的损害具有必然性。

第五章 合同的保全

【学习目标】
1. 掌握合同保全概念。
2. 掌握代位权的概念。
3. 掌握代位权行使的条件。
4. 了解代位权的行使。
5. 了解代位权的效力。
6. 掌握从撤销权的概念。
7. 掌握撤销权行使的条件。
8. 了解撤销权的行使。
9. 了解撤销权的效力。

【引例】

甲公司在2011年6月1日欠乙公司货款500万元,届期无力清偿。2010年12月1日,甲公司向丙公司赠送一套价值50万元的机器设备。2011年3月1日,甲公司向丁基金会捐赠50万元现金。2011年12月1日,甲公司向戊希望学校捐赠价值100万元的电脑。甲公司的3项赠与行为均尚未履行。下列哪一选项是正确的?(　　)

A. 乙公司有权撤销甲公司对丙公司的赠与
B. 乙公司有权撤销甲公司对丁基金会的捐赠
C. 乙公司有权撤销甲公司对戊学校的捐赠
D. 甲公司有权撤销对戊学校的捐赠

【解析】

正确答案是C。

因债务人放弃其到期债权或者无偿转让财产,对债权人造成损害的,债权人可以请求人民法院撤销债务人的行为。债务人以明显不合理的低价转让财产,对债权人造成损害,并且受让人知道该情形的,债权人也可以请求人民法院撤销债务人的行为。甲公司于2010年12月1日向丙公司赠送机器设备属无偿转让财产,但因乙公司于2011年6月1日才享有对甲公司的到期债权,甲公司的无偿转让行为在前,乙公司无权请求撤销。甲公司向戊学校捐赠电脑,属无偿转让财产,且发生在乙公司享有到期债权之后,故乙公司有权请求撤销该捐赠。具有救灾、扶贫等社会公益、道德义务性质的赠与合同或者经过公证的赠与合同,不得在财产权利转移之前撤销赠与。甲公司捐给希望学校的属于社会公益性质的赠与,不得撤销。

第一节　合同保全概述

一、合同保全的概念

合同的保全是法律为防止因债务人的财产不当减少或不增加而给债权人的债权带来损害,允许债权人行使撤销权或代位权,以保护其债权。

合同保全措施有两种:一是代位权,即当债务人不行使其财产权而消极地听任其财产减少时,债权人可替代债务人行使;二是撤销权,即当债务人积极地减少其财产而危害债权人时,可申请法院予以撤销。

二、合同保全的特征

合同关系成立后,合同当事人负有履行合同债务的义务。

(一)合同保全发生在合同有效成立期间

合同保全主要发生在合同生效之后到履行完毕前。如果合同未生效或者已被宣告解除、无效或者被撤销,债权人就没有了行使代位权或撤销权的事实和法律依据。

(二)合同保全是合同相对性原则的例外

根据合同的相对性原理,合同权利义务主要在合同当事人之间产生。在一定条件下,法律赋予合同债权人行使代位权或撤销权,则对当事人以外的第三人产生效力。

(三)合同保全的基本方法为代位权和撤销权

法律上确认代位权和撤销权,防止债务人采取不正当的手段处分其财产致使债务人财产不当减少,或者恢复债务人的财产,从而保证债权人权益的合法实现。合同保全措施的根本目的在于保障合同债权人的权利实现。

> **小贴士**
>
> 合同相对性原则一般包括以下三个方面:
>
> 主体的相对性,指合同关系只能发生在特定的主体之间,只有合同当事人一方能够向合同的另一方当事人基于合同提出请求或提起诉讼。只有合同当事人之间才能相互提出请求。
>
> 内容的相对性,即只有合同当事人才能享有合同规定的权利,并承担合同规定的义务当事人以外的任何第三人不能主张合同上的权利,更不负担合同中规定的义务(法律

或合同另有规定除外)。在双方合同中,还表现为一方的权利就是另一方的义务,权利义务相互对应,互为因果,权利人的权利须依赖于义务人履行义务的行为才能实现。

责任的相对性,指违约责任只能在特定的合同关系当事人之间发生,合同关系以外的人不负违约责任,合同当事人也不对其承担违约责任。违反合同的责任的相对性的内容包含三个方面:第一,违约当事人应对因自己的过错造成的违约后果承担违约责任,而不能将责任推卸给他人。第二,在因第三人的行为造成债务不能履行的情况下,债务人仍应向债权人承担违约责任。债务人在承担违约责任后,有权向第三人追偿,债务人为第三人的行为负责,既是合同相对性原则的体现,也是保护债权人利益所必须的。第三,债务人只能向债权人承担违约责任,而不应向国家或第三人承担违约责任。

三、合同保全的意义

合同保全是对合同债权的保护。合同债权是相对权,债权人只能要求债务人向自己履行债务,而不得直接支配债务人的财产。当债务人与第三人的行为危及债权人的利益时,法律规定债权人有保全合同债权的权利,以排除这种危害性。

第二节 代 位 权

一、代位权的概念

债权人的代位权是指因债务人怠于行使其债权或者与该债权有关的从权利,影响债权人的到期债权实现的,债权人可以向人民法院请求以自己的名义代位行使债务人对相对人的权利。代位权是一项法定权利。

小贴士

债权人的代位权的设立,严格意义上讲是在被称为民法典近代模式的《法国民法典》于1804年颁布后才实现的。该法典第1166条规定:"但债权人得行使其债务人的一切权利和诉权,权利和诉权专属于债务人本身的权利,不在此限。"

这之后,《西班牙民法典》《意大利民法典》《日本民法》等均设立了这些制度。如《日本民法》第423条规定:"债权人为保全自己的债权,可以行使属于其债务人的权利。但是,专属于债务人本身的债权利,不在此限。""债权人于其债权期限未届期间,除非依裁判上的代位,不得行使前款权利。但保存行为,不在此限。"不过也有些大陆法系国家并没有规定代位权。如德国在1896年制定后来被称为民法典现代模式的《德国民法典》中,就只规定了撤销权,瑞士等国家也是这样。

二、代位权的种类

根据债权人代位行使的权利的内容不同,代位可以分为请求行为的代位和保存行为的代位。

请求行为的代位是指为防止债务人不积极行使其对第三人的财产权利而危及债权的实现,以自己的名义请求第三人为给付。我国《民法典》第535条第1款规定:"因债务人怠于行使其债权或者与该债权有关的从权利,影响债权人的到期债权实现的,债权人可以向人民法院请求以自己的名义代位行使债务人对相对人的权利,但是该权利专属于债务人自身的除外。"

保存行为的代位是指债权人为防止债务人权利的消灭或者变更而为的保全权利的适法行为。我国《民法典》第536条规定:"债权人的债权到期前,债务人的债权或者与该债权有关的从权利存在诉讼时效期间即将届满或者未及时申报破产债权向破产管理人申报或者作出其他必要的行为。"

三、代位权行使的条件

(一)请求行为的代位权的条件

1. 债权人对债务人的债权合法

债权人与债务人之间必须有合法的债权债务。如果债权人对债务人不享有合法的债权,或者合同被宣告无效,或者债权债务关系已经被解除,则债权人不能享有代位权。

2. 债务人对第三人享有到期债权

债权人对债务人的债权必须已届清偿期,债权人才能行使代位权。债务到期也是判断债务人怠于行使权利的一个标准。债权人的债权尚未到期时,债权人不应该行使代位权。

3. 债务人怠于行使其到期债权

债务人应当行使并能够行使其债权或者与该债权有关的从权利,但是没有行使其权利。怠于行使权利是行为人应当行使并且能够行使其权利但是没有行使的状态。

4. 债务人已经迟延履行债务

债务人已经延履行债务,是指债权人对债务人的债权到期以后,债务人没有及时履行合同义务,构成迟延,给债权人造成损害。

5. 债务人不积极行使权利的行为已经危及债权人的债权

债务人因怠于行使自己对第三人的权利,造成自己无力清偿对债权人的债务。债务人不具有足够的资产清偿债务在客观上给债权人造成了损害。

(二）保存行为的代位权的条件

1. 代位权在债权人的债权到期前行使

代位权应当在债权人的债权到期前行使。债务人的债权或者与该债权有关的从权利存在诉讼时效期间即将届满或者未及时申报破产债权等情形。

2. 债权人进行保存行为以免权利失效或者消失

债权人有必要对权利进行保存,债务人的债权或者与该债权有关的从权利存在诉讼时效期间即将届满或者未及时申报破产债权等情形,如果债权人不进行保存行为,则可能影响债权实现。

四、代位权的行使

1. 代位权的行使方式

代位权由债权人行使。除了法律规定不能代为保全的以外,一般情况下,债权人都可以行使代位权。代位权的行使主体必须是债权人本人,并且是债权人以自己的名义行使权利。

债权人的代位权必须通过诉讼程序行使。债权人可以向人民法院请求以自己的名义代位行使债务人的债权,但该债权专属于债务人自身的除外。

债权人的债权到期前,债务人的债权或者与该债权有关的从权利存在诉讼时效期间即将届满或者未及时申报破产债权等情形,影响债权人的债权实现的,债权人可以代位向债务人的相对人请求其向债务人履行、向破产管理人申报或者作出其他必要的行为。

2. 代位权的行使范围

代位权的行使范围为债务人现有的财产权及其从权利。代位权的行使范围以债权人的到期债权为限,即债权人因行使代位权而得到的财产价值应当与其债权价值相当。

3. 代位权的行使费用负担

债权人行使代位权的必要费用,由债务人负担。

【案例 5-1】

甲企业借给乙企业 20 万元,期满未还。丙欠乙 20 万元货款也已到期,乙曾向丙发出催收通知书。乙、丙之间的供货合同约定,若因合同履行发生争议,由 Y 仲裁委员会仲裁。

下列哪些选项是错误的?（   ）

A. 甲对乙的 20 万元债权不合法,故甲不能行使债权人代位权

B. 乙曾向丙发出债务催收通知书,故甲不能行使债权人代位权

C. 甲应以乙为被告、丙为第三人提起代位权诉讼

D. 乙、丙约定的仲裁条款不影响甲对丙提起代位权诉讼

【解析】

参考答案：ABC。

根据有关法律规定，企业之间的借款合同无效，具体而言，合同当事人约定的利息不受法律保护，但本金仍然应当返还。据此，甲乙之间的借款合同无效，但甲享有的要求乙返还20万元本金的权利不是非法债权。乙向丙发出债务催收通知书，但是也有可能怠于行使其权利。因此，甲可以行使债权人代位权。债权人以次债务人为被告向人民法院提起代位权诉讼，未将债务人列为第三人的，人民法院可以追加债务人为第三人。本案中甲是债权人、乙是债务人、丙是次债务。债务人与次债务人之间存在仲裁协议，债权人仍然有权提起代位权诉讼。因此乙、丙约定的仲裁条款不影响甲对丙提起代位权诉讼。

五、代位权行使的效力

《民法典》第537条规定，人民法院认定代位权成立的，由债务人的相对人向债权人履行义务，债权人接受履行后，债权人与债务人、债务人与相对人之间相应的权利义务终止。债务人对相对人的债权或者与该债权有关的从权利被采取保全、执行措施，或者债务人破产的，依照相关法律的规定处理。

债权人行使代位权，与债务人行使权利具有相同的地位，因此，第三人对抗债务人的一切抗辩权，都可以对债权人行使。《民法典》规定，相对人对债务人的抗辩，可以向债权人主张。

第三节 撤 销 权

一、撤销权的概念

撤销权，是指当债务人放弃对第三人的债权、无偿或低价处分财产而给债权人造成损害时，债权人可以依法请求人民法院撤销债务人的行为的权利。

《民法典》第538条规定，债务人以放弃其债权、放弃债权担保、无偿转让财产等方式无偿处分财产权益，或者恶意延长其到期债权的履行期限，影响债权人的债权实现的，债权人可以请求人民法院撤销债务人的行为。

《民法典》第539条规定，债务人以明显不合理的低价转让财产、以明显不合理的高价受让他人财产或者为他人的债务提供担保，影响债权人的债权实现，债务人的相对人知道或者应当知道该情形的，债权人可以请求人民法院撤销债务人的行为。

二、撤销权的成立要件

（一）债务人实施了一定的处分财产的行为

债务人实施了减少财产或者增加负担的法律行为和事实行为，包括以放弃其债权、放弃债权担保、无偿转让财产等方式无偿处分财产权益，或者恶意延长其到期债权的履行期限，债务人以明显不合理的低价转让财产、以明显不合理的高价受让他人财产或者为他人的债务提供担保等。

（二）债务人处分财产的行为损害了债权人的债权

债务人实施的减少财产或者增加负担的法律行为和事实行为只有在危害债权人的债权的时候，债权人才有权行使撤销权。

（三）债务人处分财产的行为发生在债权成立后

债务人处分财产的行为必须是在债权成立后所为。

（四）债务人处分财产时主观上具有恶意

如果债务人无偿处分财产，第三人取得财产也没有付出任何对价，只要该项行为有害于债权，债权人均可请求撤销该行为。如果债务人有偿转让财产，第三人为取得财产付出对价，则以第三人的恶意取得为要件，即债务人与第三人在进行该项财产交易时主观上均为恶意。

【案例5-2】

甲公司欠乙公司货款20万元已有10个月，其资产已不足偿债。乙公司在追债过程中发现，甲公司在一年半之前作为保证人向某银行清偿了丙公司的贷款后一直没有向其追偿，同时还将自己对丁公司享有的30%的股权无偿转让给了丙公司。下列哪些选项是错误的？

A. 乙公司可以对丙公司行使代位权
B. 若乙公司对丙公司提起代位权诉讼，法院应当追加甲公司为第三人
C. 乙公司可以请求法院确认甲、丙之间无偿转让股权的合同无效
D. 乙公司有权请求法院撤销甲、丙之间无偿转让股权的合同

【解析】

正确答案是BCD。

因债务人怠于行使其到期债权，对债权人造成损害的，债权人可以向人民法院请求以自己的名义代位行使债务人的债权，但该债权专属于债务人自身的除外。甲公司欠乙公司货款已有10个月，并且怠于行使其到期债权，而且甲公司对丙公司的债权不是专属

于债务人甲公司的债权,乙公司有权行使代位权。债权人以次债务人为被告向人民法院提起代位权诉讼,未将债务人列为第三人的,人民法院可以追加债务人为第三人。甲丙之间不存在恶意串通,因此,乙无权请求法院确认甲丙之间的合同无效。甲公司无偿转让股权的行为发生在前,甲乙两公司的债权债务发生在后,乙公司无权请求撤销。

三、撤销权的行使

1. 撤销权的行使方式

债权人可以单独行使撤销权,也可以共同行使撤销权。

撤销权是债权人以自己的名义并且必须通过诉讼程序行使。债权人可以请求人民法院撤销债务人的行为。

2. 撤销权的行使范围

撤销权的行使范围以债权人的债权为限,即债权人因行使撤销权而得到的财产价值应当与其债权价值相当。《民法典》第540条规定:"撤销权的行使范围以债权人的债权为限。"

3. 撤销权行使的费用承担

债权人行使撤销权所支付的必要费用由债务人承担。

4. 撤销权的行使期限

撤销权自债权人知道或者应当知道撤销事由之日起1年内行使。自债务人的行为发生之日起5年内没有行使撤销权的,该撤销权消灭。

四、撤销权行使的效力

债务人影响债权人的债权实现的行为被撤销的,自始没有法律约束力。

第三人因该行为取得的财产,应返还给债务人。不能返还的,应折价赔偿,已经向债务人支付了对价的,可同时请求债务人返还对价。

思考与练习

一、简述题

1. 简述合同保全的概念。
2. 简述合同保全的特征。
3. 简述代位权的概念。
4. 简述代位权的效力。
5. 简述撤销权的概念。
6. 简述撤销权的效力。

二、论述题

1. 试述代位权行使的条件。
2. 试述撤销权行使的条件。

三、案例分析

【基本案情】

甲公司对乙公司享有5万元债权,乙公司对丙公司享有司享有10万元债权。如甲公司对丙公司提起代位权诉讼,则针对甲公司,丙公司的下列哪些主张具有法律依据?（　　）

A. 有权主张乙公司对甲公司的抗辩
B. 有权主张丙公司对乙公司的抗辩
C. 有权主张代位权行使中对甲公司的抗辩
D. 有权要求法院追加乙公司为共同被告

【思考讨论】

1. 什么是债权人的代位权?
2. 债权人行使代位权的条件是什么?
3. 什么是债权人代位权的抗辩?

【分析要点】

参考答案是 ABC

在代位权诉讼中,次债务人对债务人的抗辩,可以向债权人主张。债务人在代位权诉讼中对债权人的债权提出异议,经审查异议成立的,人民法院应当裁定驳回债权人的起诉。据此,在债权人对次债务人行使代位权时,次债务人一方面可向债权人主张其对债务人的抗辩,另一方面也可向债权人主张债务人对债权人的抗辩。

此外,根据债权人行使代位权的条件,次债务人丙公司以代位权行使中甲公司违反法律规定的一些做法作出抗辩,因此,丙公司有权主张代位权行使中对甲公司的抗辩。债权人以次债务人为被告向人民法院提起代位权诉讼,未将债务人列为第三人的,人民法院可以追加债务人为第三人,债务人在代位权诉讼中应作为第三人参与诉讼。

第六章　合同的变更和转让

【学习目标】
1. 了解合同变更的含义。
2. 掌握合同转让的含义。
3. 了解对债权转让的规定。
4. 了解对债务转移的规定。
5. 掌握债务加入的含义和效力。

【引例】
天津某经销公司(买受人 A)与合肥某公司(出卖人 B)订立买卖某种工艺制品的合同。B 经 A 同意,将债务转移给其徐州子公司(C),C 与 A 商定,指定由苏州某公司(D)发货。因货物不符合要求,A 向 B、C、D 提出索赔。

请问:
1. 指定第三人履行与债务转移有什么不同?
2. 应由谁赔偿 A 的损失?

【解析】
1. 债务转移中,原债务人退出合同关系,不再受债务约束;而指定第三人履行时,债务人并没有退出合同,仍然由他向债权人承担合同义务和责任。
2. 本案中,债务由 B 转移至 C,此时,B 退出债务关系,不再承担债务。其后,A 与 C 又变更了债务——由第三人(D)履行,但债务人 C 并没有退出合同,仍然由 C 向债权人 A 承担合同义务和责任。

第一节　合同的变更

一、合同变更的含义

合同变更有狭义和广义之分。

狭义的合同变更,是指合同内容发生变化,即在主体不变的条件下,对合同某些条款进行修改或者补充,这些修改或者补充是对合同权利义务的调整。

广义的合同变更,除包括合同内容的变更以外,还包括合同主体的变更。合同主体变更是指在不改变合同内容的情况下变动合同的债权人或者债务人,即由新的主体取代原合同的某一主体,实质上是合同的转让。

本书所指合同变更,是指合同在成立之后尚未履行或尚未完全履行以前,基于当事人的意思或者法律的规定,不改变合同当事人,仅就合同关系的内容所做的变更。

合同内容的变更,是当事人民事权利义务关系的某种变化,它是本质意义上的变更。而合同主体的变更,则是合同某一主体与新的主体建立民事权利义务关系,因此它不是本质意义上的变更。合同变更,是合同部分权利义务的变化,未变更的部分继续有效。如无特殊约定,变更只对将来发生效力,已经履行的部分继续保持效力。

法律、行政法规规定变更合同应当办理批准、登记手续的,依照其规定。合同变更,是针对已经成立的合同或生效的合同。无效合同不存在变更的问题。

二、合同变更的条件

(一) 已存在有效的合同关系

变更合同必须首先存在着合同关系,并且存在的合同是有效的。如果是无效合同,根本不会发生对其变更的问题。已存在的合同应当是尚未履行或者尚未完全履行。如果合同已经履行完毕,则同样不存在对其变更的问题。

(二) 须有合同内容的变化

合同变更既然仅指合同内容的变化,则合同内容发生变化就是合同变更不可或缺的条件。

合同内容的变更通常包括:(1)标的的变更;(2)标的物数量的增减;(3)标的物品质的改变;(4)价款或者酬金的增减;(5)履行期限的变更;(6)履行地点的改变;(7)履行方式的改变;(8)结算方式的改变;(9)违约金的变更;(10)利息的变化等。

(三) 依当事人的协议或者依法律的直接规定或法院、仲裁机构的裁决

合同变更是当事人双方协商一致的产物,如果只有一方当事人提出变更合同,或者双方当事人就合同变更意思表示不一致,均无法实现合同变更的结果。不仅如此,如果当事人对合同变更的约定不明确,推定为合同未变更(《民法典》第544条)。

基于法律规定变更合同,法律效果可以直接发生,不以法院的裁决或者当事人的协议为必经程序。因法定情况的出现而由法院或者仲裁机构裁决变更合同,也可称为合同的司法变更,只有在法律有明文规定或者当事人有此请求时,方可为之。

(四) 须遵守法律规定的程序

一般情况下,当事人协商一致,就可以变更合同。但是对于某些特殊的合同,根据有关法律、行政法规的规定,应当办理批准、登记等手续的,应当依照有关规定办理相应的

手续,才能最终实现合同变更的结果。

三、合同变更的类型

合同的变更是由法律规范所规定的一定的法律行为所引起,可以是双方法律行为,也可以是单方法律行为。

(一)依双方法律行为变更

合同变更遵循意思自治的原则,可以依双方法律行为发生,即合意变更。"当事人协商一致,可以变更合同"(《民法典》第543条)。合意变更,是当事人以新的合同变更原合同。合意变更,适用要约和承诺的程序。当事人对合同变更的内容约定不明确的,推定为未变更。

【案例6-1】

甲打电话给乙,想把自己的旧电脑以1000元的价格出卖给乙,这是要约。乙当即表示同意,此为承诺。双方成立了买卖合同。第二天,乙给甲打电话,请求变更为800元,这是新要约,甲当即同意,即对新要约做出承诺。双方以第二个合同变更了第一个合同。

(二)依单方法律行为变更

一般而言,合同当事人不得擅自变更或解除合同,但有两种例外情形。其一,一方依己意变更合同内容而无需承担法律责任或不利后果,如双方在原合同中约定了当某种情形出现时一方可以变更合同,则当此情形出现时,一方可直接依据合同约定单方变更合同条款而无需承担法律责任。其二,一方依己意变更合同虽无法律支持,但在其执意变更时须承担相应法律责任,例如在承揽合同中,定作人可以中途变更承揽工作的要求,但给承揽人造成损失的,应当赔偿损失。(《民法典》第777条)在承运人将货物交付收货人之前,托运人可以要求承运人中止运输、返还货物、变更到达地或者将货物交给其他收货人,但应当赔偿承运人因此受到的损失。(《民法典》第829条)

四、合同变更的效力

合同一经变更,即产生以下法律效力:

(1)变更合同的部分内容,合同变更部分取代原合同被变更部分,当事人按照变更后的合同内容履行合同义务,否则将构成违约,原合同未变更部分继续有效。

(2)合同变更原则上仅对将来产生约束力,已经履行的债务不因合同变更而必然失去法律根据,即合同变更对合同已履行部分没有溯及力。除当事人另有约定外,不得主张对已履行的债权债务关系按照变更后的内容重新履行。

第二节　合同的转让

一、合同转让的含义

合同转让,即合同主体的变更,是指当事人将依据合同享有的权利或者承担的义务,全部或者部分转让给第三人的行为。以新的债权人取代原合同的债权人,或新的债务人取代原合同的债务人,或新的当事人既承受债权又承受债务。上述三种情况,分别被称为合同债权的让与、合同债务的承担和合同债权债务的概括移转。

合同的转让具有以下几个特点。

1. 合同的转让是合同主体的变化

合同转让的结果,是由第三人取代原当事人一方享有合同权利、承担合同义务,或者有第三人加入合同关系,与原当事人一方分享权利、分担义务。无论是哪一种情况,都是合同当事人的变化,而合同权利义务的内容并没有发生变化。

2. 合同转让涉及三方法律关系

(1)合同的转让要由作为转让方的原合同当事人一方与作为受让方的第三人达成合意。

(2)合同的转让还要由原合同当事人双方表达意志直至达成合意。

(3)合同转让后,第三人作为受让方成为新的当事人,与原合同另一方当事人产生合同权利义务关系。这种复杂的三方法律关系是在合同的内容变更中所没有的,是合同转让的重要特点。

二、合同转让的条件

1. 必须存在有效的合同关系

合同的合法、有效存在,是合同转让的基本前提。如果合同是无效的或者已经被撤销,则合同转让也是无效的。如果合同不存在或者已经履行完毕,则根本不会发生合同转让问题。

2. 必须符合法律规定的程序

合同债权人转让合同权利的,应当通知债务人;合同债务人转移合同义务的,应当经债权人同意;当事人一方转让合同权利和义务的,应当经对方同意。此外,法律、行政法规规定合同转让应当办理批准、登记手续的,当事人还必须依照其规定办理相应的手续。

3. 不具有禁止转让的法定事由

如果合同中的权利义务属于根据债权性质、按照当事人约定或者依照法律规定不得转让的,则当事人不得将其转让给他人。

三、合同权利的转让

(一) 合同权利转让的含义

债权转让,即合同权利的转让,是指不改变合同的内容,当事人一方通过与第三人订立合同的方式将其合同权利全部或者部分转让给第三人。债权人是让与人(转让人),第三人是受让人。债权转让分为金钱债权的转让和非金钱债权的转让。债权人作为转让人与受让人(第三人)之间的合同称为债权转让合同,也称为债权让与合同。债权让与合同是诺成合同,成立时即生效。

(二) 合同权利转让的条件

1. 须有合法有效的合同权利存在

合法、有效的合同权利的存在,是合同权利转让的根本前提。有效存在的合同债权,是指该债权真实存在且未消灭,但并不要求它一定能实现。因此,让与人仅对让与的债权负有保证其确实存在的义务,而无义务保证债务人一定能实现债务清偿。

2. 合同权利须具有可让与性

可让与性也称可转让性,是指权利能够为其他主体享有和行使的特性。合同权利主要为财产权利,一般都具有可让与性,因此法律只需规定不得转让的债权,除此之外的合同权利都是可转让的。

《民法典》第 545 条第 1 款规定:"债权人可以将债权的全部或者部分转让给第三人,但是有下列情形之一的除外:(1)根据债权性质不得转让;(2)按照当事人约定不得转让;(3)依照法律规定不得转让。"

(1)根据性质不得转让的债权,不得由债权人单方决定向第三人转让。

债权分为金钱债权和非金钱债权,按性质不得转让的债权多为非金钱债权。例如,甲与乙签订了一份承揽合同,由甲(承揽人)为乙(定做人)装修某小区某楼某室。乙的债权是请求装修房屋,是非金钱债权。乙的债权按性质是不得转让的债权,因为要装修的某室,是特定物、独一无二的物。

根据特殊信任关系而发生的债权按性质不得转让,这种债权转让会侵害债务人的利益。例如,雇佣合同中雇佣人的债权、房屋租赁合同中承租人的债权非经对方同意不得转让。

(2)按照当事人约定不得转让的债权。《民法典》第 545 条第 2 款规定:"当事人约定非金钱债权不得转让的,不得对抗善意第三人。当事人约定金钱债权不得转让的,不得对抗第三人。"

【案例 6-2】

甲与乙签订买卖合同,将 100 万元的货物卖给乙,双方约定买受人乙的债权(非金钱债权)不得转让。之后,乙将债权擅自转让给第三人丙,丙去甲处提货,遭到拒绝。如果丙不知道甲、乙的约定(善意),则债权转让有效,甲应当交货;如果丙知道双方的约定(非善意),则转让对甲不发生效力。

(3)依照法律规定不得转让的债权。《民法典》第445条规定:"以应收账款出质的,质权自办理出质登记时设立。应收账款出质后,不得转让,但是出质人与质权人协商同意的除外。出质人转让应收账款所得的价款,应当向质权人提前清偿债务或者提存。"应收账款即是一种债权。

3. 须当事人之间达成合意,并且不得违反法律规定

让与人和受让人须就债权的让与达成合意,转让合同的形式应合法,内容也不能违法。

4. 须通知债务人

"债权人转让债权,未通知债务人的,该转让对债务人不发生效力。债权转让的通知不得撤销,但是经受让人同意的除外"。(《民法典》第546条)债权人转让债权,不以债务人的同意为必要,但应当通知债务人。未经通知,债务人对第三人(债权受让人)不负担债务。

【案例6-3】

债权人甲通知债务人乙,债权已经转让给丙,让乙向丙履行。第二天,甲又要求乙向自己履行。请问:乙有无向甲履行的义务?

乙已没有向甲履行的义务,乙可向甲提出权利已消灭的抗辩。

5. 须完成合同权利转让的必要手续

法律、行政法规要求合同权利转让须办理批准、登记手续的,应当办理相应的批准、登记手续。

(三) 合同权利转让的效力

债权让与合同在让与人和受让人之间的效力,被称为债权让与的内部效力;债权让与合同对债务人的效力,则被称为债权让与的外部效力。

1. 债权让与的内部效力

合同主权利和非专属于债权人的从权利转移。债权让与合同一经成立,受让人即取得受让的合同债权。如果是全部债权的让与,受让人作为新的债权人代替原债权人的法律地位;如果是部分让与,则受让人加入债权债务关系,成为共同债权人。同时,根据"从随主转"原则,附属于主债权的从权利一并转移于受让人,如保证债权、担保物权、定金债权、利息债权、违约金债权、请求赔偿权等。但与转让人有专属关系(不可分离关系)的从权利除外。

与自然人的身份、人身有特定联系的债权,是专属于债权人自身的从权利,不随同主债权转移。"债权人转让债权的,受让人取得与债权有关的从权利,但是该从权利专属于

债权人自身的除外。受让人取得从权利不应该从权利未办理转移登记手续或者未转移占有而受到影响"。(《民法典》第547条)

2. 债权让与的外部效力

债权的自由转让必须在不损害债务人现存利益的前提下进行,债务人不应因债权的转让而增加自己的负担或者丧失应有的权利。债权让与对债务人的效力以债权让与通知为准,该通知不得迟于债务履行期。

"债务人接到债权转让通知后,债务人对让与人的抗辩,可以向受让人主张。"(《民法典》第548条)这里的抗辩,可以是行使履行抗辩权、诉讼时效抗辩权等,也可以是主张其他抗辩事由,如主张已经向让与人履行了全部或部分债务(权利已消灭或部分消灭的抗辩)。

受让人请求债务人履行债务时,债务人对让与人的抗辩,可以直接向受让人主张。例如,甲对乙的10万元借款的债权已经超过了诉讼时效,甲又将债权转让给了丙,丙要求乙履行10万元的债务,则乙对甲的诉讼时效抗辩权,可以向丙行使,即乙可以拒绝向丙履行债务。

【案例6-4】

甲方卖给乙方价值10万元的电器,乙方收货后,发现该批货物没有安全认证标志,即以甲方违反国家强制性规定为由拒绝付款,并准备退货,而甲方已将债权转让给丙方。

在这种情况下,乙方对甲方的抗辩权,可以向丙方主张。

债务人接到债权让与通知时,债务人对让与人享有债权的,债务人仍然可以依法向受让人主张抵销。"有下列情形之一的,债务人可以向受让人主张抵销:(1)债务人接到债权转让通知时,债务人对让与人享有债权,且债务人的债权先于债权人的债权到期或者同时到期;(2)债务人的债权与转让的债权是基于同一合同产生。"(《民法典》第549条)这里所说的抵销,是单方有权抵销,不是合意抵销。

四、合同义务的转移

(一)合同义务转移的含义

合同义务的转移,又称为合同债务承担,是指不改变债的内容,合同当事人通过与第三人订立转让债务的协议,当事人一方将其合同义务全部或者部分转移给第三人。债务转移包括狭义的债务转移和债务加入。

狭义的债务转移,又称为免责的债务承担,是指债务人将合同的全部债务或者部分债务转移给第三人。债务转移分为金钱债务的转移和非金钱债务的转移。例如,甲欠乙3万元贷款,经乙同意,甲将全部金钱债务转移给丙,自己退出合同,那么丙即为乙的债务人,承担清偿债务的责任。再如,甲收乙货款10万元,经乙的同意,将发货的义务转移给丙,这是非金钱债务的转移。

债务加入,又称为并存的债务承担,是在原债务人不脱离债务关系的情况下,加入了新的债务人。债务加入,属于广义的债务转移。第三人债务加入有两种方式:其一,与债务人"约定"并通知债权人,该"约定"是委托合同。其二,第三人与债务人没有约定,直接向债权人表示愿意加入债务,而债权人未在合理期限内明确拒绝。例如,甲借给乙1万元。债务人乙到期不还,债权人甲找到居间人丙,说:"因为给你面子,我才借给乙钱的,你看怎么办吧?"丙内心愧疚,就给甲写了一张1万元的欠条。丙的行为就是债务加入,丙与乙一起承担连带债务。

(二) 合同义务转移的适用条件

1. 须有有效的合同义务存在

合同义务无效,转移的意义也就不存在。债务有效存在是合同义务转移的前提。债务承担合同所转移的是有效债务,债务自始无效或者承担时已经消灭的,即使当事人就此订有债务承担合同,也不发生效力。

2. 须合同义务具有可转移性

法律直接规定不能转移的合同义务,不具有可转移性;债权人与债务人约定不得转移的合同义务,也不得由第三人承担。

3. 第三人须与债务人就债务的转移达成合意

第三人就债务的转移与债务人的意思表示一致,此意思表示就是一个合同,即债务承担合同。

4. 须经债权人同意

"债务人将债务的全部或者部分转移给第三人的,应当经债权人同意。"(《民法典》第551条第1款)与债权转让要求的"通知"对方不同,债务转移要经对方"同意"。"债务人或者第三人可以催告债权人在合理期限内予以同意,债权人未作表示的,视为不同意。"(《民法典》第551条第2款)第三人是债务受让人,也称为债务承担人。对于催告,债权人可以明示拒绝,债权人在合理期限内保持沉默(未表态)的,视为不同意。合理期限的长度,应结合个案具体情况依据诚实信用原则予以判断。比如,甲公司将对乙公司的债务转让给第三人并催告乙公司在一天内予以同意,由于债务数额较大,乙公司需要通过董事会作出决议,一天的时间过短,显然不是合理期限。

(三) 合同义务转移的效力

1. 承担人作为债务人法律地位的产生

免责的债务承担有效成立后,债务全部移转,承担人取代原债务人的地位而成为新债务人,原债务人脱离债的关系而不再负担债务,由承担人直接向债权人承担债务。

并存的债务承担有效成立后,承担人加入债务的关系中来,成为新债务人,同原债务人一起对债权人承担连带债务,但当事人约定承担按份债务的,依其约定。《民法典》第

552 条规定:"第三人与债务人约定加入债务并通知债权人,请求第三人在其愿意承担的债务范围内和债务人承担连带债务。"

2. 承担人取得原债务人基于债权债务关系所享有的抗辩权

"债务人转移债务的,新债务人可以主张原债务人对债权人的抗辩;原债务人对债权人享有债权的,新债务人不得向债权人主张抵销。"(《民法典》第 553 条)

(1)狭义的债务转让,债务人向第三人转移债务,债务人的抗辩权和其他抗辩的权利,随同转移给第三人(新债务人),新债务人可以主张原债务人对债权人的抗辩。新债务人加入,原债务人"原地不动",仍然是债务人,新债务人(加入人)也可以主张原债务人对债权人的抗辩。

【案例 6-5】

甲、乙双方订立承揽合同,约定甲于 4 月 1 日交付工作成果,乙于 5 月 5 日付款 7 万元。甲履行义务、乙接受工作成果后,乙经甲同意在 4 月 2 日将付款义务转让给丙,乙在 4 月 3 日将检验结果通知丙,说明接受的工作成果基本不符合要求。

丙此时可以向甲行使抗辩权,在甲修理或重做之前,拒绝支付 7 万元。

(2)新债务人不得以"原债务人的债权"向债权人主张抵销,因为,这样就会剥夺原债务人的权利,新债务人可以以"自己的债权"向债权人主张抵销。

3. 从属于主债务的从债务一并转移于承担人承担

"债务人转移债务的,新债务人应当承担与主债务有关的从债务,但是该从债务专属于债务人自身的除外。"(《民法典》第 554 条)与主债务有关的从债务,包括利息债务、从给付义务等。从给付义务是相对于主给付义务而言的,例如,甲给乙发货应当附产地证明书,发货是主给付义务,附产地证明书是从给付义务。

【案例 6-6】

甲、乙双方约定,甲借给乙 100 万元人民币,因为乙是著名画家,双方约定乙到期除返还 100 万元本金外,还要给甲画一幅肖像冲抵利息。当 100 万元本金债务转移时,乙给甲画一幅肖像的从债务不发生转移。

五、合同权利义务的概括移转

(一)合同权利义务概括移转的含义

合同权利义务的概括移转,是指合同一方当事人经过对方同意,将自己在合同中的权利和义务一并出让给合同外第三人的情形。"合同的权利和义务一并转让的,适用债权转让、债务转移的有关规定。"(《民法典》第 556 条)

（二）合同权利义务概括移转的条件

当事人一方将自己在合同中的权利和义务一并转让给第三人的条件,是取得对方当事人的同意。例如,买卖合同的出卖人甲将收款的权利和发货的义务转让给第三人丙,应当取得买受人乙的同意;转让之后丙成为该合同的出卖人。

（三）合同权利义务概括移转的效力

概括移转是债权债务的一并移转,第三人成为新的合同当事人。在概括转移的情况下,新的合同当事人取得与债权有关的从权利,但该从权利专属于债权人自身的除外;新的合同当事人应当承担与主债务有关的从债务,但该从债务专属于原债务人自身的除外。概括转移的情况下,债务人对让与人抗辩的权利(抗辩权和其他抗辩的权利),可以向受让人主张;债务人对让与人的抵销权可以向受让人主张。

思考与练习

一、简述题

1.试述合同变更的条件。
2.试述合同权利转让的条件。
3.试述合同义务转移的条件。
4.试述合同权利转让的效力。
5.试述合同义务转移的效力。

二、案例分析

【基本案情】

2018年1月,某服装进出口公司与某市第一服装厂签订了服装购销合同。合同约定:由第一服装厂供给服装进出口公司男式西服500套,每套单价800元,女式西服500套,每套单价1000元,合同总价款计90万元。合同对产品的规格、型号和质量也做了规定,交货日期约定为4月10日。合同约定:一方不履行合同时,应向对方支付违约金,违约金数额为不履行部分的10%。由于履行期限短,服装厂为确保能够按时交货,将厂内生产计划作了调整,并要求工人加班加点完成任务。

在此期间,服装进出口公司得知所订购的服装在国外销售情况并不理想,于是向第一服装厂函告将所订购的服装数量减半。第一服装厂以书面形式回复服装进出口公司,表示愿意接受该公司的请求。4月10日,第一服装厂依约向对方交付货物,其中男服300套,女服200套。服装进出口公司拒绝收货付款,理由是货物数量减半是指男女服装各减半,应都是250套。服装厂则认为,服装公司提出服装订购数量减半,并未说是男、女各减半,当然可以理解为总订购数量减半共500套服装。于是向法院提起诉讼,要求服装公司收货付款并承担违约责任。

【思考讨论】

服装厂与服装进出口公司是否对合同内容进行了变更?

【分析要点】

本案中,判断服装厂与服装公司之间是否对合同内容进行了变更是判定服装公司是否构成违约,是否应当承担违约责任的关键。合同成立必须是合同双方当事人对合同必要条款达成一致意见,必要条款是合同的核心部分,是判断合同成立的标志。合同内容是否变更也同样具有此意义,而数量条款就是这样的必要条款。本案中,服装厂与服装进出口公司虽然对变更合同数量条款达成了合意,但是在具体履行上出现了分歧。

出现这种情况的主要原因是当事人对合同变更的内容约定不明确,致使双方对变更的合同内容有不同理解。根据《民法典》第544条的规定,当事人对合同变更的内容约定不明确的,推定为未变更。合同未变更,当事人只需按照原合同约定履行即可,任何一方都无权要求对方履行变更中约定不明确的内容。因此,本案中推定服装厂与服装进出口公司原合同未变更,双方继续履行各自合同义务。

第七章 合同的权利义务终止

【学习目标】
1. 掌握合同权利义务终止的概念。
2. 掌握《民法典》所规定的合同权利义务终止的原因。
3. 掌握合同约定解除的基本规定。
4. 掌握合同法定解除的原因。
5. 了解提存的条件。
6. 了解抵销的种类。
7. 了解清偿的基本规定。
8. 了解免除的基本规定。
9. 了解混同的基本规定。

【引例】

甲公司与乙公司签订并购协议:"甲公司以1亿元收购乙公司在丙公司中51%的股权。若股权过户后,甲公司未支付收购款,则乙公司有权解除并购协议。"后乙公司依约履行,甲公司却分文未付。乙公司向甲公司发送一份经过公证的《通知》:"鉴于你公司严重违约,建议双方终止协议,贵方向我方支付违约金;或者由贵方提出解决方案。"3日后,乙公司又向甲公司发送《通报》:"鉴于你公司严重违约,我方现终止协议,要求你方依约支付违约金。"下列哪一选项是正确的?(　　)

A.《通知》送达后,并购协议解除

B.《通报》送达后,并购协议解除

C.甲公司对乙公司解除并购协议的权利不得提出异议

D.乙公司不能既要求终止协议,又要求甲公司支付违约金

【解析】

正确答案是B。

《民法典》规定,当事人可以约定一方解除合同的事由。解除合同的事由发生时,解除权人可以解除合同。本案中,甲、乙公司约定,若甲公司不支付收购款,乙公司有权解除协议。甲公司实际上并未支付收购款,故乙公司可以单方解除协议。

《民法典》规定"当事人一方依法主张解除合同的,应当通知对方。合同自通知到达对方时解除;通知载明债务人在一定期限内不履行债务则合同自动解除,债务人在该期

限内未履行债务的,合同自通知载明的期限届满时解除。对方对解除合同有异议的,任何一方当事人均可以请求人民法院或者仲裁机构确认解除行为的效力。"乙公司先后发出的两份通知中,第一份《通知》并未明确告知其解除协议的决定,不认定为解除合同的通知;而《通报》明确作出解除合同的意思表示,因此,自该通知到达对方时协议解除。甲公司也可以提出异议。

《民法典》第566条规定,"合同解除后,尚未履行的,终止履行;已经履行的,根据履行情况和合同性质,当事人可以请求恢复原状或者采取其他补救措施,并有权请求赔偿损失。合同因违约解除的,解除权人可以请求违约方承担违约责任,但是当事人另有约定的除外。"据此,乙公司可以在终止协议后,要求甲公司支付违约金。

第一节 合同权利义务终止概述

一、合同权利义务终止的概念

合同的终止又称为合同的消灭,是指合同当事人的合同关系在客观上已不存在,当事人之间的合同权利和合同义务归于消灭。

合同权利义务终止后,合同当事人仍然承担法律规定的义务。《民法典》第558条规定,债权债务终止后,当事人应当遵循诚信等原则,根据交易习惯履行通知、协助、保密、旧物回收等义务。此外,债权债务终止时,债权的从权利同时消灭,但是法律另有规定或者当事人另有约定的除外。合同权利义务的终止,不影响合同中结算和清理条款的效力。

二、合同权利义务终止的原因

《民法典》第557条规定,"有下列情形之一的,债权债务终止:(1)债务已经履行;(2)债务相互抵销;(3)债务人依法将标的物提存;(4)债权人免除债务;(5)债权债务同归于一人;(6)法律规定或者当事人约定终止的其他情形。合同解除的,该合同的权利义务关系终止。"根据以上规定,合同终止的原因,主要有清偿、抵销、提存、免除、混同等,合同解除也可以导致合同权利义务关系终止。

第二节 合同权利义务因解除而终止

一、合同解除的概念

合同解除是指合同成立后,在没有履行或者没有完全履行之前,当事人依照法律规定或者当事人约定的条件和程序,解除合同确定的权利义务关系,从而使合同归于消失。《民法典》规定:"合同解除的,该合同的权利义务关系终止。"

合同的解除分为约定解除和法定解除。

二、合同的约定解除

合同的约定解除是指在合同成立后全部履行前,当事人可以通过协议或者行使约定的解除权而进行的合同解除。

合同的约定解除权是指当事人在订立合同时,可以约定合同解除的条件,当该解除合同的条件出现时,当事人一方可以依约解除合同。《民法典》规定,当事人可以约定一方解除合同的事由。解除合同的事由发生时,解除权人可以解除合同。

三、合同的法定解除

合同的法定解除是指在合同成立后全部履行前,当事人一方在法律规定的解除条件出现时,行使解除权而使合同关系消灭。

《民法典》第563条规定,有下列情形之一的,当事人可以解除合同:

(1)因不可抗力致使不能实现合同目的。

(2)在履行期限届满前,当事人一方明确表示或者以自己的行为表明不履行主要债务。

(3)当事人一方迟延履行主要债务,经催告后在合理期限内仍未履行。

(4)当事人一方迟延履行债务或者有其他违约行为致使不能实现合同目的。

(5)法律规定的其他情形。

小贴士

《联合国国际货物销售合同公约》第25条针对根本违约规定,一方当事人违反合同的结果,如使另一方当事人蒙受损害,以至于实际上剥夺了他根据合同规定有权期待得到的东西,即为根本违反合同,除非违反合同一方并不预知,而且一个同等资格、通情达理的人处于相同的情况中也没有理由预知会发生这种结果。

四、解除权的行使

合同当事人一方依法主张解除的,应当通知对方。合同自解除通知到达对方时解除。以持续履行的债务为内容的不定期合同,当事人可以随时解除合同,但是应当在合理期限之内通知对方。

解除合同的通知载明债务人在一定期限内不履行债务则合同自动解除,债务人在该期限内未履行债务的,合同自通知载明的期限届满时解除。对方对解除合同有异议的,任何一方当事人均可以请求人民法院或者仲裁机构确认解除行为的效力。

当事人一方未通知对方,直接以提起诉讼或者申请仲裁的方式依法主张解除合同,人民法院或者仲裁机构确认该主张的,合同自起诉状副本或者仲裁申请书副本送达对方时解除。

法律、行政法规规定解除合同应当办理批准、登记等手续的,依照其规定。

五、解除权的消灭

法律规定或者当事人约定解除权行使期限,期限届满当事人不行使的,该权利消灭。法律没有规定或者当事人没有约定解除权行使期限,自解除权人知道或者应当知道解除事由之日起1年内不行使,或者经对方催告后在合理期限内不行使的,该权利消灭。

六、合同解除的法律后果

合同解除后,当事人的合同权利义务终止。合同解除后,尚未履行的,终止履行;已经履行的,根据履行情况和合同性质,当事人可以请求恢复原状或者采取其他补救措施,并有权请求赔偿损失。

合同因违约解除的,解除权人可以请求违约方承担违约责任,但是当事人另有约定的除外。

> **小贴士**
>
> 主合同解除后,担保人对债务人应当承担的民事责任仍应当承担担保责任,但是担保合同另有约定的除外。

第三节 合同权利义务因提存而终止

一、提存的概念

提存,是指由于债权人的原因致使债务人难以履行债务的,债务人将标的物交给提存机关从而终止合同权利义务关系的行为。一般情况下,债权人是提存受领人,债务人是提存人。

> **小贴士**
>
> 债权人对于债务人的给付负有受领义务。如果债权人无正当理由拒绝受领债务或者不能受领债务,债权人虽应承担受领迟延的法律责任,但债务人的债务却不能消灭,债务人会时刻处于准备履行的状态,这对债务人有失公平。

二、提存的原因

《民法典》规定,有下列情形之一,难以履行债务的,债务人可以将标的物提存:
(1)债权人无正当理由拒绝受领。
(2)债权人下落不明。
(3)债权人死亡未确定继承人、遗产管理人,或者丧失民事行为能力未确定监护人。
(4)法律规定的其他情形。

三、提存的标的物

提存的标的物应当适格,即应当是合同规定给付的标的物。如果标的物不适于提存或者提存费用过高的,债务人依法可以拍卖或者变卖标的物,提存所得的价款。

债务人将标的物或者将标的物依法拍卖、变卖所得价款交付提存部门时,提存成立。

四、提存的效力

(1)债务人依法将标的物提存后,视为债务已清偿,当事人的合同关系归于消灭。《民法典》规定,提存成立的,视为债务人在其提存范围内已经交付标的物。
(2)标的物提存后,标的物毁损、灭失的风险由债权人承担。
(3)提存费用由债权人承担。

> **小贴士**
>
> 《民法典》第573条规定:"标的物提存后,毁损、灭失的风险由债权人承担。提存期间,标的物的孳息归债权人所有。提存费用由债权人负担。"
>
> 债务人依法将标的物提存于提存机关,提存机关依法保管提存物。
>
> 标的物提存后,除债权人下落不明的以外,债务人应当及时通知债权人或者债权人的继承人、监护人。债权人可以随时领取提存物,但是,债权人对债务人负有到期债务的,在债权人未履行债务或者提供担保之前,提存部门根据债务人的要求应当拒绝其领取提存物。

【案例7-1】

甲与乙签订销售空调100台的合同,但当甲向乙交付时,乙以空调市场疲软为由,拒绝受领,要求甲返还货款。下列说法哪些是正确的?
A. 甲可以向有关部门提存这批空调
B. 空调在向当地公证机关提存后,因遇火灾,烧毁5台,其损失应由甲承担
C. 提存费用应由乙支付

D. 若自提存之日起5年内乙不领取空调,则归甲所有

【解析】

正确答案是AC。

《民法典》规定,因债权人无正当理由拒绝受领,债务人难以履行债务的情况下,债务人可以将标的物提存。在合同签订后,乙以空调市场疲软为由,拒绝受领,这个理由不当。因此,甲可以向有关部门提存这批空调。甲依法将标的物提存后,其合同债务已经清偿,与乙的合同关系归于消灭。标的物提存后,标的物毁损、灭失的风险由债权人承担。提存费用由债权人承担。据此,空调在向当地公证机关提存后,因遇火灾,烧毁5台,其损失应由乙承担。债权人领取提存物的权利,自提存之日起5年内不行使而消灭,提存物扣除提存费用后归国家所有。据此,提存费用应由乙支付。

债权人领取提存物的权利,自提存之日起5年内不行使而消灭,提存物扣除提存费用后归国家所有。但是,债权人未履行对债务人的到期债务,或者债权人向提存部门书面表示放弃领取提存物权利的,债务人负担提存费用后有权取回提存物。

第四节 合同权利义务因抵销而终止

一、抵销的概念

抵销,是指当事人互负到期债务,依照法律规定或者当事人约定,各自用其债权冲销自己对于对方当事人的债务,从而使各自的债务在对等数额内消灭。

当事人主张抵销的,应当通知对方。通知自到达对方时生效。抵销不得附条件或者附期限。

二、抵销的种类

根据抵销产生原因的不同,可以分为法定抵销和约定抵销。我国《民法典》规定了这两类抵销。

1. 法定抵销

法定抵销是指法律规定了抵销的条件,当条件具备时,依照当事人一方的意思表示即可发生抵销效力的抵销。

法定抵销的条件如下。

(1)当事人互负债务互享债权。当事人权利义务的抵销以双方存在债权债务为前提。如果双方只存在债权而无债务或者只存在债务而无债权,则不发生抵销。

(2)债务的履行期限届满。一般情况下,可以抵销的债务是双方债务均已届履行期限。

(3)债务的标的物种类、品质相同。当事人互负债务,该债务的标的物种类、品质相同的,任何一方可以将自己的债务与对方的到期债务抵销。

(4)债务按照法律规定和合同性质可以抵销。根据债务性质、按照当事人约定或者依照法律规定不得抵销的债务不得抵销。与人身权不可分离的债务不得抵销,例如退休金、抚恤金等;法律规定不得抵销的债务不得抵销,如因侵权行为所生的债务等。

2. 约定抵销

约定抵销是当事人双方协商一致,使自己的债务与对方的债务在对等数额内消灭。只要当事人互负债务,不论标的物种类、品质是否相同,都可以在协商一致后抵销,但不得违反法律规定。《民法典》第569条规定,当事人互负债务,标的物种类、品质不相同的,经协商一致,也可以抵销。

三、抵销权的效力

双方互负的债务在对等的范围内消灭。如果双方所负的债务不等时,债务数额较大的一方仍然就超出的部分负有继续清偿的责任。

第五节 合同权利义务因其他原因而终止

一、清偿

清偿是指债务已经按照约定履行,债权人的债权得到实现。债务按照合同约定得到履行,一方面可以使合同债权得到满足,实现订立合同的目的;另一方面也使得合同义务归于消灭,产生合同权利义务终止的后果。

《民法典》第560条规定,债务人对同一债权人负担的数项债务种类相同,债务人的给付不足以清偿全部债务的,除当事人另有约定外,由债务人在清偿时指定其履行的债务。债务人未作指定的,应当优先履行已经到期的债务;数项债务均到期的,优先履行对债权人缺乏担保或者担保最少的债务;均无担保或者担保相等的,优先履行债务人负担较重的债务;负担相同的,按照债务到期的先后顺序履行;到期时间相同的,按照债务比例履行。

为保护债权人的利益,《民法典》规定,债务人在履行主债务外还应当支付利息和实现债权的有关费用,给付不足以清偿全部债务的,除当事人另有约定外,应当按照下列顺序履行:(1)实现债权的有关费用;(2)利息;(3)主债务。

二、免除

免除是指债权人抛弃债权而使合同关系归于消灭的行为。

免除是法律行为。我国《民法典》采取单方法律行为说。《民法典》第575条规定:

"债权人免除债务人部分或者全部债务的,债权债务部分或者全部终止,但是债务人在合理期限内拒绝的除外。"一般情况下,免除债务的意思表示应当是债权人向债务人作出意思表示,债权人向第三人所作的意思表示对于债务人不发生免除债务的效力。免除债务的意思表示一经作出则不得撤回。

债权人免除债务人全部债务的,合同的权利义务全部归于消灭;债权人免除债务人部分债务的,合同的权利义务部分归于消灭。但是,债权人免除债务人债务的行为不能损害第三人的利益。

三、混同

混同是指由于某种客观事实的发生,使得一项合同中,原本由一方当事人享有的债权和另一方当事人承担的债务同归于一人,从而导致合同权利义务的终止。混同发生的原因主要有企业合并、财产继承等。《民法典》第576条规定:"债权和债务同归于一人的,债权债务终止,但是损害第三人利益的除外。"

混同是一种事实行为,不是法律行为。有债权债务同归于一人的事实,无须当事人的意思表示,就可以发生合同权利义务终止的法律效果。

混同产生合同的权利义务终止的法律效力,但是损害第三人利益的除外。

思考与练习

一、简述题

1. 简述《民法典》所规定的合同权利义务终止的原因。
2. 简述合同约定解除的基本规定。
3. 简述合同法定解除的原因。
4. 简述提存的条件。
5. 简述提存的效力。
6. 简述抵销的条件。

二、论述题

1. 试比较约定抵销与法定抵销的异同。
2. 如何理解债务免除和混同的性质。

第八章 违约责任

【学习目标】
1. 掌握违约责任的概念和种类。
2. 掌握违约责任的构成要件。
3. 了解违约责任承担的概述、内容。
4. 掌握违约责任免责及补救的法律规定。

【引例】

2015年3月25日,陈兰兰与刘永恩就车辆买卖事宜签订《协议书》。协议约定刘永恩购买陈兰兰的车辆一部,价款25000元。协议签订后刘永恩给付陈兰兰5000元,陈兰兰将车辆交付刘永恩。《协议书》未约定余款给付期限。另一方面车辆原挂靠在信达公司,信达公司在车辆交付刘永恩后擅自扣留车辆,并将车辆再次出售给刘永恩且收取车款。因此陈兰兰要求刘永恩、信达公司共同给付余款20000元。但刘永恩称陈兰兰交付车辆后,信达公司以陈兰兰与信达公司就挂靠关系有纠纷为由将车辆扣下,陈兰兰同意刘永恩将剩余车款直接给付信达公司。

刘永恩主张基于上述情形,其与信达公司签订了《协议书》,大意为"因原车主与公司有经济纠纷,故将车辆扣留。现挂靠公司将车辆出售给刘永恩,价款25000元"。陈永恩援引《合同法》第111条关于质量不符合约定的规定,主张陈兰兰应承担减少价款的违约责任。[1]

【解析】

陈兰兰与刘永恩签订的《协议书》系双方真实意思表示,内容不违反法律、行政法规强制性规定,系有效协议,双方均应依约履行。刘永恩所购车辆所有权人为陈兰兰,车辆挂靠在信达公司。买卖合同中,买受人的主要义务为支付价款,出卖人的主要义务为所有权转移及交付标的物,现陈兰兰已将车辆交付刘永恩,车辆所有权已发生变动,故陈兰兰已履行买卖合同中的主要义务。因此,依照《合同法》第60条规定,刘永恩应当继续履行给付剩余价款20000元的义务。

---

[1] 刘永恩与北京信达运通运输有限公司、陈兰兰买卖合同纠纷二审民事判决书。发布日期:2017-12-31。来源:中国裁判文书网北京市第二中级人民法院民事判决书(2017)京02民终8138号,https://susong.tianyancha.com/d1e75fd73aac11e8b0207cd30ae00c08。

刘永恩与运丰公司签订《协议书》亦不构成免除其履行与陈兰兰之间《协议书》义务的事由。而陈兰兰与信达公司之间并不存在买卖合同关系,故陈兰兰要求信达公司给付剩余车款,不予支持。陈永恩援引《合同法》第111条关于质量不符合约定的规定,主张陈兰兰应承担减少价款的违约责任,但其主张的事故纠纷没有解决并不属于质量不符合约定的情形,不予支持。

民法典生效后,《合同法》第60条严格履行与诚实信用的规定,被《民法典》第509条取代。《合同法》第111条瑕疵履行的规定,被《民法典》第582条取代,即履行不符合约定的,应当按照当事人的约定承担违约责任。对违约责任没有约定或者约定不明确,依据本法第510条的规定仍不能确定的,受损害方根据标的的性质以及损失的大小,可以合理选择请求对方承担修理、重作、更换、退货、减少价款或者报酬等违约责任。

第一节 违约责任概述

一、民事责任

法律责任有民事责任、行政责任、刑事责任等类型,民事责任是指民事主体在民事活动中,因实施民事违法行为或基于法律的特别规定,依据民法所应承担的民事法律后果。《民法典》第八章专设"民事责任",《民法典》第176条规定,民事主体依照法律规定或者按照当事人约定,履行民事义务,承担民事责任。从该规定可以看出民事责任规定了违约责任和侵权责任两种。违约责任作为一种民事责任,在目的、构成要件、责任形式等方面均有别于其他法律责任。

二、违约责任的概念

违约责任,也称违反合同的民事责任,是指合同当事人因违反合同义务所承担的责任。违约责任的产生是以合同的有效存在为前提,这一特征使违约责任与合同法上的其他民事责任(如缔约过失责任、无效合同的责任)区别开来。合同一旦生效,将在当事人之间产生法律约束力,当事人应按照合同的约定全面地、严格地履行合同义务,任何一方当事人违反有效合同所规定的义务均应承担违约责任,所以违约责任是违反有效合同所规定义务的后果。

《民法典》第577条规定:"当事人一方不履行合同义务或者履行合同义务不符合约定的,应当承担继续履行、采取补救措施或者赔偿损失等违约责任。"该条是对违约责任的一般规定,确定了违约责任的归责原则、责任形式。

三、违约责任的特征

(一) 违约责任的产生是以合同当事人不履行合同义务为条件

违约责任是违反有效合同的责任。违约责任以当事人不履行或不完全履行有效合同为条件。能够产生违约责任的违约行为有两种情形:一是一方不履行合同义务,即未按合同约定提供给付;二是履行合同义务不符合约定条件,即其履行存在瑕疵。

(二) 违约责任具有相对性

合同关系的相对性决定了违约责任的相对性,即违约责任是合同当事人之间的民事责任,合同当事人以外的第三人对当事人之间的合同不承担违约责任。具体而言:(1)违约责任是合同当事人的责任,不是合同当事人的辅助人(如代理人)的责任;(2)合同当事人对于因第三人的原因导致的违约不承担责任。

(三) 违约责任具有补偿性

违约责任以补偿守约方因违约行为所受损失为主要目的,以损害赔偿为主要责任形式,故具有补偿性质。

(四) 违约责任可以由当事人约定

违约责任可以由当事人在法律规定的范围内约定,具有一定的任意性。违约相对人可以选择违约人承担违约责任的方式,比如说违约人违反约定没有完成合同义务,相对人可以在损害赔偿和违约金中选择一项要求违约人承担责任。不过这种选择是一种形成权,因此违约相对人一旦选择就不能改变,不然将会对违约人造成很多负担,不利于法律关系的稳定。

四、违约责任的一般归责原则

归责原则是确定当事人民事责任的法律原则,它是确定行为人承担民事责任的根据和标准。《民法典》规定的违约责任采取的是严格责任原则。《民法典》第577条规定:"当事人一方不履行合同义务或者履行合同义务不符合约定的,应当承担继续履行、采取补救措施或者赔偿损失等违约责任。"也就是说,只要当事人不履行合同义务或者不适当履行合同义务,就要承担违约责任,而不考虑其是否具有过错。

严格责任的优点表现在发生违约以后非违约方只需要举证证明违约方的行为已构成违约即可,而无须举证证明违约方在违约时是否具有过错,因此在举证负担上是很轻的,而被告只有证明有不可抗力的事实存在,才能免除责任。甚至根据不可抗力而免除责任的做法在法律上也是有严格限制的,违约方被免责的机会是很小的。但是,由于合同法上的交易类型纷繁复杂,合同法针对特殊类型的合同确立了不同的归责原则。

第二节 违约责任的构成要件

违约责任的构成要件根据归责原则的不同有不同的学说。根据我国《民法典》的规定,违约责任的构成要件有:有违约行为,无免责事由。前者称为违约责任的积极要件,后者称为违约责任的消极要件。

一、违约行为的概念

违约行为,是指当事人一方不履行合同义务或者履行合同义务不符合约定条件的行为。我国《民法典》使用了"当事人一方不履行合同义务或者履行合同义务不符合约定的"这一表述,表明违约责任具有以下特征:

(一)违约行为的主体是合同当事人

合同具有相对性,违反合同的行为只能是合同当事人的行为。如果由于第三人的行为导致当事人一方违反合同,对于合同对方来说只能追究违反合同的当事人的违约责任。

(二)违约行为是一种客观的违反合同义务的行为

违约行为的认定以当事人的行为是否在客观上与约定的行为或者合同义务相符合为标准,而不管行为人的主观状态如何。

(三)违约行为侵害的客体是合同对方的债权

因违约行为的发生,使债权人的债权无法实现,其侵害的是债权人的债权。

二、不存在法定或约定的免责事由

我国《民法典》采纳了严格责任原则,即在一方违约的情形下,另一方只要能够证明对方的行为构成违约,在不存在法定或者约定的免责事由的情形下,就可以请求对方承担违约责任。

当然,严格责任是违约责任的一般原则,在特殊情形下,违约责任也采过错责任原则。从《民法典》的规定来看,存在大量的有关过错责任的规定。例如,《民法典》第824条就客运合同中乘客随身携带的物品毁损灭失,承运人只有在存在过错的情况下才承担赔偿责任。

第三节 违约形态

实践中违约形态表现多样,违约行为从不同角度可做多种分类。有的学者将债务不履行分为拒绝给付、给付不能、不完全给付和迟延给付四种状态;有的学者强调预期违约、根本违约、部分违约。这些归类都有一定道理。

一、违约形态的分类

（一）根本违约和非根本违约

按照违约行为是否完全违背缔约目的，可分为根本违约和非根本违约。完全违背缔约目的的，为根本违约。部分违背缔约目的的，为非根本违约。同样一个违约行为，可能导致根本违约，也可能是非根本违约。例如，顾客买1.6米的布料，商店仅裁了1.5米。如果消费者买布的目的是做套装，1.5米的布料不够置装用，商店构成根本违约，如果消费者买布的目的是做一幅床单，虽短了0.1米，但不影响使用，商店则构成非根本违约。

（二）合同的不履行和不适当履行

按照合同是否履行与履行的状况，违约行为可分为合同的不履行和不适当履行。合同的不履行，是指当事人不履行合同义务。例如在以提供劳务为标的的合同中，债务人丧失工作能力，为不能履行。在以特定物为标的物的合同中，该特定物毁损灭失，构成不能履行。

合同的不履行包括拒不履行和履行不能，拒不履行指当事人能够履行合同却无正当理由而故意不履行，履行不能指因不可归责于债务人的事由致使合同的履行在事实上已经不可能。合同的不适当履行，又称不完全给付，是指当事人履行合同义务不符合约定的条件。不适当履行又分为一般瑕疵履行和加害履行，一般瑕疵履行又包含迟延履行。

（三）一般瑕疵履行和加害履行

按照违约行为是否造成侵权损害，可分为一般瑕疵履行和加害履行。当事人履行合同有一般瑕疵的，为一般瑕疵履行。一般瑕疵履行有数量不足、质量不符、履行方法不当、履行地点不当、履行迟延等多种表现形式。当事人履行合同除有一般瑕疵外，还造成对方当事人的其他财产、人身损害的，为加害履行。加害履行的特征是违约与侵权行为竞合，例如，债务人给付的机电产品存在漏电缺陷，导致债权人中电死亡，即为加害履行。加害履行也是一种瑕疵履行，故将与其对应的其他瑕疵履行称为一般瑕疵履行。

（四）债务人履行迟延和债权人受领迟延

按照迟延履行的主体，可分为债务人履行迟延和债权人受领迟延。债务人逾期履行的，为债务人履行迟延。债权人逾期受领的，为债权人受领迟延。

二、《民法典》规定的违约形态

根据我国《民法典》的规定，违约形态分为预期违约和实际违约。

(一) 预期违约

1. 预期违约的概念和特点

预期违约也称为先期违约,是指在履行期限到来之前一方无正当理由而明确表示其在履行期到来后将不履行合同,或者其行为表明其在履行期到来以后将不可能履行合同。预期违约是英美法上的制度,并为一些国际公约所采纳。我国《民法典》借鉴英美法及一些国际公约的做法,在第578条中规定:"当事人一方明确表示或者以自己的行为表明不履行合同义务的,对方可以在履行期限届满之前请求其承担违约责任。"预期违约具有如下特点:

(1)预期违约是在履行期到来之前的违约。
(2)预期违约侵害的是期待的债权而不是现实的债权。
(3)预期违约在责任后果上与实际的违约责任是不同的,其主要造成对方信赖利益的损害。

2. 预期违约的形态

预期违约包括两种形态,即明示预期违约(明示毁约)和默示预期违约(默示毁约)。由于这两种形态都是发生在履行期到来之前的违约,因而可以看作是与实际违约相对应的一种特殊的违约形态。

(1)明示毁约,是指一方当事人无正当理由,明确肯定地向另一方当事人表示其将在履行期限到来时不履行合同。它须具备如下条件:第一,必须是一方明确肯定地向对方作出毁约的表示。第二,不履行合同的主要义务。第三,不履行合同义务无正当理由。

(2)默示毁约,是指在履行期到来之前,一方以自己的行为表明其将在履行期到来之后不履行合同,且另一方有足够的证据证明一方将不履行合同,也不愿意提供必要的履行担保。

(3)默示毁约与明示毁约的区别。二者都发生在合同有效成立后至履行期届满前,但默示毁约与明示毁约也有如下不同:

①是否明确表示将不履行合同义务。明示毁约是指毁约一方明确表示他将不履行合同义务;而在默示毁约情况下,债务人并未明确表示他将在履行期到来时不履行合同,只是从其履行的准备行为、现有经济能力、信用情况等,可预见到他将不履行或不能履行合同,而这种预见又是建立在确凿的证据基础之上的。

②对期待债权的侵害是否明确肯定。明示毁约行为对期待债权的侵害是明确肯定的,债务人的主观状态是故意的;而默示毁约行为对期待债权的侵害不像明示毁约行为那样明确肯定,债务人对毁约的发生主观上可能出于过失。

【案例8-1】

某百货商场与某电器公司订立空调购销合同,约定由电器公司于2001年5月底交付立式空调500台给百货商场,每台价格4000元,百货商场向电器公司交付20万元定金。2001年3月,气象部门预测当年夏天将持续高温,某电器公司的立式空调被商家订购一空,且价格上涨至每台4800元。3月底,电器公司给百货商场发了信函,声称因供货能力有限,无法履约,要求取消合同。百货商场多次与其协商未果,遂于诉至法院,要求解除合同,由电器公司双倍返还定金,并赔偿其利润损失。电器公司辩称,合同未到履行期,拒绝承担违约责任。法院判决解除双方签订的空调购销合同,某电器公司双倍返还某百货商场定金40万元,并赔偿其经济损失15万元。

【解析】

该案涉及我国《民法典》第578条关于预期违约制度规定。电器公司在空调购销合同履行期限到来之前致函百货商场要求取消合同,是以明示的方式表示将不履行合同,且无任何正当理由,该行为属于典型的明示毁约。百货商场在合同履行期限届满前将电器公司诉至法院,即通过预期违约制度及时保护自己的合法权益。因此,法院在查明事实的基础上依据法律作出了上述判决,支持了百货商场的诉讼请求。

(二) 实际违约

在履行期限到来以后,当事人不履行或不完全履行合同义务,都将构成实际违约。实际违约分为不履行和履行不符合约定。履行不符合约定又包括不完全履行和迟延履行。不完全履行从效果看,又分为瑕疵履行(从质量上看)和部分履行(从数量看)。迟延履行从时间上看又分为迟延给付和迟延受领。

1. 不履行

不履行是债务人对债权人表示不履行合同。这种表示一般为明示的,也可以是默示的。例如,债务人将应付标的物处分给第三人,即可视为拒绝履行。其构成要件为:(1)存在有效的债务;(2)有不履行的意思表示(明示的和默示的);(3)应有履行的能力;(4)违法性(即不属于正当权利的形式,如抗辩权)。

2. 不完全履行

不完全履行是指债务人虽然履行了债务,但其履行不符合债务的本旨,包括标的物的品种、规格、型号、数量、质量、运输的方法、包装方法等不符合合同约定等。如果履行的质量不符合约定即为瑕疵履行。如果履行的数量不符合约定即为部分履行。

3. 延迟给付

延迟给付又称债务人履行迟延,指债务人能够履行,但在履行期限届满时却未履行债务的现象。其构成要件为:(1)存在有效的债务;(2)能够履行;(3)债务履行期已过而债务人未履行;(4)债务人未履行不具有正当事由。

4. 迟延受领

迟延受领又称债权人受领迟延,是指债权人对于以提供的给付,未为受领或者未为其他给付完成所必须的协力的事实。迟延受领的构成要件为:(1)债务内容的实现以债权人的受领或者其他协助为必要;(2)债务人提供了履行;(3)债权人受领拒绝或者受领不能。

(三) 双方违约

双方违约是指合同的双方当事人都违反了其依据合同所应尽的义务。我国《民法典》第592条规定:"当事人都违反合同的,应当各自承担相应的责任。"双方违约的构成要件在于:

(1)双方违约主要适用于双务合同。

(2)双方当事人都违背了其应负的合同义务。

(3)双方的违约都无正当理由。

如果是一方行使同时履行抗辩权或不安抗辩权,则不能认为是双方违约。

在双方违约的情况下,应当根据双方的过错程度及因其过错而给对方当事人造成的损害程度而确定各自的责任。如果双方过错程度相当,且因其过错而给对方当事人造成的损害程度大体相同,则双方应当各自承担其损失。如果一方的过错程度明显大于另一方,且给对方造成的损失也较重,则应当承担更重的责任。

(四) 第三人的行为造成违约

违约是由第三人造成的,为因第三人原因造成的违约。《民法典》第593条规定:"当事人一方因第三人的原因造成违约的,应当依法向对方承担违约责任。当事人一方和第三人之间的纠纷,依照法律规定或者按照约定处理。"该规定进一步确认了合同责任的相对性规则。根据该规则,在因第三人的行为造成债务不能履行的情况下,债务人仍然应当向债权人承担违约责任,债权人也只能要求债务人承担违约责任。债务人在承担违约责任以后,有权向第三人追偿。

债务人在为第三人的行为向债权人负责后,可以依据法律规定而向第三人追偿。如第三人造成标的物的毁损、灭失,致使合同不能履行,债务人可要求第三人依法承担侵权责任。债务人也可以依据其事先与第三人的合同而向第三人追偿。债务人在向债权人承担责任后,可依据其与第三人的合同要求第三人承担责任,但两个合同关系必须分开。

(五) 债务人对履行辅助人的责任

债务人对履行辅助人的责任是指在债务履行过程中,债务人通常需借助履行辅助人的辅助行为而履行债务,同时,对履行辅助人的过错承担责任。《民法典》第593条规定的"当事人一方因第三人的原因造成违约"既包括因履行辅助人的原因造成违约,也包括履行辅助人以外的人的原因造成违约。

履行辅助人是指辅助债务人履行债务的人。履行辅助人具有以下特点:

(1)履行辅助人是根据债务人的意思而事实上从事债务履行的人。

(2)履行辅助人是依据法律规定或合同约定而产生的。

(3)履行辅助人必须在事实上从事了辅助履行债务的行为。

债务履行辅助人包括两类:一是代理人,二是使用人。所谓使用人,是指根据债务人的意思,事实上从事债务履行的人。

第四节 违约责任的形式

违约责任的形式,即承担违约责任的具体方式。《民法典》第577条规定,当事人一方不履行合同义务或者履行合同义务不符合约定的,应当承担继续履行、采取补救措施或者赔偿损失等违约责任。据此,承担违约责任的种类有继续履行、采取补救措施、赔偿损失,此外,还有支付违约金及定金责任等形态。

一、继续履行

(一) 继续履行的概念

继续履行也称强制实际履行,是指违约方根据对方当事人的请求继续履行合同规定的义务的违约责任形式。从定义可以看出,继续履行具有以下特征。

(1)继续履行是一种独立的违约责任形式,不同于一般意义上的合同履行。具体表现在:继续履行以违约为前提;继续履行体现了法的强制;继续履行不依附其他责任形式。

(2)继续履行的内容表现为按合同约定的标的履行义务。

(3)继续履行以对方当事人(守约方)请求为条件。

(二) 继续履行的构成要件

继续履行的构成要件如下。

(1)存在违约行为。

(2)须有守约方请求违约方继续履行合同债务的行为。守约方的请求一般应当明示地通知违约方,但通过主张抵销等行为,一般也应视为请求违约方继续履行。

(3)违约方能够继续履行合同。

如果合同已经不能继续履行,无论是法律上不能履行还是事实上不能履行,都不可以再发生继续履行责任的承担。

(三) 继续履行的适用

继续履行的适用,因债务性质的不同而不同:

1. 金钱债务

金钱债务采取无条件适用继续履行。金钱债务只存在迟延履行,不存在履行不能。因此,《民法典》规定应无条件适用继续履行的违约责任形式。

《民法典》第579条规定:"当事人一方未支付价款、报酬、租金、利息,或者不履行其他金钱债务的,对方可以请求其支付。"依据该条规定,在债务人不履行金钱债务的情形下,债权人有权请求其实际履行,也就是说,对金钱债务而言,无论出现何种情形,债权人都可以请求债务人实际履行。

2. 非金钱债务

非金钱债务采取有条件适用继续履行。对非金钱债务,《民法典》第580条第1款规定:"当事人一方不履行非金钱债务或者履行非金钱债务不符合约定的,对方可以请求履行,但是有下列情形之一的除外:(1)法律上或者事实上不能履行;(2)债务的标的不适于强制履行或者履行费用过;(3)债权人在合理期限内未请求履行。"从该条规定来看,对于非金钱债务,非违约方也可以要求实际履行。

但对非金钱债务而言,因其具有如下几个特点,可以采取其他方式替代。这些特点是:一方面,非金钱债务的标的大都具有可替代性。另一方面,非金钱债务的不履行本身可以转化为损害赔偿。但是,若采取实际履行在经济上不合理,或确实不利于维护非违约方的利益,则可以采取解除合同、赔偿损失等其他补救措施。从非违约方角度来看,其有权要求对方作出实际履行,但对此违约方有权提出抗辩。

3. 第三人替代履行

第三人替代履行,是指债务不得被强制履行时,由第三人替代债务人履行,而由债务人支付费用。《民法典》第581条规定,根据债务性质不能强制履行的,非违约方可以寻求第三人履行,并由违约方支付费用。依据该条规定,在根据债务的性质不得强制履行时,非违约方可以与第三人订立合同,由第三人作出替代履行,而由违约方负担替代履行的费用,这实际上是将无法请求继续履行的非金钱债务转化为损害赔偿,既有利于债权人合同目的的实现,也有利于违约责任的承担。

第三人替代履行,从债权人角度而言,债权人获得了履行,因此类似于实际履行;从债务人角度而言,更类似于损害赔偿。

4. 实际履行与损害赔偿

《民法典》第583条规定:"当事人一方不履行合同义务或者履行合同义务不符合约定的,在履行义务或者采取补救措施后,对方还有其他损失的,应当赔偿损失。"依据这一规定,在一方已经作出了实际履行或采取了补救措施之后,并不意味着免除了其他违约责任,毕竟实际履行只是违约责任的一种救济方式,并不当然能够为非违约方提供充足的救济。因此,在违约方作出履行后,如果非违约方还有其他损失,违约方仍应当予以赔偿。

当然,此种损害赔偿与未作出实际履行的损害赔偿在赔偿范围上是有区别的,也就是说,如果违约方未作出任何实际履行,则其应当赔偿非违约方的全部损失,而损失赔偿的范围是替代履行的损害赔偿;违约方在已经承担实际履行的责任后,仅需要赔偿非违约方在接受实际履行后仍未获得填补的损失。

【案例8-2】

被告严志鸣到原告处住宿,自2016年4月15日至同年6月12日住宿费1750元未付,经原告多次催款,被告严志鸣于2016年6月30日向原告出具欠条一份,约定于2016年7月5日之前还清。期满后经原告催款,被告以没钱为由未付。

【解析】

该案为旅店服务合同纠纷,合法的旅店服务合同受法律保护,被告严志鸣在原告处住宿,欠住宿费1750元未还。被告理应按约还款。现原告要求被告支付住宿费1750元,依照《合同法》第60条的规定,被告严志鸣应支付原告住宿费1750元。

《民法典》生效后,《合同法》第60条关于严格履行与诚实信用的规定被《民法典》第509条取代。

二、采取补救措施

(一) 采取补救措施的含义

采取补救措施作为一种独立的违约责任形式,是指矫正合同不适当履行(质量不合格),使履行缺陷得以消除的具体措施。这种责任形式与继续履行(解决不履行问题)和赔偿损失具有互补性。

(二) 采取补救措施的类型

补救措施的方式一般包括:修理、更换、退货等。关于采取补救措施的具体方式,我国相关法律做了如下规定:

(1)《民法典》第582条规定为:修理、重作、更换、退货、减少价款或者报酬等违约责任。

(2)《消费者权益保护法》第52条规定为:修理、重作、更换、退货、补足商品数量、退还货款和服务费用等。

(3)《产品质量法》第40条规定为:修理、更换、退货。

(三) 采取补救措施的适用

《民法典》第582条规定,履行不符合约定的,应当按照当事人的约定承担违约责任。对违约责任没有约定或者约定不明确,依据本法第510条的规定仍不能确定的,受损害方根据标的的性质以及损失的大小,可以合理选择请求对方承担修理、重作、更换、退货、减少价款或者报酬等违约责任。从《民法典》的规定可以看出,在采取补救措施的适用上,应注意以下几点:(1)采取补救措施的适用是在以合同对质量不合格的违约责任没有约定或者约定不明确。(2)应以标的物的性质和损失大小为依据,确定与之相适应的补救方式。

三、赔偿损失

(一) 赔偿损失的概念

赔偿损失,在合同法上也称违约损害赔偿,是指违约方以支付金钱的方式弥补受害方因违约行为所减少的财产或者所丧失的利益的责任形式。赔偿损失具有如下特点:

1. 赔偿损失是最重要的违约责任形式

损害赔偿是因债务人不履行合同债务所产生的责任,赔偿损失具有根本救济功能,任何其他责任形式都可以转化为损害赔偿。

2. 赔偿损失是以支付金钱的方式弥补损失

金钱为一般等价物,任何损失一般都可以转化为金钱,因此,赔偿损失主要指金钱赔偿。但在特殊情况下,也可以以其他物代替金钱作为赔偿。

3. 赔偿损失是由违约方赔偿守约方因违约所遭受的损失

首先,赔偿损失是对违约行为所造成的损失的赔偿,与违约行为无关的损失不在赔偿之列。其次,赔偿损失是对守约方所遭受损失的一种补偿,而不是对违约行为的惩罚,不具有惩罚性。

4. 赔偿损失责任具有一定的任意性

违约赔偿的范围和数额,可由当事人约定。当事人既可以约定违约金的数额,也可以约定损害赔偿的计算方法。

(二) 赔偿损失的确定方式

赔偿损失的确定方式有两种:法定损害赔偿和约定损害赔偿。

1. 法定损害赔偿

法定损害赔偿是指由法律规定的,由违约方对守约方因其违约行为而对守约方遭受的损失承担的赔偿责任。根据《民法典》的规定,法定损害赔偿应遵循完全赔偿原则。

(1)完全赔偿原则。违约方对于守约方因违约所遭受的全部损失承担的赔偿责任。具体包括:直接损失与间接损失;积极损失与消极损失(可得利益损失)。根据《民法典》第584条的规定,"当事人一方不履行合同义务或者履行合同义务不符合约定,造成对方损失的,损失赔偿额应当相当于因违约所造成的损失,包括合同履行后可以获得的利益。"该条规定体现了完全赔偿原则。

完全赔偿就是要通过赔偿受害人的实际损失和可得利益的损失,弥补受害人遭受的全部损失,使受害人恢复到合同订立前的状态,或者恢复到合同能够得到严格履行情况下的状态。根据完全赔偿原则,违约方应赔偿受害人的实际损失和可得利益的损失。

> **小贴士**
>
> 实际损失,是指非违约方因违约行为而遭受的现实损害。但是,损害赔偿旨在弥补受害人遭受的全部实际损失,而并不赔偿其因从事一桩不成功的交易所蒙受的损失。如果不成功的交易所带来的损失由违约方承担,则实际上是将全部风险转给违约方,使违约方实际上充当了非违约方的保险人。如果正常交付时,市场价格已经下跌,就不应当赔偿经营利益。

可得利益,是指合同在履行以后可以实现和取得的利益。可得利益的损失具有如下特点:第一,它是未来的利益损失。第二,它必须具有一定的确定性。第三,必须具有可预见性。可得利益的损失不同于间接损失。间接损失与直接损失相对应,而可得利益损失是与积极损失相对应的。一些间接损失如给第三人造成的损失,是现实遭受的实际损失,但不是可得利益的损失。可得利益的损失也不一定都是违约行为的间接后果。

(2)损害赔偿的限制。损害赔偿的限制体现在损害的可预见性规则、损害赔偿的减轻、过失相抵的规定中。

所谓损害的可预见性规则,是指违约损害赔偿的范围以违约方在订立合同时预见到或者应当预见到的损失为限。其理论基础是意思自治原则和公平原则。《民法典》第584条规定,损害赔偿不得超过违反合同一方订立合同时预见到或者应当预见到的因违反合同可能造成的损失。

> **小贴士**
>
> 根据该规定,损害的可预见性规则把握以下几点:(1)损害的可预见性规则是限制包括现实财产损失和可得利益损失的损失赔偿总额的规则,不仅用以限制可得利益损失的赔偿;(2)损害的可预见性规则不适用于约定损害赔偿;(3)是否预见到或者应当预见到可能的损失,应当根据订立合同时的事实或者情况加以判断。

所谓损害赔偿的减轻,是指在一方违约并造成损失后,另一方应及时采取合理的措施以防止损失的扩大,否则,应对扩大部分的损失负责。这种限制又称为减轻损失的原则,它具有以下几个特点:第一,一方的违约导致了损害的发生。第二,受害人未采取合理措施而使损失扩大。第三,造成了损失的扩大。《民法典》第591条第1款规定:"当事人一方违约后,对方应当采取适当措施防止损失的扩大;没有采取适当措施致使损失扩大的,不得就扩大的损失请求赔偿。"

所谓过失相抵,是指根据受害人的过错程度依法减轻或免除加害人赔偿责任的制度。《民法典》第592条第2款规定:"当事人一方违约造成对方损失,对方对损失的发生有过错的,可以减少相应的损失赔偿额。"虽然我国《民法典》合同编采严格责任原则,但应当看到,严格责任主要是就责任的成立而言,在责任承担方面,仍然需要考虑双方当事人的过错及其对损害发生的影响,从而准确认定当事人的责任,据此,在一方违约的情形下,如果另一方对损失的发生也有过错的,则应当适用过失相抵规则,减轻违约方的责任。

> **小贴士**
>
> 需要指出的是,《民法典》第592条第2款所规定的过失相抵不同于双方违约,因为在一方违约的情形下,对方当事人可能对损害的发生具有过错,但该行为不一定与该方当事人的合同义务相关,并不当然构成违约。

2. 约定损害赔偿

(1)约定损害赔偿,是指当事人在订立合同时,预先约定一方违约时应当向对方支付一定数额的赔偿金或约定损害赔偿额的计算方法。《民法典》第585条第1款规定:"当事人可以约定一方违约时应当根据违约情况向对方支付一定数额的违约金,也可以约定因违约产生的损失赔偿额的计算方法。"它具有预定性(缔约时确定)、从属性(以主合同的有效成立为前提)、附条件性(以损失的发生为条件)。约定损害赔偿的预定性、约定性表明了它与法定损害赔偿不同。但尽管约定损害赔偿的范围与实际损害的范围可能不尽一致,它毕竟也是以违约和损害的发生为前提的,在这一点上它与法定损害赔偿相似。

(2)约定损害赔偿条款与违约金条款的关系。约定损害赔偿条款与违约金条款关系非常密切,两者有相似之处性:①两者都是事先约定的,都可以在违约发生后对受害人起到补救作用。②从担保的角度来看,约定损害赔偿金也能起到督促合同当事人履行合同的作用。

但损害赔偿金与违约金有区别:违约金的支付不以实际发生的损害为前提。在约定违约金数额可能小于实际损失时,可同时适用损害赔偿;约定违约金的支付若不足以弥补实际损失,受害人可以再要求损害赔偿。而在约定损害赔偿的计算方法的场合,本身就已约定了损害赔偿,在取得了赔偿额以后,受害人就不能再另外要求赔偿损失了。

【案例8-3】

日照市岚山区姚某与日照市莒县某水泥厂负责人A达成买卖水泥口头协议,并按照约定向该水泥厂支付水泥款8万元,A给姚某出具了收款条,签字后加盖单位公章。事后,姚某一直没收到水泥厂提供的水泥,后将水泥厂诉至法院。

【解析】

原告与被告达成买卖水泥口头协议,双方的买卖合同关系成立,并且合法有效,原告已按合同约定向被告支付水泥款,被告应按合同约定履行提供水泥的义务,但被告至今未予履行,属于违约。因此,法院依法判决解除原、被告的水泥买卖合同关系,被告退还原告姚某交付的水泥款8万元,并赔偿相应利息损失。

四、违约金

(一) 违约金的概念

1. 违约金定义与特征

违约金,是指由当事人通过协商预先确定的、在违约发生后作出的独立于履行行为以外的给付。《民法典》第585条第1款规定:"当事人可以约定一方违约时应当根据违约情况向对方支付一定数额的违约金,也可以约定因违约产生的损失赔偿额的计算方法。"可见,违约金具有以下特征:

(1)违约金的数额主要是由当事人双方通过事先约定而确定的。

(2)违约金是由双方约定的,在违约后由一方向另一方支付的一笔金钱。

(3)违约金的支付是独立于履行行为之外的给付。

(4)违约金的支付是一种违约责任形式。

2. 违约金类型

依不同标准,违约金可分为:

(1)法定违约金与约定违约金。以违约金是否法定为划分依据,分为法定与约定违约金。法定违约金,是由法律直接规定的违约金为法定违约金。约定违约金是由当事人约定的,为约定违约金。

(2)概括性违约金和具体性违约金。以是否规定具体的违约金为划分依据,分为概括性违约金和具体性违约金。概括性违约金合同,指当事人对违约行为不做具体区分,概括约定凡违约即支付违约金。具体性违约金合同,指当事人针对不同的违约行为所约定的违约金,如约定根本违约违约金、债务不履行违约金、债务部分履行违约金、债务迟延履行违约金。

(3)惩罚性违约金与赔偿性违约金。惩罚性违约金,是于违约时,债权人除请求违约金外,还可以请求债务履行或者不履行所生之损害赔偿。赔偿性违约金,是当事人双方预先估计的损害赔偿总额,又叫作损害赔偿额的预定。由于债权人于对方违约而请求损害赔偿时,须证明损害及因果关系。而此类举证,不但困难,且易产生纠纷,因而当事人为避免上述困难及纠纷,预先约定损害赔偿数额或者其计算方法,不失为良策,一方面可以激励债务人履行债务;另一方面如发生违约,则其责任承担简单明了。此种损害赔偿的预定,也是一种违约金。此种违约金,如相当于履行之替代,则请求此种违约金之后,便不能够再请求债务履行或者不履行的损害赔偿。

(4)《民法典》规定的违约金类型。我国《民法典》第585条第1款规定的违约金包括约定违约金、赔偿性违约金、概括性违约金。

(二) 违约金责任的成立

按照我国《民法典》的规定,违约金属于约定违约金,约定违约金是一种合同关系,有的称违约金合同,是一种从合同,它是以主合同生效为条件的,在双方当事人就主合同的内容达成一致的意见并且合法生效的情况下,违约金条款才能生效。违约金责任并不是立即发生效力的,必须在一定条件下才能产生。违约金支付须具备以下两个条件:(1)违约行为的存在。(2)合同是有效的。

(三)违约金和其他责任形式的关系

1. 违约金与损害赔偿

违约金作为一种违约的补救方式,具有损害赔偿所不具有的特点。一般来说,合同中约定的违约金应当视为约定的损害赔偿。由于违约金数额可由当事人在订立合同时约定,因而当事人对违约后承担责任的范围可以预先确定,一旦发生违约则不必具体计算损害范围,受害人就可以要求支付违约金。当然,如果违约金的支付不足以弥补实际损失,受害人还可以要求赔偿损失,因此违约金责任与损害赔偿责任可以并存。但是,这两者是不同的:

(1)违约金数额是事先约定的,而损害赔偿额则是在违约发生后具体计算出来的。

(2)违约金可以节省损害赔偿额计算中的花费,避免就损失举证所遇到的困难。当然,违约金数额一般不超过损失额。

2. 违约金与实际履行

违约金责任是为了担保债务的履行而存在的,其主要目的是督促当事人履行债务并制裁违约行为,违约金的支付并没有使非违约方获得其基于订立合同所预期的利益,也不可能与其根据合同所应当得到的期待利益相一致。即使违约金在客观上能够补偿非违约方的损失,但它的重要功能在于制裁违约行为,使非违约方在获得违约金后仍然可以要求实际履行,以充分保护非违约方的利益。在实践中,违约金的支付是独立于履行之外的。《民法典》第585条第3款规定:"当事人就迟延履行约定违约金的,违约方支付违约金后,还应当履行债务。"这就表明违约金的支付与实际履行可以并存。不过,要求实际履行的权利在于非违约方;也就是说,如果非违约方愿意要求实际履行,则可使违约金与实际履行并存,否则,违约方只应承担违约金责任。

3. 违约金与解除合同

合同的解除是否影响当事人要求支付违约金的权利,我国《民法典》虽未作明确规定,但在一方违约导致合同解除的情况下,不能免除有过错的一方支付违约金的责任。这样,对同一违约行为来说,违约金和解除合同是可以并用的。因为违约金的主要作用就在于制裁违约行为以担保债务履行。所以,在一方违约导致合同解除的情况下,不能免除有过错的一方支付违约金的责任。

(四)对违约金数额的调整

虽然违约金是对损害赔偿额的预先约定,既可能高于实际损失,也可能低于实际损失,但是畸高和畸低均会导致不公平结果,因此,违约金的约定是可以调整的。我国法律采纳了对违约金条款予以干预的原则。《民法典》第585条第2款规定："约定的违约金低于造成的损失的,人民法院或者仲裁机构可以根据当事人的请求予以增加;约定的违约金过分高于造成的损失的,人民法院或者仲裁机构可以根据当事人的请求予以适当减少。"该条规定说明:

1. 违约金调整的条件

违约金的调整需要满足以下条件:

(1)违约金的调整必须依据当事人的请求,不能由法院直接依据职权进行。

(2)在对违约金的调整中必须综合进行考量。

(3)必须根据损失来进行调整。

2. 法官对违约金具有变更权

法官对违约金的变更应满足以下条件:

(1)以约定违约金"低于造成的损失"或"过分高于造成的损失"为条件。

(2)经当事人请求。

(3)由法院或仲裁机构裁量。

(4)"予以增加"或"予以适当减少"。

【案例8-4】

甲公司(委托方)与乙公司(承揽方)签定中央空调的安装建设工程合同,双方在约定各自权利和义务的基础上,特别约定了如果委托方迟延支付安装工程款,每迟延一日给付违约金5000元。之后乙公司履行了安装承揽义务,甲公司根据付款进度支付了大部分工程款。后乙公司起诉要求甲公司给付工程余款和违约金,按照该违约金的计算标准,甲公司应当给付违约金的总额超过了其应付工程款余额。

【解析】

法官经常在审判实践中遇到类似案件,主要涉及如何裁量违约损害赔偿的问题。具体地讲,当事人自由约定的违约金计算标准,是否必须应给予完全必要的尊重;如何把握当事人的民事自由处分权利和司法干预之间的关系;合同损失的认定条件是什么;违约行为与合同损失的因果关系怎样判断;等等。

总之,确定违约损害赔偿不是法官运用简单公式推导计算的过程,更重要的是法官对《民法典》立法背景及其法律精神的深刻领悟和法律价值判断的过程。因此,理解和掌握合同违约损害赔偿的裁量原则、赔偿范围的考量因素以及赔偿金的计算方法等,是法官准确适用法律,公正合理裁决当事人的违约赔偿诉请的关键。

五、定金责任

(一)定金的概念

所谓定金,是指合同双方当事人约定为担保合同的履行,由一方预先向对方给付一定数量的货币或其他代替物。《民法典》第586条第1款规定:"当事人可以约定一方向对方给付定金作为债权的担保。定金合同自实际交付定金时成立。"可见,定金具有如下几个特点:

1. 定金的标的物为金钱或其它可代替物。
2. 定金是当事人预先交付的。
3. 定金具有担保合同债务的履行和制裁违约的双重功能。

(二) 定金的数额

《民法典》第586条第2款规定:"定金的数额由当事人约定,但是不得超过主合同标的额的20%,超过部分不产生定金的效力。实际交付的定金数额多于或者少于约定数额的,视为变更约定的定金数额。"依据该条规定,按照私法自治原则,当事人可以在法律允许的范围内自由约定定金的数额。当然,当事人在约定定金数额时,也应当受到一定的限制。因此,当事人所约定的定金数额不得超过主合同标的额的20%,否则超过的部分不发生定金的效力。(《民法典》第586条)所谓不发生定金的效力,是指不能适用定金罚则。

依据《民法典》第586条第2款规定,"实际交付的定金数额多于或者少于约定数额的,视为变更约定的定金数额",法律之所以作出此种规定,一方面,定金合同以实际交付定金为成立条件,但有关交付的数额,有约定的,应当按照合同的约定,如果当事人交付的定金数额少于约定的数额,则应当构成违约,但另一方完全接受而没有拒绝,则应当认定当事人以实际履行的方式接受了合同的变更。

(三) 定金罚则

《民法典》第587条规定,"债务人履行债务的,定金应当抵作价款或者收回。给付定金的一方不履行债务或者履行债务不符合约定,致使不能实现合同目的的,无权请求返还定金;收受定金的一方不履行债务或者履行债务不符合约定,致使不能实现合同目的的,应当双倍返还定金"。从该条规定来看,无论是接受定金的一方,还是给付定金的一方,只有在构成根本违约的情形下,才能适用定金罚则。具体而言,定金责任适用的情形主要包括以下两种情形:

(1) 给付定金的一方不履行债务或者履行债务不符合约定,从而致使不能实现合同目的。

(2) 收受定金的一方不履行债务或者履行债务不符合约定,从而致使不能实现合同目的。

(四) 定金责任与其他责任形式的关系

1. 定金与违约金的关系

(1) 违约定金与违约金的联系

违约定金与违约金的关系十分密切,具体体现在:第一,两者都针对违约行为而适用,在一方违反合同的情况下,违约金和定金责任都是一种对违约的补救方式,作为责任形式两者都以违约行为作为共同的责任构成要件。第二,两者都具有担保作用。但是,违约定金针对违约行为而设定,违约定金罚则已经成为了一种责任形式。

(2)违约定金与违约金的区别

尽管两种责任具有相同的功能,但定金和违约金在性质上是不同的,即便就违约定金而言,也不能将其等同于违约金。因此,不能将违约定金视为违约金,且两者由于在适用的对象、目的、功能等方面具有相似性,因此原则上不能并用。对此《民法典》第588条第1款规定:"当事人既约定违约金,又约定定金的,一方违约时,对方可以选择适用违约金或者定金条款。"依据该条规定,定金责任和违约金责任只能择一适用,而不能并用。

【案例8-5】

甲、乙订立买卖合同,合同约定:甲向乙交付货物,货款为200万元;乙向甲支付定金20万元;如任何一方不履行合同应支付违约金30万元。甲因将货物卖给丙而无法向乙交货。问:在乙向法院起诉时,哪一种诉求能最大限度保护自己的利益?

A. 请求甲双倍返还定金40万元

B. 请求甲支付违约金30万元

C. 请求甲支付违约金30万元,同时请求甲双倍返还定金40万元

D. 请求甲支付违约金30万元,同时请求返还定金20万元

【解析】

正确答案是A。

根据《民法典》第588条第1款的规定,定金责任和违约金责任只能择一适用,而不能并用。因此选择A项,请求甲双倍返还定金40万元。

2. 违约定金与赔偿损失关系

违约定金和赔偿损失的区别主要体现为:

(1)定金责任的适用不以实际发生的损害为前提,即无论一方的违约是否造成实际损害都可能导致定金责任。

(2)定金也不是法定损害赔偿的总额。

小贴士

关于定金与损害赔偿是否可以并用?《民法典》第588条第2款规定:"定金不足以弥补一方违约造成的损失的,对方可以请求赔偿超过定金数额的损失。"由此可以看出,《民法典》采取肯定态度,其根本原因在于定金责任有数额的限制,即不能超过主合同标的额的20%(《民法典》第586条第2款),而这一数额很可能低于守约方的损失金额。

【案例 8-6】

原告、被告协商将被告经营的乌达区迎宾旅店转让给原告,原告先给付被告定金 200 元,后原告又给付被告转让款 18000 元,被告为原告出具收条一张。但原告、被告就旅店转让事宜协商未果,原告诉至法院要求被告返还已给付被告的 18200 元。

【解析】

原告、被告口头协商转让旅店事宜,未签订书面合同予以明确,原、被告双方最终未能达成一致意见,未构成《民法典》第 502 条"承诺生效时合同成立"的合同生效条件,故被告应当退还原告预交款项和定金。依据《民法典》第 469 条、第 502 条的规定,由被告退还原告人民币 18200 元。

第五节 免责事由

一、免责事由的概念

免责是指在合同履行的过程中,因出现了法定的或合同约定的免责条件而导致合同不履行,债务人将被免除履行义务。这些法定的或约定的免责条件被统称为免责事由。

合同责任的免责事由既包括法定的责任事由,即不可抗力,也包括当事人约定的责任事由,即免责条款。在合同关系中,法律允许当事人自愿确立权利义务关系,也可通过设定免责条款而限制、免除其未来的责任。只有在法定的免责事由和约定的免责事由导致合同不能履行时,才能使债务被免除。合同约定的免责事由即免责条款。

二、不可抗力

(一) 不可抗力概念

不可抗力"是指不能预见、不能避免并不能克服的客观情况"。(《民法典》第 590 条)不可抗力包括某些自然现象或某些社会现象(如战争等),其主要特点有:

(1) 不能预见性。
(2) 不能避免并不能克服性。
(3) 不可抗力属于客观情况,也就是说,它是独立于人的行为之外的事件,不包括单个人的行为。

(二) 不可抗力种类

不可抗力具有以下几种:
(1) 自然灾害,如地震、台风、洪水、海啸等。

(2)政府行为。

(3)社会异常现象。

(三)不可抗力的通知与证明

《民法典》第590条第1款规定:"当事人一方因不可抗力不能履行合同的,根据不可抗力的影响,部分或者全部免除责任,但是法律另有规定的除外。因不可抗力不能履行合同的,应当及时通知对方,以减轻可能给对方造成的损失,并应当在合理期限内提供证明。"可见,我国法律并不认为不可抗力发生后,当事人就自然被全部免除责任。

思考与练习

一、简述题

1. 违约责任有何特点?
2. 违约责任的构成要件包括哪些?
3. 试述违约行为的形态。
4. 如何处理双方违约和第三人行为造成违约的情况?
5. 试述实际履行的适用条件。
6. 试述损害赔偿的适用。

二、案例分析

【基本案情】

鑫方盛公司与金涛公司在2018年7月13日签订了工业品买卖合同,约定实际供货金额以销售小票签字为准,金涛公司的授权签收人为张新建,以首次送货小票单据时间为准30天内结清所有未付货款。胡博自愿为金涛公司在合同中承担的义务承担连带责任担保。合同签订后,鑫方盛公司分别在2018年7月15日和8月4日向金涛公司供货。销售小票载明的金额共计441300.8元。经多次催要,金涛公司未付清款项,故鑫方盛公司提起诉讼。

【思考讨论】

1. 胡博是否与金涛公司共同承担违约责任?
2. 如果适用《民法典》,应当依据哪一条做出判决?

【分析要点】

1. 鑫方盛公司与金涛公司成立合法有效的买卖合同关系。金涛公司应当按照合同约定期限支付价款,故金涛公司应支付货款441300.8元以及欠款利息。胡博作为担保人在合同上签字,故其应当对金涛公司的货款及利息承担连带保证责任。

依照《合同法》第107条、第109条的规定,金涛公司支付货款441300.8元及欠款利息(以441300.8元为基数,自2018年8月15日至给付之日止,按中国人民银行同期贷款基准利率计算);依据《担保法》第18条的规定,当事人在保证合同中约定保证人与债务人对债务承担连带责任的,为连带责任保证。《担保法》第31条规定,保证人承担保证责任后,有权向债务人追偿。胡博应对上述两项给付义务承担连带清偿义务;胡博在履行清偿义务后,有权向河北金涛安防设备科技有限公司追偿。

2. 如果适用《民法典》,该案例应当适用第577条和第579条。当事人一方不履行合同义务或者履行合同义务不符合约定的,应当承担继续履行、采取补救措施或者赔偿损失等违约责任。当事人一方未支付价款、报酬、租金、利息,或者不履行其他金钱债务的,对方可以请求其支付。

第二编 典型合同

第九章 买卖合同

【学习目标】
1. 理解买卖合同的概念和特征。
2. 了解买卖合同类型。
3. 了解买卖合同条款。
4. 掌握买卖合同的效力。
5. 掌握买卖合同中无权处分的效力。
6. 掌握和理解买卖合同中的标的物风险负担。
7. 了解买卖合同的违约责任。

【引例】
2018年10月至2019年4月期间,被告在原告处购买密目网10451片,价款123039元;弹丝网4550片,价款23520元;捆绳2460斤,价款6390元;原告垫付运费1070元,共计款154019元,其中,被告已付款45000元,现尚欠原告货款109019元。经原告多次催要无果,诉至法院。

【解析】
本案如果依据民法典裁判,应当依据《民法典》第595条规定,买卖合同是出卖人转移标的物的所有权于买受人,买受人支付价款的合同。该案例属于典型的买卖合同。《民法典》第626条规定,买受人应当按照约定的数额和支付方式支付价款。本案被告欠原告货款事实清楚,证据充分,应当依据该规定,将尚欠原告货款109019元付清。

第一节 买卖合同概述

一、买卖合同的概念和特点

买卖合同是出卖人转移标的物的所有权于买受人,买受人支付价款的合同(《民法典》第595条)。可见,买卖合同是出卖人转移标的物的所有权于买受人,买受人支付价款的合同。其中,出卖人是指按照约定交付标的物并转移标的物所有权的人,相应地,买受人是指支付价款并接受标的物所有权的人。买卖合同在合同法中居于十分重要的地位。各国合同法大多将买卖合同置于各有名合同之首,表明了买卖合同的重要性。买卖

合同的主要特点在于:

1. 卖方转移财产所有权,买方支付价款

买卖合同是卖方转移财产所有权的合同。卖方不仅要将标的物交付给买方,而且要将标的物的所有权转移给买方。转移所有权,这使买卖合同与一方也要交付标的物的其他合同,如租赁合同、借用合同、保管合同等区分开来。其次,买卖合同是买方应支付价款的合同,并且价款是取得标的物所有权的对价。这又使买卖合同与其他转移财产所有权的合同,如互易合同、赠与合同区别开来。

2. 具有双务性

卖方负有交付标的物并转移其所有权于买方的义务,买方也同时负有向卖方支付价款的义务。一方的义务也正是对方的权利,因此,买卖合同是一种典型的双务合同。

3. 具有有偿性、诺成性、不要式性

出卖人与买受人有对价关系,卖方取得价款是以转移标的物的所有权为代价的,买方取得标的物的所有权是以给付价款为代价的。买卖合同的任何一方从对方取得物质利益,都须向对方付出相应的物质利益。因此,买卖合同是典型的有偿合同。

一般当事人就买卖达成合意,买卖合同即成立,而不以标的物或者价款的现实交付为成立的要件。这在有的国家的法律中是明确规定的,如《法国民法典》规定,当事人就标的物及其价金相互同意时,即使标的物尚未交付、价金尚未支付,买卖即告成立。但是,买卖合同当事人也可以在合同中作出这样的约定,标的物或者价款交付时,买卖合同始为成立。此时的买卖合同即为实践合同或者称要物合同。

法律对合同的形式一般不作要求。

二、买卖合同的分类

(一) 一般买卖合同与特种买卖合同

按照买卖有无特殊的方式,可分为一般买卖和特种买卖。一般买卖合同是指没有特殊要件要求的买卖合同,而特种买卖合同是指特殊形态的买卖合同,即具有特殊要件的买卖合同。一般买卖合同与特种买卖合同的区别在于:

(1)一般买卖作为通常的买卖形式,其符合买卖的一般规则。法律上对于一般买卖的程序没有特殊的规定,应当适用合同编通则中关于合同订立的一般规则。而特殊买卖是一般买卖的特别形式,其在订立方式、履行方式、担保规则等方面,法律有特别的规定。

(2)特种买卖属于随着经济和社会发展而产生的特殊交易形态,而一般买卖是交易的传统形态。

(3)两者在适用的法律方面也存在一定区别。一般买卖应当适用《民法典》合同编的规定,而特种买卖还要适用特别法的规定。在我国《民法典》合同编买卖合同中,既规定了一般买卖,也规定了特种买卖,包括所有权保留买卖、分期付款买卖、凭样品买卖、试用买卖、招标投标买卖、拍卖等。

（二）动产买卖合同和不动产买卖合同

按照标的物的能否移动，可分为动产和不动产所。两者的主要区别在于：

1. 转让的标的不同

动产是可以移动，或者移动不影响其价值的物。不动产是动产以外的其他财产。

2. 移转所有权的方式不同

动产买卖通常适用交付移转所有权的规则，而不动产买卖通常以登记作为所有权移转的要件。针对特殊的动产（如机动车、船舶），依据《民法典》第225条的规定，实行登记对抗主义，即船舶、航空器和机动车等物权的设立、变更、转让和消灭，未经登记，不得对抗善意第三人。

3. 合同的形式要件不同

动产买卖合同一般都没有形式要件的要求，要式或不要式均可。而不动产买卖合同因标的物价值较大，为避免日后的纠纷，法律一般都要求其采用书面的形式，因此属于要式合同。

（三）国内货物买卖合同和国际货物买卖合同

按照买卖合同的当事人、标的物的所有权是否跨国境转移，可分为国内货物买卖合同和国际货物买卖合同。两者的主要区别在于：

1. 是否具有涉外因素

在国内货物买卖中，原则上不具有涉外因素。而在国际货物买卖中，其必然包含了涉外因素，这也决定了其在法律适用等方面存在差异。

2. 适用的法律依据不同

国际货物买卖一般都允许当事人约定所应适用的法律，此种法律可以是外国法，也可以是国内法。在当事人没有约定的情况下，根据我国《涉外民事关系法律适用法》第41条的规定，应适用履行义务最能体现该合同特征的一方当事人经常居住地法或其他与该合同有最密切联系的法律。而国内货物买卖一般只适用国内法。

3. 时效期限不同

考虑到国际货物买卖的特殊性，法律上规定了特殊的诉讼时效期间。《民法典》第594条规定："因国际货物买卖合同和技术进出口合同争议提起诉讼或者申请仲裁的时效期间为4年。"而国内货物买卖应当适用诉讼时效期间的一般规定，即《民法典》第188条所规定的3年的诉讼时效期间。

（四）消费买卖合同和经营买卖合同

按照买卖合同主体的不同，可分为消费买卖合同和经营买卖合同。消费买卖合同是指交易的一方为消费者而另一方是经营者的买卖合同。而经营买卖合同则是指在专业的经营者之间发生的买卖合同。虽然我国《民法典》合同编中没有特别规定"消费者"的概念,但是许多条款的设计都倾向于对消费者的保护,如对格式条款的限制、强制缔约等规则。这两种买卖合同形式的主要区别在:

1. 主体不同

在消费买卖中,买受人一方特定为消费者,而出卖人一方则特定为专业经营者。

2. 质量担保责任不同

在消费买卖中,作为出卖人的经营者,承担着负有特殊的质量瑕疵担保责任。而经营买卖的合同主体都是经营者,应适用《民法典》合同编的一般规则确定出卖人承担的质量担保责任。

3. 信息披露义务不同

由于消费买卖中主体地位不平等,为了维护交易的公平,法律规定消费买卖中的经营者要完全披露商品的有关信息;而在经营买卖中,由于双方都是专业经营者,出卖人所负担的披露义务相对较小。

(五)现货买卖合同与期货买卖合同

按照订立合同时标的物是否已经实际存在,可分为现货买卖合同与期货买卖合同。现货是指双方达成买卖合同时,合同的标的物已经存在。期货是指双方买卖合同签订时,合同的标的物尚不存在,但是按照合理的预期可以出现。在《民法典》合同编中,并没有对期货买卖合同作出特别规定,期货买卖合同将在未来的期货法中作出规定。两种合同的区别在于:

1. 交易的对象不同

期货买卖交易的对象是期货合约。而现货买卖合同交易的对象是实物,包括现有之物和未来之物。

2. 是否移转标的物所有权不同

现货买卖合同需要移转标的物所有权。而期货买卖移转的是期货合约。

3. 缔约目的不同

现货买卖合同的缔约目的是通过移转交付而取得对标的物的所有权。期货交易的目的以锁定价格风险并获取投机利润为主。

4. 履行方式不同

现货买卖合同的履行方式为标的物的交付。而期货交易的履行方式为实物交割和对冲平仓两种。

5. 价格不同

现货买卖合同的价格由双方当事人进行单独磋商确定。而期货交易的价格则采取在期货交易所内集中竞价的方式确定。

第二节 买卖合同的主要条款

一、买卖合同的主要条款概述

所谓买卖合同的主要条款,是指买卖合同必须包含的条款。即买卖合同的必备条款,缺少了必备条款,买卖合同就不能成立。买卖合同的必备条款应当包括:当事人的姓名或名称、标的、价款、数量。只有在具备这几项必备条款后,买卖合同才能成立。

二、买卖合同一般包括的条款

我国《民法典》第470条和第596条就买卖合同的主要条款作出了规定,买卖合同的主要条款包括:(1)当事人。(2)标的物。(3)数量和质量。(4)价款及支付方式。(5)包装方式。(6)检验标准和方法。(7)结算方式。(8)合同使用的文字及其效力等条款。

总之,法律关于买卖合同条款的规定是引导性的,而不是强行性规定。当事人完全可以根据具体情形来具体约定买卖合同的各项条款。但是,法律规定的买卖合同的必备条款(当事人的姓名或名称、标的、价款、数量)是不可缺少的,否则,买卖合同无法成立。

第三节 买卖合同的效力

一、出卖人的义务

(一)交付标的物的义务

在买卖合同中,出卖人的基本义务是移转标的物的所有权,因此,交付标的物和支付价款成为买卖合同的基本义务。依据我国《民法典》的规定,出卖人应当按照如下要求交付标的物:

1. 出卖人应当按照约定的期限交付标的物

(1)合同约定在某确定时间交付。《民法典》第601条规定,出卖人应当按照约定的时间交付标的物。约定交付期限的,出卖人可以在该交付期限内的任何时间交付。据此,迟于此时间,即为迟延交付,是违约。早于此时间,即为提前履行,严格意义上也是一种违约,买受人可以拒绝出卖人提前履行债务,但提前履行不损害买受人利益的除外。出卖人提前履行债务给债权人增加的费用,由出卖人承担。

(2)买卖合同未约定标的物交付期限或者约定不明确的交付。《民法典》第602条规定,当事人没有约定标的物的交付期限或者约定不明确的,适用本法第510条、第511条第(4)项的规定。从条文本身的内容上看,当事人就标的物的交付期限没有约定或者约定不明确时,首先,当事人可以协商达成补充协议;不能达成补充协议的,按照《民法典》有关条款或者交易习惯确定。如果仍不能确定,出卖人就可以随时履行,买受人也可以随时要求出卖人履行,但应当给对方必要的准备时间。为了使买受人有合理的准备接收标的物的时间,如准备仓库等,出卖人应当在交付之前通知买受人。即使法律对此不作规定,这也是出卖人按照诚实信用的合同原则应当履行的义务,因为通知一下对出卖人来说并不是多大的负担,却可以使买受人免受可能的损害。

2. 出卖人应当在约定的地点交付标的物

买卖合同对标的物的交付地点有约定的,出卖人就应当按照约定履行交付的义务。《民法典》第 603 条第 1 款规定,出卖人应当按照约定的地点交付标的物。买卖合同当事人没有约定交付地点或者约定不明确的交付。按照《民法典》第 603 条规定第 2 款规定,首先,当事人可以协商达成补充协议,不能达成补充协议的,按照合同有关条款或者交易习惯确定。具体包括三种情况:

(1) 如果买卖合同标的物需要运输,无论运输以及运输工具是出卖人安排的,还是买受人安排的,出卖人的交付义务就是将标的物交付给第一承运人。即使在一批货物需要经过两个以上的承运人才能运到买方的情况下,出卖人也只需把货物交给第一承运人。这时即认为出卖人已履行了交付义务。因此,出卖人交付的地点也就是应当将标的物交付给第一承运人的地点。

小贴士

这里需要注意的一点是,在有的国际货物买卖中,合同虽然也涉及了货物的运输问题,但当事人采用了某种贸易术语,而该术语本身就涵盖了交货的地点,此时就不属于本条规定的情况了。例如,当事人在合同中约定交货的条件是"FOB 天津",即使货物需要从石家庄用火车运到天津再由天津海运到越南岘港,出卖人的义务也是把货物交付到天津的指定船舶上,而不是把货物交到石家庄开往天津的火车上就算完成了交付。

(2) 如果标的物不需要运输,这时如果出卖人和买受人订立合同时知道标的物在某一地点的,出卖人应当在该地点交付标的物。双方当事人知道标的物在某一地点,一般在以下情况中较为常见:买卖合同的标的物是特定物;标的物是从某批特定存货中提取的货物,例如指定存放在某地的大豆仓库中提取若干吨大豆作为交付的货物。

(3) 在不属于以上两种情况的其他情况下,出卖人的义务是在其订立合同时的营业地把标的物交付买受人处置。出卖人应当采取一切必要的行动,让买受人能够取得标的物,如做好交付前的准备工作,将标的物适当包装,刷上必要的标志,并向买受人发出通知让其提货等。

3. 出卖人交付标的物的方式必须符合法律规定和合同约定

标的物所有权的转移方法,依法律的规定而定。动产一般以占有为权利的公示方法,因此,除法律另有特别规定或者当事人另有约定以外,动产所有权依交付而转移。不动产和法律有特别规定的动产,如车辆、船舶、航空器等,以登记为权利公示的方法,因此,其所有权的转移须办理所有权人的变更登记。

4. 出卖具有知识产权的标的物并不当然移转知识产权

在买卖合同中,有些标的物本身可能是一定知识产权的载体,如计算机软件等。然而作为知识产权的载体的买卖与知识产权买卖是不同的。《民法典》第 600 条规定,出卖具有知识产权的标的物的,除法律另有规定或者当事人另有约定外,该标的物的知识产权不属于买受人。

> **小贴士**
>
> 知识产权的买卖是权利买卖的一种,在有关法律中一般称为权利的转让。在权利买卖中,当事人所追求的合同目的与一般的货物买卖是不同的。尽管从根本上说,一般货物买卖也是权利,即货物所有权的转移,但是,当事人所追求的是物的实用性。而权利的买卖或者转让则不同,当事人所追求的是权利本身所体现的利益。
>
> 作为买卖对象的权利,尽管也有一定的载体,但买卖当事人看重的显然不是该载体本身,而是通过它表现的一定技术以及对这一技术享有支配的权利而能带来的利益。因此,如果一个买卖合同的标的物本身体现着一定的知识产权,除非当事人明确表明,或者法律有相关规定(如著作权法规定美术作品的展览权随作品原件转移),买卖可以影响知识产权,那么,该标的物所体现的知识产权就不转移于买受人。

5. 买卖合同中标的物孳息的归属

孳息是指原物所产生的收益,分为"天然孳息"和"法定孳息"。天然孳息指物依自然规律产生的收益,如土地生长的稻麦、树木的果实、牲畜的幼畜、剪下的羊毛等。法定孳息指依民事法律关系产生的收益,如有利息的借贷或租赁、出借人有权收取利息、出租人有权收取租金等。买卖合同法律规定孳息收益人的确定与标的物的交付相联系。未交付的买卖标的物产生孳息时,孳息属于出卖人。自交付买卖标的物时起,物的收益归属于买受人。

(二)移转标的物所有权的义务

依据《民法典》第 595 条的规定,出卖人负有的主要给付义务就是移转标的物的所有权。出卖人转移标的物所有权的义务是出卖人最基本的义务。如果出卖人仅仅交付了标的物,而没有移转所有权,则意味着出卖人没有完全履行其主要给付义务。《民法典》第 598 条规定:"出卖人应当履行向买受人交付标的物或者交付提取标的物的单证,并转移标的物所有权的义务。"该规定也进一步明确了出卖人在交付标的物的同时,还应移转标的物的所有权。

(三) 权利瑕疵担保义务

1. 权利瑕疵担保的概念和特征

瑕疵担保,是指债务人负有对其所提出的给付应担保其权利完整和标的物质量合格的义务。权利瑕疵担保,是指出卖人应当保障买受人对标的物享有合法权益,保证任何第三人不会对该标的物主张权利。《民法典》第612条规定:"出卖人就交付的标的物,负有保证第三人对该标的物不享有任何权利的义务,但是法律另有规定的除外。"该条就是关于出卖人权利瑕疵担保义务的规定。此种义务是指出卖人应当保证买受人对标的物享有合法的权利,保证任何第三人不会就该标的物向买受人主张任何权利。

出卖人的权利瑕疵担保义务主要包括以下情形:

(1)出卖人应当保证标的物上不存在他人可以主张的权利,如抵押权、租赁权等。

(2)出卖人应当担保该标的物之上没有关于所有权的争议。出卖人对标的物具有所有权或者处分权。如果发生争议之后,重新确权导致第三人追夺,就可能影响买受人的权利。

(3)出卖人应当保证标的物没有侵犯他人的知识产权。

2. 权利瑕疵担保义务的排除

出卖人均负有瑕疵担保义务,但在特殊情形下,出卖人也可能不负有该项义务。依据《民法典》第613条,在买受人订立合同时知道或者应当知道标的物权利瑕疵的情况下,出卖人不承担权利瑕疵担保义务。作出此种规定的原因在于,买受人在订立合同时就知道或者应当知道权利瑕疵,但其仍然继续订立合同,因此,其自愿承受了第三人对标的物享有权利的风险。如果标的物被第三人追索,则其应当自己承担相应的损失,而不能向出卖人主张违约责任。

3. 不安抗辩权的行使

在买卖合同订立后,买受人确实有确切证据证明第三人对标的物享有权利,将引发争议,其有权主张不安抗辩权,中止支付相应的价款。《民法典》第614条规定:"买受人有确切证据证明第三人对标的物享有权利的,可以中止支付相应的价款,但是出卖人提供适当担保的除外。"该条确立了买卖合同中买受人所享有的不安抗辩权。当然,从该条规定来看,在买受人主张不安抗辩权的情形下,如果出卖人提供了适当的担保,则买受人应当按照约定支付相应的价款。此处的"适当担保"并不限于抵押、质押等物的担保,任何能够消除买受人不安的担保,都可以构成此处所说的"适当担保"。

【案例9-1】

甲公司与乙公司签订买卖合同。合同约定甲公司先交货。交货前夕,甲公司派人调查乙公司的偿债能力,有确切材料证明乙公司负债累累,根本不能按时支付货款。甲公司遂暂时不向乙公司交货。甲公司行使的是( )。

A. 同时履行抗辩权　　B. 不安抗辩权　　C. 后履行抗辩权　　D. 违约请求权

【解析】

正确答案是 B。

根据《民法典》第 614 条规定,甲公司的行为符合行使不安抗辩权的规定。

(四) 物的瑕疵担保义务

1. 物的瑕疵担保义务的概念

物的瑕疵担保义务,是指出卖人应当负有担保其出卖的标的物符合法律和合同规定的质量要求的义务。在买卖合同中,买受人购买标的物,不仅要取得所有权,还要该物符合合同约定的质量要求,因此,出卖人还应当对买受人负有物的瑕疵担保义务。

> **小贴士**
>
> 我国《民法典》采纳了《联合国国际货物销售合同公约》的规定。具体来说,物的瑕疵担保义务包括以下几项内容:一是出卖人应当按照合同约定的质量要求交付标的物。二是在合同没有明确约定质量标准时,应当按照《民法典》的相关规定确定质量标准。

2. 违反瑕疵担保义务责任的免责条款及其适用

《民法典》第 618 条规定确立了两项规则:

(1)允许当事人可以在合同中约定减轻或者免除出卖人对标的物瑕疵承担的责任。

(2)如果出卖人存在故意或者重大过失不告知买受人标的物瑕疵的情形,出卖人无权主张减轻或者免除责任。

(五) 交付单证以及其他资料的义务

出卖人除需要向买受人交付提取标的物的单证外,其还应当将其他有关单证和资料交付给买受人。《民法典》第 598 条规定:"出卖人应当履行向买受人交付标的物或者交付提取标的物的单证,并转移标的物所有权的义务。"该条所规定的单证和资料主要包括两类:

1. 与提取标的物相关的单证。提取标的物的单证,主要是提单、仓单,是对标的物占有的权利的体现。

2. 与标的物使用相关的单证和资料。与标的物使用相关的单证和资料,比如商业发票、产品合格证、质量保证书、使用说明书、产品检疫书、产地证明、保修单、装箱单等。对于这些单证和资料,如果买卖合同中明确约定了出卖人交付的义务或者是按照交易的习惯,出卖人应当交付,则出卖人就有义务在履行交付标的物的义务以外,向买受人交付这些单证和资料。出卖人负担交付此类单证和资料的义务,旨在保障买受人对标的物的利用,从而更好地实现订立合同的目的。

(六) 标的物的回收义务

《民法典》第 625 条规定:"依照法律、行政法规的规定或者按照当事人的约定,标的物在有效使用年限届满后应予回收的,出卖人负有自行或者委托第三人对标的物予以回收的义务。"该条确立了买卖合同中的回收义务。该条规定贯彻了绿色原则的要求,避免有毒有害物质造成的环境污染与生态破坏,并循环利用具有回收价值的废物。该种回收义务的发生原因主要包括以下两种:一是法律或行政法规的规定。二是当事人在合同中约定回收义务。

(七) 履行附随义务

出卖人负有依据诚信原则产生的保密、忠实、保护等附随义务,这些义务的履行不仅有利于维护合同关系的稳定,而且有利于全面实现当事人订立合同的目的。例如,出卖人对买受人订约时提供的数据资料等应当负有保密义务。在买卖关系中,出卖人所负有的附随义务,要根据具体的合同类型来加以确定。

二、买受人的主要义务

(一) 支付价款的义务

依据《民法典》第595条的规定,买卖合同是出卖人转移标的物的所有权于买受人,买受人支付价款的合同,可见支付价款是买受人的基本义务或主给付义务。买卖合同是双务合同,所以,买受人取得标的物所有权就必须支付相应的价款。在当事人之间没有特别约定或者法律没有特殊规定的情况下,买受人应当在出卖人交付标的物的同时交付价金。买受人支付价款的义务包括以下几点:

1. 应当按照约定的数额和方式支付价款

有时合同可能并未直接约定价款的数目,而是约定了一个如何计算价款的方法,如果该方法清晰明确,同样属于对价款有约定的情形。

买卖合同当事人未就价款作出约定或者约定不明确,根据《民法典》第626条规定,应当按照下列具体做法确定价格数额和支付方式:(1)就价款的问题签订补充协议。(2)不能达成补充协议的,按照合同有关条款或者交易习惯确定。比如标的物的型号、质量等状况就是决定价格多少的重要参照。(3)如果此时仍然不能确定价款,除依法由政府定价的以外,按照订立合同时履行地的市场价格履行。

2. 按照约定的支付时间支付价款

《民法典》第628条规定了以下情况:

(1)买卖合同确定支付时间的,买受人应当按照约定的时间支付价款。

(2)买卖合同当事人未就价款支付时间作出约定或者约定不明确,根据《民法典》第628条规定,应当按照下列具体做法确定:第一,就价款支付时间签订补充协议。第二,不能达成补充协议的,按照合同有关条款或者交易习惯确定。第三,如果此时仍然不能确定价款支付时间,买受人应当在受到标的物或提取标的物单证的同时支付,这实际上就是把接受标的物的时间作为支付价款的时间,体现了同时履行的原则,也与我国民间"一手交钱,一手交货"的习惯相符合。

【案例 9-2】

甲某向乙某订购化工产品,价款 5000 元,当时未约定履行期限。甲某于当月到乙某住所地提走货物,款未付。乙某一年后才向甲某请求支付货款,遭甲某拒绝后,乙诉之法院。

【解析】

本案属于付款期限约定不明的情况。

《民法典》第 511 条第 4 款规定,履行期限不明确的,债务人可以随时履行,债权人也可以随时请求履行,但是应当给对方必要的准备时间。《民法典》第 628 条规定,买受人应当按照约定的时间支付价款。对支付时间没有约定或者约定不明确,依据本法第 510 条的规定仍不能确定的,买受人应当在收到标的物或者提取标的物单证的同时支付。虽然乙某一年后才向甲某请求支付货款,但并没超过诉讼时效,甲某拒付,构成违约行为,应承担违约责任。

3. 按照约定的支付地点支付价款

按照《民法典》第 627 条的规定,如果双方约定了支付价款的地点,买受人应当依约履行。如果未约定或者约定不明确,首先适用《民法典》第 510 条的规定,仍不能确定的,买受人应当在出卖人的营业地支付。这是价款支付地确定的一般原则。依据该原则仍不能确认的,如果按照合同的约定,支付价款以移交货物或单据为条件,则买受人应当在交付标的物或提取标的物单证的所在地支付价款。

小贴士

按照国际贸易的通行做法采用不同的货款支付方式,交单的地点是不同的。如采用 CIF、CFR、FOB 等条件成交时,通常都是凭卖方提交装运单据支付货款。无论采用信用证还是跟单托收的付款方式,都是以卖方提交装运单据作为买方付款的必要条件。所以,交单的地点就是付款的地点。

(二) 及时检验并通知的义务

1. 及时检验的义务

对标的物的及时检验,可以尽快确定标的物的质量状况,明确责任,及时解决纠纷。否则就会使合同当事人之间的法律关系处于不稳定状态,所以《民法典》第 620 条规定:"买受人收到标的物时应当在约定的检验期限内检验。没有约定检验期限的,应当及时检验。"

2. 对标的物的数量和外观瑕疵的检验

由于数量和外观瑕疵的检验无需专门学科知识,仅凭当事人的自身感观即可实现,因此,《民法典》规定买受人在签收时对标的物的数量和外观进行检验,这符合日常生活经验法则。《民法典》623 条规定,双方对检验期限没有约定,买受人签收的送货单、确认单等载明标的物数量、型号、规格的,推定买受人已经对数量和外观瑕疵进行检验,但是有相关证据足以推翻的除外。这一规定是保障商品快速流转,维护市场秩序正常活动的需要,也是买受人自己不积极履行验收和通知义务责任的后果。

小贴士

在实践中,大量的买卖合同纠纷涉及网购、邮购中标的物的数量、质量等方面,其中消费者与网络卖家约定先验后签,但消费者在实际签收时只是对外包装是否完好进行验收,并未打开包装查看内件物品,此时能否认定消费者已对收件数量和外观瑕疵进行验收,尚在探讨。

【案例 9-3】

某材料公司与某工程公司先后签订 4 份关于购买高速公路护栏材料的合同,均约定如有数量、质量异议应保持产品原状,并在一周内以书面形式向材料公司提出,逾期则视为数量准确、质量合格。后双方发生纠纷,工程公司辩称合同标的存在隐蔽瑕疵,合同约定的质量异议期过短,无法满足隐蔽瑕疵检验需要。

为证明合同标的存在质量问题,工程公司提交 2 份证据,一份为建设单位以手持检测仪对合同标的检测后制作的问题产品清单,另一份为建设单位委托检测的《检测报告》,该报告从委托检测到出具报告用时一周。法院认为,双方签订的 4 份合同均约定检验期间为一周,且工程公司在供货结束 2 个月左右对供货情况予以确认,当时并未提出质量异议。工程公司系专业从事交通工程的单位,根据其采用的检测方法可知,在合同约定的检验期间内,并非不能完成全面检验。工程公司未在该期间内提出质量异议,应当视为材料公司交付的产品符合约定质量标准。

【解析】

买受人主张合同约定的隐蔽瑕疵检验期间过短的,应当综合当事人交易行为、标的物及瑕疵情况、检验方法及时间等因素,依据诚实信用原则进行判断。有证据证明买受人能够在约定的检验期内完成全面检验而怠于检验并提出质量异议的,应当承担己不利的法律后果。

3. 通知义务

为了保障交易的迅速和有序,《民法典》规定买受人享有质量异议权的同时应对标的物及时检验并在检验后及时向出卖人进行瑕疵通知的责任。具体分为以下三种情况:

(1)约定检验期限的异议期间。如果当事人在合同中约定了检验期限,买受人应当在检验期限内将标的物的数量或质量不符合约定的情况通知出卖人。买受人怠于通知的,视为标的物数量或质量符合约定。

(2)未约定检验期限的异议期间。买受人应在发现或应当发现质量问题的合理期间内及时通知对方。

(3)出卖人知道或应当知道标的物不符合约定异议期间。如果出卖人故意提供不符合约定的标的物,构成欺诈的,那么法律上规定的利益就不应再享有。如果买受人能证明出卖人知道或应知道交付标的物不符合约定,出卖人均应承担标的物的瑕疵担保责任。

(三) 受领标的物的义务

依据《民法典》第595条,买受人负有受领标的物的义务。所谓受领,是指接受并取得标的物的占有。受领标的物属于买受人的一项义务。一方面,出卖人在提出交付货物的请求之后,如果买受人不及时受领,出卖人的义务将无法履行,这既会增加出卖人保管标的物等费用的支出,增加出卖人的负担,也不利于标的物的有效利用,并将导致社会财富的浪费。另一方面,明确买受人负有协作的义务,从而保障交易的正常进行。买受人受领标的物的义务在性质上属于一项合同义务,如果不履行此种义务,会导致出卖人无法履行其交付标的物的义务。在买受人违反该义务的情况下,不一定导致根本违约,出卖人一般不应享有解除合同的权利。但是,如果买受人因为迟延受领,造成出卖人损失,则买受人应当承担损害赔偿责任。

(四) 履行附随义务

买受人也应当依据诚信原则负有协作、保密、保管等附随义务。例如,在出卖人交付标的物不合格的情况下,买受人在受领标的物后,仍然应当妥善保管标的物,以防止损失的扩大。需要指出的是,附随义务不是法律明确规定的,而是要根据合同关系的发展、根据具体的情形确定。

【案例9-4】

被告采购原告公司生产的洗衣房的洗衣设备、燃气锅炉,双方签订了购买合同,约定了洗衣设备的型号、名称等。原告按合同约定交付了涉案货物,但两年过去了,被告未支付设备款。原告起诉至法院,查明事实后,被告称原告提供的设备型号与合同约定的不符,提供的设备有质量问题,因此不予支付设备款。

【解析】

合同履行应遵循诚实信用原则,积极行使合同权利、履行合同义务。被告主张原告交付的洗涤设备与合同约定的型号不符,但是,被告于洗涤设备送到后未即时检验,在逾两年后提出设备与约定不符,且其与原告已办理了书面的交接。

《民法典》第621条规定:"当事人约定检验期限的,买受人应当在检验期限内将标的物的数量或者质量不符合约定的情形通知出卖人。买受人怠于通知的,视为标的物的数量或者质量符合约定。当事人没有约定检验期限的,买受人应当在发现或者应当发现标的物的数量或者质量不符合约定的合理期限内通知出卖人。买受人在合理期限内未通知或者自收到标的物之日起2年内未通知出卖人的,视为标的物的数量或者质量符合约定;但是,对标的物有质量保证期的,适用质量保证期,不适用该2年的规定。"根据《民法典》的规定,被告违反了该条规定,提出的拒付主张不予支持。

第四节　买卖合同中无权处分的效力

一、无权处分的效力

所谓无权处分,是指当事人不享有处分权而处分他人财产。在买卖合同中,出卖人应当对标的物享有所有权或者处分权,但是,由于标的物交由他人经营管理,或由于出租、交付他人管理等原因,经营者、管理者、占有者等未经授权,将标的物转让给他人,便发生了无权处分。在无权处分的情形下,既涉及物权法上受让人能否取得标的物所有权的问题,也涉及合同法中买卖合同的效力问题。

二、无权处分的效力

(一) 无权处分行为构成违约的处理

《民法典》第597条第1款规定:"因出卖人未取得处分权致使标的物所有权不能转移的,买受人可以解除合同并请求出卖人承担违约责任。"依据这一规定,在无权处分的情形下,买卖合同仍然有效,如果出卖人无法按照约定移转标的物的所有权,则由于出卖人无权处分,该行为构成违约,买受人享有以下两项权利。

1. 解除合同

因为标的物所有权无法移转,已经构成根本违约,买受人自然享有解除合同的权利。

2. 请求出卖人承担违约责任

在出卖人无法移转标的物所有权的情形下,构成违约,买受人也有权请求出卖人承担违约责任。

(二) 无权处分的情形下所有权的归属

在无权处分的情形下,买受人是否可以当然取得所有权,取决于是否符合《民法典》物权编善意取得构成要件的问题。如果符合善意取得的构成要件,所有权将发生移转,真正权利人将无法追及,如果不构成善意取得,则真正权利人可以行使物权请求权。但即便在所有权发生移转的情形下,真正权利人也可以根据其与出卖人之间的合同关系,请求其承担违约责任。真正权利人在法律上也可能享有要求无权处分人承担侵权责任或不当得利返还的请求权。

三、违反法律对标的物的禁止性规定

《民法典》第597条第2款规定:"法律、行政法规禁止或者限制转让的标的物,依照其规定。"依据这一规定,并非所有的标的物都能流转。在两种情形下,相关财产成为买卖合同的标的物受到一定的限制。

1. 禁止流通物

禁止流通物,即法律、行政法规禁止某项财产进行交易,进入流通领域。法律禁止流通物不得作为买卖合同的标的物。例如,枪支弹药、淫秽书刊。以禁止流通物为标的物订立的买卖合同因违反效力性强制性规定而无效。

2. 限制转让物

限制转让物,即法律、行政法规对某项财产的交易作出了严格限制,此种限制大多是对交易主体资格的限制,也可能是对交易规模、交易程序等方面的限制。以限制流通物为标的物的把买卖合同并不当然无效,此时需要具体分析。只有对这些财产的交易进行禁止或者限制,才有利于保护交易安全和交易秩序,维护公共利益和国家安全。

第五节 买卖合同中的标的物风险负担

一、风险负担的概念和特征

风险用来表示实际发生的或可能发生的不利益,例如投资风险、交易风险、标的物毁损灭失的风险。但合同里的风险是指在买卖合同订立以后,标的物发生意外毁损灭失,应由合同的哪一方当事人承担该项损失以及相关不利后果的一项制度。

> **小贴士**
>
> 在标的涉及物的合同中,都涉及标的物风险负担的问题。具体来说,标的物风险负担问题有几种典型情形:第一,标的物在交付以前意外灭失,损失由谁承担。第二,合同订立后,标的物交付前意外灭失的,价金如何处理。第三,合同履行过程中,一方违约造成交付迟延的,在此期间标的物发生毁损灭失,相应损失由谁来承担。
>
> 风险负担制度的特点在于:第一,风险负担发生在双务合同之中。第二,风险负担是因为标的物的毁损灭失而引起的。第三,风险负担是因不可归责于双方当事人的事由而产生的损失分担制度。

二、我国《民法典》关于风险负担的规则

在风险移转的判断方面以交付责任为一般原则。《民法典》第604条规定:"标的物

毁损、灭失的风险,在标的物交付之前由出卖人承担,交付之后由买受人承担,但是法律另有规定或者当事人另有约定的除外。"这就在法律上正式确立了交付移转风险的规则。

具体而言,标的物交付以前,风险由出卖人承担;标的物交付以后,风险由买受人承担。当然,由于该规定是任意性规定,而非强制性规定,当事人完全可以自行约定风险自何时转移。从这一规定可以看出《民法典》在采纳因交付而移转所有权的规则的同时,也规定了一些特殊的风险移转规则。

三、风险负担规则在买卖合同中的具体适用

(一) 在途标的物买卖的风险负担

所谓在途货物是指在买卖合同订立时仍在运输途中的货物。对在途标的物交易而言,出卖人通常正在寻找买主,出卖在途中的标的物。《民法典》第606条规定:"出卖人交由承运人运输的在途标的物,除当事人另有约定外,毁损、灭失的风险自合同成立时起由买受人承担。"《民法典》第606条所规定的在途货物买卖中的风险移转是第604条交付导致风险移转的特殊情形。

当事人买卖在途货物时,可能通过交付提单等物权凭证完成交付,也可能通过指示交付的方式完成交付,而《民法典》第606条在此时不以提单等物权凭证的交付作为风险移转的时间,也不以返还请求权让与的时间作为风险移转时间,而是特别规定了合同成立时间作为风险移转时间,不过当事人有特别约定的,可以改变这一规则。

(二) 关于不动产的买卖

对动产来说,交付既发生所有权的移转,也发生风险的移转,在此情况下所有权的移转与风险的移转往往是重合的。但是不动产物权变动需要变更登记,仅仅交付并不会移转不动产所有权。关于不动产交易的风险负担,《民法典》第604条规定:"标的物毁损、灭失的风险,在标的物交付之前由出卖人承担,交付之后由买受人承担,但是法律另有规定或者当事人另有约定的除外。"从该条规定来看,其并没有区分动产与不动产,而是统一采用交付主义的标准。从该规定来看,可以解释为统一适用于所有的动产和不动产。

小贴士

需要指出的是,依据该条规定,如果法律另有规定和当事人另有约定的除外。例如,当事人约定,即便发生交付,也仍然由出卖人负担标的物毁损、灭失的风险。

(三) 交付地点不明情况下的风险负担

在买卖合同中,出卖人应当按照约定的时间、地点交付标的物。风险负担之适用界限为物之交付。如果交付地点不明确,则出卖人不知道应当将货物交付到何处,从而难以确定其应当履行的义务,由此也将引发如何确定标的物的风险负担的问题。

(1)买受人自提。在合同并没有规定交付地点的情况下,如果货物是由买受人自提的,买受人应当到出卖人的营业地提取货物,提取货物时风险转移买受人。

(2)出卖人代办运输。如果由出卖人交付货物的,则首先需要确定出卖人应当采取何种方式交付,并根据交付主义分配风险。如果合同约定由出卖人代办运输的,但未约定交付地点或约定不明确的,则出卖人应当将标的物交付给第一承运人。标的物交付给第一承运人时风险转移买受人。

(3)没有对出卖人代办运输达成合意。当事人如果没有对出卖人代办运输达成合意,如果出卖人和买受人订立合同时已经知晓标的物在某一地点,则出卖人应当在该地点交付标的物。不知晓标的物所在地的,则以合同订立时出卖人的营业地作为交付标的物的地点。只要能够确定出卖人已完成交付行为,就应当由买受人承担风险。

(四)远程买卖

如果通过网络交易的一方为消费者,消费者通过"互联网"正式订立合同之后,即使其已接受所订购的商品,也可以在一个特定期间内单方解除该合同。《消费者权益保护法》第25条规定:"经营者采用网络、电视、电话、邮购等方式销售商品,消费者有权自收到商品之日起7日内退货,且无需说明理由……"。规定一个合理的退货期,可以使消费者充分了解商品的性能,并最终决定是否购买。当然,退货期制度使得经过网络订立的合同的解除规则发生变化,即赋予了消费者在一定期限内的单方解除合同的权利。由于消费者在一定期限内具有单方解除权,因此,标的物并没有完全实现交付,在法律上可以看作消费者代替出卖人占有商品。在退货期内,标的物风险并没有发生移转,仍然由出卖人承担风险。超过退货期,风险由买受人承担。

四、违约情况下的标的物毁损、灭失的风险的负担

在买卖合同中,风险负担和违约责任具有密切的联系。从两个制度的功能来看,违约责任是解决一方违约时另一方享有何种救济权利的问题。而风险负担规则是为了解决标的物意外灭失的风险由谁承受的问题。但是,在合同一方当事人违约的情形,也可能会导致风险负担规则的改变。

(一)因买受人的原因造成标的物不能及时交付的

一般情况下,合同标的物毁损、灭失风险与所有权伴随。在合同履行中发生因买受人的原因致使交付迟延情况下,则要考虑按此规则处理是否会导致对当事人各方的不公平。因买受人的原因而交付迟延,在迟延过程中标的物有可能被损坏,如果坚持标的物的风险自交付起转移,则显然对出卖人不公平,因为他已经为标的物交付做好了准备,因此法律规定此种情况下风险由买受人承担是合理的。我国《民法典》第605条规定:"因买受人的原因致使标的物未按照约定的期限交付的,买受人应当自违反约定时起承担标

的物毁损、灭失的风险。"

（二）因买受人受领迟延而造成标的物不能及时交付的

就买卖合同而言，出卖人具有按期交付标的物的义务，而买受人也依法负有及时受领标的物的义务。如买受人迟延受领，不仅应当承担违约责任，而且应当承担标的物毁损灭失的风险。《民法典》第608条规定："出卖人按照约定或者依据本法第603条第2款第2项的规定将标的物置于交付地点，买受人违反约定没有收取的，标的物毁损、灭失的风险自违反约定时起由买受人承担。"这条的两个适用条件是：

(1)出卖人按照约定或者依据本法第603条第2款第2项的规定将标的物置于交付地点。

(2)买受人违反约定没有收取的。满足了这两个条件，标的物毁损、灭失的风险自违反约定时起由买受人承担。

小贴士

《民法典》的这一规定，一方面确定了在迟延受领的情况下风险负担的判断标准，另一方面也有利于督促买受人及时完成受领标的物的义务，并减少纠纷的发生。需要指出的是，该条规定从广义上说也属于因买受人原因而导致没有按期交付标的物。但《民法典》第608条规定了受领迟延的风险负担规则。

（三）在出卖人交付标的物质量瑕疵构成根本违约情形

买卖合同履行中，既存在卖方违约的可归责行为，又存在不可归责的风险损失，两者并存的场合，可归责性的违约行为和不可归责的风险分配规则同时存在时，将适用《民法典》第610条规定，即有关出卖人交付的标的物质量存在严重瑕疵情形下的标的物毁损灭失的风险承担应当具备三个条件：第一，出卖人交付的货物在质量上不合格。第二，因标的物质量不符合要求，致使不能实现合同目的。第三，买受人拒绝接受标的物或者解除合同。

【案例9-5】

甲因急需饲料找到经销商乙，双方商定，甲以每袋23元的价格购买乙饲料1000袋，共计人民币23000元。甲当即付款10000元。由于该饲料刚从外地调来尚未入库，双方在场院点过数目后，言明第二天上午10时前提货并付清余款。因当晚突然下起大雨，致使饲料全部被淋湿。甲遂要求乙更换饲料或退回10000元货款，遭乙拒绝。

【解析】

在风险移转的判断方面以交付责任为一般原则。根据《民法典》第604条规定，甲赵某和乙也没有例外的约定，因而只能从"标的物交付"上考虑。交付就是由出卖人将标的物交给买受人占有，即占有的转移。尽管甲已付近半货款，只能说买卖合同成立，但饲料的所有权仍属乙,尚未发生转移。损失应由经销商乙承担,不能拒绝甲的要求。

第六节 违反买卖合同的行为及其责任

一、拒绝履行

(一)拒绝履行的情形

在买卖合同中,拒绝履行是指买卖合同当事人一方拒绝履行其合同义务。其包括四种情形:

(1)出卖人无正当理由不交货。
(2)买受人无正当理由不收货。
(3)买受人收货后无正当理由拒不付款。
(4)预期违约。

(二)拒绝履行的违约责任

在拒绝履行的情况下,非违约方可以请求违约方继续履行。对于依法不能强制履行,以及客观上已经不可能强制履行的,不能适用继续履行责任。由于拒绝履行通常都构成根本违约,非违约方有权解除合同,并有权要求违约方赔偿损失。

二、不适当履行

(一)不适当履行的概念

所谓不适当履行,是指债务人交付的货物不符合当事人所约定的数量。不适当履行可以分为两种类型:一类是不适当履行交货,又包括交货交付不足和多交货物两种。另一类是不适当履行付款。

(二)不适当履行交货

1. 不适当履行交货的类型

不适当履行交货需要区分继续性的长期供货合同与一次性的买卖合同。由于长期供货合同具有特殊性,因而《民法典》第 633 条对此类合同的违约形态和责任专门作出了规定,主要有三种情况:

(1)分批交付标的物的,如果一批货物不符合约定导致合同目的不能实现。
(2)如果不交付其中一批标的物或者交付不符合约定,致使今后其他各批标的物的交付不能实现合同目的的。
(3)分批交付标的物,买受人如果就其中一批标的物解除,而该批标的物与其他各批标的物相互依存的。

2. 不适当履行交货的违约责任

《民法典》第633条对于分批交付标的物的情况,如果出现出卖人不履行的情况,分三个层次做出规定。

(1)一批货物不符合约定导致合同目的不能实现。如果出卖人不履行某一批标的物的交付,构成了根本违约,买受人可以就该批标的物主张对整个合同的部分解除。《民法典》第633条第1款规定,出卖人分批交付标的物的,出卖人对其中一批标的物不交付或者交付不符合约定,致使该批标的物不能实现合同目的的,买受人可以就该批标的物解除。

(2)出卖人对某批标的物的根本违约,如果将导致对该批之后各批的根本违约,买受人就有权解除合同中该批以及其后的部分。《民法典》第633条第2款规定,出卖人不交付其中一批标的物或者交付不符合约定,致使之后其他各批标的物的交付不能实现合同目的的,买受人可以就该批以及之后其他各批标的物解除。

(3)某批标的物与整个合同的其他各批标的物可能是相互依存的,或者说是不可分的,否则整个合同的履行将不可能或者没有意义。在这种情况下,买受人如果依法可以对该批标的物解除,那么他就可以直接解除整个合同。《民法典》第633条第3款规定,买受人如果就其中一批标的物解除,该批标的物与其他各批标的物相互依存的,可以就已经交付和未交付的各批标的物解除。

(三)不适当履行付款

为保证及时收取价款,出卖人有权行使《民法典》第634条的规定,分期付款的买受人未支付到期价款的数额达到全部价款的1/5,经催告后在合理期限内仍未支付到期价款的,出卖人可以请求买受人支付全部价款或者解除合同。出卖人解除合同的,可以向买受人请求支付该标的物的使用费。

三、瑕疵履行

(一)瑕疵履行责任的概念和形式

1. 瑕疵履行的概念

瑕疵是指标的物违反法律规定的或者当事人约定的质量标准。瑕疵履行,是指出卖人交付的标的物不符合合同约定的质量要求。瑕疵履行可能仅仅导致标的物本身的损害,也可能导致标的物以外的其他财产或人身的损害。瑕疵履行可以纳入广义的不适当履行的范畴,但如果对于不适当履行作狭义理解,瑕疵履行也可以作为一种独立的违约形态。

2. 瑕疵履行责任的概念

我国《民法典》仅承认了瑕疵担保义务,以统一的违约责任对违反瑕疵担保义务的情形予以救济,并没有规定与违约责任相分离的、独立的瑕疵担保责任制度。因此,违反瑕疵担保义务,构成违约责任中的一种具体类型。

3. 瑕疵履行的违约责任

在出卖人瑕疵履行的情形下,依据《民法典》第582条的规定,买受人有权请求出卖人承担如下违约责任:一是实际履行。二是减少价款,也称降价。三是支付违约金。四是损害赔偿。

(二)瑕疵履行与合同解除

1. 因标的物不符合质量要求的瑕疵履行与合同解除

依据《民法典》第610条规定:"因标的物不符合质量要求,致使不能实现合同目的,买受人可以拒绝接受标的物或者解除合同。买受人拒绝接受标的物或者解除合同的,标的物毁损、灭失的风险由出卖人承担。"如果标的物质量不符合质量要求,致使不能实现合同目的,则买受人有权解除合同。这就是说,标的物质量不符合要求,必须达到根本违约的程度,才能解除合同。

2. 关于因标的物主物不符合约定而解除合同的规定

主物是"从物"的对称。指独立存在,与同属于一人的它物合并使用而起主要经济效用的物。如船对于船桨、门对于钥匙都为主物。从物就是"主物"的对称,指独立存在,与同属于一人的他物合并使用而起辅助经济效用的物。一般地,从物的归属依主物的归属而定。

《民法典》第631条规定规定了关于主物和从物在解除时的效力规则:"因标的物的主物不符合约定而解除合同的,解除合同的效力及于从物。因标的物的从物不符合约定被解除的,解除的效力不及于主物。"

3. 标的物为数物中的一物时,不符合约定而解除合同

《民法典》第632条规定:"标的物为数物,其中一物不符合约定的,买受人可以就该物解除。但是,该物与他物分离使标的物的价值显受损害的,买受人可以就数物解除合同。"该条是对标的物为数物中的一物不符合约定时买受人解除权的规定。

【案例9-6】

某纸业公司与某电子装备公司签订净水处理系统买卖合同,后双方因对系统质量性能是否符合合同约定产生争议,电子装备公司诉至法院要求纸业公司支付余款。纸业公司辩称,案涉净水处理系统存在严重质量问题,提出反诉要求解除买卖合同并由电子装备公司返还已支付货款。但后又撤回反诉请求,仅主张减少余款。一审判决后,纸业公司提起上诉,上诉过程中又另案起诉要求解除合同、退还已付款项,并申请二审法院中止审理。法院认为,当事人应当对自己的诉讼行为和主张负责,纸业公司一审提起反诉后又撤回,对其以另案诉讼解除合同要求本案中止审理的主张,不予支持。

【解析】

买卖合同商事纠纷案件中,一方主张对方欠付货款时,对方经常以产品存在质量问题进行抗辩,同时又会以质量问题造成其损失为由反诉或者另行起诉要求解除合同、退还已付款并赔偿损失。从诚信诉讼原则出发,应尽量通过提起反诉在一案中处理,以避免讼累及判决之间的矛盾。

(三)买受人有权合理选择责任形式

依据《民法典》第582条的规定,标的物质量不符合约定的,受损害方根据标的物的性质以及损失的大小,可以合理选择要求对方承担违约责任。所谓"合理选择"是指虽然买受人享有选择权,但是选择权的行使应当遵循诚信原则。例如,买受人选择修理,通常是在货物所存在的瑕疵能够被修理时才能请求,在不能修理或者修理费用过高时则不应行使此种请求权。即便是在标的物质量不符合约定的情形下,非违约方根据标的物的性质以及损失的大小,可以请求减价、修理、更换、重做等方式,但这些方式也都要求是合理的。

四、迟延履行

迟延履行,是指债务人在债务到期以后无正当理由没有履行其给付义务。判断履行迟延的关键是履行期间的确定,只要债务人在债务到期之后没有履行其合同义务,且无正当理由都构成迟延履行。在迟延履行的情形下,非违约方有权请求违约方承担以下违约责任:

1. 继续履行

在迟延履行的情形,只要债务人能够履行,债权人就有权请求其继续履行,这也是实现合同目的的要求。

2. 损害赔偿

在出卖人迟延交付货物的情况下,如果买受人收到了货物,要根据货物应该交付时的市场价与实际交付时的市场价的差额来计算。

五、违反附随义务

在通常情形下,违反附随义务并不会影响当事人缔约目的的实现,但在例外情形下,违反附随义务也可以构成根本违约。依据《民法典》第563条第(4)项"有其他违约行为致使不能实现合同目的"的规定,受害人也有权解除合同,并有权要求赔偿损失。

【案例9-7】

甲油料厂与某供销社订立一份农副产品供销合同,双方约定由供销社在1个月内向甲油料厂供应黄豆 30 吨,每吨单价 1000 元。在合同履行期间,乙公司找到供销社表示愿意以每吨 1500 元的单价购买 20 吨黄豆。供销社见其出价高,就将 20 吨本来准备运给甲油料厂的黄豆卖给了乙公司,致使只能供应 10 吨黄豆给甲油料厂。甲油料厂要求供销社按照合同约定供应剩余的 20 吨黄豆,供销社表示无法按照原合同的条件供货,要求承担甲方损失并解除合同。甲油料厂不同意,坚持要求供销社履行合同。

【解析】

甲油料厂要求供销社继续供货是有法律依据的。订立合同的目的就在于通过履行合同获取预定的利益,合同生效后当事人不履行合同义务,对方就无法实现权利。如果违约方有履行合同的能力,对方(受损害方)认为实现合同权利对自己是必要的,有权要求违约方继续履行合同。违约方不得以承担了对方的损失为由拒绝继续履行合同,受损害方在此情况下,可以根据《民法典》第 577 条规定,请求法院强制违约方继续履行合同。

第七节 特殊买卖

一、所有权保留

(一) 所有权保留的概念和功能

1. 所有权保留的概念

所谓所有权保留,是指在买卖合同中,买受人虽先占有、使用标的物,但在全部价款支付以前,出卖人对于标的物仍保留所有权。《民法典》第 641 条第 1 款规定:"当事人可以在买卖合同中约定买受人未履行支付价款或者其他义务的,标的物的所有权属于出卖人。"这就在法律上正式确认了所有权保留制度。

所有权保留的主要特点在于:(1)它仅适用于动产买卖。(2)它属于交付移转所有权的例外。(3)它是一种非典型担保。(4)兼具融资与担保的功能。

2. 所有权保留的功能

所有权保留制度具有一定的担保功能,因为出卖人在交付标的物以后,仍然保留标的物的所有权,出卖人保留的所有权实际上就起着一种担保的功能,即担保买受人按期支付全部价款。同时,所有权保留制度也具有一定的资金融通功能,即通过所有权保留制度,买受人可以不必一次付清价款就可以占有和利用物,这也有利于促进交易。

(二) 所有权保留与附条件买卖的区别

1. 所有权保留与附条件买卖的联系

所有权保留与附条件买卖都是当事人对交易附加一定的条件,二者可能发生交叉,附条件买卖中也可以针对所有权的移转附一定的条件。

2. 所有权保留与附条件买卖的区别

有权保留与附条件买卖的区别主要表现在：(1)在附条件买卖中，当事人通常可以约定一定的条件，以该条件的成就与否作为合同成立与否的决定因素。(2)是否具有担保功能。所有权保留具有担保功能，而附条件买卖不具有担保功能。(3)适用范围不同。

（三）所有权保留的效力

《民法典》第642条规定，当事人约定出卖人保留合同标的物的所有权，在标的物所有权转移前，买受人有下列情形之一，造成出卖人损害的，除当事人另有约定外，出卖人有权取回标的物：(1)未按照约定支付价款，经催告后在合理期限内仍未支付；(2)未按照约定完成特定条件；(3)将标的物出卖、出质或者作出其他不当处分。出卖人可以与买受人协商取回标的物；协商不成的，可以参照适用担保物权的实现程序。

《民法典》第643条规定，出卖人依据前条第一款的规定取回标的物后，买受人在双方约定或者出卖人指定的合理回赎期限内，消除出卖人取回标的物的事由的，可以请求回赎标的物。买受人在回赎期限内没有回赎标的物，出卖人可以以合理价格将标的物出卖给第三人，出卖所得价款扣除买受人未支付的价款以及必要费用后仍有剩余的，应当返还买受人；不足部分由买受人清偿。

从上述规定可以看出，出卖人享有保留所有权、解除权、取回权、再出卖权和交付标的物的义务。买受人享有对标的物占有、使用、收益的权利；期待权、回赎权。

（四）所有权保留中的风险移转

《民法典》没有对所有权保留中的风险移转作出规定，但一般认为，所有权保留中的风险移转适用交付原则，也就是说，一旦出卖人将标的物交付给买受人，标的物意外毁损灭失的风险应当由买受人承担。因为在所有权保留的情况下，虽然标的物的所有权没有移转，但毕竟标的物处于买受人的控制之下，出卖人已经失去了对标的物的控制，由买受人负担风险可以以较小的成本来避免标的物的毁损灭失。另外，买受人可以占有、使用、收益标的物，由其负担风险，也符合权利义务对等的原则。

（五）关于所有权保留的登记

《民法典》第641条第2款规定："出卖人对标的物保留的所有权，未经登记，不得对抗善意第三人。"该条首先确立了所有权保留可以进行登记。此时所有权保留为具有担保功能的制度。

二、分期付款买卖

（一）分期付款买卖的概念和特征

1. 分期付款买卖的概念

所谓分期付款买卖，是指双方当事人在合同中约定，由出卖人先交付标的物、买受人分次支付合同总价款的一种特种买卖。《民法典》第 634 条第 1 款规定确认了分期付款形式。在分期付款中,买受人可以分期支付价款,这有利于解决其资金不足的问题,有利于促进商品的销售。同时,分期付款买卖也具有资金融通的作用,因为买受人在交易时不需要筹集全部的资金。

2. 分期付款买卖的特征

分期付款买卖的主要特点在于:(1)它是一种特种买卖,具有普通买卖所不具有的一些特殊性;(2)它采取分期支付价金的方式;(3)它可以适用于各种标的物的买卖。

(二) 所有权保留与分期付款的区别

1. 所有权保留与分期付款的联系

所有权保留适用的范围广泛,只不过分期付款也是其主要的适用对象。例如,当事人在合同中特别约定在买受人尚未交付价金完毕之前,由出卖人保有所有权。一般来说,所有权保留中,价金的支付可能并不是一次性支付,也有可能采取分期付款。

2. 所有权保留与分期付款的区别

虽然分期付款与所有权保留存在密切关联,但这并不意味着二者可以相互替代,而是两项制度。《民法典》将分期付款买卖与所有权保留分别规定,也表明它们是两种不同的特种买卖,主要表现在:(1)适用范围不同;(2)适用的法律不同;(3)法定解除的条件不同;(4)标的物所有权移转是否需要进行特别约定存在不同;(5)对出卖人的利益保护不同。

(三) 分期付款买卖的效力

从《民法典》第 634 条第 1 款规定可以看出,出卖人有请求分期支付价款的权利;有在法定条件成就时解除合同的权利。买受人有请求出卖人交付标的物并移转所有权的权利;有占有、使用标的物的权利;有在解除合同后请求返还价款的权利;具有分期支付价款的权利。

(四) 标的物毁损灭失的风险负担

《民法典》第 604 条规定:"标的物毁损、灭失的风险,在标的物交付之前由出卖人承担,交付之后由买受人承担,但是法律另有规定或者当事人另有约定的除外。"这一规定可以适用于分期付款买卖。虽然买受人支付全部价款后,标的物所有权才能移转,但标的物毁损灭失的风险应自交付时移转,而非自所有权移转时起由买受人承担。因为分期付款买卖也属于买卖的一种类型,除非有特别的理由。

三、凭样本买卖

(一) 凭样品买卖的概念和特征

1. 凭样品买卖的定义

凭样品买卖又称货样买卖,是指双方当事人约定出卖人交付的标的物应当符合样品的买卖。所谓样品,也称为货样,是由当事人选定的用来决定货物的品质、型号、特征、构成乃至功能的物品。所谓"凭样品",是指出卖人向买受人交付应当与样品及其说明的质量相同的标的物。《民法典》第635条规定:"凭样品买卖的当事人应当封存样品,并可以对样品质量予以说明。出卖人交付的标的物应当与样品及其说明的质量相同。"这就在法律上确立了凭样品买卖。

2. 凭样品买卖的特征

与一般买卖相比,凭样品买卖的特殊性主要表现在:(1)凭样品确定标的物的质量、属性等。(2)基于对样品的信赖而订约。(3)样品是确定出卖人是否按照约定履约的标准。

(二)凭样品买卖的成立条件

凭样品买卖合同的成立还必须具备以下几个条件:

1. 合同订立前样品已经存在。
2. 一方向另一方提供了样品,且双方具有明确依据样品订立合同的合意。

需要指出的是,凭样品买卖中,样品的交付并不是合同成立或生效的条件,凭样品买卖合同因当事人意思一致而成立,仍然属于诺成性合同。

(三)凭样品买卖的效力

凭样品买卖是一种特种买卖,在效力上具有一定的特殊性,这主要表现《民法典》的规定上。《民法典》第635条规定,凭样品买卖的当事人应当封存样品,并可以对样品质量予以说明。出卖人交付的标的物应当与样品及其说明的质量相同。

《民法典》第636条规定,凭样品买卖的买受人不知道样品有隐蔽瑕疵的,即使交付的标的物与样品相同,出卖人交付的标的物的质量仍然应当符合同种物的通常标准。

四、试用买卖

(一)试用买卖的概念和特征

试用买卖,也称为试验买卖,是指合同成立时出卖人将标的物交给买受人试用,并以买受人在约定期限内对标的物的认可作为生效条件的买卖合同。我国《民法典》第637至第640条对此类合同作出了规定。在试用买卖中,当事人双方约定由买受人试用或者检验标的物,以买受人试用后认可标的物为合同生效条件。如果买受人认可,该买卖合同将生效。

试用买卖也是买卖的一种特殊类型,主要体现在:(1)买受人可试用标的物。(2)以买受人试用后同意购买为合同的生效条件。(3)买受人享有决定是否购买的权利。(4)标的物所有权在交付试用时并没有发生移转。(5)风险负担不随标的物交付而发生移转。

(二)试用买卖与凭样品买卖的区别

1. 试用买卖与凭样品买卖的联系

试用买卖与凭样品买卖都是特殊类型的买卖合同,而且,当事人买卖标的物的特点已经通过某种方式事先确定。同时,在合同履行过程之中,出卖人提供的货物也应该与先前的货物相同。

2. 试用买卖与凭样品买卖的区别

试用买卖与凭样品买卖的区别表现在:

(1)标的物的使用不同

试用买卖中,买受人在订立合同之前,具有使用货物的特点。而在凭样品买卖合同中,样品并不进行使用,而且必须予以封存。

(2)是否可以成为标的物不同

在试用买卖中,出卖人交付由买受人使用的货物将会成为买卖的标的物。而在凭样品买卖合同中,样品只是合同标的物的参照物,通常并不是买卖的标的物。

(3)标的物的质量担保并不相同

在试用买卖中,出卖人仅仅保证其所提供的试用货物符合一定的质量即可。而在凭样品买卖合同中,出卖人不仅应保证提供的货物符合样品品质的要求,还应负担隐蔽质量瑕疵担保义务,保证其符合同种类物的通常标准,符合货物的一般品质。

(三)试用买卖的成立和生效

1. 试用买卖的成立

试用买卖是诺成合同,自双方达成合意之日起合同就已经成立。在其成立之后,已经产生了一定的拘束力,依据该合同,出卖人有义务交付标的物,买受人有权要求出卖人向其交付标的物供其试用。但买受人应当在试用期内使用标的物,不得超出这一期限。

2. 试用买卖的生效

试用买卖的生效以买受人决定购买为条件。对试用买卖而言,因为当事人特别约定了试用条款,买受人享有就标的物进行试验并作出最终决定的权利。《民法典》第638条第1款规定:"试用买卖的买受人在试用期内可以购买标的物,也可以未作表示的,视为购买。"第2款规定:"试用买卖的买受人在试用期内已经支付部分价款或者对标的物实施出卖、出租、设立担保物权等行为的,视为同意购买。"该条确立了如下规则:

第一,买受人在试用期间享有决定是否购买的权利。

第二,试用期间届满,买受人对是否购买标的物未作表示的,视为购买。

第三,试用期内买受人对标的物进行处分的,视为同意购买标的物。

(四)试用买卖的效力

对于出卖人,一旦合同签订,其应当将商品交给买受人;并负担标的物使用费。

对于买受人,买受人有权在试用期内试用标的物;享有决定是否购买标的物的权利;负有不同意购买时的返还义务。

(五)试用买卖中的风险负担

《民法典》第640条规定:"标的物在试用期内毁损、灭失的风险由出卖人承担。"该条对试用期间内的标的物风险负担规则作出了规定,依据该条规定,如果标的物在试用期间内因不可归责于当事人的原因毁损、灭失的,则应当由出卖人负担损失。

五、招标投标买卖

《民法典》第644条规定:"招标投标买卖的当事人的权利和义务以及招标投标程序等,依照有关法律、行政法规的规定。"

六、拍卖

《民法典》第645条规定:"拍卖的当事人的权利和义务以及拍卖程序等,依照有关法律、行政法规的规定。"该条对拍卖作出了规定。

思考与练习

一、简述题

1. 简述买卖合同的概念和特点。
2. 简述买卖合同出卖人的义务。
3. 买卖合同买受人负有哪些义务?
4. 简述买卖合同中标的物风险负担的规则。

二、案例分析

【基本案情】

甲公司与乙公司订立一份合同,约定由乙公司在10天内,向甲公司提供新鲜蔬菜6000公斤,每公斤蔬菜的单价1元。乙公司在规定的期间内,向甲公司提供了小白菜6000公斤,甲公司拒绝接受这批小白菜,认为自己要的是职工食堂所消费的蔬菜,炊事员有限,不可能有那么多人力用于清洗小白菜,小白菜不是合同所要的蔬菜。

双方为此发生争议,争议的焦点不在价格,也不涉及合同的其他条款,唯有对合同的标的双方各执一词。甲公司认为自己的食堂从来没有买过小白菜,与乙公司是长期合作关系,经常向其购买蔬菜,每次买的不是大白菜就是萝卜等容易清洗的蔬菜,乙公司应该知道这种情况,但是其仍然送来了我公司不需要的小白菜,这是曲解了合同标的。乙公司称合同的标的是蔬菜,小白菜也是蔬菜,合同标的规定是新鲜蔬菜,而小白菜最新鲜,所以我公司就送了小白菜过去,这没有违反合同的规定,甲公司称蔬菜就是大白菜或萝卜的说法太过牵强附会。

【思考讨论】

双方当事人对合同标的如何确定?

【分析要点】

双方当事人对合同标的有争议不能达成一致意见,根据《民法典》第510条规定,"合同生效后,当事人就质量、价款或者报酬、履行地点等内容没有约定或者约定不明确的,可以协议补充;不能达成补充协议的,按照合同相关条款或者交易习惯确定"。乙公司按照自己的意思对合同作出的解释,严格按照合同条款看,并无太大过错。

但是,乙公司的行为与《民法典》中规定的诚实信用原则不太符合,按照诚实信用原则的精神,当事人对合同条款不清楚之处应当本着协商的精神履行合同,而不应该自己单方面解释合同。甲公司的主张缺乏法律依据和合同依据,只是强调自己的炊事员少,这并不能称为自己单方面指定合同标的的理由。但是,根据甲公司与乙公司长期合作的事实,乙公司应当考虑到甲公司的具体情况,在提供蔬菜前征求甲公司的意见,如果不能达成一致意见,按照法律规定解决。

在此双方没有达成补充协议,只能按照交易习惯确定了。按照交易习惯,甲公司与乙公司经常有提供蔬菜的合作关系,平常是如何供应蔬菜的,在本合同争议中也应当参照平时的交易习惯确定合同的标的。

第十章 供用电、水、气、热力合同

【学习目标】
1. 了解供用电、水、气、热力合同的概念和特征。
2. 领会供用电合同的内容。
3. 掌握供用电合同的履行。

【引例】
2019年1月1日,甲供电公司与乙贸易公司签订了供用电合同,其中约定乙公司应按月支付电费,否则应承担电费滞纳的违约责任,从逾期之日起,每日按照电费总额的千分之三加收违约金。合同履行中,乙公司自2020年1月开始欠交电费。甲供电公司多次催告未果,于是提起诉讼,请求判令乙公司按约支付拖欠的电费及违约金。

【解析】
法院经审理认为,甲供电公司与乙公司签订的供用电合同合法有效。《民法典》第654条规定,用电人应当按照国家有关规定和当事人的约定及时支付电费。用电人逾期不支付电费的,应当按照约定支付违约金。本案中,供电人甲公司已履行了供电的义务,乙公司作为用电人应依约支付电费。乙公司在用电后欠缴电费的行为,已构成违约,需补交电费,并按照合同约定承担违约责任,因此判决支持原告诉讼请求。

第一节 供用电、水、气、热力合同概述

一、供用电、水、气、热力合同的概念

电力、水、气、热力,既是国民经济中的重要能源,也是特殊商品。供用电、水、气、热力合同,是指供应人向使用人供应电、水、气、热力,使用人支付价款的合同。供用电、水、气、热力合同一般涉及供应方和使用方两方主体。

供用电、水、气、热力合同从性质上来看,属于特殊类型的买卖合同。这是因为提供电、水、气、热力的一方也要移转标的物的所有权,另一方支付相应的对价。但供用电、水、气、热力合同在合同主体、标的、对价等方面均与普通买卖合同有差异,因此《民法典》合同编将其作为一种有名合同单独予以规定。

> **小贴士**
>
> 根据《民法典》第 646 条规定:"法律对其他有偿合同有规定的,依照其规定;没有规定的,参照适用买卖合同的有关规定。"因此,对于供用电、水、气、热力合同,应当优先适用《民法典》合同编关于供用电、水、气、热力合同的专门规定,之后还可以参照适用买卖合同的有关规定。

二、供用电、水、气、热力合同的特征

(一)供用电、水、气、热力合同具有公共性

电、水、气、热力是人们日常生活中不可或缺的公共产品,涉及基本民生问题。供应人提供的电、水、气、热力的对象不限于特定人群,而是不特定的社会公众。因此,自然人、法人和其他组织等提出供应要求时,供应人负有强制缔约义务。强制缔约是指只要一方提出订立合同的要求,负有强制缔约义务的一方依法不得拒绝,必须与之订立合同。出于保护公共利益的目的,《民法典》以供用电合同为典型,其第 648 条第 2 款规定,向社会公众供电的供电人,不得拒绝用电人合理的订立合同要求。

> **小贴士**
>
> 强制缔约,原本是在特定历史背景下的特殊产物。在德国,第一次世界大战期间及战后,由于经济的匮乏而出现了国家对经济的干涉,产生了所谓的"私法的社会化"。"为了防止私法上的自由原则产生对经济弱者的压控,国家干涉实属必要。"
>
> 我国《电力法》第 26 条第 1 款亦体现了强制缔约义务,该条规定:供电营业区内的供电营业机构,对本营业区内的用户有按照国家规定供电的义务,不得违反国家规定对其营业区内申请用电的单位和个人拒绝供电。
>
> 另外,《电力供应与使用条例》第 23 条也规定:申请新装用电、临时用电、增加用电容量、变更用电和终止用电,均应当到当地供电企业办理手续,并按照国家有关规定交付费用;供电企业没有不予供电的合理理由的,应当供电。供电企业应当在其营业场所公告用电的程序、制度和收费标准。

(二)供用电、水、气、热力合同具有公益性

所谓公益性,是指供用电、水、气、热力合同的目的不单纯是获取经济利益,更主要的是更好地服务社会整体的利益,满足人民群众生产生活的需要。由于关系基本民生,国家发展供用电、水、气、热力合同的企业,并适时给予支持和补助,同时限制、监督其提供服务的价格,皆反映了该类合同具有公益性。

(三)供用电、水、气、热力合同的供应方主体具有特殊性

电、水、气和热力产品的供应方,通常只能是依法取得特定营业资格的公共服务企

业,未经许可,其他任何单位和个人都不得作为供应方。在我国,电、水、气和热力的供应具垄断性,供电公司、自来水公司、燃气公司、热力公司都处于强势地位,而用户天然处于弱势地位,需要特殊保护。为防止供应方滥用其优势地位,法律对供应方规定了强制缔约义务。

(四) 供用电、水、气、热力合同具有管制性

虽然供用电、水、气、热力合同属于民事合同,是当事人意思自治的产物,但是,在我国,电、水、气和热力本质上属于稀缺资源,国家为了综合利用、避免浪费,可以对电、水、气和热力资源实施计划管制。如电、水、气、热力产品均通过政府定价或者政府指导价的方式来确定价格。以电为例,国家对电力供应会在宏观上予以控制,为保电网平稳运行和资源可靠供应,供电企业会根据宏观调控和计划,灵活调整电力供应的数量、时间、范围等,使用户错峰用电、有序用电(即停电限电)、合理用电、节约用电。

(五) 供用电、水、气、热力合同属继续性供给合同

继续性供给合同,是指当事人约定一方于一定或不定的期限内,向对方继续供给定量或不定量的一定种类及品质的物,而由对方按一定的标准支付价款的合同。作为继续性合同,即使其供给或收取费用为分期分次的,但这些各次分开的给付或费用支付并不作为各个独立的合同,而仍为一个合同。电、水、气、热力的供应和使用具有连续性和长期性,供用电、水、气、热力合同非一次性的,而是典型的合同双方都需连续多次履行的合同。供应方在正常情况下,应当连续向使用方供应,不得中断;使用方在合同约定的期限内,享有连续使用的权利。

(六) 供用电、水、气、热力合同多为格式合同

供用电、水、气、热力合同的供应方为了适应大量交易的需要,降低交易成本,通常会预先拟定格式条款,双方当事人按照格式条款订立合同。格式合同内容比较固定,使用人只有同意或不同意的选择。对供用方式有特殊要求的使用方,也可以采用非格式条款订立合同。

三、法律适用

供用电、水、气、热力合同在适用法律上具有极大的相似性,因此《民法典》第656条规定,供用水、供用气、供用热力合同,参照适用供用电合同的有关规定。本章的相关规定以供用电合同为典型,以下重点论述供用电合同的法律问题。

调整供用电合同的法律依据除了《民法典》合同编的相关规定,还包括《电力法》,以及行政法规《电力供应与使用条例》和行业规章《供电营业规则》等。

【案例 10-1】

2019年5月1日，罗某将其名下房屋出租给了甲公司。2019年6月1日，甲公司与供电公司签订《供用电合同》，由供电公司向甲公司供电。2019年9月30日，供电公司以甲公司私自破坏封印打开电能表窃电为由，中断供电。2019年12月31日，罗某与甲公司终止了房屋租赁合同关系并收回了房屋，但罗某多次申请供电公司恢复该房屋的供电均被拒。为此，罗某提起诉讼，要求供电公司立即供电，确定供用电合同关系，并赔偿经济损失1万元。

【解析】

强制缔约制度通常适用于向社会提供公共产品或者服务的当事人与广大消费者之间的关系，以及基于维护社会公共利益的需要而必须缔结的合同关系。《民法典》第648条第2款规定，向社会公众供电的供电人，不得拒绝用电人合理的订立合同要求。本案中，甲公司与供电公司的合同纠纷与本案属于两个不同的法律关系，而供电企业具有强制缔约的义务，因此罗某要求供电公司确认与其的供用电合同关系，并对其所有的房产供电属合理要求，符合法律规定，故法院经审理判决供电公司败诉，并对罗某的房产供电，赔偿罗某经济损失1万元。

第二节 供用电合同

一、供用电合同的概念

电力是以电能作为动力的能源。电能既是一种经济、实用、清洁且容易控制和转换的能源形态，又是电力部门向电力用户提供由发、供、用三方共同保证质量的一种特殊产品。

《民法典》第648条第1款规定，供用电合同是供电人向用电人供电，用电人支付电费的合同。供用电合同和供用水、气、热力合同一样具有公用性、公益性、持续性等特点。

小贴士

供用电合同的种类很多，根据不同的标准可以分为不同的种类：

(1) 按照电的用途，可以将供用电合同分为农业（第一产业）供用电合同、工业（第二产业）供用电合同、第三产业和居民供用电合同等。

(2) 按照电压高低，可以将供用电合同分为高压供用电合同、低压供用电合同。

(3) 按照供用电合同的期限，可以将供用电合同分为长期供用电合同和临时供用电合同。此外，还包括趸购电合同、委托转供电合同、其他供用电合同。

供用电合同标的物为"电力"，一方面，其不同于一般的有体物，虽客观存在但没有固定的实体形态,又无法以通常的方法固定或保存;另一方面,其又与有体物具有相似性,具有客观物质性并能为人们所使用,在交易上可以作为交易对象,属于民法中物的范畴。许多国家和地区的民法典也明确规定电力等自然力为可以支配的物。

供用电合同主体是供电人和用电人。供电人指提供电力的主体,在我国只能是特定的电力营业机构,目前包括国家电网公司、南方电网公司以及各地方电网公司等电网企业成立的售电公司、独立的纯售电公司以及拥有配网经营权的配售电一体售电公司等。用电人指接受并使用电力的自然人、法人或非法人组织。在《电力法》《电力供应与使用条例》等法律法规中,用电人称之为用户。

> **小贴士**
>
> 电力工业由发电、输电、配电和售电四个必不可少的环节构成,相应地所涉市场主体包括发电企业、电网企业、售电主体及电力用户等。供用电合同处于"售电"环节,即属于售电主体与电力用户之间的法律关系。

二、供用电合同的内容

《民法典》第 649 条规定,供用电合同的内容一般包括供电的方式、质量、时间,用电容量、地址、性质,计量方式、电价、电费的结算方式,供用电设施的维护责任等条款。根据《电力供应与使用条例》,除前述《民法典》规定的合同内容外,供用电合同还可以包括合同的有效期限、违约责任、双方共同认为应当约定的其他条款。供用电合同生效后,当事人就合同的某些内容没有约定或者约定不明确的,可以协议补充;不能达成补充协议的,按照合同有关条款或者交易习惯确定。

(一) 供电方式

供电方式,是指供电人以何种方式向用电人供电,包括主供电源、备用电源、保安电源的供电方式以及委托转供电等内容。供电质量,是指供电频率、电压和供电可靠性三项指标。用电时间,是指用电人有权使用电力的起止时间。规定用电时间的目的在于保证合理用电和安全用电,避免同一时间用电人集中用电,造成高峰时间供电设施因负荷过大而发生断电停电事故,同时也可以防止低谷负荷过低而造成电力浪费。

(二) 用电容量

用电容量是指供电人认定的用电人受电设备的总容量,以千瓦表示。用电地址是指用电人使用电力的地址。用电性质包括用电人的行业分类和用电分类。

(三) 计量方式

计量方式,是指供电人如何计算用电人使用的电量。供电企业应在用户每一个受电点内按不同电价类别,分别安装用电计量装置。电价,是指供电企业向用电人供应电力的价格。电价实行国家统一定价,由电网经营企业提出方案,报国家有关物价部门核准。电费是电力资源实现商品交换的货币形式,供电企业应当按照国家核准的电价和用电计量装置的记录,向用电人计收电费;用户应当按照国家核准的电价和用电计量装置的记录,按时交纳电费。为防止电费的拖欠,双方当事人可以在合同中约定电价、电费的结算方式。

小贴士

《电力法》第35条规定,本法所称电价,是指电力生产企业的上网电价、电网间的互供电价、电网销售电价。电价实行统一政策,统一定价原则,分级管理。

(四)供用电设施的维护责任

所谓供用电设施的维护责任,是指在供用电合同中,双方应当协商确认供电设施运行管理责任的分界点,在供电设施上发生的法律责任以供电设施运行维护管理责任分界点为基准划分。分界点电源侧供电设施属于供电人,由供电人负责运行维护管理;分界点负荷侧供电设施属于用电人,由用电人负责运行维护管理。供电人、用电人分管的供电设施,除另有约定外,未经对方同意,不得操作或更改。供电人、用电人应做好各自分管的供电设施的运行维护管理工作,并依法承担相应责任。

三、供用电合同的履行

(一)供用电合同的履行地点

合同履行地点是指合同双方约定或根据法律确定的履行合同义务的地点,合同履行地点直接关系到合同标的物所有权转移及风险转移,关系到合同双方权利、义务、责任的明确和合同纠纷的诉讼管辖等。

由于电力是一种无体物,所以电力无法像一般买卖合同的标的物那样进行可以察觉的现实交付。因此,《民法典》第650条专门作出规定,供用电合同的履行地点,按照当事人约定;当事人没有约定或者约定不明确的,供电设施的产权分界处为履行地点。

这与《民法典》合同编通则关于合同履行的一般规定不完全相同,是供用电合同的特殊规则。供用电双方在实践中形成并确定了以供电设施的产权分界处作为合同的履行地点。供电设施的产权分界处是划分供电设施所有权归属的分界点,分界点电源侧供电设施归供电人所有,分界点负荷侧供电设施归用电人所有。

小贴士

供用电合同产权分界处,一般认为,在用电人为单位时,供电设施的产权分界处通常为该单位变电设备的第一个瓷瓶或开关；在用电人为散户时，供电设施的产权分界处通常为进户墙的第一个接收点。

根据《供电营业规则》第47条的规定，具体分界点的确定遵循下列各项规则：(1)公用低压线路供电的，以供电接户线的用户端的最后支持物为分界点，支持物属供电企业。(2)10千伏及以下公用高压线路供电的，以用户厂界外或配电室前的第一断路器或第一支持物为分界点，第一断路器或第一支持物属供电企业。(3)35千伏及以上公用高压线路供电的，以用户厂界外或用户变电站外第一基电杆为分界点。第一基电杆属供电企业。(4)采用电缆供电的，本着便于维护管理的原则，分界点由供电企业与用户协商确定。(5)产权属于用户且由用户运行维护的线路，以公用线路分支杆或专用线路接引的公用变电站外第一基电杆为分界点，专用线路第一基电杆属用户。

（二）供电方的主要义务

1. 安全供电义务

《民法典》第651条规定，供电人应当按照国家规定的供电质量标准和约定安全供电。供电人未按照国家规定的供电质量标准和约定安全供电，造成用电人损失的，应当承担赔偿责任。这是供电方的首要义务。供电人应当按照国家规定的供电质量标准和约定安全供电有三方面含义。

(1)供电人按照国家规定的供电质量标准安全供电。供电质量标准是衡量供电质量和安全的重要指标，供电人只有按照国家规定的供电质量标准供电，才能保证供电安全，维护用电人的合法权益。供电人应当切实执行国家和电力行业制定的有关安全用电的规程制度和关于供电频率、电压和供电可靠性等供电质量标准的要求，在法律法规允许的偏差范围内履行供电义务，保证供电质量，确保供电可靠性。

> **小贴士**
>
> 《电力法》规定，供电企业应当保证供给用户的供电质量符合国家标准。
>
> 《供电营业规则》规定了供电质量标准：
>
> (1)在电力系统正常状况下，供电频率的允许偏差为：电网装机容量在300万千瓦及以上的，为正负0.2赫兹；电网装机容量在300万千瓦以下的，为正负0.5赫兹。在电力系统非正常状况下，供电频率允许偏差不应超过正负1赫兹。
>
> (2)在电力系统正常状况下，供电企业供到用户受电端的供电电压允许偏差为：35千伏及以上电压供电的，电压正、负偏差的绝对值之和不超过额定值的10%；10千伏及以下三相供电的，为额定值的正负7%；220伏单相供电的，为额定值的正7%、负10%。在电力系统非正常状况下，用户受电端的电压最大允许偏差不应超过额定值的正负10%。用户用电功率因数达不到规定标准时，其受电端的电压偏差不受此限制。

(2)供电人应当按照合同约定的数量、质量、时间、方式，合理调度和安全供电。供电人与用电人在供用电合同中约定,用户对供电质量有特殊要求的,供电企业应当根据其必要性和电网的可能,提供相应的电力。供电人应从供用电的安全、经济出发,根据电网规划、用电性质、用电容量、供电方式及当地条件等因素,进行技术经济比较后,与用户协商确定供电电压,要按照供用电合同规定的供电电量、供电时间等要求供电。

(3)供电方应当加强安全生产管理,建立、健全安全生产责任制度。供电方还应当对电力设施定期进行检修和维护,保证其正常运行。供电人应履行保障供电设施安全的义务,同时应加强重要电力用户安全供电管理,对用户提供必要的业务咨询。经检查发现用电设施存在安全隐患的,应当及时告知用户采取有效措施进行治理,存在严重威胁电力系统安全运行和人身安全的隐患时,应当指导其立即消除,以此来保障供电安全。

此外,供电人未按照国家规定的供电质量标准和约定安全供电,造成用电人损失的,应当承担赔偿责任。供电人不履行供电义务,承担损害赔偿责任需要同时具备以下三个条件:(1)供电人存在违反安全供电义务的行为;(2)给用电人造成损失;(3)供电人行为与用电人损失存在因果关系。

2. 断电通知义务

供电人负有连续供电的义务,但是在某些法定情形下,供电人可以中断供电。中断供电一般包括供电设施检修和限电以及违法用电等原因所引起的停电。其中,供电设施检修包括计划检修和临时检修。限电是指依照有关法律法规对部分地区、部分用户、用电大户的部分用电设施中断供电进而减少用电的行为。违法用电是指法律规定的用户违章用电行为和窃电行为。供电设施检修和限电以及违法用电都可以引起中断供电。

《民法典》第652条规定,供电人因供电设施计划检修、临时检修、依法限电或者用电人违法用电等原因,需要中断供电时,应当按照国家有关规定事先通知用电人;未事先通知用电人中断供电,造成用电人损失的,应当承担赔偿责任。

小贴士

《电力供应与使用条例》第28条规定:除本条例另有规定外,在发电、供电系统正常运行的情况下,供电企业应当连续向用户供电;因故需要停止供电时,应当按照下列要求事先通知用户或者进行公告:(1)因供电设施计划检修需要停电时,供电企业应当提前7天通知用户或者进行公告;(2)因供电设施临时检修需要停止供电时,供电企业应当提前24小时通知重要用户;(3)因发电、供电系统发生故障需要停电、限电时,供电企业应当按照事先确定的限电序位进行停电或者限电。引起停电或者限电的原因消除后,供电企业应当尽快恢复供电。

《供电营业规则》第57条规定,供电企业应不断改善供电可靠性,减少设备检修和电力系统事故对用户的停电次数及每次停电持续时间。供用电设备计划检修应做到统一安排。供用电设备计划检修时,对35千伏及以上电压供电的用户的停电次数,每年不应超过一次;对10千伏供电的用户,每年不应超过三次。

供电人的断电通知义务,属于附随义务,并具有保护功能。因此项义务违反而造成用电人损失的,供电人应承担赔偿责任。

3. 及时抢修义务

《民法典》第653条规定,因自然灾害等原因断电,供电人应当按照国家有关规定及时抢修;未及时抢修,造成用电人损失的,应当承担赔偿责任。造成断电的自然灾害等原因,主要是指不可抗力和不能预见又不可避免的意外事故,供电人对此可以免责。但是,由于连续供电的重要性,供电人在自然灾害等发生后仍应以诚实善意的态度去努力克服,以最大限度地减少因不可抗力所造成的损失,这是诚实信用原则的要求。

"及时抢修"中的"及时",应依照以下顺序确定:法律有明确规定的,以该规定为准;法律没有明文规定,当事人在合同中有明确约定的,依照其约定;在前述两种方法均不能确定的情况下,应以合理的时间为准。如果供电人没有及时抢修,给用电人造成损失,供电人应当承担就没有及时抢修而给用电人造成的损失部分承担赔偿责任。

> **小贴士**
>
> 《供电营业规则》第69条规定,引起停电或限电的原因消除后,供电企业应在三日内恢复供电。不能在三日内恢复供电的,供电企业应向用户说明原因。

(三)用电方的主要义务

1. 支付电费

供用电合同是双务、有偿合同,支付电费是用电人的主要义务,用电人应当按照国家有关规定和当事人的约定及时支付电费。《民法典》第654条规定,用电人应当按照国家有关规定和当事人的约定及时支付电费。用电人逾期不支付电费的,应当按照约定支付违约金。经催告用电人在合理期限内仍不支付电费和违约金的,供电人可以按照国家规定的程序中止供电。

中止供电是指供电过程暂时停止,待中止事由消除后,恢复连续供电的一种供电状态。中止供电前,供电人负有催告义务,并应给用电人合理期限准备。供电人中止供电,应当事先通知用电人,并严格按照国家规定的程序办理。

> **小贴士**
>
> 《电力供应与使用条例》第39条规定,用户逾期未交付电费的,供电企业可以从逾期之日起,每日按照电费总额的千分之一至千分之三加收违约金,具体比例由供用电双方在供用电合同中约定。《供电营业规则》第98条规定,用户在供电企业规定的期限内未交清电费时,应承担电费滞纳的违约责任。电费违约金从逾期之日起计算至交纳日止。每日电费违约金按下列规定计算:居民用户每日按欠费总额的千分之一计算;其他用户:(1)当年欠费部分,每日按欠费总额的千分之二计算;(2)跨年度欠费部分,每日按欠费总

额的千分之三计算。电费违约金收取总额按日累加计收,总额不足1元者按1元收取。

2. 安全用电

《民法典》第655条规定,用电人应当按照国家有关规定和当事人的约定安全、节约和计划用电。用电人未按照国家有关规定和当事人的约定用电,造成供电人损失的,应当承担赔偿责任。

用户不得有下列危害供电、用电安全,扰乱正常供电、用电秩序的行为:

(1)擅自改变用电类别。

(2)擅自超过合同约定的容量用电。

(3)擅自超过计划分配的用电指标。

(4)擅自使用已经在供电企业办理暂停使用手续的电力设备,或者擅自启用已经被供电企业查封的电力设备。

(5)擅自迁移、更动或者擅自操作供电企业的用电计量装置、电力负荷控制装置、供电设施以及约定由供电企业调度的用户受电设备。

(6)未经供电企业许可,擅自引入、供出电源或者将自备电源擅自并网。违反上述规定,违章用电的,供电企业可以根据违章事实和造成的后果追缴电费,并按照国务院电力管理部门的规定加收电费和国家规定的其他费用;情节严重的,可以按照国家规定的程序停止供电。

【案例10-2】

甲公司为参加某食品展览会与乙公司签订《供电协议》,约定在展览期间由乙公司向甲公司提供30A/220V电源,并保证24小时供电,价款为2000元。签约后,甲公司依约支付价款2000元,并从乙公司购买了15A/380V电源,将该电源接入了两冰柜。

展会期间某晚,15A/380V电源突然被拉闸断电,甲公司储存于冰柜内的冰激凌全部融化报废。停电事故发生后,两公司就损失问题多次交涉未果,甲公司诉至法院,请求判令乙公司赔偿冰激凌损失5000元、参展费用损失2万元、参展形象损失5000元。

【解析】

法院经审理认为,乙公司作为电源的供应方,应依约供电并保证用电人对电源的正常使用。现乙公司无证据证明其向甲公司提供了15A/380V电源后,向甲公司告知夜间将断电的计划,从而导致了冰激凌融化报废的结果,故乙公司应对甲公司所遭受的损失承担赔偿责任。

本案中被告供电方乙公司并未能证明已经向甲公司告知该电源夜间将断电的事实,违反了供电合同中供电方因故停电、限电须履行的及时通知义务,从而导致甲公司冰柜内的冰激凌融化报废。故而乙公司应承担违约责任,赔偿甲公司因停电造成的经济损失。

思考与练习

一、简述题

1. 简述供用水、电、气、热力合同的概念与特征。
2. 简述供用水、电、气、热力合同的内容。
3. 简述供电方的强制缔约义务。
4. 简述供电方的主要义务。
5. 简述用电方的主要义务。

二、案例分析

【基本案情】

2015年9月1日,甲方常乐物业公司与乙方煦风暖阳热力公司签订《供热委托合同》,约定将常乐小区的供热服务委托乙方经营管理。当年乙方即开始对该小区进行供暖服务。

刘某是常乐小区的业主,但以与乙方无合同关系、供暖不达标等为由,拒绝支付2016年至2020年四个供暖季的取暖费。乙方遂诉至法院,请求判令刘某支付四年供暖费共2万元。另经有关检测方多次测定,供暖期间,刘某家室温达到了国家规定供热标准(在门窗关闭1小时以上,室内温度不低于18±2℃),测温结果已由刘某签字确认。

【思考讨论】

1. 本案中刘某与乙方是否存在合同关系?
2. 刘某拒绝支付四个供暖期的取暖费于法有据吗?

【分析要点】

1. 本案中,刘某与乙方虽未签订书面供暖协议,但乙方接受了甲方常乐物业公司的委托,且实际对小区提供了供暖服务。刘某系小区业主,实际享受了乙方所提供的供暖服务。因此,法院认定双方之间形成了事实上的供用热力合同关系。

2. 刘某拒绝支付四个供暖期的取暖费于法无据。基于乙方向常乐小区包括刘某在内的居民集中提供冬季供暖服务,双方之间形成事实上的供用热力合同关系,依据《民法典》第654条的规定,用电人应当按照国家有关规定和当事人的约定及时支付电费。供用热力合同是双务、有偿合同,"谁用热,谁付款"如同"谁用电,谁付款"一样,是平等民事主体之间市场交易行为的准则,双方应遵循等价、有偿的原则。本案中,经多次测定并取得刘某确认,供热人的供热质量符合国家规定的供热标准,用热人即刘某应当及时支付采暖费。

第十一章 赠与合同

【学习目标】
1. 了解赠与合同的概念。
2. 了解赠与人的义务。
3. 掌握任意撤销权、法定撤销的规定。
4. 掌握赠与人穷困抗辩权的行使条件。

【引例】
老王是一家电脑公司的董事长,其在一赈灾晚会上向灾区捐赠20万元以及10台电脑。之后,老王自己测试10台电脑的稳定性,由于办公室里的电源插座不足,老王便将10台电脑的电源线全插在两个插座上,电脑全被烧毁。在负责赈灾工作的机构要求老王交付10台电脑时,老王便托出实情,不想交付电脑了。老王在陆续支付了10万元之后,公司破产,老王的经济状况每况愈下。实在无法再支付剩下的10万元,否则老王无法维持日常生计。然而,负责赈灾工作的机构找到老王,要求其再支付10万元。

问:老王在支付了10万元之后,经济状况出现问题,是否需要再支付剩下的10万元?( )

A. 老王可以不再支付,其在剩下的10万元交付之前,可以行使任意撤销权来撤销合同

B. 老王可以不再支付,其在剩下的10万元交付之前,可以行使法定撤销权来撤销合同

C. 老王可以不再支付,其可以行使法定合同解除权,解除合同

D. 如果老王行使法定合同解除权来解除合同,那么其可以要求返还已支付的10万元

【解析】
正确答案为C。

老王订立的赠与合同具有社会公益性质,其不享有任意撤销权,不能撤销合同。老王的情况也不属于行使赠与合同法定撤销权的情形,老王也不享有法定撤销权。按照《民法典》第666条规定的规定,赠与人的经济状况显著恶化,严重影响其生产经营或者家庭生活的,可以不再履行赠与义务。老王的情况属于法定解除权的产生情形,可以行使法定解除权来解除合同,不必再支付剩下的20万元。该赠与合同的解除仅面向将来发生效力,并无溯及力。因此,老王不能要求返还已支付的10万元。故本题应选C项。

第一节　赠与合同概述

一、赠与合同的概念

赠与合同是赠与人将自己的财产无偿给予受赠人,受赠人表示接受赠与的合同。这是《民法典》第657条对赠与合同的规定。赠与是一种合意,是双方的法律行为,需有当事人双方一致的意思表示才能成立。如果一方有赠与意愿,而另一方无意接受该赠与的,赠与合同不能成立。在现实生活中,也会出现一方出于某种考虑而不愿接受对方赠与的情形,如遇此情况,赠与合同即不成立。

二、赠与合同的特征

1. 赠与合同是转移财产所有权的合同

赠与合同是以赠与人将自己的财产给予受赠人为内容的合同,是赠与人转移财产所有权于受赠人的合同,这是赠与合同与借用合同的主要区别。这里的财产应作广义理解,既包括动产、不动产等有形财产,也包括股权、债权等无形财产。赠与的财产既可以是已经取得的财产,也可以是将来可取得的财产,如工资、利息等。赠与人对赠与财产必须享有所有权或处分权,如监护人不得将被监护人的财产赠与他人。

2. 赠与合同为无偿合同

所谓"无偿合同",是指仅由当事人一方为给付,另一方不必向对方偿付相应代价的合同。在赠与合同中,仅由赠与人无偿地将自己的财产给予受赠人,而受赠人取得赠与的财产,不需向赠与人偿付相应的代价。这是赠与合同与买卖等有偿合同的主要区别。

3. 赠与合同是单务合同

所谓"单务合同",是指仅由当事人一方负债务,另一方不负债务,或者另一方虽负有债务但无对价关系的合同。在一般情况下,赠与合同仅由赠与人负有将自己的财产给予受赠人的义务,而受赠人并不负有义务。

4. 赠与合同为诺成合同

所谓"诺成合同",又称"非要物合同",是指当事人之间意思表示一致,即能成立的合同。它以当事人的合意为成立要件。赠与合同经当事人意思表示一致时即成立,无论赠与的财产是否交付。

5. 赠与合同为不要式合同

不要式合同不排斥合同采用书面、公证等形式,只是合同的形式不影响合同的成立。赠与合同既可采用口头形式,也可采用书面形式或者在合同订立后办理公证证明。无论采用何种形式,也无论是否经过公证,都不影响赠与合同的成立。

三、赠与合同的分类

(一) 一般赠与和特殊赠与

按照赠与是否具有公益性、道德性或经过公证程序分为一般赠与和特殊赠与。具有救灾、扶贫、助残等公益、道德义务性质的赠与以及公证的赠与为特殊赠与,其他的赠与为一般赠与。

一般赠与和特殊赠与的区别有几个方面:

1. 赠与人是否享有任意撤销赠与的权利不同

一般赠与中,赠与人享有任意撤销权,而特殊赠与中,赠与人不享有任意撤销权。《民法典》第658条规定:"赠与人在赠与财产的权利转移之前可以撤销赠与。经过公证的赠与合同或者依法不得撤销的具有救灾、扶贫、助残等公益、道德义务性质的赠与合同,不适用前款规定。"《民法典》对特殊赠与中赠与人的任意撤销权作出限制规定,这是因为任意撤销有悖于诚信原则,也违背了公序良俗,更与社会主义核心价值观不符。

2. 能否强制赠与人履行交付义务不同

《民法典》第660条规定:"经过公证的赠与合同或者依法不得撤销的具有救灾、扶贫、助残等公益、道德义务性质的赠与合同,赠与人不交付赠与财产的,受赠人可以请求交付。依据前款规定应当交付的赠与财产因赠与人故意或者重大过失致使毁损、灭失的,赠与人应当承担赔偿责任。"

在一般赠与中,受赠人不得强制赠与人强制履行交付义务,如应当交付的赠与财产因赠与人故意或者重大过失致使毁损、灭失的,赠与人不承担赔偿责任。而特殊赠与中,受赠人可以强制赠与人履行交付义务,但是不包括迟延利息和其他损害赔偿,而仅限于赠与财产本身。在赠与人迟延履行或者不履行给付赠与财产的义务时,即为违约行为,应当承担违约责任,如应当交付的赠与财产因赠与人故意或者重大过失致使毁损、灭失的,还需要承担赔偿责任。

(二) 附义务的赠与和不附义务的赠与

按照赠与是否负有负担为标准,赠与又可以分为附义务的赠与和不附义务的赠与。附义务的赠与,也称附负担的赠与,是指以受赠人对赠与人或者第三人为一定给付为条件的赠与,也即使受赠人接受赠与后负担一定义务的赠与。对于附义务的赠与,应当从以下几个方面来理解:

(1)附义务的赠与,其所附义务不是赠与的对价。赠与合同是无偿合同,目的在于使受赠人获益,如该义务构成对待给付,则会使赠与的性质发生变化,可能构成有偿合同,因此,所附义务不能大于或者等于受赠人所获得的利益,通常是低于赠与财产的价值。

(2)赠与所附义务,可以约定向赠与人履行,也可以约定向第三人履行,还可以约定向不特定的多数人履行。

(3)履行赠与所负的义务,依照当事人的约定,可以是作为,也可以是不作为。

(4)附义务的赠与,其义务不能违反法律或者违背公序良俗,如赠与人提出受赠人只能用赠款去还赌债,这个附义务的赠与就是不合法的,因为赌债是不合法的债务。

(5)受赠人应当按照合同约定履行义务。赠与人向受赠人给付赠与财产后,受赠人应依约履行其义务。受赠人不履行的,赠与人有权要求受赠人履行义务或者撤销赠与。赠与人撤销赠与的,受赠人应将取得的赠与财产返还赠与人。

(6)在一般赠与中,赠与人对赠与的财产不负瑕疵担保责任。而在附义务的赠与中,赠与的财产如有瑕疵,赠与人在赠与所附义务的限度内,应当承担与出卖人相同的瑕疵担保责任

不附义务的赠与是一般情形,附义务的赠与是特殊情形。

第二节 赠与合同的内容

一、赠与人的权利和义务

(一) 赠与人的权利

1. 撤销赠与合同的权利

由于赠与是单务、无偿的合同,所以在赠与人不愿交付财产的情况下,法律赋予赠与人以任意撤销权。赠与人应当以明示或默示的方式作出撤销赠与的意思表示以此来行使任意撤销权。如果其只是拒绝交付财产,则不能认定其行使了任意撤销权。但是对于公证的赠与合同或者依法不得撤销的具有救灾、扶贫、助残等公益、道德义务性质的赠与合同,赠与人不享有任意撤销权,故无权拒绝交付。

根据公平和诚信原则,《民法典》第663条还规定了三种法定撤销赠与的情形:(1)严重侵害赠与人或者赠与人近亲属的合法权益;(2)对赠与人有扶养义务而不履行;(3)不履行赠与合同约定的义务。

赠与合同的撤销将在本章第三节详细叙述。

2. 赠与人的穷困抗辩权

法律赋予赠与人穷困抗辩的权利。根据《民法典》第666条的规定,赠与人的经济状况显著恶化,严重影响其生产经营或者家庭生活的,可以不再履行赠与义务。

赠与人的穷困抗辩权将在本章第四节详细叙述。

(二) 赠与人的义务

1. 依法履行交付财产并转移财产权利的义务

赠与人的主要义务是依照合同约定的标的、期限、时间以及方式将赠与物交付受赠

人并移转所有权。《民法典》第 659 条规定:"赠与的财产依法需要办理登记或者其他手续的,应当办理有关手续。"

由此可以看出,赠与人赠与他人财产时,不仅要交付财产,而且赠与财产所有权的移转依法需要办理相应登记手续的,赠与人也应当一并办理相关手续。例如,房屋、汽车、股权等作为赠与财产,需要到相应的部门办理有关手续。合同当事人只有在办理完登记等有关手续后,受赠人的受赠财产才能受到法律的充分保护。

2. 赠与物的瑕疵担保义务

赠与合同是无偿合同,赠与人并不取得利益,因此在一般赠与中,赠与人对赠与财产不承担瑕疵担保义务。但是,《民法典》第 662 条也应定了两种例外情形,一是附义务的赠与,赠与的财产有瑕疵的,赠与人在附义务的限度内承担与出卖人相同的责任;二是赠与人故意不告知瑕疵或者保证无瑕疵,造成受赠人损失的,应当承担赔偿责任。

赠与人对赠与物的瑕疵担保责任,应当从以下三个方面进行把握。

(1)一般赠与中赠与人不负瑕疵担保义务。但如果因赠与物的缺陷导致受赠人或第三人财产、人身损害的,赠与人仍然要承担侵权责任。

(2)在附义务的赠与中,赠与的财产如有瑕疵,赠与人需在受赠人所附义务的限度内承担与出卖人相同的责任。就一般赠与而言,赠与人原则上不承担瑕疵担保责任。但对于附义务的赠与,赠与人的赠与并不是纯粹的施惠行为,受赠人虽受有利益,但又需要履行约定的义务。如赠与的财产有瑕疵,必然导致受赠人所受利益有所减损,使受赠人遭受损失,这便与赠与的目的不符。根据诚信、公平原则,应由赠与人承担瑕疵担保责任。就受赠人履行的义务而言,有如买卖合同中买受人的地位,因此,赠与人应在受赠人所附义务的限度内,承担与买卖合同中的出卖人同一的瑕疵担保责任。

(3)赠与人故意不告知瑕疵或者保证无瑕疵,并且造成受赠人损失的,应当承担损害赔偿责任。赠与人故意不告知赠与的财产有瑕疵的,是有主观上的恶意,也有违诚信原则。因赠与财产的瑕疵给受赠人造成其他财产损失或者人身伤害的,应负赔偿责任。如果赠与人故意不告知瑕疵,但没有给受赠人造成损失,则不承担赔偿责任。赠与人保证赠与物无瑕疵,给受赠人造成损失的,也应承担赔偿责任。

二、受赠人的权利和义务

(一) 受赠人的权利

1. 要求赠与人交付赠与物,移转赠与物的所有权

《民法典》第 660 条第 1 款规定:"经过公证的赠与合同或者依法不得撤销的具有救灾、扶贫、助残等公益、道德义务性质的赠与合同,赠与人不交付赠与的财产的,受赠人可以请求交付。"

2. 经过公证的赠与合同或者依法不得撤销的具有救灾、扶贫、助残等公益、道德义务性质的赠与合同,因赠与人故意或重大过失而导致赠与标的毁损、灭失的求偿权

《民法典》第 660 条第 2 款规定:"因赠与人故意或者重大过失致使赠与的财产毁损、灭失的,赠与人应当承担赔偿责任。"

> **小贴士**
>
> 法律之所以作出此种规定,主要是因为,在赠与人有故意或重大过失情况下,表明其主观上存在过错。虽然财产所有权没有移转,毁损灭失只是造成赠与人的财产损失,但赠与人应对其过错行为承担相应的责任,对赠与人规定此种责任也有利于使赠与人能够妥善地保管受赠物。因此,经过公证的赠与合同或者具有救灾、扶贫、助残等公益、道德义务性质的赠与合同,在赠与财产的权利移转给受赠人之前,由于赠与人的故意或者重大过失致使赠与财产发生毁损、灭失,因而无法实际交付赠与财产的,赠与人应当向受赠人赔偿因其故意或者重大过失所造成的损失。

(二) 受赠人的义务

1. 接受赠与财产的义务

受赠人的权利主要表现为,在赠与人向受赠人交付财产时,受赠人负有接受赠与物并接受赠与物的所有权转移的义务。

2. 受赠人必须依照约定履行赠与合同所附的义务

赠与合同附有义务的,受赠人应当按照约定履行义务。附义务的赠与中虽然受赠人要履行一定的义务,但该义务与赠与人的赠与义务不构成对待给付。如果已经构成对待给付,则该合同就不再是赠与合同。

> **【案例 11-1】**
>
> 李某与王某达成赠与合同,约定李某将价值 1 万元的电脑赠与王某,但王某需要履行所附义务,王某履行该所附义务需要支出 5000 元。王某收到李某交付的电脑后,发现该电脑价值仅 3000 元。根据《民法典》第 662 条的规定,王某有权要求李某支付 2000 元,否则有权拒绝履行所附义务。

第三节 赠与合同的撤销

一、任意撤销的权利

(一) 赠与的任意撤销概念

赠与的任意撤销,是指赠与合同成立后,赠与财产的权利转移之前,赠与人可以根据自己的意思不再为赠与行为。《民法典》第658条第1款规定:"赠与人在赠与财产的权利转移之前可以撤销赠与。"基于赠与合同的单务、无偿的特点,为平衡赠与人和受赠人之间的利益,法律赋予赠与人任意撤销赠与的权利。

(二)赠与人撤销权特点

赠与人撤销权的主要特点在于:

1. 该权利为形成权

撤销赠与是赠与人的单方权利,其依据撤销权人的单方意思表示就可以发生撤销赠与的效力,无需得到受赠人的同意。

2. 赠与人任意撤销赠与的权利在性质上属于任意解除权

已经成立并生效的赠与合同,且赠与人在作出赠与的意思表示、受赠人作出接受赠与的意思表示时,并没有意思表示瑕疵的情形,因此,应当将赠与人行使任意撤销的权利界定为行使合同的任意解除权更为合理。

(三)赠与财产可撤销的时间

根据《民法典》第658条第1款的规定,赠与财产可撤销的时间点是受赠物权利转移之前。如果赠与的财产的权利已被转移的,赠与人不得任意撤销赠与。如果赠与的财产一部分已交付并已转移其权利,任意撤销赠与仅限于未交付并未转移其权利的部分。

小贴士

这是因为,受赠物权利转移之后,赠与人撤销赠与,不仅有违诚信原则,而且可能会对受赠人的生产、生活带来不利影响,致使受赠人蒙受损失。应当正确区分"权利转移"和"交付"之间的区别与联系。

"交付"仅指实物的实际交付并归受赠人占有,赠与物的所有权并不一定随交付发生转移,即受赠人不一定享有对赠与物的处分权。而"权利转移"则是不管赠与物是否已实际交付,但其所有权已移转于受赠人,即受赠人已享有对赠与物的处分权。

(四)不得撤销的赠与合同

《民法典》第658条第2款还对赠与人的任意撤销赠与作出了限制性规定,有两类赠与不得撤销:一是经过公证的赠与合同。赠与合同订立后,当事人交由公证部门公证,表明其赠与意愿的表达已十分慎重,因此经过公证证明的赠与合同,赠与人不得任意撤销。二是具有救灾、扶贫、助残等公益、道德义务性质的赠与合同。

二、法定撤销权

(一)法定赠与合同撤销的概念

赠与合同的法定撤销,是指赠与合同成立后,在具备法律规定的情形时,撤销权人可以撤销赠与。

赠与的法定撤销与任意撤销的不同之处在于：

(1)撤销赠与须依法律规定的事由。

(2)只要具备法定事由,不论赠与合同以何种形式订立以至经过公证证明,不论赠与的财产是否已经交付或已发生权利转移,也不论赠与是否属于社会公益或者道德义务性质,享有撤销权的赠与人均可以撤销赠与。

小贴士

对于法定撤销权,我国《民法典》区分了赠与人的法定撤销权和赠与人的继承人或者法定代理人的法定撤销权。

(二)赠与人的法定撤销权

根据《民法典》第663条的规定,赠与人的法定撤销情形包括以下三种。

1. 受赠人严重侵害赠与人或者赠与人的近亲属

该项规定包含两层含义：

(1)受赠人实施的是严重侵害行为,而不是轻微的、一般的侵害行为。

(2)受赠人侵害的是赠与人本人或其配偶、父母、子女、兄弟姐妹、祖父母、外祖父母、孙子女、外孙子女,如果侵害的是其他亲友则不在此列。

适用此条款主要考虑受赠人侵害行为的结果,至于受赠人的侵害行为是否出于故意或过失,则不在考虑范围内。

2. 受赠人对赠与人有扶养义务而不履行

该项规定包含两层含义：

(1)受赠人对赠与人有扶养义务,这里的"扶养"应当作广义解释,不应当仅仅理解为《民法典》第1059条第1款规定的"夫妻有相互扶养的义务"等同辈之间的照顾义务,也包括对长辈的"赡养"以及对晚辈的"抚养"等关系的照顾义务。

(2)受赠人对赠与人有扶养能力,而不履行对赠与人的扶养义务。如果受赠人没有扶养义务或者丧失了扶养能力的,则赠与人不得撤销赠与。

3. 受赠人不履行赠与合同约定的义务

在附义务的赠与中,赠与人已将赠与的财产交付于受赠人后,受赠人不履行赠与合同约定的义务,赠与人可以行使撤销赠与的权利。

由于赠与人的法定撤销权属于形成权,则该权利的行使适用除斥期间的规定。赠与人行使法定撤销权的期间为1年,自知道或者应当知道撤销原因之日起计算,该期间不存在中止、中断和延长的问题。撤销权人如在法律规定的期间内不行使撤销权的,其撤销权即归于消灭。

(三)赠与人的继承人或者法定代理人的法定撤销权

《民法典》第 664 条第 1 款规定:"因受赠人的违法行为致使赠与人死亡或者丧失民事行为能力的,赠与人的继承人或者法定代理人可以撤销赠与。"该条的规定明确了撤销赠与的权利人除赠与人外,还可以是赠与人的继承人。

一般来讲,赠与的撤销权本应属于赠与人,但因受赠人的违法行为致赠与人死亡或使其丧失民事行为能力时,赠与人的撤销权事实上已无法行使。而由赠与人的继承人或法定代理人行使撤销权,才能实现赠与人撤销赠与的权利与意愿。赠与人的继承人撤销赠与必须基于赠与人因受赠人的违法行为而致死亡或者丧失民事行为能力这一法定情形。如果赠与人有多个继承人,只要有一位继承人行使该权利,即可发生撤销赠与的效力。

赠与人的继承人或法定代理人行使撤销权的期间为 6 个月,自知道或者应当知道撤销原因之日起计算。

【案例 11-2】

郭某意外死亡,其妻甲怀孕 2 个月。郭某父亲乙与甲签订协议:"如把孩子顺利生下来,就送十根金条给孩子。"当日乙把 8 根金条交给了甲。孩子顺利出生后,甲不同意由乙抚养孩子,乙拒绝交付剩余的 2 根金条,并要求甲退回 8 根金条。

本赠与合同系附生效条件的为第三人设定权利的合同,合同有效。孩子出生,条件成就,赠与合同生效。赠与人在转移财产权利前可任意撤销赠与,但具有道德义务性质的赠与合同,不得任意撤销。因为孩子已出生,所以乙不得拒绝赠与,10 根金条均应交付。赠与标的物交付的,不能任意撤销赠与合同而要求返还,而乙也不拥有法定撤销权的理由。因此,乙不能要求退回 8 根金条。

第四节 赠与人的穷困抗辩权

一、穷困抗辩权的概念

穷困抗辩权,其是指在赠与合同成立后,因赠与人的经济状况严重恶化,如果继续履行赠与合同将造成赠与人生产经营或家庭生活受到严重的影响,赠与人因此享有拒绝履行赠与义务的权利。《民法典》第 666 条规定:"赠与人的经济状况显著恶化,严重影响其生产经营或者家庭生活的,可以不再履行赠与义务。"

二、行使穷困抗辩权的要件

赠与人行使穷困抗辩权需要满足以下三个要件。

1. 赠与合同已经成立,但是赠与财产的权利尚未完全转移

赠与合同没有成立的,对赠与人没有约束力,自然无须履行任何赠与义务。本条规定的"可以不再履行赠与义务",表明合同已经成立并已部分履行,只是没有全部履行。如果赠与人已经转移了赠与物的全部权利,则赠与行为已经完成,赠与人也就无法反悔自己的行为,否则会影响到受赠人的生产生活,也不利于社会财产关系的稳定。

2. 赠与人的经济状况显著恶化

所谓显著恶化,是指在赠与合同成立之后,赠与人的经济状况出现明显恶化的状态。状态恶化的时间应当是在赠与合同成立之后,而不是成立之前。如果自身的经济状况本已十分不好,仍向他人表示赠与意思,实际上其赠与的意思表示多无诚意,赠与合同也无履行基础。

3. 经济状况显著恶化达到严重影响其生产经营或者家庭生活的程度

比如,经济状况恶化致使严重影响赠与人企业的生产经营,若强制履行赠与义务,将无法继续正常经营;或者经济状况显著恶化使赠与人的家庭生活发生困难,不能维持自己的正常生计,不能履行扶养义务等。

不论是一般赠与还是特殊赠与,不论赠与合同以何种方式订立,不论赠与的目的性质如何,只要满足以上条件,赠与人均可以行使穷困抗辩权,不再履行尚未履行的赠与义务。

赠与人行使穷困抗辩权,所带来的法律效果为提前终止赠与合同,即赠与合同解除。解除的效力不溯及已经履行的部分。

【案例 11-3】

白云公司在赈灾义捐中,承诺向一所小学捐赠 50 万元用于学校重建,后支付了 30 万元后,公司经营每况愈下濒临破产,白云公司便不想支付剩余 20 万元捐款。根据《民法典》第 666 条规定:"赠与人的经济状况显著恶化,严重影响其生产经营或者家庭生活的,可以不再履行赠与义务。"白云公司可以行使法定解除权来解除赠与合同,不再支付剩余 20 万元捐款。

思考与练习

一、简答题

1. 简述赠与合同的特点。
2. 简述区分赠与合同具有公益性质和道德义务性质的实益何在。
3. 简述赠与合同的法定解除和法定撤销的区别。

二、案例分析

【基本案情】

崔某为个体户,长期在外经商。2000年5月初崔某返回家乡时发现乡政府的房屋年久失修,且拥挤不堪,便主动提出愿捐款100万元为乡政府盖一栋小楼,但乡政府同时也必须为此投入一笔配套资金。乡政府当即表示同意。5月25日,乡政府又与崔某协商确定资金到位时间和开工时间,崔某提出其捐款将在9月底到位,在此之前请乡政府做好开工准备,包括准备必要的配套资金。

7月初,乡政府开始将其原有5间平房拆除,并于7月底找到一家信用社贷款50万元,期限为1年。9月初,乡政府找到崔某催要捐款,崔某提出因其生意亏本暂时无力捐款。乡政府提出可减少捐款,但崔某表示仅能捐出数万元。双方不能达成协议,乡政府遂向法院提起诉讼,要求崔某履行诺言,否则赔偿乡政府遭受的全部损失。崔某辩称双方并没有签订书面合同,他没有义务必须捐款,至于乡政府遭受的损失是由于其自身原因造成的,他不应承担任何责任。

【思考讨论题】

1. 依据《民法典》分析本案中赠与合同是否成立?
2. 依据《民法典》分析本案中的赠与合同是否属于不可撤销的赠与合同。

【分析要点】

1. 我国《民法典》第658条的规定,"赠与人在赠与财产的权利转移之前可以撤销赠与",赠与人可以在实际交付赠予财产之前撤销其赠与。法律之所以赋予赠与人任意撤销权,其目的就是保护赠与人,使赠与人不致因情绪冲动,思虑欠周,贸然应允将不动产等价值贵重物品无偿给与他人,受法律上的约束,遭受财产上的不利益。

更何况赠与合同是一种无偿的单务合同,受赠人是纯粹的受益人,即便撤销赠与受赠人也不会有任何的损失,即便赠与合同存在条件,这种条件也不能够认为是赠与的对价。在本案中,赠与合同签订之后,崔某提出因其生意亏本暂时无力捐款。乡政府提出可减少捐款,但崔某表示仅能捐出数万元。而乡政府认为捐款的数额与合同的约定相差太大,因此无法接受。从此情节来看,崔某已经在实际上行使了撤销权,一旦其撤销了赠与,赠与合同业已归于无效,当然崔某不应当承担任何合同上的义务。

2. 本案中的赠与合同并不属于不可撤销的赠与合同。理由在于:

一是本案中的赠与并不具有公益性,崔某返回家乡时发现乡政府的房屋年久失修,且拥挤不堪,便主动提出愿捐款100万元为乡政府盖一栋小楼,由于崔某是向乡政府捐款,为其盖一栋小楼,目的是帮助乡政府改善办公条件,并不是从事某种公益性的捐赠。

二是本案中的赠与并不具有公德性,所谓公德性主要是指负有赈灾、扶贫、救困的道德义务,而本案中的赠与显然不具有公德性。

三是本案中的赠与没有经过公证。所以该合同仍然属于一般的赠与合同,不适用《合同法》第188条的规定。崔某与乡政府达成赠与的协议以后,可以撤销赠与,在崔某撤销赠与后,乡政府无权要求其承担违约责任。

第十二章 借款合同

【学习目标】
1. 理解借款合同的概念。
2. 了解借款合同当事人的权利和义务。
3. 掌握自然人之间的借款合同和金融借款合同的区别。

【引例】
三水公司的经营每况愈下,便向银行贷款,银行要求其提供公司财务状况报表,三水公司只得伪造报表。银行经过审核,决定借款给三水公司,并与三水公司达成了口头协议。在书面合同签订之前,银行偶然得知了三水公司的经营状况,便拒绝签订合同,同时要求三水公司赔偿银行为此而支出的费用。下列选项中,正确的是( )。
 A. 借款合同为不要式合同,三水公司与银行间的借款合同成立并生效
 B. 银行可以要求三水公司承担违约责任
 C. 银行可以要求三水公司承担侵权责任
 D. 银行可以要求三水公司承担缔约过失责任

【解析】
正确答案为 D。
金融机构借款合同为要式合同,应当采取书面形式。因此,三水公司与银行之间的借款合同并未成立,银行不能要求三水公司承担违约责任的同时,银行也不能要求三水公司承担侵权责任。三水公司故意违反如实申报的法定义务,造成银行信赖利益受损,银行可以要求三水公司承担缔约过失责任。故本题应选 D 项。

第一节 借款合同概述

一、借款合同的概念和主要特点

借款合同是借款人向贷款人借款,到期返还借款并支付利息的合同。其中向对方借款的一方称为借款人,出借钱款的一方称为贷款人。借款合同的内容一般包括借款种类、币种、用途、数额、利率、期限和还款方式等条款。其主要特点有:
(1)借款合同在内容上是转移货币所有权的合同。借款合同的目的就是转移货币的

所有权。货币在性质上,是非消耗物,一旦将货币交付给借款人,则货币的所有权转移至借款人。

(2)借款合同为诺成合同,但是自然人之间的借款合同为实践合同,自贷款人提供借款时成立。具体成立时间在自然人借款合同一节具体陈述。

(3)借款合同为双务合同。借款合同是借款人向贷款人借款,到期返还借款并支付利息的合同,因此借款合同具有双务性。

二、借款合同的主要内容

一般而言,一份完整的借款合同应该包含以下事项:

1. 当事人

借款合同的当事人可以有多种,主体有金融机构、非金融机构企业和自然人,金融机构与非金融机构企业,或金融机构与自然人,他们之间的借款关系通常被称为贷款合同,自然人之间,或者非金融机构与自然人之间的借款关系通常被称为民间借贷合同,同时,金融机构必须要经过国家金融监管部门批准,并且要拥有从事借贷业务的权利。

2. 借款种类

我国法律规定贷款种类有自营贷款、委托贷款和特定贷款三种贷款种类。贷款的种类是借款合同中的重要内容,所以借款合同中必须明确贷款种类。

3. 借款用途

借款用途主要是指的是当事人使用借款的目的是什么。贷款人在考虑是否同意将贷款出借给借款人时,会考虑到借款人的多种情况。比如,借款人现在的财务状况,借款人未来可能的财务情况。如果没有明确借款用途,而是借款人任意地使用所借款项,这可能增加贷款人不能按约收回贷款的风险,所以借款合同中必须规定借款用途。

4. 货币种类

货币种类包括人民币或其他国家的货币。如果是外币,贷款人必须具有经营外币的权限,同时借款合同还必须遵循外汇管理的规定,否则合同将是无效合同。

5. 借款数额

借款合同应当明确借款的数额,而对于数额较大的分批还款的合同中,要明确借款的总金额,当事人还应当明确分批支付借款时每一次支付借款的金额。

6. 放款方式及时间

贷款人向借款人发放贷款,可以选择一次全额支付,也可以分批支付。公民之间借款的期限由当事人自行约定。

7. 贷款利率及利息支付

利率是指一定时期内利息的数额与本金的比率。金融机构借款实行法定利率制,自然人之间的借款约定利率的,利率必须遵守法律规定,不得超过法律规定约定利率。我国法律明确规定,贷款人在对借款人支付贷款时不能预先扣除利息或保证金等,预先扣除的,借款本金应该以实际发放的数额为准。

《民法典》第680条规定:"禁止高利放贷,借款的利率不得违反国家有关规定。借款合同对支付利息没有约定的,视为没有利息。借款合同对支付利息约定不明确,当事人不能达成补充协议的,按照当地或者当事人的交易方式、交易习惯、市场利率等因素确定利息;自然人之间借款的,视为没有利息。"

8. 还款方式及期限

当事人可以约定一次性全额还款,也可以约定分期还款。如果是分期还款的,应当明确约定各期还款的具体时间和数额。同时应当约定采用信汇、电汇或者其他方式还款。

9. 展期约定

借款展期是指借款人如果不能按照合同约定的期限偿还借款,在取得贷款人同意的前提下,延长原借款的期限,使借款人能够继续使用借款的行为。我国法律明确规定,借款人申请展期的,应当在还款日届满前向贷款人提出展期申请。

10. 担保

借款合同中,担保的方式可以采用保证、抵押和质押等。

11. 违约责任

违约责任的约定事项通常包括:(1)贷款人未按时足额向借款人发放贷款;(2)借款人未按约定的借款用途使用款项;(3)借款人未按时支付利息及归还本金。

三、借款合同的成立及生效要件

金融机构借款合同,在合同双方当事人协商一致时,合同关系即可成立,依法成立的,自成立时生效。自然人间的借款合同则有所不同,自然人间的借款合同自贷款人提供借款时成立。

不管是金融机构借款合同,还是自然人之间的借款合同,都要满足合同的生效要件,即行为人具有相应的民事行为能力、意思表示真实、不违反法律、行政法规的强制性规定,不违背公序良俗。否则,借款合同不发生效力。

四、借款合同的分类

根据《民法典》以及有关法律、法规,借款合同主要分为金融机构借款合同和民间借款合同。金融机构借款合同是指银行等金融机构作为贷款人,将金钱出借给借款人使用,在合同约定的期间届满后借款人返还借款并支付利息的合同。自然人借款合同是指当事人之间都是自然人的借款合同。二者具体的概念、特征以及区别将第二节展开具体陈述。

第二节 一方为金融机构的借款合同和自然人借款合同

我国法律将借款合同分为一方为金融机构的借款合同和自然人借款合同,二者都是借款合同的种类。

一、一方为金融机构的借款合同和自然人借款合同的区别

(一)概念不同

1. 一方为金融机构的借款合同的概念

一方为金融机构的借款合同是指银行等金融机构作为贷款人,将金钱出借给借款人使用,在合同约定的期间届满后借款人返还借款并支付利息的合同,即一方将自己合法所有或占有的资金借给或转借给另一方进行使用,而另一方按照约定在一定时间届满之后归还本金,以及按照约定或者一定标准计算所应给付的利息的法律行为,从而产生一种相互间的权利和义务关系所签订的合同。一方为金融机构的借款合同属于借款合同的一种。

2. 自然人借款合同的概念

自然人借款合同是指自然人相互之间,一方将一定数额的金钱转移给另一方,另一方到期返还借款(或并支付一定利息)的合同。自然人借款合同发生在自然人之间,合同双方当事人均为自然人。

(二)是否有偿方面规定不同

1. 一方为金融机构的借款合同一般为有偿合同

在一般的金融机构借款合同中,借款人都需要支付一定的利息,金融机构发放贷款的目的是取得利润,因此,借款人在获得金融机构所提供的贷款时,不仅负担按期返还本金的义务,还要按照约定向贷款人支付利息,所以金融机构借款合同一般为有偿合同。

2. 自然人之间的借款合同既可以是无偿合同也可以是有偿合同

自然人之间的借款当事人之间可以约定利息,也可以不约定利息。在约定不明确时,视为不支付利息。根据《民法典》680条的规定,自然人之间的借款合同对支付利息没有约定或者约定不明确的,视为不支付利息。也就是说,当事人不约定或者约定不明,即视为无偿性的,只有在当事人有约定时,才视为有偿的。

(三)是否为要式合同规定不同

1. 一方为金融机构的借款合同为要式合同

按照《民法典》668条的规定,借款合同应当采用书面形式,但是自然人之间的借款合

同另有约定的除外。借款合同的内容一般包括借款种类、币种、用途、数额等条款。在现实生活中,金融机构一方作为贷款方,会预先拟订为重复使用、不与对方进行协商的格式合同。所以,一方为金融机构的借款合同为要式合同。

2. 自然人之间的借款合同一般是要式合同

自然人之间的借款合同的形式具有自由性,当事人可以采取约定的形式来决定合同是否采取书面形式。根据我国《民法典》668条的规定,借款合同应当采用书面形式,但是自然人之间借款另有约定的除外。

(四) 合同成立标准方不同

1. 一方为金融机构的借款合同为诺成合同

一方为金融机构的借款合同,在合同双方当事人协商一致时,合同关系即可成立,依法成立的,自成立时生效。合同的成立和生效在双方当事人没有特别约定时,不需以贷款人贷款的交付作为要件。所以,一方为金融机构的借款合同为诺成合同。

2. 自然人之间的借款合同是实践合同

根据《民法典》679条的规定,自然人之间的借款合同,自贷款人提供借款时成立。具有下列情节之一,可以视为具备自然人之间借款合同的成立要件:(1)以现金支付的,自借款人收到借款时;(2)以银行转账、网上电子汇款等形式支付的,自资金到达借款人账户时;(3)以票据支付的,自借款人依法取得票据权利时;(4)出借人将特定资金账户支配权授权给借款人时,自借款人取得对该账户实际支配权时;(5)出借人以与借款人约定的其他方式提供借款并实际履行完成时。

二、一方为金融机构的借款合同和自然人借款合同共同点

1. 合同标的均为转移货币所有权

一方为金融机构的借款合同和自然人借款合同都为转移货币所有权的合同。

货币是具有高度的替代性和强制的市场流通性的物,与其他物相比,根据"所有与占有的一致原则",货币的所有者和占有者应为一致。依此原则,货币的占有者便是货币的所有者,货币的占有者必定是货币的所有者。在借款合同生效后,出借的企业并不是依据所有权要求借款企业返还货币和支付利息,而是依据债权要求返还货币和支付利息。所以说,一方为金融机构的借款合同和自然人借款合同都是转移货币所有权的合同。

2. 都为双务合同

一方为金融机构的借款合同和自然人借款合同都为双务合同。对于借款合同的双方来说,出借的金融机构要支付交付款项,转移货币的所有权,这是义务。借款一方除了返回本金是义务以外,支付利息更是应当严格履行的义务,因为支付利息是出借一方当事人的对价。双方的义务成对价关系是典型的双务合同。

第三节 贷款人的权利和义务

一、贷款人的权利

1. 贷款人可以要求借款人提供担保

根据《民法典》物权编的有关规定,借款人应当依据金融机构的要求提供担保。在借款合同中,贷款人可以要求借款人提供保证、抵押、质押等担保。贷款人应当对保证人的偿还能力,抵押物、质物的权属和价值等进行严格审查。经贷款人审查、评估,确认借款人资信良好,确能偿还贷款的,可以不要求提供担保。

2. 贷款人按照约定可以检查、监督借款的使用情况

根据《民法典》672条的规定,借款人应当按照约定向贷款人定期提供有关财务会计报表或者其他资料。在借款合同成立后,贷款人须对借款的使用情况行使一定的监督权,以防止借款人违反借款合同使用借款,避免借款人资信状况恶化而令贷款风险增加,危及资金安全。

3. 贷款人可以解除合同

根据《民法典》第673条的规定,贷款人发现借款人未按照约定的借款用途使用借款的,可以停止发放借款,提起收回借款或者解除合同。是否按照约定的借款用途使用借款,关系到借款的安全,借款用途的不同,借款人的偿付能力会受到不同程度的影响。据此,借款人将贷款挪作他用时,如果是分期发放贷款,则贷款人可以停止发放尚未发放的贷款;或者对已经发放的部分或全部贷款要求提起收回;或者通知借款人解除合同。

二、贷款人的义务

(一)足额、按期提供贷款的义务

1. 不得预先扣除利息

根据我国《民法典》670条的规定,借款的利息不得预先在本金中扣除。利息预先在本金中扣除的,应当按照实际借款数额返还借款并计算利息。利息是以本金数额为基数,乘以借款利率来计算并收取的。如果允许贷款人预先在本金中扣除利息,则等于允许其多收借款人的利息;对于借款人来说,则等于少收了借款,多付了利息。为体现公平原则,贷款人将利息在本金中预先扣除的,借款人应按照实际借款数额返还借款,以实际借款为基数计算利息。

2. 按期、足额提供贷款的义务

根据我国《民法典》671条第1款的规定,贷款人未按照约定的日期、数额提供借款,

造成借款人损失的,应当赔偿损失。

(二) 保密的义务

作为贷款人一方的当事人,对于其在合同订立和履行阶段所掌握的借款人的各项秘密,有保密的义务,不得泄密或进行不正当使用。根据我国《民法典》672条规定,贷款人按照约定可以检查、监督借款的使用情况。借款人应当按照约定向贷款人定期提供有关财务会计报表或者其他资料。这种检查、监督也很难回避借款人的商业秘密。贷款人自应保密,否则借款人可以追究贷款人的侵权责任,也可以追究贷款人的违约责任。

【案例 12-1】

老赵自己开了一家养鸡场,苦于资金不足无法扩大规模,因而从镇上的信用社贷款 5 万元。按照合同约定,贷款期限为 3 年,老赵应将 5 万元全部投入养鸡场中去。老赵拿到 5 万元之后,发现鸡蛋价格急剧下降,于是不想把钱投到养鸡场里去了,否则会赔钱。老赵便用这笔钱开了一家养猪场。根据我国《民法典》673 条的规定,贷款人发现借款人未按照约定的借款用途使用借款的,可以停止发放借款,提起收回借款或者解除合同。老赵违反合同约定使用借款,构成违约,应对信用社承担违约责任。

第四节 借款人的权利和义务

一、借款人的权利

1. 请求支付贷款的权利

无论是一方为金融机构的借款合同,还是自然人借款合同,作为合同一方当事人的借款人有权要求贷款方按照合同支付约定数额的货币,这是借款人最主要的权利。

2. 提前还款的权利

借款人可以在合同约定的期限届满之前提前还款,提前偿还借款并还清的,除当事人另有约定的除外,还应当按照实际借款的期间计算利息。

3. 申请展期的权利

根据我国民法典的规定,借款人可以在还款日期届满之前向贷款人申请展期,贷款人同意的,可以展期。

二、借款人的义务

1. 借款人应当按照约定的日期和数额收取借款

根据贷款人的义务,贷款人应当履行按期、足额提供贷款的义务,而权利和义务是对应的,对于借款人来讲,也应当按照约定的日期和数额收取借款。

小贴士

> 对于贷款人来讲,其向借款人出借借款的目的主要在于获取经济利益,而经济利益的目标实现主要依靠利息,所以贷款人会根据实际情况来决定何时出借借款,以及出借的数额多少。因此如果借款人未按照约定的日期和数额收取借款,则会影响到贷款人利息的收取,以及经济利益目标的实现,相应的,从贷款人方面来说,其合同目的也无法实现。
>
> 因此,我国《民法典》规定,借款人未按照约定的期限和数额收取借款的,仍需按照合同约定的借款日期和数额向贷款人支付利息。

2. 借款人应当按照约定用途使用借款

借款用途从概念来说,是指借款人使用借款的目的。从一定方面来说,贷款人出借借款的最终目标是回收本金、收取利息,与借款用途没有太大的关系。

从实践中看,借款用途与借款人能否按期偿还贷款、依约支付利息有着很直接的关系。借款人擅自改变借款用途会影响贷款人出借借款的目标上实现,在一定程度上增加了贷款人的出借风险。因此,信贷用途是借款合同的一项重要内容,都要求借款人应当按照约约定的情形、用途使用借款。

我国《民法典》也明确规定,借款人未按照约定的借款用途使用借款的,贷款人可以停止发放借款、收回债款或者解除合同。

3. 借款人应当按期支付利息

金融机构借款合同作为有偿合同,借款人有义务按照约定的期限支付利息。双方当事人对支付利息的期限没有约定或者约定不明确的,可以协议补充,不能达成补充协议的,按照合同有关条款或者交易习惯确定。依据前述方法仍不能确定的,借款期间不满一年的,应当在返还借数时一并支付;借款期间在一年以上的,应当在每届满一年时支付,剩余期间不满一年的,应当在返还借款时一并支付。利息数额的确定,应当按照中国人民银行规定的贷款利率的上下限确定。

依据《民法典》的规定,按照约定支付利息是借款人的一项主要义务。当事人可以在法律允许的范围内进行协商,如果当事人约定的利率超出了中国人民银行规定利率的上限,超出部分无效。《民法典》680条第1款、第2款规定,禁止高利放贷,借款的利率不得违反国家有关规定。

4. 借款人应当按期返还借款

借款人应当按照约定的期限返还借款。《民法典》对借款期限有明确的规定,双方当事人对借款期限没有的定成者约定不明确,可以协议补充,不能达成补充协议的,按照合同有关条款或者交易习惯确定。依据前述方法不能确定的,借款人可以随时返还;贷款人可以催告借款人在合理期限内返还。

此外，我国《民法典》也明确规定，借款人未按照约定的期限返还借款的，应当按照约定或者国家有关规定支付逾期利息。但借款人在还款期限届满之前向贷款人申请展期，贷款人同意的，可依照新确定的期限返还借款。借款人提前偿还借款的，除非当事人另有约定，借款人有权按照实际借款的期间计算利息。

5. 借款人有容忍贷款人检查和监督的义务

该项义务是贷款人和借款人约定的义务。在贷款人按照约定检查、监督借款的使用情况时，借款人应当按照约定定期向贷款人提供有关财务会计报表等资料。该项义务基于约定产生，未作约定的，借款人有权拒绝贷款人对借款使用状况进行检查、监督的请求。

【案例12-2】

张某为办养猪场向王某借款2万元，没有约定利息。2年后，养猪场获利。张某归还借款时，王某要求其支付1000元利息，为此双方发生争议。根据《民法典》第680条第2款、第3款的规定："借款合同对支付利息没有约定的，视为没有利息。借款合同对支付利息约定不明确，当事人不能达成补充协议的，按照当地或者当事人的交易方式、交易习惯、市场利率等因素确定利息；自然人之间借款的，视为没有利息。"因此，张某无需向王某支付利息。

第五节 借款合同的诉讼时效及举证责任

一、诉讼时效

根据《民法典》118条规定，借款合同纠纷的诉讼时效期间自权利人知道或者应当知道权利受到损害以及义务人之日起计算，为3年，该诉讼时效适用中止、中断规则。

二、举证责任

举证责任是指当事人未向法院主张的事实或利益，法院视其不存在，由此产生的不利后果由该方当事人承担。我们一般认为，举证责任是当事人的一种义务，因为，在诉讼中，当事人享有主张的权利，既然享有主张的权利，根据权利与义务之间的关系，就要承担举证责任的义务。

1. 举证原则

我国借款合同纠纷案件的举证责任的分配规则采取的是"谁主张，谁举证"原则，出借人对双方之间存在借款关系以及已将借款提供给借款人负有举证责任，而借款人则对于其已履行还款义务负有举证责任。

2. 举证范围

举证的范围在民事诉讼中起着至关重要的作用。举证范围主要包括以下几个方面。

(1)证明当事人,即原告、被告和第三人,诉讼主体资格的证据。

(2)证明借款关系存在的证据。包括借款合同、补充协议、借条、欠条、还款承诺书、知情者的证人证言、记录借款内容的录音资料、录像资料等。

(3)证明已偿还借款的证据。包括收条或各次偿还本金及利息的付款凭证,或债务抵消协议等证明文件。

(4)诉讼请求金额的计算依据。

思考与练习

一、简答题

1. 简述自然人之间的借款合同和金融借款合同的区别。
2. 简述金融借款合同的效力。
3. 简述借款合同的性质。

二、案例分析

【基本案情】

小张要盖房子,但资金不足,便向老刘提出借款。2018年10月6日,双方达成口头协议,老刘借给小张4万元,借款期限为5年,年利率为4%。10月12日,双方签订了书面合同,约定老刘借给小张4万元,借款期限为5年,借款用途为盖房子,但没有约定利息。10月18日,老刘将4万元交给了小张。

【思考讨论题】

1. 小张与老刘间的合同何时生效?为什么?
2. 如果老刘没有将4万元交给小张,小张是否有权要求老刘交付?为什么?
3. 老刘是否可以要求小张支付利息?为什么?
4. 若小张将所借的4万元用于购车,老刘享有什么权利?为什么?

【分析要点】

1. 小张与老刘间的借款合同于2018年10月18日生效。因为自然人之间的借款合同自贷款人提供借款时生效。

2. 小张没有权利要求老刘交付。因为自然人间的借款合同自贷款人提供借款时生效,若老刘不向小张交付4万元,小张与老刘之间的借款合同不能生效。既然合同不生效,小张就不能享有债权,也就不能要求老刘交付4万元。

3. 老刘不能要求小张支付利息。自然人之间的借款合同对利息没有约定或者约定不明的,视为不支付利息。虽然老刘与小张在先前订立的口头合同中约定了利息,但在双方随后订立的书面合同中并没有约定利息,签订在后的书面合同是对口头合同的变更,应当依照书面合同来确定老刘与小张之间的债权债务关系,所以,老刘不能要求小张支付利息。

4. 老刘有权提前收回借款或者解除合同。按照《民法典》第673条的规定,借款人未按照约定的借款用途使用借款的,贷款人可以停止发放借款、提前收回借款或者解除合同。

第十三章 保证合同

【学习目标】
1. 掌握保证合同的概念和特征。
2. 了解保证合同的种类。
3. 掌握保证设立应当符合的条件。
4. 掌握保证合同的一般条款。
5. 了解保证的方式。
6. 了解保证范围。
7. 了解保证期间。
8. 了解保证人的求偿权。

【引例】

甲公司与乙公司达成还款计划书,约定在 2012 年 7 月 30 日归还 100 万元,8 月 30 日归还 200 万元,9 月 30 日归还 300 万元。丙公司对三笔还款提供保证,未约定保证方式和保证期间。后甲公司同意乙公司将三笔还款均顺延 3 个月,丙公司对此不知情。乙公司一直未还款,甲公司仅于 2013 年 3 月 15 日要求丙公司承担保证责任。关于丙公司保证责任,下列哪一表述是正确的?

A. 丙公司保证担保的主债权为 300 万元
B. 丙公司保证担保的主债权为 500 万元
C. 丙公司保证担保的主债权为 600 万元
D. 因延长还款期限未经保证人同意,丙公司不再承担保证责任

【解析】

参考答案:A。

保证是保证人和债权人约定,当债务人不履行到期债务或者发生当事人约定的情形时,保证人履行债务或者承担责任。保证的方式有一般保证和连带责任保证。《担保法》第 19 条规定,当事人对保证方式没有约定或者约定不明确的,按照连带责任保证承担保证责任。(《民法典》第 686 条规定,当事人在保证合同中对保证方式没有约定或者约定不明确的,按照一般保证承担保证责任。)《担保法》第 26 条规定:"连带责任保证的保证人与债权人未约定保证期间的,债权人有权自主债务履行期届满之日起 6 个月内要求保证人承担保证责任。"

在合同约定的保证期间和前款规定的保证期间,债权人未要求保证人承担保证责任的,保证人免除保证责任。据此,三笔还款保证期间的届满日分别为 2013 年 1 月 31 日、3 月 1 日、4 月 1 日。甲公司在 2013 年 3 月 15 日主张保证责任,则丙公司仅保证 300 万元主债权。《担保法解释》第 30 条第 2 款规定,债权人与债务人对主合同履行期限作了变动,未经保证人书面同意的,保证期间为原合同约定的或者法律规定的期间。因此,丙公司的保证期间不受影响,依然是主债务履行期届满之日起 6 个月。

第一节 保证合同概述

一、保证合同的概念

保证合同是为保障债权的实现,保证人和债权人约定,当债务人不履行到期债务或者发生当事人约定的情形时,保证人履行债务或者承担责任的合同。保证合同的目的在于担保主合同债务的履行。

保证合同涉及三方当事人,即债权人、债务人和保证人。保证人是债务人以外的第三人,是与债权人约定,为主合同债务提供担保,当债务人不能履行债务时,由其按照约定履行债务或者承担责任的一方当事人。债务人因其债务被担保,也被称为被保证人。

二、保证合同的特征

(一)保证合同具有从属性

保证是从属于主债的一种从债,是以主债务的存在为前提的。只有主债务有效存在,保证才可能有效存在。保证的范围也从属于主债,经当事人协商确定的保证担保的范围不得超过主债权。保证债权随主债权的转移而转移,保证债务随主债务的消灭而消灭。《民法典》第 682 条规定,保证合同是主债权债务合同的从合同。主债权债务合同无效的,保证合同无效,但是法律另有规定的除外。

(二)保证合同具有相对独立性

尽管保证合同与主合同之间形成主从关系,依主合同的存在而存在,随主合同的消灭而消灭,但是保证合同是独立于主合同的单独合同。保证债务可以有独立的变更或者消灭的原因,债权人可以免除保证人的保证责任,保证合同消灭,但主合同债务人的债务依然存在,并未因此消灭。保证合同依法无效,主合同的效力并不会因此而受到影响。

(三)保证合同具有补充性

保证合同中的债务是对主债务的补充和加强,只有当主债务人不履行主债务时,保证人才按照约定履行债务或者承担责任。债权人请求保证人履行保证责任时,不仅要证明保证债务存在,而且要证明主债务人不履行主债务的事实。

(四) 保证合同属于人的担保

人的担保是指民事主体以其自身的信誉、商誉和不特定财产担保履行债务或者承担责任。保证人在保证合同中以自己的信用担保债务人履行债务,得到债权人的信任。

> **小贴士**
>
> 物的担保,是以债务人或第三人的特定财产作为抵偿债权的标的,在债务人不履行其债务时,债权人可以将财产变价,从中优先受偿的制度,物的担保的种类主要有抵押、质押和留置。

三、保证的种类

根据《民法典》的规定,保证可以分为以下几种。

(一) 一般保证

一般保证是指当事人在保证合同中约定,债务人不能履行债务时,由保证人承担保证责任。一般保证的保证人在就债务人财产依法强制执行仍不能履行债务前,除了法律另有规定的以外,有权拒绝向债权人承担保证责任。

(二) 连带责任保证

连带责任保证是指当事人在保证合同中约定保证人与债务人对债务承担连带责任。连带责任保证的债务人在主合同规定的债务履行期届满没有履行债务或者发生当事人约定的情形的,债权人可以要求债务人履行债务,也可以要求保证人在其保证范围内承担保证责任。

(三) 最高额保证

最高额保证是保证人与债权人协议在最高债权额限度内,就一定期间连续发生的债权订立的保证合同。《民法典》第 690 条规定,保证人与债权人可以协商订立最高额保证的合同,约定在最高债权额限度内就一定期间连续发生的债权提供保证。

> **【案例 13-1】**
>
> 甲、乙双方于 2013 年 5 月 6 日签订水泥供应合同,乙以自己的土地使用权为其价款支付提供了最高额抵押,约定 2014 年 5 月 5 日为债权确定日,并办理了登记。丙为担保乙的债务也于 2013 年 5 月 6 日与甲订立最高额保证合同,保证期间为 1 年,自债权确定日开始计算。水泥供应合同约定,将 2013 年 5 月 6 日前乙欠甲的货款纳入最高额保证的担保范围。下列说法正确的是:
>
> A. 该约定无效

B. 该约定合法有效

C. 如最高额保证合同未约定将2013年5月6日前乙欠甲的货款纳入最高额保证的担保范围,则丙不为其承担保证责任

D. 丙有权主张减轻其保证责任

【解析】

正确答案是BC。

根据《物权法》第203条规定,为担保债务的履行,债务人或者第三人对一定期间内将要连续发生的债权提供担保财产的,债务人不履行到期债务或者发生当事人约定的实现抵押权的情形,抵押权人有权在最高额抵押额限度内就该担保财产优先受偿。最高额抵押权设立前已经存在的债权,如果当事人同意,可以将之前的债务转入最高额抵押的范围。《担保法》第15条规定保证合同应当包括的内容,如果双方未约定将之前的债务纳入最高额保证,则保证人不承担保证责任。本案情形也不存在构成保证责任减轻或加重事由,丙的保证范围不发生变化,丙不能主张减轻的保证责任。

如果当事人在保证合同中对保证方式没有约定或者约定不明确的,按照一般保证承担保证责任。

小贴士

《最高人民法院关于适用〈中华人民共和国民法典〉有关担保制度的解释》规定,最高额担保中的最高债权额,是指包括主债权及其利息、违约金、损害赔偿金、保管担保财产的费用、实现债权或者实现担保物权的费用等在内的全部债权,但是当事人另有约定的除外。

登记的最高债权额与当事人约定的最高债权额不一致的,人民法院应当依据登记的最高债权额确定债权人优先受偿的范围。

第二节 一般规定

一、保证的设立

保证是一种双方民事法律行为,应当通过订立保证合同的方式设立。根据《民法典》及相关法律的规定,保证的设立应当符合以下条件。

1. 保证人应当具有保证能力

一般情况下,保证人是担保主债务人履行债务的担保人,可以是自然人、法人或者其他组织,凡是具有可以代替主债务人清偿能力的,都可以成为保证人。同时,《民法典》第683条明确规定:"机关法人不得为保证人,但是经国务院批准为使用外国政府或者国际经济组织贷款进行转贷的除外。以公益为目的的非营利法人、非法人组织不得为保

证人。"

《最高人民法院关于适用〈中华人民共和国民法典〉有关担保制度的解释》规定,机关法人提供担保的,人民法院应当认定担保合同无效,但是经国务院批准为使用外国政府或者国际经济组织贷款进行转贷的除外。居民委员会、村民委员会提供担保的,人民法院应当认定担保合同无效,但是依法代行村集体经济组织职能的村民委员会,依照村民委员会组织法规定的讨论决定程序对外提供担保的除外。

> **小贴士**
>
> 《最高人民法院关于适用〈中华人民共和国民法典〉有关担保制度的解释》规定,以公益为目的的非营利性学校、幼儿园、医疗机构、养老机构等提供担保的,人民法院应当认定担保合同无效,但是有下列情形之一的除外:(1)在购入或者以融资租赁方式承租教育设施、医疗卫生设施、养老服务设施和其他公益设施时,出卖人、出租人为担保价款或者租金实现而在该公益设施上保留所有权;(2)以教育设施、医疗卫生设施、养老服务设施和其他公益设施以外的不动产、动产或者财产权利设立担保物权。登记为营利法人的学校、幼儿园、医疗机构、养老机构等提供担保,当事人以其不具有担保资格为由主张担保合同无效的,人民法院不予支持。

2. 保证人应当具有保证的意思表示

保证是债权人和保证人双方意思表示一致的结果,只有保证人有明确的保证意思表示,保证才能成立。如果行为人仅是向债权人提供证明债务人履行债务的能力,并无愿意在债务人不履行债务时承担履行债务责任的意思表示,不能认定行为人有保证的意思表示。

《民法典》第685条规定:"第三人单方以书面形式向债权人作出保证,债权人接收且未提出异议的,保证合同成立。"从"债权人接收且未提出异议"的规定来看,如果符合这个条件就已经在双方当事人之间形成意思表示一致。

3. 保证合同的方式符合法律规定

保证合同采用书面形式。保证合同一般以合同的方式设立,可以是单独订立的书面形式,也可以是主合同中的保证条款。《民法典》第685条规定,保证合同可以是单独订立的书面合同,也可以是主债权债务合同中的保证条款。

4. 保证合同的内容符合法律的规定

《民法典》第684条规定,保证合同的内容一般包括被保证的主债权的种类、数额,债务人履行债务的期限,保证的方式、范围和期间等条款。

(1)被保证的主债权的种类、数额。保证人担保的主债权,既可以是给付金钱债权、交付货物债权,也可以是付出劳务的债权。

(2)债务人履行债务的期限。只有在主合同债务人履行期限届满不履行债务时,保证人才承担保证责任,因此必须明确主合同中债务人履行债务的期限。

(3) 保证的方式。保证方式分为一般保证和连带责任保证。保证方式不同,保证人承担保证责任的条件也不同。

(4) 保证担保的范围。保证担保的范围是保证人承担保证责任的范围。

(5) 保证期间。保证期间是确定保证人承担保证责任的期间,不发生中止、中断和延长。《民法典》规定,债权人与保证人可以约定保证期间。但是约定的保证期间早于主债务履行期限或者与主债务履行期限同时届满的,视为没有约定;没有约定或者约定不明确的,保证期间为主债务履行期限届满之日起 6 个月。债权人与债务人对主债务履行期限没有约定或者约定不明确的,保证期间自债权人请求债务人履行债务的宽限期届满之日起计算。

(6) 双方认为需要约定的其他事项。保证合同的当事人可以根据实际情况,协商补充保证合同的内容。

二、保证的方式

保证的方式,是保证人承担保证责任的方式。我国《民法典》规定的保证的方式包括一般保证和连带责任保证。

(一) 一般保证

当事人在保证合同中约定,债务人不能履行债务时,由保证人承担保证责任的,为一般保证。

一般保证的保证人在主合同纠纷未经审判或者仲裁,并就债务人财产依法强制执行仍不能履行债务前,有权拒绝向债权人承担保证责任,但是有下列情形之一的除外:

(1) 债务人下落不明,且无财产可供执行。

(2) 人民法院已经受理债务人破产案件。

(3) 债权人有证据证明债务人的财产不足以履行全部债务或者丧失履行债务能力。

(4) 保证人书面表示放弃《民法典》所规定的权利。

由此可见,一般保证责任是保证人对主债务人不能履行的一种补充性的保证。

《最高人民法院关于适用〈中华人民共和国民法典〉有关担保制度的解释》第 25 条规定,当事人在保证合同中约定了保证人在债务人不能履行债务或者无力偿还债务时才承担保证责任等类似内容,具有债务人应当先承担责任的意思表示的,人民法院应当将其认定为一般保证。当事人在保证合同中约定了保证人在债务人不履行债务或者未偿还债务时即承担保证责任、无条件承担保证责任等类似内容,不具有债务人应当先承担责任的意思表示的,人民法院应当将其认定为连带责任保证。

《最高人民法院关于适用〈中华人民共和国民法典〉有关担保制度的解释》第 26 条规定,一般保证中,债权人以债务人为被告提起诉讼的,人民法院应予受理。债权人未就主合同纠纷提起诉讼或者申请仲裁,仅起诉一般保证人的,人民法院应当驳回起诉。

一般保证中,债权人一并起诉债务人和保证人的,人民法院可以受理,但是在作出判决时,除有《民法典》第 687 条第 2 款但书规定的情形外,应当在判决书主文中明确,保证人仅对债务人财产依法强制执行后仍不能履行的部分承担保证责任。

债权人未对债务人的财产申请保全,或者保全的债务人的财产足以清偿债务,债权人申请对一般保证人的财产进行保全的,人民法院不予准许。

《最高人民法院关于适用〈中华人民共和国民法典〉有关担保制度的解释》第 27 条规定,一般保证的债权人取得对债务人赋予强制执行效力的公证债权文书后,在保证期间内向人民法院申请强制执行,保证人以债权人未在保证期间内对债务人提起诉讼或者申请仲裁为由主张不承担保证责任的,人民法院不予支持。

《最高人民法院关于适用〈中华人民共和国民法典〉有关担保制度的解释》第 28 条规定,一般保证中,债权人依据生效法律文书对债务人的财产依法申请强制执行,保证债务诉讼时效的起算时间按照下列规则确定:(1)人民法院作出终结本次执行程序裁定,或者依照《民事诉讼法》第 257 条第 3 项、第 5 项的规定作出终结执行裁定的,自裁定送达债权人之日起开始计算;(2)人民法院自收到申请执行书之日起 1 年内未作出前项裁定的,自人民法院收到申请执行书满 1 年之日起开始计算,但是保证人有证据证明债务人仍有财产可供执行的除外。

小贴士

《中华人民共和国民事诉讼法》第 257 条规定:有下列情形之一的,人民裁定终结执行:

(1)申请人撤销申请的。

(2)据以执行的法律文书被撤销的。

(3)作为被执行人的公民死亡,无遗产可供执行,又无义务承担人的。

(4)追索赡养费、扶养费、抚育费案件的权利人死亡的。

(5)作为被执行人的公民因生活困难无力偿还借款,无收入来源,又丧失劳动能力的。

(6)人民认为应当终结执行的其他情形。

《最高人民法院关于适用〈中华人民共和国民法典〉有关担保制度的解释》第 28 条规定,一般保证的债权人在保证期间届满前对债务人提起诉讼或者申请仲裁,债权人举证证明存在《民法典》第 687 条第 2 款但书规定情形的,保证债务的诉讼时效自债权人知道或者应当知道该情形之日起开始计算。

小贴士

《民法典》第 687 条规定,当事人在保证合同中约定,债务人不能履行债务时,由保证人承担保证责任的,为一般保证。

一般保证的保证人在主合同纠纷未经审判或者仲裁,并就债务人财产依法强制执行仍不能履行债务前,有权拒绝向债权人承担保证责任,但是有下列情形之一的除外:

(1)债务人下落不明,且无财产可供执行。
(2)人民法院已经受理债务人破产案件。
(3)债权人有证据证明债务人的财产不足以履行全部债务或者丧失履行债务能力。
(4)保证人书面表示放弃本款规定的权利。

(二) 连带责任保证

当事人在保证合同中约定保证人与债务人承担连带责任保证的,在债务履行期届满债务人没有履行债务时,债权人既可以要求债务人履行债务,也可以要求保证人在其保证范围内履行债务。

连带责任保证人的责任要重于一般保证保证人的责任,但其有利于保护债权人利益。

《民法典》第686条规定,当事人在保证合同中对保证方式没有约定或者约定不明确的,按照一般保证承担保证责任。《民法典》的以上规定改变了《担保法》的规则。《担保法》为了充分保障债权人的合法权益,规定当事人对保证方式没有约定或者约定不明确的,按照连带责任保证承担保证责任。

【案例13-2】

甲向乙借人民币5万元,乙表示同意并要求甲提供担保。于是甲找到丙进行担保,丙也同意担保。借款合同约定:"如果甲到期没有偿还借款,由丙负责偿还。"三人都在合同上签了字。借款期间届满,甲未按期归还借款,乙多次催讨未果,遂诉至法院,要求乙和丙承担连带偿还责任。丙认为自己提供的担保是一般保证,认为乙应该先起诉甲,在甲的财产依法强制执行后仍不能履行债务时,自己才承担保证责任。

【解析】

甲与乙之间的借款合同关系依法成立,担保合同也符合法律的规定,具有法律效力。甲应当向乙承担还款义务。在甲不能履行还款义务时,担保人丙应当承担保证责任。本案中,当事人在协议中关于担保责任的方式没有明确约定为一般保证责任,即甲与乙并未约定在甲不能履行债务时才由丙承担保证责任。根据《民法典》的规定,当事人在保证合同中对保证方式没有约定或者约定不明确的,按照一般保证承担保证责任。

第三节 保证责任

一、保证范围

保证担保的范围是保证人承担保证责任的范围。保证的范围包括主债权及其利息、违约金、损害赔偿金和实现债权的费用。当事人另有约定的,按照其约定。一般情况下,保证担保的范围不超过主债务的范围,当事人可以约定保证人担保主债务的全部,也可以约定担保主债务的部分,如果没有约定或者约定不明确的,保证人应当对全部债务承担责任。

二、保证期间

《民法典》第692条规定,债权人与保证人可以约定保证期间。但是约定的保证期间早于主债务履行期限或者与主债务履行期限同时届满的,视为没有约定;没有约定或者约定不明确的,保证期间为主债务履行期限届满之日起6个月。债权人与债务人对主债务履行期限没有约定或者约定不明确的,保证期间自债权人请求债务人履行债务的宽限期届满之日起计算。

《民法典》第693条规定,一般保证的债权人未在保证期间对债务人提起诉讼或者申请仲裁的,保证人不再承担保证责任。连带责任保证的债权人未在保证期间请求保证人承担保证责任的,保证人不再承担保证责任。

《民法典》第694条规定,一般保证的债权人在保证期间届满前对债务人提起诉讼或者申请仲裁的,从保证人拒绝承担保证责任的权利消灭之日起,开始计算保证债务的诉讼时效。连带责任保证的债权人在保证期间届满前请求保证人承担保证责任的,从债权人请求保证人承担保证责任之日起,开始计算保证债务的诉讼时效。

三、主合同变更对保证责任的影响

债权人和债务人未经保证人书面同意,协商变更主债权债务合同内容,减轻债务的,保证人仍对变更后的债务承担保证责任;加重债务的,保证人对加重的部分不承担保证责任。债权人和债务人变更主债权债务合同的履行期限,未经保证人书面同意的,保证期间不受影响。

小贴士

合同内容变更是指有效成立的合同在尚未履行时或履行完毕之前,由于一定法律事实的出现而使合同内容发生改变。

当事人协商一致,可以变更合同。《民法典》第544条规定,当事人对合同变更的内容约定不明确的,推定为未变更。

《最高人民法院关于适用〈中华人民共和国民法典〉有关担保制度的解释》第34条规定,人民法院在审理保证合同纠纷案件时,应当将保证期间是否届满、债权人是否在保证期间内依法行使权利等事实作为案件基本事实予以查明。债权人在保证期间内未依法行使权利的,保证责任消灭。保证责任消灭后,债权人书面通知保证人要求承担保证责任,保证人在通知书上签字、盖章或者按指印,债权人请求保证人继续承担保证责任的,人民法院不予支持,但是债权人有证据证明成立了新的保证合同的除外。

四、主合同转让时保证责任的承担

(一)主债权转让对保证责任的影响

保证期间,债权人依法转让全部或者部分债权给第三人,未通知保证人的,该转让对保证人不发生效力。保证人与债权人约定禁止债权转让,债权人未经保证人书面同意转让债权的,保证人对受让人不再承担保证责任。主债权转让一般不会增加担保人的风险和负担,担保权利随同主债权一并转移。

《民法典》规定,债权人转让债权的,受让人取得与债权有关的从权利,但是该从权利专属于债权人自身的除外。

(二)主债务转让时保证责任的承担

保证期间,债权人未经保证人书面同意,允许债务人转移全部或者部分债务,保证人对未经其同意转移的债务不再承担保证责任,但是债权人和保证人另有约定的除外。主债务的转移使履行主债务的义务人发生变化,保证人对原债务人提供保证是基于原债务人履约能力的信赖。未经保证人同意,主债务在当事人之间发生效力,但不得对保证人发生效力。

第三人加入债务的,保证人的保证责任不受影响。

《民法典》规定,债务人转移债务的,新债务人应当承担与主债务有关的从债务,但是该从债务专属于原债务人自身的除外。

五、免责事由

根据法律规定或者当事人约定,保证人可以免除承担保证责任,即保证责任的免除。一般保证的保证人在主债务履行期限届满后,向债权人提供债务人可供执行财产的真实情况,债权人放弃或者怠于行使权利致使该财产不能被执行的,保证人在其提供可供执行财产的价值范围内不再承担保证责任。

> **小贴士**
>
> 《最高人民法院关于适用〈中华人民共和国民法典〉有关担保制度的解释》第33条规定,保证合同无效,债权人未在约定或者法定的保证期间内依法行使权利,保证人主张不承担赔偿责任的,人民法院应予支持。

六、共同保证

同一债务有两个以上保证人的,保证人应当按照保证合同约定的保证份额,承担保证责任;没有约定保证份额的,债权人可以请求任何一个保证人在其保证范围内承担保证责任。

《最高人民法院关于适用〈中华人民共和国民法典〉有关担保制度的解释》第13条规定,同一债务有两个以上第三人提供担保,担保人之间约定相互追偿及分担份额,承担了担保责任的担保人请求其他担保人按照约定分担份额的,人民法院应予支持;担保人之间约定承担连带共同担保,或者约定相互追偿但是未约定分担份额的,各担保人按照比例分担向债务人不能追偿的部分。同一债务有两个以上第三人提供担保,担保人之间未对相互追偿作出约定且未约定承担连带共同担保,但是各担保人在同一份合同书上签字、盖章或者按指印,承担了担保责任的担保人请求其他担保人按照比例分担向债务人不能追偿部分的,人民法院应予支持。除以上规定的情形外,承担了担保责任的担保人请求其他担保人分担向债务人不能追偿部分的,人民法院不予支持。

《最高人民法院关于适用〈中华人民共和国民法典〉有关担保制度的解释》第14条规定,同一债务有两个以上第三人提供担保,担保人受让债权的,人民法院应当认定该行为系承担担保责任。受让债权的担保人作为债权人请求其他担保人承担担保责任的,人民法院不予支持;该担保人请求其他担保人分担相应份额的,依照本解释第13条的规定处理。

《最高人民法院关于适用〈中华人民共和国民法典〉有关担保制度的解释》第29条规定,同一债务有两个以上保证人,债权人以其已经在保证期间内依法向部分保证人行使权利为由,主张已经在保证期间内向其他保证人行使权利的,人民法院不予支持。同一债务有两个以上保证人,保证人之间相互有追偿权,债权人未在保证期间内依法向部分保证人行使权利,导致其他保证人在承担保证责任后丧失追偿权,其他保证人主张在其不能追偿的范围内免除保证责任的,人民法院应予支持。

七、保证人的求偿权

保证人承担保证责任后,除当事人另有约定外,有权在其承担保证责任的范围内向债务人追偿,享有债权人对债务人的权利,但是不得损害债权人的利益。

《最高人民法院关于适用〈中华人民共和国民法典〉有关担保制度的解释》规定,承担了担保责任或者赔偿责任的担保人,在其承担责任的范围内向债务人追偿的,人民法院应予支持。同一债权既有债务人自己提供的物的担保,又有第三人提供的担保,承担了担保责任或者赔偿责任的第三人,主张行使债权人对债务人享有的担保物权的,人民法院应予支持。

八、保证人向债权人主张抗辩的权利

保证人可以主张债务人对债权人的抗辩。债务人放弃抗辩的,保证人仍有权向债权人主张抗辩。

思考与练习

一、简述题

1. 简述保证合同的概念和特征。
2. 简述保证设立应当符合的条件。
3. 简述保证合同的一般条款。
4. 简述保证的方式。
5. 简述保证范围。
6. 简述保证人的求偿权。

二、案例分析

【基本案情】

根据甲公司的下列哪些《承诺(保证)函》,如乙公司未履行义务,甲公司应承担保证责任?

A. 承诺:"积极督促乙公司还款,努力将丙公司的损失降到最低。"

B. 承诺:"乙公司向丙公司还款,如乙公司无力还款,甲公司愿代为清偿。"

C. 保证:"乙公司实际投资与注册资金相符"。实际上乙公司实际投资与注册资金不符。

D. 承诺:"指定乙公司与丙公司签订保证合同。"乙公司签订了保证合同但拒不承担保证责任。

思考讨论题:甲公司对于哪种情况应承担保证责任?

【答案】BC。

分析要点:1.掌握保证的定义;2.保证成立的条件;3.理解保证责任。

【分析要点】

保证是指保证人和债权人约定,当债务人不履行债务时,保证人按照约定履行债务或者承担责任的行为。A项中,甲公司的承诺不能量化,也没有保证代为清偿债务,不构成保证。甲公司承诺乙公司无力还款时甲公司愿代为清偿,即承担保证责任。故 B 项正确。保证人对债务人的注册资金提供保证的,债务人的实际投资与注册资金不符,或者抽逃转移注册资金的,保证人在注册资金不足或者抽逃转移注册资金的范围内承担连带保证责任。故 C 项正确。甲公司只承诺指定乙公司与丙公司签订保证合同,甲公司并未承诺负保证责任;实际上,签订保证合同的是乙公司和丙公司,因此,甲公司无须向丙公司承担保证责任,故 D 项错误。

第十四章 租赁合同

【学习目标】
1. 了解租赁合同的含义。
2. 掌握租赁合同的特征。
3. 掌握转租、买卖不破租赁、承租人优先购买权、承租人优先承租权。
4. 了解和掌握租赁当事人的主要义务。

【引例】
甲和乙订立房屋租赁合同,租期5年。半年后,甲将该出租房屋出售给丙,但没有通知乙。不久,乙以其房屋优先购买权受侵害为由,请求法院判决甲丙之间的房屋买卖合同无效,该请求是否能够得到法院支持。

请问:依据《民法典》,法院如何裁决?

【解析】
我国《民法典》第728条规定:"出租人未通知承租人或者有其他妨害承租人行使优先购买权情形的,承租人可以请求出租人承担赔偿责任。但是,出租人与第三人订立的房屋买卖合同的效力不受影响。"甲未提前合理期间通知乙,侵害了乙的房屋优先购买权,乙可以请求甲承担赔偿责任。但是,甲和丙的房屋买卖合同不因此无效,应当有效。法院不支持原告的诉讼请求。

第一节 租赁合同的概述

一、租赁合同的概念

租赁合同是指双方约定由一方将物交付他方使用、收益,而由他方支付租金的行为。《民法典》第703条规定:"租赁合同是出租人将租赁物交付承租人使用、收益,承租人支付租金的合同。"提供物的使用或收益权的一方是出租人;对租赁物有使用或收益权的一方为承租人。《民法典》第704条规定:"租赁合同的内容一般包括租赁物的名称、数量、用途、租赁期限、租金及其支付期限和方式、租赁物维修等条款。"

> **小贴士**
> 租赁合同有着悠久的发展历史。罗马法上,租赁的内涵比现在广得多,罗马法有物件租赁、劳务租赁、劳务成果租赁,也就是现代民法的租赁、雇佣、承揽。

二、租赁合同的特征

(一)租赁合同是移转财产使用权的合同

在租赁合同中,承租人的目的是取得租赁物的使用、收益权,出租人只转让租赁物的使用、收益权,而不转让其所有权。租赁合同终止时,承租人需要返还租赁物。

(二)租赁合同是诺成、有偿、双务合同

租赁合同当事人只要依法达成协议,合同就成立,租赁合同是诺成合同。在租赁合同中,交付租金和转移租赁物的使用收益权之间存在着对价关系,租赁合同是有偿、双务合同。

三、租赁合同的种类

(一)动产租赁与不动产租赁

根据租赁物的不同,分为动产租赁与不动产租赁。不动产租赁包括房屋租赁和土地使用权租赁。

(二)定期租赁与不定期租赁

根据租赁合同是否确定期限,可以划分为定期租赁与不定期租赁。

1. 定期租赁

当事人约定了租赁期限的是定期租赁。《民法典》第705条规定:"租赁期限不得超过20年。超过20年的,超过部分无效。租赁期限届满,当事人可以续订租赁合同;但是,约定的租赁期限自续订之日起不得超过20年。"租赁期限最长不得超过20年,期满后可以续订租赁合同。租赁合同是法律明确规定有期限限制的合同。

2. 不定期租赁

当事人没有约定租赁期限的是不定期租赁。《民法典》第707条规定:"租赁期限6个月以上的,应当采用书面形式。当事人未采用书面形式,无法确定租赁期限的,视为不定期租赁。"租赁期限是6个月以下的,可以书面或口头形式,都不影响合同效力。租赁期限是6个月以上的,应当采用书面形式。未采用书面形式,视为不定期租赁。

《民法典》第734条规定:"租赁期限届满,承租人继续使用租赁物,出租人没有提出异议的,原租赁合同继续有效,但是租赁期限为不定期。"不定期租赁合同最大的特点是双方当事人都有任意解除权。《民法典》第730条规定:"当事人对租赁期限没有约定或

者约定不明确,依据本法第510条的规定仍不能确定的,视为不定期租赁;当事人可以随时解除合同,但是应当在合理期限之前通知对方。"

第二节　租赁合同当事人的权利、义务

一、出租人的权利、义务

(一)租赁物的交付义务

《民法典》第708条规定:"出租人应当按照约定将租赁物交付承租人,并在租赁期限内保持租赁物符合约定的用途。"出租人将租赁物交付给承租人用于使用、收益。

(二)对出租物的维修义务

租赁合同是继续性合同,出租人的维修义务是保持义务的体现。《民法典》第712条规定:"出租人应当履行租赁物的维修义务,但是当事人另有约定的除外。"第713条规定:"承租人在租赁物需要维修时可以请求出租人在合理期限内维修。出租人未履行维修义务的,承租人可以自行维修,维修费用由出租人负担。因维修租赁物影响承租人使用的,应当相应减少租金或者延长租期。因承租人的过错致使租赁物需要维修的,出租人不承担前款规定的维修义务。"

(三)权利的瑕疵担保义务

权利瑕疵担保义务是出租人应当担保不因第三人对租赁物主张权利,而影响承租人对租赁物的使用、收益。《民法典》第723条规定:"因第三人主张权利,致使承租人不能对租赁物使用、收益的,承租人可以请求减少租金或者不支付租金。第三人主张权利的,承租人应当及时通知出租人。"

(四)物的瑕疵担保义务

出租人应当担保所交付的租赁物能够为承租人依约正常使用、收益。如果租赁物有瑕疵,承租人不能正常使用、收益,出租人应承担违约责任,承租人可以解除合同或者请求减少租金。《民法典》第731条规定:"租赁物危及承租人的安全或者健康的,即使承租人订立合同时明知该租赁物质量不合格,承租人仍然可以随时解除合同。"

二、承租人的权利、义务

(一)依约使用租赁物的义务

《民法典》第709条规定:"承租人应当按照约定的方法使用租赁物。对租赁物的使用方法没有约定或者约定不明确,依据本法第510条的规定仍不能确定的,应当根据租

赁物的性质使用。"如出租人把一套生活居住用房租赁给承租人,双方在租赁合同没有约定用途,承租人应当根据租赁物的性质使用,用于生活居住,不能用于经营办公、工厂车间、物流仓库等。

《民法典》第710条规定:"承租人按照约定的方法或者根据租赁物的性质使用租赁物,致使租赁物受到损耗的,不承担赔偿责任。"对于合理的损耗,承租人已经支付了对价。

《民法典》第711条规定:"承租人未按照约定的方法或未根据租赁物的性质使用租赁物,致使租赁物受到损失的,出租人可以解除合同并请求赔偿损失。"实际是承租人违约,出租人可以解除合同,同时请求赔偿损失。

(二)妥善保管租赁物的义务

《民法典》第714条规定:"承租人应当妥善保管租赁物,因保管不善造成租赁物毁损、灭失的,应当承担赔偿责任。"承租人应当以善良管理人的注意妥善保管租赁物。

(三)不得擅自改善或增设他物

《民法典》第715条规定:"承租人经出租人同意,可以对租赁物进行改善或者增设他物。承租人未经出租人同意,对租赁物进行改善或者增设他物的,出租人可以请求承租人恢复原状或者赔偿损失。"出租人同意承租人对租赁物进行改善或者增设他物,对于租赁物增加的价值,在租赁关系终止时,出租人应当偿还给承租人。

(四)支付租金的义务

承租人应当按照约定的期限支付租金。《民法典》第721条规定:"承租人应当按照约定的期限支付租金。对支付租金的期限没有约定或者约定不明确,依据本法第510条的规定仍不能确定,租赁期限不满1年的,应当在租赁期限届满时支付;租赁期限1年以上的,应当在每届满1年时支付,剩余期限不满1年的,应当在租赁期限届满时支付。"

《民法典》第722条规定:"承租人无正当理由未支付或者迟延支付租金的,出租人可以请求承租人在合理期限内支付;承租人逾期不支付的,出租人可以解除合同。"出租人首先要催告,承租人在合理期限内不支付,出租人可以解除合同。

(五)返还租赁物的义务

《民法典》第733条规定:"租赁期限届满,承租人应当返还租赁物。返还的租赁物应当符合按照约定或者根据租赁物的性质使用后的状态。"逾期不返还,即构成违约。

三、承租人的转租

(一)转租的概念

转租是承租人不退出租赁合同关系,而将租赁物出租给第三人(次承租人)使用、收益。转租针对同一租赁物,形成了两个法律关系,出租人和承租人的租赁合同关系,转租人(承租人)和第三人(次承租人)的转租合同关系,就出租人和承租人之间,双方的租赁关系不因转租而受影响。

(二) 转租的分类

根据承租人的转租是否得到出租人的同意,分为合法转租和非法转租。承租人经出租人同意转租的,就是合法转租。承租人未经出租人同意转租的,就是非法转租。

(三) 转租的法律适用

《民法典》第716条规定:"承租人经出租人同意,可以将租赁物转租给第三人。承租人转租的,承租人与出租人之间的租赁合同继续有效;第三人造成租赁物损失的,承租人应当赔偿损失。承租人未经出租人同意转租的,出租人可以解除合同。"承租人以自己名义转租租赁物给第三人(次承租人),必须经出租人同意。承租人未经出租人同意转租的,出租人可以解除租赁合同。第三人(次承租人)造成租赁物损失的,应当对转租人(承租人)承担责任,承租人应当对出租人承担赔偿损失。

《民法典》第717条规定:"承租人经出租人同意将租赁物转租给第三人,转租期限超过承租人剩余租赁期限的,超过部分的约定对出租人不具有法律约束力,但是出租人与承租人另有约定的除外。"转租形成了两个法律关系,出租人和承租人的租赁关系,转租人(承租人)和第三人(次承租人)的转租关系。根据"一方不能把自己不享有的权利转给第三方"原理,转租人(承租人)和第三人(次承租人)之间的租赁期限约定,不能约束出租人。

《民法典》第718条规定:"出租人知道或者应当知道承租人转租,但是在6个月内未提出异议的,视为出租人同意转租。"这条规定是出租人明知承租人转租,但在6个月内不提出任何异议的不作为,这是法律关于沉默意思表示的特殊规定,产生的法律后果,视为出租人同意转租。

《民法典》第719条规定:"承租人拖欠租金的,次承租人可以代承租人支付其欠付的租金和违约金,但是转租合同对出租人不具有法律约束力的除外。次承租人代为支付的租金和违约金,可以充抵次承租人应当向承租人支付的租金;超出其应付的租金数额的,可以向承租人追偿。"这条规定是次承租人的代为清偿权。经出租人同意转租,承租人和次承租人之间形成新的租赁关系,而出租人和承租人之间的原租赁关系不受影响,继续合法有效。

根据合同相对性原则,承租人向出租人支付租金,次承租人向承租人支付租金。次承租人和出租人之间没有合同关系。次承租人本来不应向出租人支付租金。依据本条规定,次承租人代为支付承租人拖欠的租金和违约金的行为,属于第三人代为清偿权。

未经出租人同意转租的,在租赁合同没有解除的情况下,转租合同对出租人不具有法律约束力。次承租人对租赁物的占有属于无权占有,次承租人对租赁物不具有合法权利,出租人有权拒绝其代为清偿的请求。

四、买卖不破租赁

依据《民法典》第725条的规定:"租赁物在承租人按照租赁合同占有期限内发生所有权变动的,不影响租赁合同的效力。"租赁合同从性质上来说,应当是用益债权性合同,但是,在某些特殊情况下,租赁债权却具有了对抗第三人的特性。在租赁合同有效期内,租赁物因买卖、继承等原因,使租赁物的所有权发生变更,租赁合同对新所有权人仍然有效,新所有权人不履行租赁义务时,承租人可以用租赁权对抗新所有权人,体现出所谓"买卖不破租赁"的特征,学者将这种特征称为"债权的物权化特征"。

我国《最高人民法院关于审理城镇房屋租赁合同纠纷案件具体应用法律若干问题的解释(2020年修正)》第14条规定,租赁房屋在承租人按照租赁合同占有期限内发生所有权变动,承租人请求房屋受让人继续履行原租赁合同的,人民法院应予支持。但租赁房屋具有下列情形或者当事人另有约定的除外:(1)房屋在出租前已设立抵押权,因抵押权人实现抵押权发生所有权变动的;(2)房屋在出租前已被人民法院依法查封的。

五、承租人的优先购买权

承租人的优先购买权是指出租人出卖房屋时,承租人在同等条件下,依法享有优先于其他人购买房屋的权利。优先购买权的权利属性是形成权,其对出租人选择售房交易相对人自由构成了限制。

(一)适用对象

按照我国《民法典》第726条的规定,只有租赁的标的物为房屋时,承租人对标的物才享有优先购买权,租赁动产的承租人在出租人出卖标的物时并无此权利。根据《最高人民法院关于审理城镇房屋租赁合同纠纷案件具体应用法律若干问题的解释(2020年修正)》第15条的规定,出租人与抵押权人协议折价、变卖租赁房屋偿还债务,应当在合理期限内通知承租人。承租人请求以同等条件优先购买房屋的,人民法院应予支持。

(二)出租人的出卖通知义务

按照我国《民法典》第726条的规定,出租人出卖租赁房屋的,应当在出卖之前的合理期限内通知承租人,以便承租人能够及时行使优先购买权。《民法典》第726条第2款规定:"出租人履行通知义务后,承租人在15日内未明确表示购买的,视为承租人放弃优先购买权。"《民法典》第727条规定:"出租人委托拍卖人拍卖租赁房屋的,应当在拍卖5日前通知承租人。承租人未参加拍卖的,视为放弃优先购买权。"上述这两条是编纂《民法典》新增法条。

(三)确定优先购买权的前提:"在同等条件下"

"在同等条件下"主要是价格条件、交付房款期限、付款方式等。

（四）承租人优先购买权的例外

按照《民法典》第726条第1款的相关规定："房屋按份共有人行使优先购买权或者出租人将房屋出卖给近亲属的除外。"

（五）承租人的优先购买权与善意第三人的保护

《民法典》第728条规定："出租人未通知承租人或者有其他妨害承租人行使优先购买权情形的，承租人可以请求出租人承担赔偿责任。但是，出租人与第三人订立的房屋买卖合同的效力不受影响。"

（六）共同居住人的继续承租权

按照《民法典》第732条的规定："承租人在房屋租赁期限内死亡的，与其生前共同居住的人或者共同经营人可以按照原租赁合同租赁该房屋。"共同居住人行使继续承租权后，可以享有承租人的优先购买权。

六、承租人的优先承租权

按照《民法典》第734条第2款的规定："租赁期限届满，房屋承租人享有以同等条件优先承租的权利。"这条是编纂《民法典》时新增法条，专门规定了不动产承租人的优先承租权，以适应当今社会的需求。

七、标的物毁损、灭失的风险负担

依据《民法典》第729条的规定，虽然承租人控制标的物，但如果标的物的毁损、灭失不是因为承租人的故意或者过失造成，即因不可归责于承租人的事由，致使租赁物部分或者全部毁损、灭失的，承租人不承担该风险，由出租人承担。不仅如此，承租人还可以请求减少租金或者不支付租金。如果租赁物部分或者全部毁损、灭失致使不能实现合同目的的，承租人可以解除合同。

八、一物数租的问题

《最高人民法院关于审理城镇房屋租赁合同纠纷案件具体应用法律若干问题的解释（2020年修正）》第5条对此作了规定：出租人就同一房屋订立数份租赁合同，在合同均有效的情况下，承租人均主张履行合同的，人民法院按照下列顺序确定履行合同的承租人：(1)已经合法占有租赁房屋的；(2)已经办理登记备案手续的；(3)合同成立在先的。不能取得租赁房屋的承租人请求解除合同、赔偿损失的，依照《民法典》的有关规定处理。

思考与练习

一、思考题

1. 试述租赁合同的法律特征。
2. 试述转租。
3. 试述买卖不破租赁。
4. 试述承租人的优先购买权和优先承租权。

二、案例分析

【基本案情】

方某与李某签订《租赁协议》，协议约定方某将面积约 50 平方米的店面一间出租给李某经营，租期 2 年。半年后，因店面经营状况不佳，李某在方某不知情的情况下，与第三人赵某签订了《店面租赁协议》，将其从方某处租赁的该铺面转租给第三人赵某经营。

【思考讨论】

李某的转租行为，如何处理？

【分析要点】

根据《民法典》第 716 条规定："承租人经出租人同意，可以将租赁物转租给第三人。承租人转租的，承租人与出租人之间的租赁合同继续有效；第三人造成租赁物损失的，承租人应当赔偿损失。承租人未经出租人同意转租的，出租人可以解除合同。"转租必须得到出租人同意。本案中，李某的转租行为没有得到出租人方某同意，出租人方某可以有权解除和李某的租赁合同。

第十五章 融资租赁合同

【学习目标】
1. 了解融资租赁合同的含义。
2. 掌握融资租赁合同的特征。
3. 掌握融资租赁合同当事人的主要义务。

【引例】
乙看中丙出售的某款支线飞机(价值2亿元)。甲是经批准成立的融资租赁公司。甲和乙签订《融资租赁合同》约定:"甲出资2亿元向丙购买某款支线飞机,出租给乙使用,租期10年,总租金5亿元,乙首付1亿元,剩余的4亿元于每年1月1日支付0.4亿元。"

请问:若无特别约定,租赁期间,支线飞机所有权归谁?

【解析】
《民法典》第757条规定:"出租人和承租人可以约定租赁期限届满租赁物的归属;对租赁物的归属没有约定或者约定不明确,依据本法第五百一十条的规定仍不能确定的,租赁物的所有权归出租人。"没有特别约定,租赁期间,支线飞机所有权归出租人甲。

第一节 融资租赁合同概述

一、融资租赁合同的概念

融资租赁合同是指当事人约定由出租人按承租人的要求,出资向第三人购买租赁物供承租人使用、收益,承租人支付租金的合同。我国《民法典》第735条规定:"融资租赁合同是出租人根据承租人对出卖人、租赁物的选择,向出卖人购买租赁物,提供给承租人使用,承租人支付租金的合同。"

"融资+租赁"的提法非常贴切,因为从融资租赁的形式上看确实是租赁,但实质上却是融资。在实践中,融资租赁公司一般没有承租人要租赁的标的物,它所拥有的仅仅是金钱,融资租赁公司在与承租人签订合同后,一般是出钱购买承租人想要租赁的标的物,承租人"租赁"和"融资"兼得。《民法典》第737条规定:"当事人以虚构租赁物方式订立的融资租赁合同无效。"

二、融资租赁合同的特征

(一) 融资租赁涉及三方当事人

融资租赁是把借贷、租赁、买卖结合在一起的交易方式。融资租赁合同是由出卖人与买受人(租赁合同的出租人)之间的买卖合同和出租人与承租人之间租赁合同构成的,但法律效力不是买卖和租赁两个合同效力的简单叠加。融资租赁往往涉及三方当事人,即出租人(买受人)、承租人和出卖人(供货商)。承租人要求出租人为其融资购买承租人所需设备,然后由供货商直接将设备交给承租人。实践中,融资租赁飞机、大货车等。

(二) 融资租赁是商事合同

由于融资租赁的特殊性,出租人为专营融资租赁业务的租赁公司,在实践中一般属于商事合同。在我国,只有经金融管理部门批准许可经营的公司,才有从事融资租赁交易的资格。《民法典》第 738 条规定:"依照法律、行政法规的规定,对于租赁物的经营使用应当取得行政许可的,出租人未取得行政许可不影响融资租赁合同的效力。"

(三) 融资租赁是要式合同

融资租赁合同是商事合同,因此,必须采用书面形式。《民法典》第 736 条规定:"融资租赁合同的内容一般包括租赁物的名称、数量、规格、技术性能、检验方法,租赁期限,租金构成及其支付期限和方式、币种,租赁期限届满租赁物的归属等条款。融资租赁合同应当采用书面形式。"

(四) 融资租赁是诺成、多务、有偿合同

融资租赁合同自合同当事人意思表示一致时成立,是诺成合同。融资租赁合同是三方当事人、两个合同组合在一起的新类型合同,包括出卖人和出租人的买卖合同、出租人和承租人的融资租赁合同,是多务合同。融资租赁合同是提供租赁物和支付租金互为对价,是有偿合同。

第二节 融资租赁合同的法律效力

融资租赁合同是两个合同、三方当事人结合在一起的新类型有名合同。融资租赁合同法律效力,也体现了融资租赁合同的特征。

一、出卖人与出租人之间的买卖合同

因为融资租赁合同的特殊性,与通常的买卖合同有所不同。

（一）出卖人向承租人（而不是作为买受人的出租人）交付租赁物

《民法典》第 739 条规定："出租人根据承租人对出卖人、租赁物的选择订立的买卖合同，出卖人应当按照约定向承租人交付标的物，承租人享有与受领标的物有关的买受人的权利。"第 740 条规定："出卖人违反向承租人交付标的物的义务，有下列情形之一的，承租人可以拒绝受领出卖人向其交付的标的物：（1）标的物严重不符合约定；（2）未按照约定交付标的物，经承租人或者出租人催告后在合理期限内仍未交付。承租人拒绝受领标的物的，应当及时通知出租人。"

（二）承租人向出卖人的索赔权

《民法典》第 741 条规定："出租人、出卖人、承租人可以约定，出卖人不履行买卖合同义务的，由承租人行使索赔的权利。承租人行使索赔权利的，出租人应当协助。"第 742 条规定："承租人对出卖人行使索赔权利，不影响其履行支付租金的义务。但是，承租人依赖出租人的技能确定租赁物或者出租人干预选择租赁物的，承租人可以请求减免相应租金。"

第 743 条规定："出租人有下列情形之一，致使承租人对出卖人行使索赔权利失败的，承租人有权请求出租人承担相应的责任：（1）明知租赁物有质量瑕疵而不告知承租人；（2）承租人行使索赔权利时，未及时提供必要协助。出租人怠于行使只能由其对出卖人行使的索赔权利，造成承租人损失的，承租人有权请求出租人承担赔偿责任。"

（三）出租人不得任意变更买卖合同内容的义务

《民法典》第 744 条规定："出租人根据承租人对出卖人、租赁物的选择订立的买卖合同，未经承租人同意，出租人不得变更与承租人有关的合同内容。"

（四）出租人对租赁物具有所有权

这是编纂《民法典》时重点修订的条文。《民法典》第 745 条规定："出租人对租赁物享有的所有权，未经登记，不得对抗善意第三人。"基于实现优化营商环境、消灭隐形担保的总目标，本条规定了出租人对租赁物的所有权必须登记才能取得对抗第三人的效力。

二、出租人与承租人之间的融资性租赁合同

因为融资租赁合同的特殊性，与通常的租赁合同有所不同。

（一）出租人部分义务的豁免

《民法典》第 747 条规定："租赁物不符合约定或者不符合使用目的的，出租人不承担责任。但是，承租人依赖出租人的技能确定租赁物或者出租人干预选择租赁物的除外。"第 749 条规定："承租人占有租赁物期间，租赁物造成第三人人身损害或者财产损失的，

出租人不承担责任。"第750条规定："承租人应当妥善保管、使用租赁物。承租人应当履行占有租赁物期间的维修义务。"

(二) 承租人支付租金的义务

(1) 租金的属性，承租人支付的租金并非使用租赁物的对价，而是出租人购买租赁物的成本和出租人合理利润的分期偿还。

(2) 原则上，租金风险由承租人负担。《民法典》第751条规定："承租人占有租赁物期间，租赁物毁损、灭失的，出租人有权请求承租人继续支付租金，但是法律另有规定或者当事人另有约定的除外。"第752条规定："承租人应当按照约定支付租金。承租人经催告后在合理期限内仍不支付租金的，出租人可以请求支付全部租金；也可以解除合同，收回租赁物。"应当注意，在承租人不支付租金的违约情况发生，出租人可以请求支付全部租金；也可以解除合同，收回租赁物，出租人只能择一行使。

(三) 合同终止后的租赁物归属

(1) 按照正常的融资租赁合同，出租人、出卖人和承租人各自履行完毕自己应该负担的义务，租赁物的所有权当然归属承租人。《民法典》第757条规定："出租人和承租人可以约定租赁期限届满租赁物的归属；对租赁物的归属没有约定或者约定不明确，依据本法第510条的规定仍不能确定的，租赁物的所有权归出租人。"

(2) 合同当事人可以约定租赁物的所有权归属。《民法典》第758条第1款规定："当事人约定租赁期限届满租赁物归承租人所有，承租人已经支付大部分租金，但是无力支付剩余租金，出租人因此解除合同收回租赁物，收回的租赁物的价值超过承租人欠付的租金以及其他费用的，承租人可以请求相应返还。"第758条第2款规定："当事人约定租赁期限届满租赁物归出租人所有，因租赁物毁损、灭失或者附合、混合于他物致使承租人不能返还的，出租人有权请求承租人给予合理补偿。"

思考与练习

一、思考题

1. 试述融资租赁合同的法律特征。
2. 试述融资租赁合同当事人的义务。

二、案例分析

【基本案情】

四川某挖机公司根据吉某某的选择，将某型号的挖机卖给四川某租赁公司，吉某某遂与该租赁公司签订了融资租赁合同，并约定了首付款项、月租金以及租赁期限10年，该租赁公司如约购买了租赁物,并交付给被告吉某某使用。租赁第6年,因为强烈地震,挖机全毁,吉某某遂拒绝支付租金。该租赁公司起诉吉某某继续支付租金。

【思考讨论】

该租赁公司的诉讼请求,是否会得到法院支持?

【分析要点】

《民法典》第751条规定:"承租人占有租赁物期间,租赁物毁损、灭失的,出租人有权请求承租人继续支付租金,但是法律另有规定或者当事人另有约定的除外。"本案中,挖机因不可归责于租赁公司和吉某某的原因毁损、灭失,属于风险负担问题,风险由承租人吉某某承担。该租赁公司起诉吉某某继续支付租金,会得到法院支持。

第十六章 保理合同

【学习目标】
1. 了解保理合同的含义。
2. 掌握保理合同的特征。
3. 掌握有追索权的保理合同与无追索权的保理合同异同。
4. 了解和掌握保理合同当事人的主要义务。

【引例】
原告为远东国际融资租赁有限公司,其与上海海寓公寓管理有限公司(以下简称海寓公司)、上海景阁远寓公寓管理有限公司(以下简称景阁公司)通过签订数个合同,形成了保理合同法律关系,合同中应收账款金额是3000万元。原告为保理商,海寓公司为应收账款转让方,景阁公司为应收账款债务人。在合同履行过程中,原告除第一期回收款及服务费外,至今未收到其余已到期款项,遂起诉至法院。
请问:依据《民法典》,法院该如何裁决?
【解析】
《民法典》第761条规定,保理合同是应收账款债权人将现有的或者将有的应收账款转让给保理人,保理人提供资金融通、应收账款管理或者催收、应收账款债务人付款担保等服务的合同。原告、海寓公司、景阁公司之间签订的是保理合同,景阁公司未按约支付回收款,原告有权按照合同约定,要求解除涉案保理合同,并要求景阁公司依约赔偿相应损失,法院应当支持原告的诉讼请求。

第一节　保理合同的概述

一、保理合同的概念

按照我国《民法典》第761条的规定,保理合同是应收账款债权人将现有的或者将有的应收账款转让给保理人,保理人提供资金融通、应收账款管理或者催收、应收账款债务人付款担保等服务的合同。保理合同是以债权人转让其应收账款为前提,集资金融通、应收账款管理或者催收、应收账款债务人付款担保等服务于一体的综合性金融服务合同。

> **小贴士**
>
> **保理合同的价值**
>
> 保理这种形式,在我国经济生活中具有很重要的意义。我国保理业发展迅速,保理早已成为当今中小企业融资的最有效手段之一。据国际保理商联合会2018年数据统计,我国保理业务总量居世界首位,占20.3%。保理合同纠纷在司法实践中亦处于增长态势。保理合同在实务上的重要性,自然容易催生出特别立法的呼声,此次编纂《民法典》把保理合同作为有名合同规定在"合同编"。

二、保理合同的特征

(一) 保理合同以债权人转让应收账款为前提

保理合同必须具备的内容是应收账款债权转让。应收账款是权利人因转移财产或者提供服务而获得的要求债务人付款的权利,包括现有的或者将有的应收账款。《民法典》第763条规定:"应收账款债权人与债务人虚构应收账款作为转让标的,与保理人订立保理合同的,应收账款债务人不得以应收账款不存在为由对抗保理人,但是保理人明知虚构的除外。"

(二) 保理合同一般属于商事合同

保理人的主要义务是提供资金融通、应收账款管理或者催收、应收账款债务人付款担保等服务。

(三) 保理合同是要式合同

《民法典》第762条规定:"保理合同的内容一般包括业务类型、服务范围、服务期限、基础交易合同情况、应收账款信息、保理融资款或者服务报酬及其支付方式等条款。保理合同应当采用书面形式。"

(四) 保理合同是有偿、双务合同

保理合同以转让应收账款和提供资金融通、付款担保等服务作为相互的交换条件,是有偿合同。保理合同的双方当事人在享有合同权利的同时,都负担相应的合同义务,是双务合同。

三、保理合同的主要分类

按照以保理人对债权人是否具有追索权为标准进行分类,保理合同分为有追索权的保理合同与无追索权的保理合同。

(一) 有追索权的保理

有追索权的保理,是指保理合同约定的权利实现期限到来时,保理人可以向应收账

款债权人主张返还保理融资款本息或者回购应收账款债权,也可以向应收账款债务人主张应收账款债权。我国《民法典》第766条规定:"当事人约定有追索权保理的,保理人可以向应收账款债权人主张返还保理融资款本息或者回购应收账款债权,也可以向应收账款债务人主张应收账款债权。保理人向应收账款债务人主张应收账款债权,在扣除保理融资款本息和相关费用后有剩余的,剩余部分应当返还给应收账款债权人。"

(二) 无追索权的保理

无追索权的保理,是指保理人只能向债务人主张应收账款,而不能向债权人主张,也就是保理人"买断"的应收账款。保理合同的根本问题实际上就是保理与债权转让的关系问题。我国《民法典》第767条规定:"当事人约定无追索权保理的,保理人应当向应收账款债务人主张应收账款债权,保理人取得超过保理融资款本息和相关费用的部分,无需向应收账款债权人返还。"

第二节 保理合同的法律效力

一、保理人与债务人的关系

保理合同的核心是应收账款债权转让,也应当适用《民法典》关于债权转让的规则。根据《民法典》第546条第1款的规定:"债权人转让债权,未通知债务人的,该转让对债务人不发生效力。"在保理合同中,保理人要主动发出通知。《民法典》第764条规定:"保理人向应收账款债务人发出应收账款转让通知的,应当表明保理人身份并附有必要凭证。"第765条规定:"应收账款债务人接到应收账款转让通知后,应收账款债权人与债务人无正当理由协商变更或者终止基础交易合同,对保理人产生不利影响的,对保理人不发生效力。"

二、债权人与保理人的关系

债权人就同一应收账款订立了多份保理合同,会导致多个保理人主张应收账款债权的情况出现。《民法典》第768条规定:"应收账款债权人就同一应收账款订立多个保理合同,致使多个保理人主张权利的,已经登记的先于未登记的取得应收账款;均已经登记的,按照登记时间的先后顺序取得应收账款;均未登记的,由最先到达应收账款债务人的转让通知中载明的保理人取得应收账款;既未登记也未通知的,按照保理融资款或者服务报酬的比例取得应收账款。"

三、法律规则的适用

我国《民法典》第769条规定:"本章没有规定的,适用本编第六章债权转让的有关规定。"保理实际上就是一种债权转让,尤其是"没有追索权"的保理,就是纯粹的债权转让。

思考与练习

一、思考题

1. 试述保理合同的法律特征。
2. 试述有追索权的保理合同与无追索权的保理合同有何区别？
3. 试述保理合同中债权多重让与下的保理清偿顺序。

二、案例分析

【基本案情】

2016年7月9日,中铁公司和吉润达公司签订的买卖合同约定:吉润达公司向中铁公司供应混凝土,合同项下的债权不得转让。合同履行后中铁公司欠吉润达公司贷款1935151.4元。2017年6月29日吉润达公司将其对中铁公司享有的债权转让给律诚商业保理有限公司(以下简称:律诚公司)。双方签订的债权回购协议约定:吉润达公司对转让债权回购,否则应对转让债权与中铁公司承担连带责任。赵某、王某保证吉润达公司行使回购权,否则其与中铁公司承担连带责任。

律诚公司与吉润达公司向中铁公司发出债权转让通知后,因中铁公司未履行债务,吉润达公司亦未行使回购权,律诚公司诉至法院。请求判令:中铁公司支付律诚公司受让的应收款及利息1943735.83元;吉润达公司、赵某、王某对上述债务承担连带责任。

【思考讨论】

该保理合同的法律效力如何？

【分析要点】

基础合同约定债权不得转让并不影响保理合同的效力。本案中,基础合同虽有"债权不得转让"的约定,但律诚公司与吉润达公司之间保理合同并不具有合同无效情形,因此争讼之保理合同为有效合同。

第十七章 承揽合同

【学习目标】
1. 理解承揽合同的概念和特征。
2. 掌握承揽合同的效力。
3. 了解承揽合同的终止。

【引例】
甲方贸易公司与乙方食品厂签订一份合同,约定由甲方提供红枣和核桃,乙方负责加工成休闲食品——"枣夹核桃"。乙方应对甲方提供的原料精选去杂去核并独立包装,使其达到食用标准,加工费由甲方提货时付清。合同签订后,乙方就甲方提供的原料进行加工。后甲方在提货时,发现"枣夹核桃"中的红枣有大量残核,并且独立包装的塑料袋有刺鼻异味,当即要求乙方返工。经查,该质量问题非因甲方提供的原材料所致。双方对返工费的负担发生争议。

【解析】
本案中,甲乙双方所订合同属于加工承揽合同。甲方为定作人,乙方为承揽人,返工费应由乙方负担。因为根据《民法典》第781条的规定,承揽人交付的工作成果不符合质量要求的,定作人可以合理选择请求承揽人承担修理、重作、减少报酬、赔偿损失等违约责任。本案中,承揽人所交付的工作成果不符合质量标准,承揽人应当对工作成果负瑕疵担保责任,定作人有权要求承揽人承担相应的违约责任。

第一节 承揽合同概述

一、承揽合同的概念

随着科技的进步和发展,社会分工的进一步细化,承揽合同在经济生活中也发挥着越来越重要的作用。《民法典》第770条规定,承揽合同是承揽人按照定作人的要求完成工作,交付工作成果,定作人支付报酬的合同。

承揽合同的主体是承揽人和定作人。承揽人就是按照定作人指示完成特定工作并向定作人交付该工作成果的人;定作人是要求承揽人完成承揽工作并接受承揽工作成果、支付报酬的人。承揽人和定作人都可以是自然人、法人或者非法人组织。承揽合同的客体是完成特定的工作并交付工作成果。该工作成果可以是有形的，如裁剪的衣服、装裱的字画；也可以是无形的，如测试汽车的性能。

> **小贴士**
>
> 大陆法系国家和地区的民法普遍规定了承揽合同。《德国民法典》第631条规定，根据承揽合同，承揽人负有完成约定工作的义务，定作人负有支付约定报酬的义务。承揽合同的标的，既可以是某物的制作或变更，也可以是其他由劳动或劳务给付所引起的结果。《法国民法典》第1787条规定，在约定为他人完成某一工程时，可以约定仅提供劳动或技艺，或者同时提供材料。《瑞士债务法》第363条规定，基于承揽契约，承揽人负完成工作的义务，定作人负给付报酬的义务。《日本民法典》第632条规定，承揽，因一方当事人约定完成某工作，相对人约定对其工作成果支付其报酬，而生其效力。

二、承揽合同的基本法律特征

承揽合同是一种典型的有名合同，具有以下法律特征：

（一）承揽合同以完成一定工作并交付工作成果为目的

承揽合同中，定作人的目的是获取一定的工作成果，并不仅仅是获得承揽人所提供的劳务本身，还包括其物化的劳务成果。换言之，承揽人完成工作的劳务，并将其劳务凝结为一定的工作成果，将之交付给定作人，才能满足定作人的需要。这一特征决定了承揽与雇佣、服务等不强调交付工作成果、单纯提供劳务的合同相区别。

（二）承揽合同的标的具有特定性

承揽合同的标的是指应定作人要求，由承揽人所完成的工作成果。所谓标的特定性，一方面是定作人对工作成果的要求通常具有特定性；另一方面是承揽人的工作具有特定性。定作人之所以选定某一承揽人订立合同，是基于对特定承揽人设备、技能、劳力等的信赖。因此，承揽人必须凭借自身的设备、技能、劳力等完成工作成果并对此承担风险。承揽人不得擅自将承揽的工作交给第三人完成，即使经过定作人同意将承揽的工作的一部分转由第三人完成的，承揽人对第三人的工作也应向定作人承担责任。最后，工作成果属于定作人所有，在提供劳务形成工作成果之后，承揽人通过交付将工作成果所有权归于定作人。

（三）承揽合同属于诺成、有偿、双务、不要式合同

承揽合同自当事人双方意思表示一致时即可成立，故为诺成合同；其意思表示无需采用特定形式，故为不要式合同；约定给付报酬是承揽合同的基本要素，故为双务的有偿合同。

三、承揽合同的种类

《民法典》第770条第2款规定，承揽包括加工、定作、修理、复制、测试、检验等工作。

依承揽工作内容的不同,承揽合同可作如下分类。

(1)加工合同,是指由承揽人利用定作人提供的原材料或半成品,按照双方约定的产品、规格、数量、质量和期限等要求,加工特定产品,并由定作人按照约定给付报酬的协议。

(2)定作合同,是指由承揽人根据定作人提出的品种、规格、质量和数量等要求,使用自己的原材料为定作人制成特定产品并向定作人收取相应报酬的协议。定作和加工的区别就在于原材料的提供者不同。

(3)修理合同,是指承揽人按照定作人的要求为其修复损坏的物品,并由定作人给付约定的报酬的协议。修理合同的标的物一般是机器设备、工具等物品,当标的物是房屋时,修理合同又称修缮合同。在修理合同中,如果修理所需的材料由承揽人提供,定作人除了给付承揽人工作报酬以外,还应向其支付修理材料的价款。

(4)复制合同,是指由承揽人按照定作人提出的要求为其重新制作与其提供的样品相类似的制品,并由定作人支付相应报酬的协议。

(5)测试合同,是指承揽人根据定作人的要求,利用自己的技术和设备为定作人完成某一项目的性能测试,定作人接受测试成果并支付报酬的合同。

(6)检验合同,是指承揽人以自己的技术和仪器、设备等为定作人提供的特定事物的性能、问题、质量等进行检查化验,定作人接受检验成果,并支付报酬的合同。

小贴士

承揽合同是一大类合同的总称,在现实经济生活中的适用极为广泛,除以上六种常见的承揽合同外,日常生产生活中,如装修、搬家、粉刷、改造、改制、印刷、洗染、调查、收割、打字、翻译、拍照、冲印、广告制作、测绘、医疗护理、鉴定等,都可以是承揽合同的具体类型。

四、承揽合同与其他类似合同的比较

(一)承揽合同与雇佣合同

承揽合同和雇佣合同同属劳务供给合同,合同目的的实现均有赖于劳务的供给,且均属诺成、不要式、双务、有偿的合同。但承揽合同与雇佣合同依然存在明显区别。

1.承揽合同关注完成一定工作并交付工作成果,劳务仅为一种手段或过程;雇佣合同只关注提供劳务过程,提供劳务本身即为合同的标的。

2.承揽合同中,承揽人提供劳务,须有工作成果才有权请求定作人支付报酬,仅有提供劳务的事实尚不得请求报酬;雇佣合同中,受雇人只要依约提供了劳务,即可请求支付报酬,劳务有无结果不影响报酬请求权。这一差别使得承揽人负担的风险要大于受雇人负担的风险。

3.承揽合同的当事人之间是相互独立的,承揽人提供劳务时原则上不受定作人的指挥监督,承揽人只需按照定作人对定作物的要求完成任务即可,至于如何完成、完成场所、进程一般由承揽人自己意志决定。因此,承揽人从事承揽事项时侵害他人的权益,定作人原则上不负损害赔偿责任;雇佣关系中,受雇者提供劳务原则上须接受雇主的指挥监督,不具有独立性,故其执行职务时侵害了第三人的权益,一般情况下由雇主承担侵权责任。

4.是否允许第三人代为完成要求不同

承揽关系中,法律有条件地允许第三人代承揽人完成辅助工作,甚至主要工作;雇佣关系中,受雇者提供劳务以亲自实施为必要。

5.归责原则

雇佣关系与承揽关系适用完全不同的归责原则。雇佣关系适用无过错原则,雇员在从事雇佣活动中致人损害或遭受人身损害,不论雇主是否存在过错,都应当承担赔偿责任,在承担赔偿责任后,雇主可以对过错人行使追偿权。承揽关系则适用过错责任原则,承揽人在完成工作过程中,对第三人造成损害或者造成自身损害的,定作人一般不承担赔偿责任,只有定作人对定作、指示或者选任有过失的情况下,才承担相应的赔偿责任。

(二) 承揽合同与委托合同

承揽合同和委托合同的共同之处在于:承揽人和委托人都须按照对方当事人的要求完成一定的工作。但二者也存在一些区别。

1. 以谁的名义不同

承揽合同的承揽人是以自己的名义完成一定的工作;委托合同的受托人是以委托人的名义为委托人处理一定的事务。

2. 与第三人的关系不同

承揽合同的承揽人应独立完成工作成果,一般不涉及第三人,在涉及第三人时,定作人和第三人也不产生权利、义务关系;委托合同的受托人为完成其受托任务,一般要涉及第三人,在涉及第三人时,受托人是委托人的代理人。

3. 请求支付报酬的条件不同

承揽合同的承揽人请求支付报酬必须交付工作成果;委托合同的受托人在委托事项不能完成时,除因自己的过错之外,也可请求委托人支付相应的报酬。

【案例 17-1】

赵某、钱某、孙某、李某均居住同一院落。2020 年 5 月 20 日,钱某、孙某、李某三人分别出资 1000 元请周某加装下水管道。周某在与钱某、孙某、李某达成合意后,自行购买下水管道、水泥、沙石,并决定另行雇佣两名人员(周某与两人约定工资标准 500 元)与其共同完成下水管道的开挖及更换工作。同日,赵某在跨过门前周某挖开的沟时不慎摔倒,手触到前方玻璃后被划伤,致使右手腕肌腱神经断裂。事后,上述人员就本案中法律关系为承揽合同还是雇佣合同产生争议。

【解析】

对于涉案合同的定性,将对相关案件中当事人的权利义务产生重大影响。钱某、孙某、李某每人支付的1000元是针对整个更换下水管道的工程,双方注重的是工程的交付结果;周某在与钱某、孙某、李某达成合意后,自行购买下水管道、水泥、沙石,并自行决定另外雇佣两名人员与其共同完成下水管道的开挖及更换工作,自行决定雇佣人员的工资标准并进行工资结算。

故周某向钱某、孙某、李某提供的并非简单的劳务,钱某、孙某、李某向周某支付的也不是单纯的劳务报酬。周某带领人挖沟并更换下水管道时,钱某、孙某、李某也未在场管理、监督,周某的工作具有独立性。综上,周某与钱某、孙某、李某之间的关系符合承揽关系的特征,而不是雇佣关系,因此赔偿责任应当由周某承担。[1]

第二节 承揽合同的内容和效力

一、承揽合同的内容

《民法典》第771条规定,承揽合同的内容一般包括承揽的标的、数量、质量、报酬,承揽方式,材料的提供,履行期限,验收标准和方法等条款。该条仅规定了承揽合同应包括的一般条款,没有标明合同必须具备的其他条款。也就是说,承揽合同不是一定要具备这些条款,当事人在订立合同时可以根据合同性质和双方的需要对上述规定的条款进行增减。

(1)承揽的标的,是指承揽合同权利义务所指向的对象,是承揽人按照定作人要求所应进行的承揽工作。

(2)数量、质量。承揽的数量,是指承揽人应当完成的工作量。当事人在承揽合同中约定订立数量条款时,双方一般应约定数量的计算单位和方法。质量是标的的技术指标、具体要求、规格等。

(3)报酬,是指定作人应当支付承揽人进行承揽工作所付出的技能、劳务的酬金。

(4)承揽方式,是指承揽人为完成定作人所要求工作而采取的具体方式。

(5)材料的提供,是指完成承揽工作所需材料提供的相关内容,包括由哪一方当事人

---

[1] 改编自北京市第二中级人民法院(2015)二中民终字第08883号案件,发布日期:2015-08-26。信息来源:中国裁判文书网,https://wenshu.court.gov.cn/website/wenshu//181107ANFZ0BXSK4/index.html?docId=bfc793460b324cc9bda092c880a56204

提供材料,材料的规格、数量、质量,材料提供的时间、地点、方式等。

(6)履行期限,是指双方当事人履行义务的时间,主要是指完成工作、交付工作成果的时间,以及对方支付报酬或者价款的时间。

(7)验收标准和方法,是指定作人对承揽人提交的材料、工作成果质量进行检验收取的方法。

(8)其他条款,如争议解决方法、违约条款等。

小贴士

承揽合同的内容与合同成立密切相关。承揽合同的内容有一些是承揽合同的必备要素,包括承揽标的、数量和承揽报酬。缺少这些要素,承揽合同不能成立。承揽合同成立的其他内容,应当适用《民法典》合同编通则中关于合同成立的规定。

二、承揽合同的效力

(一) 对于承揽人的效力

1. 完成承揽工作的义务

《民法典》第772条规定,承揽人应当以自己的设备、技术和劳力,完成主要工作,但是当事人另有约定的除外。主要工作,首先是指对工作成果的质量有决定性作用的工作,尤其是关键性的技术工作。如果当事人对工作成果的质量要求不高,主要工作是指工作任务的大部分。这里要注意,承揽人应完成主要工作,但不排斥当事人另有约定。承揽人将其承揽的主要工作交由第三人完成的,应当就该第三人完成的工作成果向定作人负责;未经定作人同意的,定作人也可以解除合同。《民法典》第773条规定了承揽辅助工作的转交,承揽人可以将其承揽的辅助工作交由第三人完成。承揽人将其承揽的辅助工作交由第三人完成的,应当就该第三人完成的工作成果向定作人负责。

2. 按照约定选用材料,并接受定作人检验的义务

承揽人自己提供材料的承揽合同,称为定作合同。《民法典》第774条规定,承揽人提供材料的,应当按照约定选用材料,并接受定作人检验。

3. 检验和保管定作人提供的材料的义务

由定作人提供材料的承揽合同,称为加工合同。《民法典》第775条规定,定作人提供材料的,应当按照约定提供材料。承揽人对定作人提供的材料应当及时检验,发现不符合约定时,应当及时通知定作人更换、补齐或者采取其他补救措施。承揽人不得擅自更换定作人提供的材料,不得更换不需要修理的零部件。《民法典》第784条还规定了承揽人的保管义务,即承揽人应当妥善保管定作人提供的材料以及完成的工作成果,因保管不善造成毁损、灭失的,应当承担赔偿责任。

4. 及时通知义务

《民法典》第 776 条规定，承揽人发现定作人提供的图纸或者技术要求不合理的，应当及时通知定作人。因定作人怠于答复等原因造成承揽人损失的，应当赔偿损失。

5. 接受定作人监督检验的义务

《民法典》第 779 条规定，承揽人在工作期间，应当接受定作人必要的监督检验。定作人不得因监督检验妨碍承揽人的正常工作。

6. 交付工作成果的义务

《民法典》第 780 条规定，承揽人完成工作的，应当向定作人交付工作成果，并提交必要的技术资料和有关质量证明。定作人应当验收该工作成果。

7. 瑕疵担保义务

承揽人的瑕疵担保义务是指承揽人对其交付的工作成果应担保其无瑕疵的义务。承揽人应担保其所交付的工作成果的质量符合要求，这是承揽人瑕疵担保义务的主要内容。具体而言，承揽人应对交付工作成果的品质、价值、效用等承担瑕疵担保义务。瑕疵担保责任，是债务人违反瑕疵担保义务而应当承担的违约责任。

《民法典》第 781 条规定，承揽人交付的工作成果不符合质量要求的，定作人可以合理选择请求承揽人承担修理、重作、减少报酬、赔偿损失等违约责任。这一规定明确了承揽人瑕疵担保义务的内容及违反瑕疵担保义务的责任。

> **小贴士**
>
> 瑕疵担保义务分为两种类型，即权利的瑕疵担保义务和质量（物的）瑕疵担保义务。《民法典》并未规定承揽人的权利瑕疵担保义务，但这并不意味着承揽人无需对工作成果承担权利担保义务。这是因为，尽管在多数承揽合同中，承揽人在交付工作成果时只是移转工作成果的占有权，但在某些特殊的承揽合同中，承揽人在移转对工作成果的占有权时，同时也移转了工作成果的所有权。因此，在这类合同当中，承揽人当然也应承担权利瑕疵担保义务。

8. 承揽人的保密义务

《民法典》第 785 条规定，承揽人应当按照定作人的要求保守秘密，未经定作人许可，不得留存复制品或者技术资料。

9. 共同承揽人的连带责任

《民法典》第 786 条规定，共同承揽人对定作人承担连带责任，但是当事人另有约定的除外。

（二）对于定作人的效力

1. 报酬给付义务

支付报酬是定作人最主要的合同义务。定作人获得承揽人的工作成果，应当及时向承揽人支付报酬。如果工作成果的材料是由承揽人提供的,定作人还应当支付材料费。定作人应按规定的期限支付报酬和材料费。定作人迟延交付报酬的,应向承揽人支付迟延期间的利息。定作人拒不支付报酬的,承揽人对工作成果可以行使留置权或者有权拒绝交付,但是当事人另有约定的除外。《民法典》第 783 条规定,定作人未向承揽人支付报酬或者材料费等价款的,承揽人对完成的工作成果享有留置权或者有权拒绝交付,但是当事人另有约定的除外。

小贴士

留置权,根据《民法典》第 447 条的规定,是指债务人不履行到期债务,债权人可以留置已经合法占有的债务人的动产,并有权就该动产优先受偿的权利。留置权是一种法定物权。在承揽合同中,按照约定支付报酬是定作人的基本义务。如果定作人无正当理由不履行此义务,承揽人有权对完成的工作成果享有留置权或者有权拒绝交付。

赋予承揽人留置权或质权以保障承揽人收取报酬等权利在许多国家立法上都有规定。例如,《德国民法典》第 647 条规定:"承揽人因契约所生之债权,就其所为制造或修缮之定作人之动产,如该动产于制作时或因修缮目的而归其占有者,享有质权。"

承揽人行使留置权应当具备以下条件。

(1)承揽人占有工作成果,留置权以债权人占有债务人的财产为成立前提,如果承揽人已经将工作成果交付定作人,则承揽人的留置权失去成立的可能性。

(2)承揽人占有工作成果的原因是基于双方当事人之间所订立的承揽合同。基于其他原因承揽人占有定作人财产的,不得行使留置权。

(3)承揽人占有的定作人的财产须为动产,不动产不得成为留置的标的物。

(4)定作人未向承揽人支付报酬或者材料费等价款,并且该价款履行期限已经届满。

2. 协助义务

承揽工作需要定作人协助的,定作人有协助的义务。具体表现在以下几方面。

(1)根据承揽合同的具体约定或承揽合同的性质,承揽工作可能需要定作人一定的协助行为才能完成,如提供材料、提供设计图纸、技术要求或技术资料的,定作人应按约及时、合理提供。

(2)依承揽人的通知,定作人才应履行的某些协助义务。如及时更换、补齐有瑕疵的材料或技术资料、图表设计等。

(3)定作人不履行协助义务致使承揽工作不能完成的,承揽人可以催告定作人在合理期限内履行义务,并可以顺延履行期限;定作人逾期不履行的,承揽人可以解除合同。

3. 附随义务

承揽人在工作期间,定作人为必要的监督检验的,不得因监督检验妨碍承揽人的正常工作。定作人中途变更承揽工作的要求,造成承揽人损失的,应当赔偿损失。

【案例 17-2】

甲方定作人与乙方承揽人签订《不锈钢犬笼定作协议》,约定由乙方以包工包料的方式为甲方制作 100 套可折叠特大号(76kg 以下)不锈钢犬笼,由甲方按照每套 1000 元的标准支付报酬。该协议约定:"该犬笼由乙方质保 30 年,在使用期间防锈措施由甲方自行实行;属质量或结构问题,甲方不负任何责任,由乙方负全责。"同时,该协议还明确了制作犬笼的材料相关参数标准,其中钢材为 202 不锈钢,19mm 加粗加厚材质,底板加密。

乙方如期完成该批犬笼的制作并交付甲方使用,甲方按照约定支付乙方报酬 10 万元。后该批犬笼在使用过程中逐渐出现锈蚀、变形、焊接点松动、承重力弱、无法折叠等系列问题,根据相关质量监督检验机构的鉴定意见,承揽人制作犬笼所用钢材型号、钢管壁厚等均不符合双方约定。甲方与乙方协商处理未果,诉至法院,请求:(1)判令乙方更换材料重新制作犬笼;(2)诉讼费用由乙方承担。乙方答辩称,该批犬笼制作完毕后已经甲方验收并投入使用,犬笼制作材料符合国家质量标准,出现锈蚀、变形等现象系甲方采取防锈措施不力及使用不当所致,乙方不构成违约。乙方同意免费提供劳务重新制作犬笼,但所需的材料应由甲方提供。

【解析】

承揽人应当确保对其选用材料的质量符合合同约定。

《民法典》第 774 条规定,承揽人提供材料的,应当按照约定选用材料,并接受定作人检验。定作人对材料的检验是定作人的一项权利,是承揽人的法定义务。本案中,制作犬笼的各项材料均由承揽人提供,定作人不负有检验义务。

定作人支付了报酬,不能认定承揽人提供的工作成果就符合合同约定。即受领不能被认为是对责任追究的放弃。双方在《不锈钢犬笼制作协议》中对制作犬笼所用材料进行了约定,承揽人应当按照该约定选用材料。根据相关质量监督检验机构的鉴定意见,承揽人制作犬笼所用钢材型号、钢管壁厚等均不符合双方约定,构成违约。且双方协议约定该批犬笼由承揽人质保 30 年,质量问题由承揽人负责,加之承揽人用材质量违约,应当承担相应的违约责任。[1]

---

[1] 改编自重庆市高级人民法院(2016)渝民再 43 号案件,发布日期:2016-06-28。信息来源:中国裁判文书网, https://wenshu.court.gov.cn/website/wenshu/181107ANFZ0BXSK4/index.html?docId=77d57920cbab4354b9aa448c74d8f9d8

第三节 承揽合同的风险负担和终止

一、承揽合同的风险负担

承揽合同中的风险负担,是指发生了不可归责于双方的事由,使得承揽的材料、工作成果发生毁损、灭失导致履行不能的后果时,承揽人与定作人中由谁承担风险。承揽合同中的风险负担可以分为三种情况。

(一)承揽工作中的风险

承揽工作中的风险,是指在完成工作过程中,对第三人造成损害或者造成自身损害的风险由谁承担。对此风险,应由承揽人承担。但定作人对定作、指示或者选任存在过错的,应承担过错责任。

(二)材料的风险负担

材料的风险负担,是指承揽合同中定作人或者承揽人提供的材料由于不可归责的事由发生毁损、灭失的风险由谁承担。根据民法上的风险负担原则,一般由材料的所有人承担风险,当事人另有约定的除外。这一点得到了很多国家和地区民事立法的承认,如《德国民法典》第644条第1款规定,承揽人对定作人所供给材料的意外灭失或意外毁损,不负责任。

(三)工作成果的风险负担

工作成果的风险负担,是指承揽人已完成的工作成果,由不可归责于双方当事人的事由毁损、灭失的,工作成果本身遭受的损失由谁来承担。这要区分两种类型的承揽合同来考虑:

(1)定作人自始就取得工作成果的承揽合同,如承揽人为定作人自有的房屋进行粉刷,该工作成果的所有权由定作人原始取得,则根据谁所有谁承担风险的原则由定作人承担。

(2)承揽人首先获得工作成果的所有权,之后发生承揽人和定作人之间工作成果所有权转移的承揽合同,工作成果的风险承担,参照买卖合同中标的物毁损、灭失的风险负担的有关规定,在工作成果交付之前由承揽人承担,交付之后由定作人承担,当事人另有约定或者法律另有规定的除外。

二、承揽合同的终止

(一)合同终止的一般规定同样适用承揽合同

承揽合同是合同的一种具体形态,合同终止的一般规定同样也适用于承揽合同。如因法定事由的发生而终止,包括承揽人死亡或失去工作能力、定作人或承揽人受破产宣告等。

(二)因解除终止

合同解除是指在合同期满之前因某种原因的出现,由双方当事人协商一致,或者由一方当事人依据合同约定的或者法律规定的解除事由行使解除权,而使合同权利义务提前终止的一种法律效果。

1. 承揽合同因协议而终止

承揽合同依双方合意而成立,自然也可以因双方合意而解除。双方可在承揽合同成立后,通过协议解除合同,也可以在承揽合同中约定解除合同的条件。

2. 承揽合同因当事人一方严重违约而解除

这种情况主要包括:承揽人未依约定按时完成合同义务而使其工作对定作人已无意义的;承揽人未经定作人同意将承揽合同的主要工作转由第三人完成的;定作人在检验、监督中发现承揽人工作中存在问题,经向承揽人提出,而承揽人拒不更改的;定作人未尽到协助义务,经承揽人催告通知仍不履行的;等等。上述情况出现时,当事人均可行使合同解除权,有损害存在的,可同时请求损害赔偿。

3. 定作人的随时解除合同权

《民法典》第787条规定,定作人在承揽人完成工作前可以随时解除合同,造成承揽人损失的,应当赔偿损失。

小贴士

在承揽合同中,定作人享有的是任意解除权,即在承揽合同成立后至承揽人完成承揽工作前,定作人随时可以行使任意解除权,解除承揽合同。这是承揽合同特有的解除权,是由承揽合同的性质决定的。

承揽合同的基础是定作人对工作成果要求的特殊性,因此在工作成果完成之前,定作人享有任意解除权,当定作人认为定作工作已经没有必要的时候,再继续完成定作工作,会造成双方的损失,因此,解除合同就是必要的,可以避免更大的损失。

在承揽合同中,承揽人不享有此项权利,承揽人任意变更或解除承揽合同的,属违约行为,应承担违约责任。

定作人行使任意解除权的要求是:

(1)定作人在合同有效期间内提出解除合同,行使解除权的期间是承揽合同成立后至承揽人完成定作工作之前。

(2)定作人行使解除权,应当通知承揽人,通知到达承揽人时,承揽合同解除。

(3)定作人解除合同给承揽人造成损失的,应当承担全部损失的赔偿责任,包括已经完成的工作部分的报酬、支出的材料费、解除合同的实际损失。承揽合同解除后,双方各自负有返还义务。承揽人应当将已经完成的部分工作成果交付定作人,定作人提供材料有剩余的,应返还定作人。定作人预先支付报酬的,在扣除已完成部分的报酬外,承揽人应当将剩余部分返还定作人。

思考与练习

一、简述题

1. 简述承揽合同的概念与特点。
2. 简述承揽合同的种类。
3. 简述承揽合同的内容。
4. 简述承揽合同对承揽人的效力。
5. 简述承揽合同的终止。

二、案例分析

【基本案情】

2020年10月27日,定作人甲方与承揽人乙方签订《红木家具定作合同》,约定3个月后交付定作物。合同签订后,双方就定作物样式、尺寸等问题通过邮件、微信等方式进行了频繁密切的沟通。2020年11月27日,定作人因资金紧张突然提出解除合同,而此时承揽人已为履约做了大量准备工作,其购买原材料、工具等实际支出共计10万元。

【思考讨论】

1. 本案中甲方提出解除合同是否违约?
2. 甲方应否赔偿乙方因合同解除造成的损失?

【分析要点】

1. 依据《民法典》的规定,定作人在承揽人完成工作前可以随时解除合同。本案中,甲方在定作人完成工作之前要求与其解除承揽合同,该解除行为符合《民法典》的规定,因此不构成违约。

2. 本案中,承揽合同签署后,乙方已为履约做了准备工作,共花费10万元,依据《民法典》规定,定作人解除合同给承揽人造成损失的,应当赔偿其损失。

第十八章　建设工程合同

【学习目标】
1. 了解建筑工程合同的含义。
2. 掌握建筑工程的特征。
3. 掌握违法分包、转包的概念。
4. 了解和掌握建筑工程合同当事人的主要义务。
5. 掌握承包人法定优先受偿权。

【引例】
甲大学与乙公司签订建设工程施工合同,由乙承建甲的新教学楼。经甲同意,乙把主体结构的施工分包给丙公司。
请问:依据《民法典》,甲和乙之间的建设工程施工合同是否有效?
【解析】
《民法典》第791条第3款规定,建筑工程主体结构的施工必须由承包人自行完成。本案中,乙把主体结构的施工分包给丙公司,属于违法分包,所以甲和乙之间的建设工程施工合同无效。

第一节　建设工程合同的概述

一、建设工程合同的概念

建设工程合同,是指发包人与承包人签订的由承包人按照要求完成工程建设,发包人支付一定价款的合同。《民法典》第788条第1款规定:"建设工程合同是承包人进行工程建设,发包人支付价款的合同。"建设工程合同有广义和狭义两种解释,广义上的建设工程合同包括建筑物的勘察、设计、建造、装修、改进、修缮等各种合同,狭义上的建设工程合同仅仅是指建设工程的勘察、设计和施工合同。我国《民法典》采纳了狭义的概念。

二、建设工程合同的特征

(一) 承包人应具有相应的资质

建设工程具有投资大、周期长、质量要求高、技术要求全面等特点,一般民事主体不易完成。为了确保建筑工程质量和安全,我国《建筑法》等有关法律也对建设工程的承包人规定了资质要求,施工的承包人必须是经国家认可的具有一定建设资质的法人。因此,在建设工程领域,无论是建设工程的施工、勘测还是设计,均要求承包人具备一定的资质等级。法律严格禁止承包人在无资质和超越资质的情况下承揽建筑工程,禁止承包人以任何形式借用其他企业的资质等级承揽工程。

2021年《最高人民法院关于审理建设工程施工合同纠纷案件适用法律问题的解释(一)》第1条规定:"建设工程施工合同具有下列情形之一的,应当依据《民法典》第153条第1款的规定,认定无效:(1)承包人未取得建筑业企业资质或者超越资质等级的;(2)没有资质的实际施工人借用有资质的建筑施工企业名义的;(3)建设工程必须进行招标而未招标或者中标无效的。承包人因转包、违法分包建设工程与他人签订的建设工程施工合同,应当依据《民法典》第153条第1款及第791条第2款、第3款的规定,认定无效。"

(二) 建设工程合同为要式、有偿、诺成、双务合同

《民法典》第789条规定:"建设工程合同应当采用书面形式。"

三、建设工程合同与相关合同的区别

(一) 建设工程合同与一般承揽合同

建设工程合同是承揽合同的一种特殊形态,立法者考虑到建设工程合同的复杂性和重要性,法律必须对建设工程合同作出特别的规定,实行特别调整。《民法典》第808条规定:"本章没有规定的,适用承揽合同的有关规定。"在建设工程合同没有特别规定的情况下,承揽合同中的一些规定,对建设工程合同也是可以适用的。

但是建设工程合同和一般承揽合同也是存在区别的,主要表现在:第一,工作成果的不同。第二,权利义务内容不同。第三,合同主体的资质要求不同。第四,在加工承揽合同中,主要是由定作人提供材料,而在建设工程合同中,一般由承包人自备材料。第五,是否存在任意解除权不同。

(二) 建设工程合同和委托合同

建设工程合同有些具体的合同在性质上属于委托合同。虽然两者都是受托人按照委托人的要求从事一定的工作,但两者之间也有一定的区别,主要表现在:

(1)建设工程合同中的承包人要以自己的名义,按照发包人的要求从事建设工程活动。但在委托合同中,受托人大多以委托人的名义从事行为。

(2)建设工程中必须要交付特定的工作成果,即对债务履行的结果有特别的要求。而在委托合同中,并不一定对结果有特定的要求。

(3)在建设工程合同中,对承包人有特别的资质要求。而在委托合同中并不一定存在对受托人的特别资质要求。

(4)在建设工程合同中,承包人是按照自己制定的计划和安排进行工程建设,其所负担的主要义务是按期完成工程建设,并交付质量合格的建设工程。在委托合同中,受托人应当按照委托人的指示处理委托事务,且负有报告的义务。

四、建设工程合同的类型

《民法典》第788条第2款规定:"建设工程合同包括工程勘察、设计、施工合同。"建设工程合同是由建设勘察合同、建设设计合同和建设施工合同构成的。在某些情况下,如果承包人实行总承包,同一个合同就可能涵盖以上三种合同类型。如果采取分别订约的方式,上述区分就是必要的。

依据《民法典》791条第1款的规定,发包人可以与总承包人订立建设工程合同,也可以分别与勘察人、设计人、施工人订立勘察、设计、施工承包合同。因此,发包人可以仅与总承包人订立一个建设工程合同,其中包括勘察、设计和施工三个部分,也可以与各个主体分别订立三种类型的合同。

(一) 总承包合同

1. 总承包合同的概念

总承包合同,是发包人与总承包人就建设工程各个方面的内容订立一个总合同,其通常包括勘察、设计、施工承包合同等内容的合同。由于在总承包中,总承包人要从事勘察、设计、施工等各个方面的工作,因而总承包人通常具有勘察、设计、施工等各个方面的资质,能够独立完成整个工程项目。

2. 总承包的优势

采取总承包的优势在于:有利于充分发挥大承包商专业技术能力强、经验丰富、组织管理能力强等优势,而且有利于保障工程建设的统一,保证工程的质量与进度,也符合专业化大生产社会分工的要求。在总承包的方式下,由该承包人就建设工程的全过程向发包人负责。《民法典》第791条第2款规定:"总承包人或者勘察、设计、施工承包人经发包人同意,可以将自己承包的部分工作交由第三人完成。第三人就其完成的工作成果与总承包人或者勘察、设计、施工承包人向发包人承担连带责任。"

(二) 单项工程承包合同

单项工程承包,是发包人采取订立专业承包的方式,分别与勘察人、设计人、施工人订立勘察、设计、施工承包合同。单项工程承包合同中,各承包人分别负责建设工程的勘察、设计、建筑等工作,依据各自与发包人订立的承包合同与发包人产生债权债务关系。

第二节 建设工程合同的订立和主要条款

一、建设工程合同的订立

建设工程合同的订立可以经协商签订,也可以通过招标与投标程序进行。

符合《招标投标法》规定的建设工程,必须采取招标与投标程序。《民法典》第790条规定:"建设工程的招标投标活动,应当依照有关法律的规定公开、公平、公正进行。"公开,就是要针对建设工程的招标投标活动做到信息公开,公开透明本身是招标投标活动公平公正的前提条件。而所谓公平、公正,是指要对所有投标人一视同仁,确保程序上的公正,不得进行"暗标"从而寻求寻租空间。依据《民法典》第792条的规定,国家重大建设工程合同,应当按照国家规定的程序和国家批准的投资计划、可行性研究报告等文件订立。

二、勘察、设计合同

(一)勘察、设计合同概述

建设工程勘察、设计合同,是指发包人与勘察人、设计人之间订立的由勘察人、设计人完成发包人委托的勘察设计任务,而发包人应支付相应价款的合同。

勘察是指根据发包人的要求,对工程的地理状况进行调查,包括对工程进行测量、查明、分析,评价建设场地的地质地理环境特征和岩土工程条件,编制建设工程勘察文件的活动等。勘察主要是对地形、地貌和地质条件、周边环境进行选址、勘测;通过勘察,方可确定是否适合在某地进行特定的施工工作。

设计是指设计人按照委托人的要求,对工程结构进行设计,对建设工程所需的技术、经济、资源、环境等条件进行综合分析、论证,编制建设工程设计文件的活动。

勘察是设计的前提,在完成建设工程勘察的基础上,方可展开建设工程设计。而只有完成建设工程设计,才可以开展施工活动。虽然勘察、设计可以分别订立合同,但在实践中,勘察和设计又通常联系在一起。

(二)建设工程勘察、设计合同的内容

《民法典》第794条规定:"勘察、设计合同的内容一般包括提交有关基础资料和概预算等文件的期限、质量要求、费用以及其他协作条件等条款。"该条款既可以为当事人订立合同提供指引,也可以明晰双方当事人之间的权利义务关系,从而尽量避免或减少纠纷。

三、施工合同

（一）施工合同概述

建设工程施工合同，是指发包人与承包人之间签订的，由承包人从事一定的施工活动并建设交付工程成果，发包人应依据合同约定支付报酬的协议。此类合同是建设工程合同的主要类型和典型形态，同时也是工程建设质量控制、进度控制、投资控制的主要依据。建设工程施工包括各类房屋建筑及其附属设施的建造、装修装饰和与其配套的线路、管道、设备的安装，以及城镇市政基础设施工程的施工。

（二）施工合同的内容

《民法典》第795条规定："施工合同的内容一般包括工程范围、建设工期、中间交工工程的开工和竣工时间、工程质量、工程造价、技术资料交付时间、材料和设备供应责任、拨款和结算、竣工验收、质量保修范围和质量保证期、相互协作等条款。"

四、委托监理合同

建设工程监理，是指具有相应资质的工程监理企业，接受建设单位的委托，依照法律、法规以及有关技术标准、设计文件和建设工程承包合同，代表建设单位对承包人在施工质量、建设工期和建设资金等方面所从事的专门性的监督管理的活动。《民法典》第796条规定："建设工程实行监理的，发包人应当与监理人采用书面形式订立委托监理合同。发包人与监理人的权利和义务以及法律责任，应当依照本编委托合同以及其他有关法律、行政法规的规定。"依据这一规定，发包人应当与监理人订立委托监理合同。

五、违法分包、转包

（一）违法分包

建设工程的分包，是指工程总承包人、勘察承包人、设计承包人、施工承包人承包建设工程后，将其承包的某一部分工程或某几部分工程，再发包给其他承包人，与其签订承包合同项下的分包承包方式。依据《民法典》791条的相关规定，法律并不禁止分包，但是禁止违法分包。这就要求在分包时，一是分包必须取得发包人的同意；二是禁止将工程分包给不具有相应资质条件的单位；三是禁止分包单位将其承包的工程再分包；四是禁止将建设工程主体结构的施工分包给他人完成。

（二）违法转包

建设工程的转包，是指建设工程的承包人将其承包的建设工程整体转让给第三人，使该第三人实际上成为该建设工程承包人的行为。

转包与分包的根本区别在于:在转包情形下,原承包人将其工程全部转让给他人,自身并不实际施工,也不实际履行合同约定的义务;而在分包行为中,承包人只是将其承包工程的某一部分或几部分再分给其他承包人,承包人仍然要就承包合同约定的全部义务履行向发包人负责。而建设工程项目往往极其复杂、工程期限较长,依赖于发包人与承包人之间的信任关系。

如果承包人将工程转包或全部分包,实际上就意味着承包人自身不再承担任何合同约定的义务,这不仅会破坏发包人与承包人之间的信任关系,也极可能会危及建设工程的质量安全。因此,《民法典》第791条第2款专门规定严格禁止承包人进行转包行为。

第三节 建设工程合同当事人的权利、义务

一、承包人的权利、义务

(一)接受发包人的必要监督

《民法典》第797条规定:"发包人在不妨碍承包人正常作业的情况下,可以随时对作业进度、质量进行检查。"该条确认了发包人的检查权利,条文中采用"随时"二字,就表明发包人可以在任意时间进行检查,同时也不得影响承包人的正常作业。

(二)隐蔽工程隐蔽前的通知义务

《民法典》第798条规定:"隐蔽工程在隐蔽以前,承包人应当通知发包人检查。发包人没有及时检查的,承包人可以顺延工程日期,并有权请求赔偿停工、窝工等损失。""隐蔽工程"是铺设在装饰表面内部的工程,如给排水工程、电器管线工程、地板基层、护墙板基层、门窗套板基层、吊顶基层等。

(三)按期提交竣工验收

《民法典》第799条第2款规定:"建设工程竣工经验收合格后,方可交付使用;未经验收或者验收不合格的,不得交付使用。"因此,在建设工程完成之后,承包人应当及时将工程提交发包人进行竣工验收。

(四)保证建设工程质量

保证工程质量是承包人的基本义务。为了保证建设工程质量,承包人应当认真做好施工前的准备工作。承包人应当严格按照施工图纸和操作规程施工,确保工程质量。在施工过程中,必须按照工程设计图纸和施工技术标准施工,不得擅自修改工程设计。在施工中,不得偷工减料、以次充好。《民法典》第801条规定:"因施工人的原因致使建设工程质量不符合约定的,发包人有权请求施工人在合理期限内无偿修理或者返工、改建。经过修理或者返工、改建后,造成逾期交付的,施工人应当承担违约责任。"在因承包人的

原因造成工程质量不合格的情形下,承包人应当修理、返工、改建的方式继续履行,发包人也有权请求减少支付工程款。

(五)防止损害发生

依据《民法典》第802条的规定,如果因承包人的原因导致建设工程的质量不合格,造成他人损害的,承包人应当承担损害赔偿责任。这就在法律上确立了承包人保证工程质量,防止损害发生的义务,违反该义务需要承担相应的民事责任。其构成要件包括:

(1)因承包人的原因导致建设工程造成他人人身损害和财产损失。

(2)在验收合格之后的合理期限内发生损害。

(3)必须实际造成了对他人的人身损害和财产损失。

(4)此处所指的损害赔偿,既包括违约责任,也包括侵权损害赔偿责任。

二、发包人的权利、义务

(一)及时验收义务

工程在竣工之后,发包人应当及时组织验收。竣工验收,是承包人按照设计要求完成了建设工程的全部工作,在交付给发包人投入使用之前,由发包人依据国家的相关规定,对该工程是否符合合同的条件所进行的检查与验收工作。《民法典》第799条第1款规定:"建设工程竣工后,发包人应当根据施工图纸及说明书、国家颁发的施工验收规范和质量检验标准及时进行验收。"

(二)接收建设工程的义务

竣工验收是交付的前提。只有在竣工验收合格后,发包人才有义务接收该建设工程。而且建设工程必须经过验收合格之后,才可以交付使用。《民法典》第799条第1款规定:"验收合格的,发包人应当按照约定支付价款,并接收该建设工程。"确立了发包人在验收合格后负有接收建设工程的义务。

(三)按照约定或者需要提供原材料、设备、场地、资金、技术资料的义务

建设工程是一项复杂的整体工程,如果要按时保质完成工程,则不仅需要承包人按照合同的约定及时进行工程建设,而且需要发包人在整个建设工程中对承包人的建设活动予以协助。发包人履行协助义务是建设工程得以顺利进行的必要条件,而协助义务的具体内容和范围,应当根据当事人的约定、建设工程的特点等加以确定。依据《民法典》第803条的规定:"发包人未按照约定的时间和要求提供原材料、设备、场地、资金、技术资料的,承包人可以顺延工程日期,并有权请求赔偿停工、窝工等损失。"

(四)支付价款的义务

《民法典》第788条规定:"建设工程合同是承包人进行工程建设,发包人支付价款的

合同。"据此,建设工程合同承包人需要凭借其技术、人员等进行工程建设,并交付一定的工作成果,而发包人应当按照约定支付价款。依据2021年《最高人民法院关于审理建设工程施工合同纠纷案件适用法律问题的解释(一)》第19条:"当事人对建设工程的计价标准或者计价方法有约定的,按照约定结算工程价款"。对于建设工程的计价标准或者计价方法有约定的,应当按照当事人的约定计算。但是当事人另行约定的建设工程合同与备案的中标合同存在实质性差异时,依据该司法解释第22条,应以中标合同作为结算工程款的依据。

第四节 建设工程合同的相关法律问题

一、承包人法定优先受偿权

(一) 承包人法定优先受偿权的概念

承包人法定优先受偿权是指在建设工程竣工以后,发包人未按照约定支付价款,承包人对其承包的建设工程,通过折价、拍卖等方式而获得的价款有优先受偿的权利。《民法典》第807条规定:"发包人未按照约定支付价款的,承包人可以催告发包人在合理期限内支付价款。发包人逾期不支付的,除根据建设工程的性质不宜折价、拍卖外,承包人可以与发包人协议将该工程折价,也可以请求人民法院将该工程依法拍卖。建设工程的价款就该工程折价或者拍卖的价款优先受偿。"

(二) 承包人法定优先受偿权的特征

第一,承包人优先受偿权是法定权利。第二,承包人法定优先受偿权的内容是就建设工程的变价优先受偿。第三,承包人法定优先受偿权,仅适用于建设工程施工合同。

(三) 承包人法定优先受偿权具有优先于一般债权和抵押权的效力

依据2021年《最高人民法院关于审理建设工程施工合同纠纷案件适用法律问题的解释(一)》第36条:"承包人根据《民法典》第807条规定享有的建设工程价款优先受偿权优于抵押权和其他债权。"

(四) 承包人法定优先受偿权担保的债权范围和行使期限

依据2021年《最高人民法院关于审理建设工程施工合同纠纷案件适用法律问题的解释(一)》第40条:"承包人建设工程价款优先受偿的范围依照国务院有关行政主管部门关于建设工程价款范围的规定确定。承包人就逾期支付建设工程价款的利息、违约金、损害赔偿金等主张优先受偿的,人民法院不予支持。"承包人法定优先受偿权担保的债权应当包括:第一,发包人未支付的工程款。第二,承包人垫付的资金。第三,建筑工程的材料款。第四,装饰装修工程款。

依据2021年《最高人民法院关于审理建设工程施工合同纠纷案件适用法律问题的解释(一)》第41条:"承包人应当在合理期限内行使建设工程价款优先受偿权,但最长不得超过18个月,自发包人应当给付建设工程价款之日起算。"

(五)放弃承包人法定优先受偿权不得损害建筑工人利益

依据2021年《最高人民法院关于审理建设工程施工合同纠纷案件适用法律问题的解释(一)》第42条:"发包人与承包人约定放弃或者限制建设工程价款优先受偿权,损害建筑工人利益,发包人根据该约定主张承包人不享有建设工程价款优先受偿权的,人民法院不予支持。"承包人享有该项权利,主要是保护弱势群体的利益。承包人对于该权利的放弃有可能涉及建筑工人的利益问题,法律有必要对此种放弃作出必要的限制。

二、建设工程施工合同无效后的法律效果

我国《民法典》第793条规定:"(1)建设工程施工合同无效,但是建设工程经验收合格的,可以参照合同关于工程价款的约定折价补偿承包人。(2)建设工程施工合同无效,且建设工程经验收不合格的,按照以下情形处理:①修复后的建设工程经验收合格的,发包人可以请求承包人承担修复费用;②修复后的建设工程经验收不合格的,承包人无权请求参照合同关于工程价款的约定折价补偿。发包人对因建设工程不合格造成的损失有过错的,应当承担相应的责任。"

依据该条,在建设工程验收合格的情况下,承包人有权请求参照合同关于工程价款的约定折价补偿。此处所说的"参照"并不是说完全按照合同有效的情形来处理,因为其毕竟是合同因为违法而无效,如果完全按照合同有效的规定来处理,将会使得合同无效的法律效果没有实质意义。

📓 思考与练习

一、思考题

1. 试述建设工程合同的法律特征。
2. 试述建筑工程合同当事人的主要义务。
3. 试述承包人法定优先受偿权。

二、案例分析

【基本案情】

温州民生银行因与依利高鞋业公司等金融借款合同纠纷一案诉至法院,温州中院判令:依利高鞋业有限公司偿还温州民生银行借款本金及利息。如依利高鞋业有限公司不

履行还款义务,温州民生银行有权以拍卖、变卖被告青田公司提供抵押的坐落于青田县船寮镇赤岩工业区房产及工业用地的所得价款优先受偿。

在执行过程中,山口建筑公司以(2016)浙1121民初1800号民事判决为依据,要求对青田公司享有的建设工程款债权优先于抵押权和其他债权受偿,对坐落于青田县船寮镇赤岩工业区建设工程项目折价或拍卖所得价款优先受偿。

温州民生银行认为案涉建设工程于2011年10月21日竣工验收合格,但山口建筑公司直至2016年4月20日才向法院主张优先受偿权,显然已超过了6个月的期限,故请求撤销(2016)浙1121民初1800号民事判决,并确认山口建筑公司就案涉建设工程项目折价、拍卖或变卖所得价款不享有优先受偿权。

【思考讨论】

依据《民法典》,温州民生银行请求撤销(2016)浙1121民初1800号民事判决,是否会得到法院支持?

【分析要点】

2021年《最高人民法院关于审理建设工程施工合同纠纷案件适用法律问题的解释(一)》第36条规定:"承包人根据《民法典》第807条规定享有的建设工程价款优先受偿权优于抵押权和其他债权。"第41条规定:"承包人应当在合理期限内行使建设工程价款优先受偿权,但最长不得超过18个月,自发包人应当给付建设工程价款之日起算。"本案中,山口建筑公司自案涉工程竣工验收至提起原案诉讼远远超过规定的期限,山口建筑公司在规定的期限内行使建设工程价款优先权时并未采取起诉、仲裁等具备公示效果的方式。法院应当支持,温州民生银行请求撤销〔2016〕浙1121民初1800号民事判决之诉。

本案是最高人民法院发布第27批共9件指导性案例之一,内容涉及第三人撤销之诉和案外人执行异议之诉相关法律适用问题,供各级人民法院审判类似案件时参照。

第十九章 运输合同

【学习目标】
1. 理解客运合同和货运合同的概念。
2. 了解客运合同承运人的主要义务。
3. 了解货运合同承运人的主要义务。

【引例】
甲在山东收购了5吨新鲜蔬菜,欲运往北京销售。甲与某货运公司达成了口头运输合同,约定由该货运公司派出一辆卡车,甲押车,将蔬菜运往北京。经过两天跋涉到达北京,甲发现大部分蔬菜已经腐烂,遂起诉该货运公司要求赔偿。经调查得知,蔬菜在交付装运前突遭雨淋,这是蔬菜腐烂的原因,货运公司并无包装不当、迟延等过错。

请问:法院是否应支持甲的诉讼请求?

【解析】
法院不应支持甲的诉讼请求。托运人甲交付的蔬菜被雨淋湿及由其在途押车,是货运公司免责的理由。

第一节 运输合同概述

一、运输合同的概念和特征

(一) 运输合同的概念

"运输合同是承运人将旅客或者货物从起运地点运输到约定地点,旅客、托运人或者收货人支付票款或者运输费用的合同"。(《民法典》第 809 条)运输合同是利用交通运输工具提供劳务的合同,运输合同分为客运合同和货运合同。在运输合同中,运输旅客或者货物的一方当事人是承运人,另一方当事人是托运人或者旅客,通常还有收货人参加合同关系。

(二) 运输合同的特征

运输合同属于提供劳务一类的合同。劳务是一种行为,因此运输合同的标的是行为,而且是运送行为,具体而言,是利用交通运输工具提供劳务的运送行为。

1. 运输合同为双务、有偿合同

运输合同的承运人以承运旅客或者货物为营业内容,以收取票款或者运费为营利手段,因此,运输合同是有偿合同,旅客或者托运人必须按照合同约定向承运人支付票款或者运费。当然,也有特殊例外的情况,例如,在客运合同中,虽然有儿童免票(通常以儿童的身高或者年龄为免票的依据)的规定,但这并不影响运输合同为有偿合同的基本性质。在运输合同中,还存在明显的对价关系,即承运人与旅客或者托运人相互享有权利、承担义务,承运人负有将旅客或者货物安全、准时运输至约定地点的义务,享有收取票款或者运输费用的权利,旅客或者托运人则负有按约定支付票款或者运费的义务。因此,运输合同为双务、有偿合同。

2. 运输合同的标的是承运人的运输行为

在运输合同中,承运人以运送旅客或者货物为履行对象,目的是实现旅客或者货物的空间转移。承运人为旅客或者托运人提供的是一种运输服务,而不是某项工作成果,承运人还必须以自己的名义和实际行动独立地完成运输旅客或者货物的工作。因而,运输合同有别于承揽合同,同时也不属于雇佣合同或者委托合同。运输合同的标的不是一般的劳务,也不是被运输的旅客或者货物,而是承运人的运输行为。

3. 运输合同经常表现为格式合同

在运输合同中,其主要条款及当事人的权利、义务和责任基本上都有专门的法律法规调整。合同的格式、客票、提单、货运单、行李单等基本上都是统一印制的,不仅如此,对于运费的收取也有相应的法律规定予以规范,承运人一般会预先公告收费标准,不可以随心所欲地变更。当双方签订合同时,不需要协商,只需要在提前印制好的凭证上的空白处填写即可。因而,运输合同通常为格式合同。采用格式合同,可以提高效率,使得运输合同的成立更迅速、更便利、更简捷。简化签订合同的准备工作,也可以防止承运人利用控制运输工具的有利条件任意加收运费,更好地维护当事人的合法权益。当然,运输合同的当事人在某些具体的运输活动中,也可以不采用格式合同,而由双方当事人协商确定合同条款。

小贴士

我国《邮政法》第39条规定:"实行政府指导价或者政府定价的邮政业务范围,以中央政府定价目录为依据,具体资费标准由国务院价格主管部门会同国务院财政部门、国务院邮政管理部门制定。邮政企业的其他业务资费实行市场调节价,资费标准由邮政企业自主确定。"

二、运输合同的分类

运输合同适用范围广、种类多,按不同的标准可以对运输合同作出不同的分类。常见的分类有以下几种:

(1)以运输合同的对象为标准,运输合同可以分为货物运输合同和旅客运输合同。货物运输合同又可分为普通货物运输合同、特种货物(如生鲜、易腐烂、易变质货物,动物等)运输合同、危险货物(如易燃、易爆、有毒等货物)运输合同。

(2)以运输工具为标准,运输合同可以分为铁路运输合同、公路运输合同、海上运输合同、航空运输合同以及管道运输合同等。

(3)以运输方式为标准,运输合同可以分为单一运输合同和联合运输合同。单一运输合同是指以一种运输工具进行运输的合同;联合运输合同是指以两种以上的运输工具进行运输的合同,它又可以分为国内联合运输合同和国际联合运输合同。

此外,还可以以运输的距离为标准,将运输合同分为短途运输、中途运输和长途运输;也可以运输时间为标准,将运输合同分为短期运输、中期运输和长期运输。《民法典》规定了客运合同、货运合同和多式联运合同三种。

三、承运人、旅客、托运人、收货人的基本义务

(一)承运人的基本义务

1. 按时、按地、安全运输的义务

"承运人应当在约定期限或者合理期限内将旅客、货物安全运输到约定地点。"(《民法典》第811条)这里有三个要素:按时、按地、安全。这三个要素的要求,体现了承运人最基本的义务。

2. 按合理运输路线运输的义务

合理的运输路线是指约定的路线和通常的路线。"承运人应当按照约定的或者通常的运输路线将旅客、货物运输到约定地点。"(《民法典》第812条)

3. 从事公共运输的承运人有强制缔约义务

"从事公共运输的承运人不得拒绝旅客、托运人通常、合理的运输要求。"(《民法典》第810条)

(二)旅客、托运人、收货人的基本义务

旅客、托运人和收货人的基本义务是支付票款或者运输费用。"旅客、托运人或者收货人应当支付票款或者运输费用。承运人未按照约定路线或者通常路线运输增加票款或者运输费用的,旅客、托运人或者收货人可以拒绝支付增加部分的票款或者运输费用。"(《民法典》第813条)

货运合同成立时即生效。客运合同比较复杂。"客运合同自承运人向旅客出具客票时成立,但是当事人另有约定或者另有交易习惯的除外。"(《民法典》第814条)不同交通工具的客运合同,成立和生效时间不同。火车客运合同在检票的时候生效;飞机客运合同在办理乘机手续的时候生效;公路客运合同在旅客上车的时候生效;半路拦截公共汽

车的运输合同,在旅客上车的时候合同成立并生效,不以交付客票为成立的要件。

第二节 客运合同

一、客运合同的概念和特征

客运合同,又称为旅客运输合同,是指承运人与旅客达成的由承运人使用运输工具,将旅客及其行李安全运送到约定的目的地,旅客为此支付票款的协议。依照客运合同,承运人按照旅客的要求,将其运送到目的地,旅客有义务向承运人支付规定的票款。以运输工具不同为标准,客运合同可以分为铁路客运合同、公路客运合同、水路客运合同和航空客运合同。合同类型不同,所使用的票证也不一样,铁路、公路客运合同使用车票,水路客运合同使用船票,航空客运合同使用机票。票证是证明客运合同存在的凭证,记载着当事人之间的权利和义务如旅客的座位或者铺位、旅客支付的票款、旅客要到达的车站、码头、机场的名称等内容。

客运合同是运输合同的一种,除具有运输合同的一般特征外,还具有以下法律特征:

1. 在客运合同中,还包含有对旅客行李的运输内容

客运合同不仅约定了将旅客运送到目的地,而且还有将旅客一定规格、数量的行李随同旅客一起运送的内容。旅客在乘坐运输工具时,一般都随身携带一定的行李,承运人应当公告允许旅客携带行李的规格、数量、种类等。如果旅客携带的行李没有超过规定的规格、数量和种类,应当允许旅客随身携带;如果旅客携带的行李超过了规定的规格、数量和种类,则应当要求旅客凭客票办理托运手续,领取行李票。此行李票与客运合同有密切联系,虽是托运行李的货运合同凭证,但与普通的货运合同有所不同。

2. 客运合同通常采用票证形式

客运合同一般为格式合同,由承运人预先拟订,通常采用票证形式,如火车票、汽车票、轮船票、飞机票等。这些票证既是客运合同的书面表现形式,也是有价证券。《民法典》第 814 条规定:"客运合同自承运人向旅客出具客票时成立,但是当事人另有约定或者另有交易习惯的除外。"

3. 客运合同变更与解除较为简便

合同一经成立,便对当事人双方产生法律拘束力,任何一方不得擅自变更或者解除合同,客运合同也不例外。但是,跟其他合同相比较而言,客运合同的成立简便,变更或者解除也相对容易。旅客可以根据实际情况,在规则允许的前提下提出变更要求。

例如,旅客可以在旅途中申请将硬座换为软座或者卧铺,也可以申请将飞机经济舱座位升级为头等舱座位,在交通工具上补足票款差价即可。只要经承运人同意,并办理转签手续,旅客可以换乘其他车次。旅客如果提出退票或者解除合同,只要在规定的时间内提出,甚至不需要交纳手续费即可办理,如超过了规定的时间,交纳一定的手续费也可办理。

4. 旅客既是客运合同的一方当事人,也是运输对象

客运合同是旅客与承运人之间关于运送旅客的协议,客运合同的目的是承运人为旅客提供运输服务,将旅客安全、准时送至约定地点。因此,客运合同的运输对象是旅客,同时旅客又是客运合同的一方当事人。旅客有权选择乘坐交通工具的种类、时间以及服务的档次,同时也可以委托他人代为购买客票,但最终接受服务的是旅客本人。

二、客运合同当事人的权利和义务

根据《民法典》对客运合同的定义可知,客运合同的当事人包括旅客和承运人。

(一) 旅客的权利和义务

1. 旅客的权利

在客运合同中,旅客的权利主要有以下几项:

(1)按照有效客票记载的时间、班次和座位号乘坐约定的运输工具而被运送到目的地。这是旅客应当享有的最基本的一项权利,也是客运合同的一项主要内容。

(2)按照各承运人的相关规定,旅客可以免费携带一定数量、种类的随身物品以及一名未达一定身高或年龄的儿童随行的权利,即旅客的携带权。

(3)在运输过程中,旅客有权要求承运人提供与车票等级相适应的服务并保障其旅行安全。

(4)旅客对运输期间,在运输工具上发生的身体损害,有权要求承运人进行赔偿。

(5)旅客对运输期间,因承运人过错造成的随身携带物品的损失,有权要求承运人赔偿。

2. 旅客的义务

在客运合同中,旅客的义务主要有以下几项:

(1)旅客应当持有效客票乘运。客票是承运人受到旅客票款的收据,是承运人负责将旅客运送到目的地的书面凭证,同时,是旅客乘运的唯一凭证,也是证明客运合同存在的唯一凭证。旅客无票乘坐、超程乘坐、越级乘坐或者持不符合减价条件的优惠客票乘坐的,应当补交票款,承运人可以按照规定加收票款;旅客不支付票款的,承运人可以拒绝运输。实名制客运合同的旅客丢失客票的,可以请求承运人挂失补办,承运人不得再次收取票款和其他不合理费用。

> **小贴士**
>
> 根据《铁路旅客运输规程》的规定:"承运人一般不接受儿童单独旅行(乘火车通学的学生和承运人同意在旅途中监护的除外)。随同成年人旅行身高1.2—1.5米的儿童,享受半价客票、加快票和空调票(以下简称儿童票)。超过1.5米时应买全价票。每一成人

旅客可免费携带一名身高不足1.2米的儿童,超过一名时,超过的人数应买儿童票。儿童票的座别应与成人车票相同,其到站不得远于成人车票的到站。免费乘车的儿童单独使用卧铺时,应购买全价卧铺票,有空调时还应购买半价空调票"。

"在普通大、专院校(含国家教育主管部门批准有学历教育资格的民办大学),军事院校,中、小学和中等专业学校、技工学校就读,没有工资收入的学生、研究生,家庭居住地和学校不在同一城市时,凭附有加盖院校公章的减价优待证的学生证(小学生凭书面证明),每年可享受家庭至院校(实习地点)之间四次单程半价硬座客票、加快票、空调票(以下简称学生票)。动车组列车只发售二等座车学生票,学生票为全价票的75%。新生凭录取通知书、毕业生凭学校书面证明可买一次学生票。"

(2)遵守客运规章。旅客应当按照有效客票记载的时间、班次和座位号乘坐。旅客因自己的原因不能按照客票记载的时间乘坐的,应当在约定的期限内办理退票或者变更手续;逾期办理的,承运人可以不退票款,并不再承担运输义务。按照法律规定,旅客不得随身携带或者在行李中夹带易燃、易爆、有毒、有腐蚀性、有放射性以及可能危及运输工具上人身和财产安全的危险物品或者违禁物品。旅客要自觉按照法律规定履行自己的义务,如果违反规定,承运人可以将危险物品或者违禁物品卸下、销毁或者送交有关部门。

旅客坚持携带或者夹带危险物品或者违禁物品的,承运人应当拒绝运输。如果旅客因私自携带危险物品给承运人或者第三人造成损害的,旅客应当负赔偿责任,情节严重涉嫌犯罪的,应承担刑事责任。

(3)旅客在运输途中应当按照约定限量携带行李。旅客随身携带行李应当符合约定的限量和品类要求;超过限量或者违反品类要求携带行李的,应当办理托运手续。在客运合同中,承运人的主要义务是将旅客从起运地安全、准时运送到目的地,而不是为了运输旅客的行李。但是为了旅客乘运途中的方便,承运人或者有关部门一般允许旅客随身携带一定重量、体积的行李。由于运输工具上的空间有限,在旅客乘坐座位旁边不可能留有大量空间用于存放行李,所以,在运输工具上,一般都有专门地方存放旅客行李。

当旅客的行李超过一定限量时,对超过限量的行李,应当办理托运手续,交由承运人放置于运输工具上专门存放旅客行李的地方一并进行运输。对于超过随身携带限量需要办理托运手续的行李,旅客应当凭客票进行办理,承运人应当向旅客交付行李票。行李票是旅客托运行李的凭证,也是旅客与承运人签订的行李运输合同。旅客可以免费随身携带多少行李,乘坐不同的交通工具有不同的规定。

小贴士

根据《铁路旅客运输规程》的规定:"旅客携带品由自己负责看管。每人免费携带品的重量和体积是:儿童(含免费儿童)10千克,外交人员35千克,其他旅客20千克。每件物品外部尺寸长、宽、高之和不超过160厘米。杆状物品不超过200厘米;重量不超过20

千克。残疾人旅行时代步的折叠式轮椅可免费携带并不计入上述范围"。

根据《中国民用航空旅客行李运输规则》的规定:"每位旅客的免费行李额(包括托运和自理行李):持成人或儿童票的头等舱旅客为40公斤,公务舱旅客为30公斤,经济舱旅客为20公斤。持婴儿票的旅客无免费行李额。"

(二) 承运人的权利和义务

1. 承运人的权利

在客运合同中,承运人的权利主要有下列几项:

(1)根据相应标准收取客票价款以及行李、包裹的运费等有关费用的权利。承运人的这项权利一般是在客运合同成立之时实现的,但是,如果旅客无票乘坐、超程乘坐、越级乘坐或者持不符合减价条件的优惠客票乘坐的情况下,承运人收取票款的权利是在客运合同生效履行后才得以实现的,并且有权按照规定加收票款,如果旅客不支付票款的,承运人可以拒绝运输。

(2)按照有关规定查验客票及行李物品等安全检查的权利。承运人有权查验客票,发现旅客无票、超程、越级或者持不符合减价条件的优惠客票乘坐时,有权要求旅客补交票款,并且可以按照规定加收票款;如果旅客坚持不支付票款的,承运人可以拒绝运输。按照规定,旅客不得随身携带或者在行李中夹带易燃、易爆、有毒、有腐蚀性、有放射性以及可能危及运输工具上人身和财产安全的危险物品或者违禁物品,对此,承运人有采取适当措施进行安全检查的权利,如果旅客违反前款规定的,承运人可以将危险物品或者违禁物品卸下、销毁或者送交有关部门。旅客坚持携带或者夹带危险物品或者违禁物品的,承运人应当拒绝运输。

(3)旅客因自己的原因未能按照客票记载的时间乘坐的,且未在约定的期限内办理退票或者变更手续的,承运人可以不退票款,并不再承担运输义务。

2. 承运人的义务

在客运合同中,承运人的义务主要有以下几项:

(1)承运人的告知义务。"承运人应当严格履行安全运输义务,及时告知旅客安全运输应当注意的事项。旅客对承运人为安全运输所作的合理安排应当积极协助和配合。"(《民法典》第819条)告知义务的履行应当坚持及时、准确的要求,不能无固拖延,不能违背客观情况。承运人的告知义务,主要包括以下内容:

第一,承运人应当告知旅客有关不能正常运输的重要事由。例如,遇到大雾飞机不能正常起飞;中途运输工具突然发生故障,致使不能正常进行运输行为,可能晚点;等等。不管原因是什么,承运人都应当及时告知旅客。

第二,承运人应当及时告知旅客安全运输应当注意的事项。保证旅客安全是承运人最基本的义务。承运人作为专门从事运输业务的当事人,应当对运输工具的安全性能等方面非常了解。而旅客有可能对运输工具的性能等情况不甚了解,很少知道在乘坐该交通工具时应当注意的安全事项,尤其是首次乘坐该种交通工具的旅客。例如乘坐飞机时,航空运输人应当在起飞前向旅客告知各项安全事项,如系好安全带,发生紧急情况时如何使用氧气罩和安全设施等。

(2)承运人的运送义务。承运人负有按时、安全运送旅客到达约定地点的基本义务。

第一,承运人应当按时履行运送义务。"承运人应当按照有效客票记载的时间、班次和座位号运输旅客。承运人迟延运输或有其他不能正常运输情形的,应当及时告知和提醒旅客,采取必要的安置措施,并根据旅客的要求安排改乘其他班次或者退票;由此造成旅客损失的,承运人应当承担赔偿责任,但是不可归责于承运人的除外。"(《民法典》第820条)根据法律规定,承运人的运送义务具体包括以下内容:①承运人应当按照有效客票记载的时间、班次和座位号,按时、安全地将旅客运送到约定地点。②承运人应当按时、安全地将旅客的行李运送到约定地点。如果承运人没有按照有效客票上载明的时间和班次运送旅客的,也就是迟延运输的,或者有其他不能正常运输情形时,承运人应当采取补救措施,如根据旅客的要求安排改乘其他班次或者退票。承运人对迟延运输有过错的,应当承担赔偿责任,赔偿的范围要受可预见规则的限制。飞机晚点时间较长的,承运人安排食宿等可认为是赔偿的一种形式。

第二,承运人应当按照约定的服务标准履行运送义务。"承运人擅自降低服务标准的,应当根据旅客的请求退票或者减收票款;提高服务标准的,不得加收票款。"(《民法典》第821条)

第三,承运人应当保证旅客运输途中的安全,对运输过程中旅客的伤亡承担损害赔偿责任。"承运人应当对运输过程中旅客的伤亡承担赔偿责任;但是伤亡是旅客自身健康原因造成的或者承运人证明伤亡是旅客故意、重大过失造成的除外。前款规定适用于按照规定免票、持优待票或者经承运人许可搭乘的无票旅客。"(《民法典》第823条)承运人应当对运输过程中旅客的伤亡承担损害赔偿责任,但是伤亡是由于旅客自身健康原因造成或者是由旅客故意、重大过失造成的,承运人可以免除责任,但必须能够提出证明,承运人对此承担举证责任。如果发生旅客伤亡,承运人无法提供证据证明旅客伤亡是由于旅客自身健康原因造成或者是由旅客故意、重大过失造成的,承运人仍要承担损害赔偿责任。并且,承运人对旅客伤亡承担损害赔偿责任和免责情形,不仅适用于按照要求购买客票的旅客,同时也适用于按照规定免票、持优待票或者经承运人许可搭乘的无票旅客。

(3)承运人的尽力救助义务。"承运人在运输过程中,应当尽力救助患有急病、分娩、遇险的旅客。"(《民法典》第822条)虽然旅客在运输过程途中患急病、分娩等属于旅客自身原因,但由于旅客身处交通工具之上,无法及时就医,承运人如果不及时救助,有可能发生生命危险。因此,当旅客在运输过程中患有急病、分娩、遇险等情况下,承运人有义务及时实施救助,这样强化了对旅客的保护,加重了承运人的责任。但是,承运人毕竟不是专门司职救助的专业人士,因此"尽力"即可,即根据承运人的条件和所处环境,尽最大努力,即使未达到救助的目的,也不因此承担赔偿责任。

【案例 19-1】

赵某乘坐火车,在上层硬卧上发病掉在地板上,口吐白沫,神志不清。乘务员以为是乞丐未加理睬。后其他乘客在到站后呼叫救护车予以抢救,赵某到医院后死亡,死亡原因是癫痫发作,并非摔死。赵某之子向铁路承运人索赔。承运人指出:伤亡是旅客自身健康原因造成的,自己没有赔偿责任。

请问:承运人的观点是否正确?

很明显,承运人没有尽救助义务,负有赔偿责任。即便是乞丐,其获得救助的权利也与其他乘客相同。

(4) 承运人对旅客行李物品毁损、灭失的赔偿责任。在旅客乘坐交通运输工具旅行的过程中,针对物品、行李毁损、灭失的情况,承运人是否承担赔偿责任,其归责原则因物品、行李是否为旅客随身携带而有不同。"在运输过程中旅客随身携带物品毁损、灭失,承运人有过错的,应当承担赔偿责任。旅客托运的行李毁损、灭失的,适用货物运输的有关规定。"(《民法典》第824条)也就是说,对于旅客自带物品的毁损、灭失,承运人是过错责任,有过错要赔偿,无过错不赔偿。之所以如此规定,是因为旅客随身携带的物品,是在旅客的直接控制之下、由旅客保管的。旅客托运的行李在运输过程中毁损、灭失的,适用货物运输的有关规定。

第三节 货运合同

一、货运合同的概念和特征

货运合同,又称货物运输合同,是指托运人与承运人订立的,由承运人将托运人交付的货物安全运送到指定地点并交付给收货人,托运人或者收货人向承运人支付运费的合同。货运合同是诺成合同,托运人与承运人意思表示一致,合同即可成立。货运合同是双务、有偿合同,货运合同的收货人可以是托运人,也可以是第三人。

货运合同可以根据运输工具和方式的不同,分为铁路货运合同、公路货运合同、水路货运合同和航空货运合同等;货运合同还可以根据货物数量进行分类,可分为大宗货物运输合同、集装箱运输合同、零担货物运输合同等。分类不同,其性质、权利义务、责任承担及免责事由等都会有所不同,但由于运输对象都是货物,又有很多相同之处。货运合同除具备运输合同的一般特征外,还具有以下法律特征。

1. 货运合同除托运人和承运人外,往往还涉及收货人

货运合同虽然由托运人与承运人签订,托运人与承运人为合同当事人,但是,托运人既可以自己为收货人,也可以指定第三人为收货人。在托运人与收货人不一致的情况下,货运合同就涉及托运人和承运人以外的收货人,收货人虽然不是订立货运合同的当事人,但是货运合同的利害关系人,享受合同的权利并因此承担相应的义务。

2. 货运合同以货物交付给收货人为履行终点

货运合同履行过程中,承运人除了按照合同的规定将货物运输到合同约定的地点外,还必须将货物交付给收货人。承运人将货物运送到约定地点,其合同义务并未履行完毕,还必须将货物交付给收货人,其合同义务才算完全履行,这与客运合同中承运人将旅客运送到目的地合同义务即告履行完毕有所不同。

3. 货运合同可以采用留置的方式担保

托运人或者收货人如不支付运输费用、保管费或者其他运输途中产生的费用,承运人可以对相应的运输货物实施留置,并在条件具备时,实现留置权。

二、货运合同当事人的权利和义务

(一) 托运人的权利和义务

1. 托运人的义务

(1)托运人准确、如实申报的义务。"托运人办理货物运输,应当向承运人准确表明收货人的姓名、名称或者凭指示的收货人,货物的名称、性质、重量、数量,收货地点等有关货物运输的必要情况。因托运人申报不实或者遗漏重要情况,造成承运人损失的,托运人应当承担赔偿责任。"(《民法典》第825条)托运人需要托运货物时,须向承运人办理货物托运手续。

在办理货物托运手续时,一般需要填写托运单据,目的是确认托运货物的有关情况,以便承运人依此查验和交货。托运人应当如实填写,向承运人准确表明收货人的姓名、名称或者凭指示的收货人等必要情况和货物的名称、性质、重量、数量等必要情况。托运人准确、如实申报,既是法律规定的托运人应当履行的义务,又是托运人履行货运合同的要求。

由于承运人收取的运费,是根据托运货物的重量、数量、性质等的基本情况计算出来的,在装卸货物时也是按照货物的性质等不同情况进行的,所有这些都依赖于托运人向承运人准确无误的申报。所以,托运人向承运人准确、如实申报,是承运人正确安排运输的重要条件。如果托运人有申报不实、遗漏重要情况等行为,都属于没有准确、如实履行申报义务,由此造成承运人损失的,托运人应当承担赔偿责任。

(2)托运人负有交付货物运输所需文件的义务。"货物运输需要办理审批、检验等手续的,托运人应当将办理完有关手续的文件提交给承运人。"(《民法典》第826条)这些文件一般是运送长、大、笨重货物和危险品及国家限运物品等特殊货物的准运证明以及有关检疫、商检、海关、公安、监理等证明文件,如航空运输中托运动物、鲜活易腐物品的有关检疫证明。这些文件应与托运物同时提交,同时,托运人还应对提交文件的真实性、准确性负责。如果由于托运人提供的文件不真实而使承运人受到损害的,托运人对此应当承担赔偿责任;如果因承运人的原因,如承运人故意伪造、涂改、毁损文件等行为造成托运人或者收货人利益受损的,承运人应当承担赔偿责任。

(3)托运人妥善包装的义务。托运人应当按照约定的方式包装货物,托运人没有按照约定方式包装货物的,承运人可以拒绝运输。托运人与承运人在签订货运合同时,应当就货物的包装方式作出约定。当事人双方约定包装方式时,除强制性标准以外,可以采用国家标准或者行业标准之外的其他标准。但无论采用何种形式的包装,都必须保证安全运输的最低条件。在运输过程中,运输工具不可避免地要摇晃、颠簸等,有可能致使托运物损坏。

为了托运物的安全,对于需要包装的货物,双方应当在签订货运合同时就托运物的包装方式作出约定,依此明确责任。对包装方式没有约定或者约定不明确的,依据《民法典》第510条补缺的规定仍不能确定的,应当按照通用的方式包装;没有通用方式的,应当采取足以保护标的物且有利于节约资源、保护生态环境的包装方式。如果托运人对需要包装的托运物未能妥善包装,承运人可以拒绝运输。包装是安全运输的基本需要,是为了运输货物本身的安全。同时,货物包装是否符合运输的要求,也可能关系到运输工具的安全和运输工具上其他货物的安全。

(4)托运人托运危险物品负有的特别义务。"托运人托运易燃、易爆、有毒、有腐蚀性、有放射性等危险物品的,应当按照国家有关危险物品运输的规定对危险物品妥善包装,作出危险物品标志和标签,并将有关危险物名称、性质和防范措施的书面材料提交承运人。托运人违反前款规定的,承运人可以拒绝运输,也可以采取相应措施以避免损失的发生,因此产生的费用由托运人负担。"(《民法典》第828条)根据此条规定,托运人托运危险物品负有三项特别义务:

第一,对危险物品进行妥善包装。托运人对危险物品的包装义务与一般物品的包装义务有很大的不同,托运一般物品,当事人可以约定货物的包装要求,但托运危险物品,托运人必须按有关危险物品运输的规定妥善包装,不允许当事人约定加以排除。危险物品的危险发生率高,对人身和财产的潜在威胁大,稍有不慎就会发生损害,所以,必须严格按照有关规定进行包装。

第二,托运人应当在危险物品上作出标志和标签。托运人托运危险物品时,不仅要按照有关规定妥善包装危险物品,而且还应在包装上做出危险标志和标签。目的是便于人们识别,提醒人们注意,同时也是为了承运人运输的安全。

第三,托运人还应将有关危险品的名称、性质和防范措施的书面材料提交承运人。要求托运人提供这些材料是为了承运人采取措施安全运输,只有承运人知道了防范措施,承运人才能对其进行妥善的处理、保管,以达到安全运输的目的。

2. 托运人的权利

在货运合同中,托运人的基本权利是获得约定的运输服务。托运人有请求承运人按照货运合同约定的时间和地点发运货物并将货物运送到目的地的权利。这是托运人享有的最基本的权利,也是货运合同的主要内容。

为满足现实中的实际需要,《民法典》第 829 条还赋予托运人变更、中止、解除合同的权利——"在承运人将货物交付收货人之前,托运人可以要求承运人中止运输、返还货物、变更到达地或者将货物交给其他收货人,但是应当赔偿承运人因此受到的损失。"其中,返还货物是合同的解除,变更到达地或者变更收货人属于合同的变更。托运人法定变更权、解除权的行使,须在货物交付收货人之前;法定变更权、解除权的行使,无须提出理由和证明理由;法定变更权、解除权的行使,是以损害赔偿为代价的,即行使这些权利的同时应当赔偿承运人因此受到的损失。

(二) 承运人的权利和义务

1. 承运人的义务

(1)运送义务。承运人应当按时、按地、安全地将货物运送到目的地,完成运输任务。承运人应当依照约定的要求配发运送工具,保证及时、安全地将货物运送到目的地并交付给收货人,因此,承运人对运输过程中托运物的毁损、灭失负有损害赔偿责任。"承运人对运输过程中货物的毁损、灭失承担赔偿责任。但是,承运人证明货物的毁损、灭失是因不可抗力、货物本身的自然性质或者合理损耗以及托运人、收货人的过错造成的,不承担赔偿责任。"(《民法典》第 832 条)

根据此条法律规定,承运人的免责事由有三项:其一,不可抗力;其二,货物本身的自然性质或者合理损耗;其三,托运人、收货人的过错造成的。要求免责的举证责任在承运人。货物的毁损、灭失的赔偿额,当事人有约定的,按照其约定;没有约定或者约定不明确,依据《民法典》第 510 条补缺的规定仍不能确定的,按照交付或者应当交付时货物到达地的市场价格计算。法律、行政法规对赔偿额的计算方法和赔偿限额另有规定的,依照其规定。(《民法典》第 833 条)

(2)及时通知义务。承运人负有及时通知收货人提货的义务。"货物运输到达后,承运人知道收货人的,应当及时通知收货人,收货人应当及时提货。收货人逾期提货的,应当向承运人支付保管费等费用。"(《民法典》第 830 条)承运人按照货运合同的约定,将托运人托运的货物运输到目的地后,在将货物交付收货人之前,货运合同还未履行完毕,只有当承运人将货物交付收货人后,其合同义务才算履行完毕。因此,承运人在将货物运输到达目的地后,应当及时通知收货人来提货,以便及时完成合同约定的义务。如果承运人没有及时通知收货人提取货物而使货物遭受损失的,承运人应当承担损害赔偿责任。如果承运人不知道收货人的,承运人应当通知托运人在合理期限内就运输货物的处分作出指示。如果收货人超过免费保管期限提货的,为逾期提取货物,应当向承运人支付保管费。

(3)善意保管义务。承运人自受领货物时起到交付货物时止,应当妥善保管货物。

如何才算尽到善良管理人妥善保管的义务,应当根据具体情况确定,但最重要的一点是确保货物在运输过程中的安全。为此,承运人必须对运输货物进行必要的注意及合理的处置,例如,防雨淋、防盗、加固包装等,对不宜倒置的货物应当正确放置,对易碎物品应当妥善装卸,不得在其上面堆放其他贵重物品,以免损坏、压碎货物,对不宜露天存放的货物应当采取必要的防范措施等。如果承运人没有尽到此项义务而给货物所有人造成损失的,承运人应当承担损害赔偿责任。

(4)单式联运承运人之间的连带责任。"两个以上承运人以同一运输方式联运的,与托运人订立合同的承运人应当对全程运输承担责任;损失发生在某一运输区段的,与托运人订立合同的承运人和该区段的承运人承担连带责任。"(《民法典》第834条)"单式",即单一的运输方式,是使用同一运输工具。单式联运,即多个承运人使用同一种运输方式共同完成货物运输,如铁路承运人与铁路承运人的联运、公路承运人与公路承运人的联运、海上承运人与海上承运人的联运等。在单式联运合同中,托运人只与数个承运人当中的某一个承运人签订运输合同,对全程运输负责的是与托运人签订合同的承运人。无论损失发生在哪一区段,与托运人签订合同的承运人均应负损害赔偿责任,损失发生区段的承运人应负连带责任。

【案例 19-2】

甲是托运人,乙、丙是区段承运人,乙负责A至B区段的铁路运输,丙负责B至C区段的铁路运输,货物运输合同是由乙与甲签订的。

如果货物在A至B区段毁损、灭失,由乙单独向甲承担责任;如果货物在B至C区段毁损、灭失,由乙、丙向甲承担连带责任。

(5)不可抗力损失的分担。"货物在运输过程中因不可抗力灭失,未收取运费的,承运人不得请求支付运费;已经收取运费的,托运人可以请求返还。法律另有规定的,依照其规定。"(《民法典》第835条)

【案例 19-3】

甲托运人将2万吨优质煤炭交乙铁路承运人运输2000公里。运输至1000公里时,因罕见且没有预报的洪水冲击铁路,该2万吨煤炭灭失。承运人已经运输了1000公里,能否要求甲方承担1000公里的运费?

货物在运输过程中因不可抗力灭失,损失由双方当事人分担,托运人承担货物的损失,承运人承担运费的损失,因此承运人不能要求甲方承担1000公里的运费。

2. 承运人的权利

(1)收取运费的权利。运费请求权是承运人最基本的权利,运费是承运人为托运人把托运的货物运送到约定地点所应得的报酬。承运人是以运输为业而收取报酬的,运费是承运人运送义务的对价,也是承运人履行义务的目的,因此承运人完成运送义务后享有收取运费的请求权。如果货物在运输途中因不可抗力灭失时,未收取运费的,承运人不得要求支付运费,已经收取运费的,托运人可以要求返还。因为运费的收取是以完成运输行为为条件的,没有完成运输行为,就应退还运费。如果货物部分灭失的,承运人对灭失部分,不得请求支付运费,如果对灭失部分已经收取了运费,也应当退还。如果货物全部或者部分灭失,是由于货物的性质及瑕疵,或者是托运人或收货人的过错造成的,承运人的运费请求权不受影响。杂费是在运输过程中,承运人因实际需要而支付的必要费用,例如,因中止、返还或其他处分而支付的费用,提存费用,拍卖费用,垫付关税,运送改装费,保管费,等等。这些费用的支付是为了收货人或者托运人的利益,因此理应由受益者承担。

(2)对托运物依法留置的权利。"托运人或者收货人不支付运费、保管费或者其他费用的,承运人对相应的运输货物享有留置权,但是当事人另有约定的除外。"(《民法典》第836条)承运人占有对方当事人的货物,在运费及其他相关费用未受清偿前,得予以留置的担保物权。

承运人行使留置权的条件如下:首先,须占有属于收货人或者托运人的货物。如果失去占有,如货物已交付,就不可能再成立留置权。其次,承运人保全的债权必须与托运物有联系。债权是因运送托运物而产生的,而对于承运人与托运人、收货人之间的其他债权债务关系则不能留置托运物。再次,必须是债权已届清偿期。承运人已经完成了运送义务,如果托运人或者收货人不支付相关的运杂费,承运人可以行使留置权。最后,承运人所留置货物的价值必须与请求费用相当。即其价值应包括未支付的运费、保管费以及其他运输费用加上可能因诉讼产生的费用,而不能留置超过这些价值的更多货物。如果承运人根本没有获得任何费用,也可以对全部货物行使留置权。即使承运人已经取得了大部分运费、保管费以及其他运输费用,但留置对象为不可分物时,承运人也可以对全部货物进行留置。

(3)对托运物依法提存的权利。"收货人不明或者收货人无正当理由拒绝受领货物的,承运人依法可以提存货物。"(《民法典》第837条)承运人提存的原因是收货人不明或者收货人无正当理由拒绝受领货物。收货人不明,包括收货人姓名或者名称和提单持有人不明等情况。对此,承运人有依诚实信用原则和习惯进行调查的义务,但如果调查特别困难,需要较长时间或者花费较大,承运人则可以不负调查义务。收货人拒绝受领货物,包括收货人主张运送物不符或者数量不足等理由而拒绝受领货物和收货人不依提单或运单所载支付运费。

提存,是指承运人将无法交付的托运物交有关部门保存以消灭债权债务关系的行为。提存首先由承运人提出提存申请,然后根据提存机关的指定,向保管人交付提存物,在收到提存申请即提存物后,提存机关应向提存人授予提存证书。托运物一旦提存,货运合同即行终止,提存物的毁损、灭失风险移至收货人或托运人。收货人或者托运人对提存机关由交付提存物的请求权，提存物的保管费及其他费用由收货人或者托运人承担。此外，标的物不易提存或者提存费用过高的，承运人可以依法拍卖或者变卖。拍卖或者变卖进行后，承运人得从中扣除运费、保管费及其他费用。如果有剩余价款，承运人可以提存也可以将其交给有权接受的人。

（三）收货人的权利和义务

1. 收货人的权利

在货运合同中，当托运人与收货人不是同一人时，收货人不直接参与合同的订立，但收货人在货运合同中仍然享有权利。第一，在货物送达前依有关规定变更到货地点或收货人的权利；第二，货物送达后凭证提取货物的权利。

2. 收货人的义务

在货运合同中，收货人在享有权利的同时还须履行一定的义务，主要包括：

（1）收货人及时提货的义务。收货人在接到承运人关于托运物已到的通知后，应当及时提货并依约支付相关费用。如果收货人不及时提货，相当于延长了承运人的责任期间，加大了承运人保管托运物的责任，因此，收货人应当在约定的期限内及时提货，并依照合同约定支付自己应当承担的费用。如果收货人没有在约定的期限内提货，应当向承运人支付保管费等费用。

（2）收货人对货物的检验义务。收货人在提货时，应当及时对货物进行验收，以确定货物是否准确、完好。由于检验货物需要一定的时间，尤其是大宗货物，收货人有可能不能在接受货物时当场全部验收完毕。因此，一般需要双方约定检验期限，以便收货人能够充分、细致地进行检验。约定了检验期限的，收货人提货时应当按照约定的期限检验货物。

对检验货物的期限没有约定或者约定不明确，依据《民法典》第 510 条补缺的规定仍不能确定的，应当在合理期限内检验货物。收货人在约定的期限或者合理期限内对货物的数量、毁损等未提出异议的，视为承运人已经按照运输单证的记载交付的初步证据。"合理期限"有多长，要具体问题具体分析，如鲜活产品，可能只有几天的时间，机器设备的时间要长一些。

第四节　多式联运合同

一、多式联运合同的概念和特征

多式联运合同，是指承运人以两种或两种以上的运输方式将旅客或者货物从起运地点运输到约定地点，旅客、托运人或者收货人支付票款或者运输费用的合同。多式联运合同中，一方当事人是旅客或者托运人，另一方当事人是多式联运经营人。多式联运合同是一种使用两种以上不同运输方式的连贯运输的合同。运输方式包括铁路、公路、航空、海运等方式。联运可以是水陆联运,也可以是水陆空联运等。在多式联运中,托运人一次交费并使用同一运输凭证。

多式联运合同与单式联运合同不同,二者的区别如下:

(1)单式联运合同是以同一种运输方式的联运;而多式联运合同为多种不同运输方式的联运。

(2)单式联运合同的承运人均为实际承运人;而多式联运合同的运营人可以是实际承运人,也可以是缔约承运人。

(3)在单式联运合同中,对于发生的损失,订立合同的承运人与损失发生区段的承运人共同承担连带责任;而多式联运合同中运营人承担损失后,可再要求造成损失的实际承运人承担责任。

多式联运合同除了具有一般运输合同的特点外,还具有以下特征:

(1)多式联运合同的一方当事人为多式联运经营人。

在多式联运合同中,一方当事人是旅客或者托运人,另一方当事人为专门从事多式联运经营业务的多式联运经营人。"多式联运经营人负责履行或者组织履行多式联运合同,对全程运输享有承运人的权利,承担承运人的义务。"(《民法典》第838条)多式联运经营人既不是旅客或者托运人的代理人或者代表,也不是参与多式联运的承运人的代理人或者代表,而是以"本人"名义同旅客或者托运人签订多式联运合同的当事人。多式联运经营人既可以是单纯的缔约承运人,也可以是缔约承运人兼实际承运人。多式联运经营人要承担整个联运合同责任,对联运的全程负责。

(2)多式联运合同的各承运人以相互衔接的不同运输手段承运。

在多式联运中,承运人必须以两种以上的运输方式将旅客或者货物运输到目的地。如铁路与公路联运、航空与水路联运、公路与水路联运、航空与铁路联运、铁路与水路联运、公路与航空联运以及铁路、公路、水路、航空混合联运等方式将旅客或者货物运输到目的地,属于多式联运合同。如果承运人以同一种运输方式分两段或者两段以上将旅客或者货物运输到目的地,不属于多式联运。

(3)多式联运合同中托运人或者旅客一次交费并使用同一运输凭证。

在多式联运合同中,虽然存在两种以上的运输方式和两个以上的实际承运人,但旅客或者托运人只与多式联运经营人签订多式联运合同,只向多式联运经营人交付运输费用,也只从多式联运经营人处取得运输凭证,而不向参与多式联运的各段承运人交付运输费用和取得运输凭证,即旅客在换乘或者托运货物转运时,不再另行交费和办理运输手续。只需托运人或者旅客与多式联运经营人订立一份合同,签发一份运输凭证即可。

多式联运是在集装箱运输的基础上产生和发展起来的。多式联运提供的是"一次托运、一次收费、一票到底、一次保险、全程负责"的"一条龙"服务。多式联运,把海上运输、铁路运输、公路运输、航空运输等传统的、单一的、分阶段的运输方式和过程结合起来,形成连贯运输,提高了运输效率。

二、当事人的权利和义务

多式联运合同的承运人与旅客或者托运人双方享有一般运输合同中当事人享有的权利和承担的义务,多式联运合同当事人的权利和义务也有其特殊之处。

(一) 多式联运经营人的权利和义务

多式联运经营人负责对多式联运合同的履行或者组织履行,因此,多式联运经营人享有全程运输的全部权利,包括收取运费,在旅客或者托运人违约时追究违约责任等。

多式联运合同是旅客或者托运人与多式联运经营人签订的,仅多式联运经营人是多式联运合同的当事人,其他实际承运人不是多式联运合同的当事人。因此,多式联运经营人享有承运人的全部权利的同时,也负责向旅客或者托运人履行全部义务和承担全部责任。多式联运经营人应当在收取运费后立即支付客票,或者在收到托运人交付的货物时签发多式联运单据。同时,在各实际承运人的运输过程中造成迟延或者给旅客或者货物造成损害时,多式联运经营人应当承担赔偿责任。多式联运经营人在向旅客或者托运人承担损害赔偿责任后,可以向负责运输的实际承运人追偿。

(二) 多式联运合同中旅客或者托运人的权利和义务

旅客或者托运人应当按照规定支付票款或者运费,办理购票或者托运等相关手续,取得客票或者多式联运单据,在约定地点离开交通工具或者接收货物。对于多式货物联运而言,因托运人托运货物时的过错造成多式联运经营人损失的,即使托运人已经转让多式联运单据,托运人仍然应当承担损害赔偿责任。"因托运人托运货物时的过错造成多式联运经营人损失的,即使托运人已经转让多式联运单据,托运人仍然应当承担赔偿责任。"(《民法典》第 841 条)

> 思考与练习

一、简述题

1. 试述客运合同承运人的主要义务。
2. 试述货运合同承运人的主要义务。
3. 对旅客运输中所受人身伤害应当如何处理?
4. 货物在运输中的毁损、灭失风险应当如何承担?
5. 试述多式联运的主要规则。

二、案例分析

【基本案情】

2017年9月3日,新晶华浮玻璃公司委托梁某军、王某在哈密黄田煤场将该公司拆下的设备拉至其公司,运费4500元。当日,梁某军、王某将设备运至新晶华浮法玻璃公司门外,并电话通知新晶华浮法玻璃公司法定代表人冯某才,双方就先卸货还是先付款未达成一致意见。次日,梁某军、王某与新晶华浮法玻璃公司再次协商未果后,于当日11时后将设备拉至哈密市北出口速泊停车场卸下后存放,每日存放费用20元。

【思考讨论】

依据《民法典》的相关规定,分析承运人是否可以留置涉案设备,以及留置后的运费、保管费由谁承担?

【分析要点】

本案中,新晶华浮法玻璃公司委托梁某军、王某运输设备,双方之间成立了货物运输合同。梁某军、王某作为承运人,将设备运至新晶华浮法玻璃公司门口后,向新晶华浮法玻璃公司履行了到货通知义务,应当就此取得要求新晶华浮法玻璃公司支付运费报酬的权利。《民法典》第836条规定:"托运人或者收货人不支付运费、保管费或者其他费用的,承运人对相应的运输货物享有留置权,但是当事人另有约定的除外。"在梁某军、王某与新晶华浮法玻璃公司所订口头合同没有排除留置权约定的情况下,当负有支付义务的新晶华浮法玻璃公司没有向梁某军、王某支付运输费用时,梁某军、王某为保护自己的合法权益,有权行使留置权,本案的设备为不可分物,梁某军、王某留置财产并无不当。

《民法典》第830条规定:"货物运输到达后,承运人知道收货人的,应当及时通知收货人,收货人应当及时提货。收货人逾期提货的,应当向承运人支付保管费等费用。"本案中,梁某军、王某将设备运至新晶华浮法玻璃公司门外后,电话通知了公司法定代表人,并且双方通过短信进行了沟通。由于双方并未明确约定具体的卸货地点,梁某军、王某将设备运至公司门外并非违约,后梁某军、王某将设备拉至哈密市北出口速泊停车场卸下后存放,而新晶华浮法玻璃公司对未及时卸货存在一定过错,由此产生的保管费应由新晶华浮法玻璃公司承担。

第二十章 技术合同

【学习目标】
1. 掌握和理解技术合同一般规定。
2. 掌握技术开发合同的相关规定。
3. 掌握技术转让合同和技术许可合同相关规定。
4. 了解技术咨询合同和技术服务合同相关规定。

【引例】
2014年7月1日,原告与被告下属的武汉钢铁股份公司设备管理部和武汉钢铁股份公司硅钢事业部签订了《技术服务合同》,合同约定原告为被告硅钢事业部二硅钢酸轧机在线监测系统及PMS系统提供维护诊断技术服务,原告具体技术服务事项为:(1)负责在线设备监测维护诊断技术服务;(2)负责量化点检服务器PMS系统技术服务。

合同项目总费用为70000元整(不含税),合同交工验收后一次付清。合同签订后,原告按合同约定履行了合同义务,合同项目于2013年6月30日已竣工完成,2015年6月30日被告进行了验收。被告一直未按合同约定履行支付义务,原告多次与被告沟通要求被告支付款项,被告虽多次承诺尽快付款,但一直未履行付款义务。为此,原告诉至法院。

【解析】
《民法典》第878条第2款规定:技术服务合同是当事人一方以技术知识为对方解决特定技术问题所订立的合同。本案纠纷符合技术服务合同的特征。

《民法典》第884条规定:技术服务合同的委托人未支付的报酬应当支付。2015年6月30日被告进行了验收,被告一直未按合同约定履行支付义务,被告的行为构成违约,其应当支付报酬。

第一节 技术合同一般规定

一、技术合同的概念

技术,是指根据生产实践经验和科学原理而形成的,作用于自然界一切物质、设备的操作方法和技能。技术通常具有知识性与实用性,能够应用于生产生活实践并产生有益的效果。技术合同是当事人就技术开发、转让、许可、咨询或者服务订立的确立相互之间

权利和义务的合同。(《民法典》第 843 条)

依据《民法典》的规定,技术合同可以具体划分为技术开发合同、技术转让合同、技术许可合同、技术咨询合同以及技术服务合同。由此可以看出,技术合同包含着丰富的内容,是多种具体合同类型的集合体。

二、技术合同的内容

技术合同的内容是当事人权利和义务的体现,也是当事人履行合同、确定合同责任的主要依据。技术合同条款一般由合同双方当事人协商约定,不需要由法律作出具体规定。

技术合同的内容一般包括项目的名称,标的的内容、范围和要求,履行的计划、地点和方式,技术信息和资料的保密,技术成果的归属和收益的分配办法,验收标准和方法,名词和术语的解释等条款。(《民法典》第 845 条第 1 款)《民法典》的该条规定使用了"一般包括"的用语,表明该条所规定的技术合同条款仅具有指导性作用,旨在为技术合同的签订提供参考和指引,而并不要求合同必须全部具备这些条款。技术合同的内容具体包括:

(一) 项目名称

项目名称一般指技术合同标的涉及项目的名称,当事人应当准确约定。

(二) 标的的内容、范围和要求

不同的技术合同标的,有不同的技术范围和技术指标。因此,当事人在订立技术合同时,不仅要明确技术合同标的,而且还要根据不同标的的要求,明确该标的的技术范围和技术指标。

(三) 履行的计划、进度、期限、地点、地域和方式

履行的地点是指合同的履行地。履行地域是指履行技术合同所涉及的区域范围。如利用受让的技术生产商品销售的范围。履行方式是指当事人采用什么样的方式和手段履行合同规定的义务。履行计划、进度、方式根据合同的内容不同而有所不同。对履行方式的具体要求应当在合同中明确规定。

(四) 技术情报和资料的保密

有些技术合同的内容涉及国家安全或者当事人的重大利益,需要对技术情报和资料加以保密,对此,双方当事人应当在合同中对保密事项、保密范围、保密期限以及违反保密责任等加以规定。

(五) 风险责任的承担

技术合同中约定的内容可能得不到完全实现,甚至完全不能实现,此为合同风险。

特别是技术开发合同作为一种探索未知的创造性活动,既有成功的可能,也有失败的可能。因此,技术合同应当约定风险条款,明确当事人所应承担的责任。

(六) 技术成果的归属和收益的分成办法

技术合同履行的结果可能创造出一项或几项技术成果,当事人应当在合同中约定其所有权和使用权的归属、分享以及由此产生的利益分成办法。

(七) 验收标准和方法

技术合同的履行是否符合合同的约定,需要验收后予以确定。因此,当事人应当在合同中约定技术合同的验收项目、验收标准及验收办法。

(八) 价款、报酬或者使用费及其支付方式

技术合同的价款、报酬和使用费,由当事人根据技术成果的经济效益和社会效益、研究开发技术的成本、技术成果的工业化开发程度、当事人享有的权益和承担的责任,协商议定。价款、报酬和使用费的支付方式由当事人约定,可以采取一次总付、分期支付,或者提成支付等方式。

(九) 违约金或者损失赔偿的计算方法

技术合同的当事人有可能违反合同的约定,给另一方当事人造成损失。因此,当事人应当在合同中约定违约金、违反合同的损害赔偿的计算办法以及违约金与损害赔偿的关系。

(十) 解决争议的方法

当事人双方应当约定合同发生争议时的解决方式,如采取仲裁方式解决,就需要在合同中订明仲裁条款或者签订仲裁协议。

(十一) 名词和术语的解释

技术合同的内容具有很强的专业性,在合同文本中要使用一些专业名词术语和简化符号,为防止因理解不同而发生争议,对关键性术语和简化符号,需经双方协商作出明确无疑义的解释。

技术合同涉及专利的,还应当遵守专利法的有关规定,合同中应当注明发明创造的名称、专利申请人和专利权人、申请日期、申请号、专利号以及专利权的有效期限。

三、职务技术成果

(一) 职务技术成果

1. 职务技术成果概念

技术成果,是指利用科学技术知识、信息和经验作出的产品、工艺、材料及其改进等

技术方案。

《民法典》第847条第2款规定:"职务技术成果是执行法人或者非法人组织的工作任务,或者主要是利用法人或者非法人组织的物质技术条件所完成的技术成果。"这就确立了对职务技术成果的认定标准。

执行法人或者非法人组织的任务主要是指,承担法人或者非法人组织的科学研究和技术开发课题或者履行本岗位的职责。

利用法人或者非法人组织的物质技术条件是指,法人或非法人组织提供的资金、设备、器材、未公开的技术情报和资料。但是利用法人或者非法人组织提供的物质技术条件,按照事先约定,返还资金或交纳使用费的不在此限。调动工作的人员既执行了原法人或者非法人组织的任务,又利用了所在法人或者非法人组织的物质技术条件所完成的技术成果,由其原法人或者非法人组织和所在法人或者非法人组织合理分享。

2. 职务技术成果归属

职务技术成果的使用权、转让权属于法人或者非法人组织的,法人或者非法人组织可以就该项职务技术成果订立技术合同(《民法典》第847条)。这说明,职务技术成果中,使用、转让技术成果的权利属于法人或其他组织。职务技术成果的财产权虽然属于法人或者其他组织,但是,职务技术成果凝聚了技术成果完成者的创造性劳动,完成职务技术成果的完成者有权享有获得奖励或报酬的权利、优先受让权、署名权和荣誉权等权利。

(二) 非职务技术成果

非职务技术成果是与职务技术成果相对应的概念,非职务技术成果是未执行法人或者其他组织的工作任务,也未利用法人或者其他组织的物质技术条件所完成的技术成果。非职务技术成果的完成人并非仅享有对该技术成果的人身权,同时还完整地享有转让、利用该技术成果的财产权。(《民法典》第848条)

四、无效技术合同

无效技术合同是指技术合同违反了法律法规的强制性规定或公序良俗,而导致合同无效。无效技术合同主要包括如下情形:

(一) 非法垄断技术、妨碍技术进步

非法垄断技术,妨碍技术进步,指合同的一方当事人通过合同条款限制另一方当事人在合同标的技术的基础上进行新的研究开发,限制另一方当事人从其他渠道吸收技术,或者阻碍另一方根据市场的需求,按照合理的方式充分实施专利和使用技术秘密。

（二）侵害他人技术成果

侵害他人技术成果，指侵害另一方或者第三方的专利权、专利申请权、专利实施权、技术秘密使用权和转让权或者发明权、发现权以及其他科技成果权的行为。

无效的技术合同，从订立时起就没有法律约束力。但是，技术合同的部分无效，不影响其余部分的效力，其余部分仍然有效。技术合同被确认为无效后，对合同无效负有责任的一方应当赔偿因合同无效给另一方造成的损失，当事人双方对合同无效均负有责任的，各自承担相应的责任。

【案例 20-1】

专利申请号为 200810093139×、名称为"一种能使燃料发生强烈核磁共振的含水添加剂"的燃油添加剂技术是罗琮贵独立研发的成果，该技术从1999年开始研究，于2008年4月提交发明专利申请。灏运公司是罗琮贵与丘寿勇两人依据2011年10月8日签订的《关于燃油添加剂项目合作协议书的补充协议》共同创立的。罗琮贵虽是灏运公司股东，但从未将前述技术的申请权转让或赠与公司。罗琮贵虽准许灏运公司申报以该技术为其创新技术的科研项目，但从未授权丘寿勇冠名"项目主持人"。

灏运公司成立后，罗琮贵虽撰写了大量与申报该技术的科技项目相关的材料，但不知道实际申报了哪些项目及申报工作进展如何，而负责申报项目文件提交工作的丘寿勇一直对罗琮贵封锁立项和获奖信息。罗琮贵曾多次向丘寿勇询问申报结果，但丘寿勇称除得到一个县级奖项外，其余申报皆不成功。

直至2015年后，罗琮贵才陆续知道相关信息，丘寿勇早已将"项目主持人"的名字改为他自己的名字。罗琮贵发现丘寿勇在8个项目的申报中，利用职权非法剥夺本属于自己的"项目主持人"冠名权，而以其名顶替。这8个项目的技术皆属于罗琮贵的前述技术，而该技术的研发工作在灏运公司成立的6年前就已经由罗琮贵独立完成，丘寿勇或灏运公司在之后就未再做任何实质性的研发，丘寿勇在这些项目中只不过做了一些行政性、事务性的工作，因此上述项目的"项目主持人"只能是罗琮贵，不可能是丘寿勇。

【解析】

《民法典》第848条规定，非职务技术成果的使用权、转让权属于完成技术成果的个人，完成技术成果的个人可以就该项非职务技术成果订立技术合同。第849条规定，完成技术成果的个人享有在有关技术成果文件上写明自己是技术成果完成者的权利和取得荣誉证书、奖励的权利。丘寿勇利用职务之便擅自顶替罗琮贵将自己冠名为"项目主持人"属于侵犯技术成果完成人署名权的行为，应承担恢复原状并赔偿相应经济损失的责任。

第二节 技术开发合同

一、技术开发合同的概念

技术开发合同是当事人之间就新技术、新产品、新工艺、新品种或者新材料及其系统的研究开发所订立的合同。(《民法典》第851条第1款)所谓技术开发,是指在利用基础研究成果的基础上,经过发明创新和生产试验等环节而创造新的技术成果。所谓"新技术、新产品、新工艺、新品种或者新材料及其系统",是指当事人在订立技术合同时尚未掌握的产品、工艺、材料及其系统等技术方案,但对技术上没有创新的现有产品的改型、工艺变更、材料配方调整以及对技术成果的验证、测试和使用除外。

与其他合同相比,技术开发合同的内容较多,如研究开发经费及利用研究开发经费购置的财产及权属、技术成果的归属等;技术开发合同是一项探索性活动,履行期长,涉及风险责任的承担;技术开发合同标的比较复杂,涉及研究开发行为及研究开发行为的对象,因此,订立技术开发合同应当采用书面形式。

根据技术开发合同的实施不同,技术开发合同分为委托开发合同和合作开发合同两种。

二、委托开发合同

(一) 委托开发合同的概念

委托开发合同,是指当事人一方委托另一方进行研究开发所订立的合同。委托人向研究开发人提供研究开发经费和报酬,研究开发人完成研究开发工作并向委托人交付研究成果。委托开发合同的委托人应当按照约定支付研究开发经费和报酬,提供技术资料,提出研究开发要求,完成协作事项,接受研究开发成果。(《民法典》第852条)

(二) 委托开发合同的特征

委托开发合同是在委托合同基础上产生的,从广义上也属于委托合同的范畴,但鉴于其以技术开发为目的,因而其区别于委托合同,作为一种独立的有名合同类型而存在。委托开发合同的特征是研究开发人以自己的名义、技术和劳务独立完成研究开发工作,委托人不得非法干涉。

(三) 委托开发合同事人的主要义务

1. 委托人的主要义务

《民法典》第852条规定:"委托开发合同的委托人应当按照约定支付研究开发经费和报酬,提供技术资料,提出研究开发要求,完成协作事项,接受研究开发成果。"依据该规定,委托人负有如下义务。

(1)按照约定支付研究开发经费和报酬。研究开发经费是指完成研究开发工作所需要的成本。委托人应当提供全部研究开发工作所需要的经费,包括购买研究必需的设备仪器、研究资料、试验材料、能源、试制、安装以及情报资料等项费用。研究开发经费是委托开发合同履行所必需的费用,一般应当在合同成立后,研究工作开始前支付,也可以根据研究的进度分期支付。合同约定按照实际支付的,研究开发经费不足时,委托人应当补充支付;研究开发经费剩余时,研究开发人应当如数返还。如果合同中约定研究开发经费包干使用,那么结余经费应当归研究开发人所有,不足的经费由研究开发人自行解决。如果合同中没有约定研究开发经费结算办法,可以按照包干使用的办法,处理使用研究开发经费。

委托人向研究开发人支付的报酬是指研究开发成果的使用费和研究开发人员的科研补贴。与研究开发经费不同,它是研究开发人获得的劳动收入。合同约定研究开发经费的一定比例作为使用费和科研补贴的,可以不单列报酬。

(2)协作义务。合同成立后,委托人负有按照合同约定提供研究开发工作必要的技术资料、原始数据并完成协作的义务。但是,委托人为研究开发人提供有关资料、数据,完成协作工作,只是为开发工作提供的辅助性劳动,不能因此认为是参加了开发研究,将委托开发合同变为合作开发合同。在研究开发过程中,委托人还应当应研究开发人的要求,补充必要的背景资料和数据,但应以研究开发人为履行合同所需要的范围为限。

(3)及时接受研究开发成果。委托开发合同履行后,委托人享有接受该项研究开发成果的权利。当事人可以在合同中约定委托人接受研究开发成果的方式、时间或者期限,便于合同及时履行。

2. 研究开发人的主要义务

《民法典》第853条规定:"委托开发合同的研究开发人应当按照约定制定和实施研究开发计划,合理使用研究开发经费,按期完成研究开发工作,交付研究开发成果,提供有关的技术资料和必要的技术指导,帮助委托人掌握研究开发成果。"依据该条规定,研究开发人负有如下合同义务:

(1)按照约定制定和实施研究开发计划的义务。委托开发合同是委托人委托研究开发人进行研究开发的一种合同。为保证研究开发成果符合委托人的要求,研究开发人应当进行必要的可能性论证,并根据合同的要求,选择适当的研究开发方案,制订切实可行的计划,并积极组织实施。

(2)合理使用研究开发经费的义务。研究开发经费是专为研究开发工作使用的,开发人应当按照合同的约定,本着专款专用的原则,根据开发项目的实际需要,合理有效地使用委托人支付的研究开发经费,不得擅自挪作他用。委托人有权检查研究开发经费的使用情况,但不能妨碍研究开发人的正常工作。当事人可以在合同中约定研究开发经费使用、检查等有关事项。

(3)按期完成工作并及时交付工作成果的义务。研究开发人应当按照合同的约定,按期完成研究开发工作,并及时将研究开发成果交付委托人。研究开发人可以采用下列一种或者几种方式提交研究开发成果,但其数量不能超过合理的范围:产品设计、工艺规程、材料配方和其他图纸、论文、报告等技术文件;磁带、磁盘、计算机软件;动物或者植物的新品种、微生物菌种;样品、样机;成套技术设备。

(4)协助义务。帮助委托人掌握研究开发成果。

(四)委托开发合同中技术风险责任的承担

技术开发是一项探索性活动,蕴藏着开发不出来的危险。在研究开发过程中,如果当事人一方或者双方已尽了最大努力,但仍因科技知识、认识水平或试验条件等客观因素的限制,出现无法克服的技术困难,致使研究开发全部或者部分失败,未能取得合同约定的预期目的,即为技术开发合同的风险。

一项技术开发的失败或者部分失败属于风险,应当具备以下各项条件:

(1)课题本身在国际和国内现有技术水平下具有足够的难度。

(2)研究开发方尽了主观努力。

(3)该领域专家认为研究开发失败属于合理的失败。

《民法典》第858条第1款规定:"技术开发合同履行过程中,因出现无法克服的技术困难,致使研究开发失败或者部分失败的,该风险由当事人约定;没有约定或者约定不明确,依据本法第510条的规定仍不能确定的,风险由当事人合理分担。"依据这一规定可以看出:

(1)可以由双方当事人就风险责任的负担进行约定,如果当事人有约定的,从其约定。

(2)在当事人没有约定或约定不明确时,应依照《民法典》第510条的规定由当事人事后达成协议补充。

《民法典》第858条第2款规定:"当事人一方发现前款规定的可能致使研究开发失败或者部分失败的情形时,应当及时通知另一方并采取适当措施减少损失;及时通知并采取适当措施,致使损失扩大的,应当就扩大的损失承担责任。"

(五)专利申请权的权属

所谓专利申请权,是在技术成果研发成功之后,依据《专利法》等法律的规定申请专利的权利。委托开发完成的发明创造,除法律另有规定或者当事人另有约定外,申请专利的权利属于研究开发人。研究开发人取得专利权的,委托人可以依法实施该专利。(《民法典》第859条第1款规定)

(六)违反委托开发合同违约责任

委托开发合同的当事人违反约定造成研究开发工作停滞、延误或者失败的,应当承

担违约责任。(《民法典》第854条)

【案例20-2】

2019年2月,原、被告签订《多媒体信息发布系统开发合同》,约定被告为执行××××商业银行多媒体信息发布系统,委托原告开发案涉项目,合同固定总价为35万元等。原告已按合同约定完成了所有系统开发,对被告提出的意见进行了相应调整和回复,并且案涉多媒体系统已上线使用。但截至起诉之日,被告尚有7万元尾款未支付。原告多次催要,被告均找理由推诿,拒绝支付。提起诉讼。本案属于何种合同?依据《民法典》的相关规定,应如何裁决?

【解析】

1. 按照《民法典》第851条的规定,技术开发合同是当事人之间就新技术、新产品、新工艺、新品种或者新材料及其系统的研究开发所订立的合同。技术开发合同包括委托开发合同和合作开发合同。本案中,被告为执行××商业银行多媒体信息发布系统采购项目,与原告签订《多媒体信息发布系统开发合同》,委托原告开发多媒体信息发布软件系统并支付研发报酬,符合技术委托开发合同的法律特征。因此,《多媒体信息发布系统开发合同》的性质应为技术委托开发合同。

2. 根据《民法典》第854条的规定,委托开发合同的当事人违反约定造成研究开发工作停滞、延误或者失败的,应当承担违约责任。《民法典》第852条规定,委托开发合同的委托人应当按照约定支付研究开发经费和报酬,提供技术资料,提出研究开发要求,完成协作事项,接受研究开发成果。因此本案被告未支付7万元尾款构成违约,应承担违约责任,即支付合同尾款7万元及利息。

三、合作开发合同

(一) 合作开发合同的概念和特征

1. 合作开发合同的概念

合作开发合同是指两个或两个以上的民事主体,为了完成一定的技术开发工作,共同投资,共同进行研究开发工作,共享技术成果,并且共担风险的协议。合作开发合同的当事人应当按照约定进行投资,包括以技术进行投资,分工参与研究开发工作,协作配合研究开发工作。(《民法典》第855条)

小贴士

此处所说的"分工参与研究开发工作",是指当事人按照约定的计划和分工,共同或者分别承担设计、工艺、试验、试制等工作。

2. 合作开发合同的特征

合作开发合同与相关合同有相似之处,也有自身特点,可以通过相似的合同的区分、对比予以体现。

(1) 与合伙协议不同。合作开发合同实际上就是合伙协议的一种,但与一般的合伙协议不同,表现在:①合作开发合同是以新技术成果的研究开发为目的,而不是像一般的合伙协议那样,为了实现投资经营赢利。②在合作开发合同中,当事人所面临的主要风险是因技术困难而导致研发失败的风险,而在一般的合伙协议中,合伙人所面临的主要风险则是经营失败的风险等。

(2) 与委托开发合同不同。

①二者责任不同。合作开发合同的各方当事人共同从事研究开发工作,实现合作开发合同目的。而委托开发合同则由委托方支付研究开发经费和报酬,提供技术资料、原始数据等,研究开发方凭借自身的努力和具备的知识完成研究开发成果。

②技术能力要求不同。合作开发合同的各方当事人都必须具备一定的技术能力、提供一定的科技工作人员以及共同提供一定的技术设备等。而委托开发合同只需要研究开发人具备上述能力、人员和条件。

③风险的承担不同。合作开发合同的研究开发风险一般是由各方当事人共同承担的。而委托开发合同通常是约定由委托人承担技术开发的风险。

④成果的归属和分享不同。合作开发合同完成的发明创造,除当事人另有约定外,申请专利的权利属于合作开发的当事人共有。而委托开发合同完成的发明创造,除当事人另有约定外,申请专利的权利属于研究开发人所有。

(二) 合作开发合同各方当事人的主要义务

《民法典》第 855 条规定,"合作开发合同的当事人应当按照约定进行投资,包括以技术进行投资,分工参与研究开发工作,协作配合研究开发工作。"根据这条规定,合作开发合同各方当事人应当承担以下义务。

1. 按照合同的约定进行投资

共同投资是合作开发合同的重要特征,也是合作开发合同各方当事人的主要义务。合同当事人各方应当依照合同的约定投资,包括以技术进行投资。

> **小贴士**
>
> 这里的投资,是指合作开发合同当事人以资金、设备、材料、场地、试验条件、技术情报资料、专利权、技术秘密成果等方式对研究开发项目所作的投入。采取资金以外的形式进行投资的,应当折算成相应的金额,明确当事人在投资中所占的比例。

2. 按照合同约定的分工参与研究开发工作

合作开发合同的各方当事人虽然都要出钱,进行投资,但各方还必须出人直接参与研究开发工作。所以参与研究开发工作是合作开发合同的特征。参与研究开发工作,包括按照约定的计划和分工共同进行或者分别承担设计、工艺、试验、试制等研究开发工作。当事人一方提供资金、设备、材料等物质条件,承担辅助协作事项,另一方进行研究开发工作的合同,不属于合作开发合同,应当按委托开发合同处理。

3. 协作配合研究开发工作

合作开发是以双方的共同投资和共同劳动为基础的,各方在合作研究中的配合是取得研究开发成果的关键。因此,合作各方可以在合同中约定成立由双方代表组成的指导机构,对研究开发工作中的重大问题进行决策、协调和组织研究开发活动,保证研究开发工作的顺利进行。

(三)合作开发完成的发明创造的权利归属

1. 按照合同约定决定合作开发完成的发明创造的权利归属

技术开发合同的当事人可以在合同中约定合作开发完成的发明创造的权利归属。

2. 无约定的发明创造权利归属的规定

合同无约定发明创造权利归属的,依据《民法典》第860条的规定确定。

《民法典》第860条第1款中规定:"合作开发完成的发明创造,申请专利的权利属于合作开发的当事人共有;当事人一方转让其共有的专利申请权的,其他各方享有以同等条件优先受让的权利。但是,当事人另有约定的除外。合作开发的当事人一方声明放弃其共有的专利申请权的,除当事人另有约定外,可以由另一方单独申请或者由其他各方共同申请。申请人取得专利权的,放弃专利申请权的一方可以免费实施该专利。合作开发的当事人一方不同意申请专利的,另一方或者其他各方不得申请专利。"该条针对合作开发完成的发明创造的专利申请权归属作出了明确规定。具体而言:

(1)专利申请权归属应尊重当事人的约定。尊重当事人的约定既可以有效实现当事人之间的权益分配,也有利于将该技术成果及时转化为生产力。

(2)如果当事人没有约定的,专利申请权应当归合作开发的当事人共有。

> **小贴士**
>
> 依据《民法典》第860条,合作开发当事人行使专利申请权还应遵循以下四条原则:一是优先受让权。二是共有权人的法定承受权。三是共有权人的单方否决权。四是放弃专利申请权一方的免费实施权。

(四)关于技术秘密成果的使用权、转让权以及收益的分配办法

《民法典》第861条确定了委托开发或者合作开发技术秘密成果的相关规则,具体包括:

1. 约定优先

关于委托开发或者合作开发技术秘密成果合同中有规定的,按照规定执行。

2. 没有约定或约定不明确情况的规定

关于委托开发或者合作开发技术秘密成果在没有约定或约定不明确的情况下,应当按照《民法典》第510条的规定来确定,事后达成补充规定。如果不能达成补充协议的,可以按照合同的相关条款或者交易习惯来确定技术秘密成果的使用权、转让权以及收益的分配方法。如果仍然无法确定的,在没有相同技术方案被授予专利权前,当事人均有使用和转让的权利。

3. 未经对方当事人同意情况下的规定

当事人一方将技术秘密成果的转让权让与他人,或者以独占或排他使用许可的方式许可他人使用技术秘密,未经对方当事人同意或者追认的,应当认定该让与或者许可行为无效。

(五) 合作开发合同当事人违约责任的规定

根据《民法典》第856条规定,合作开发合同的当事人违反约定造成研究开发工作停滞、延误或者失败的,应当承担违约责任。如果当事人一方逾期不进行投资或者不履行其他约定的义务,另一方或者其他各方当事人有权解除合同。当事人一方应当赔偿因此给另一方或者其他各方造成的损失。

第三节　技术转让合同与技术许可合同

一、技术转让合同与技术许可合同概述

(一) 概述

1. 技术转让合同概念

技术转让合同是指是合法拥有技术的权利人,将现有特定的专利、专利申请、技术秘密的相关权利让与他人所订立的合同。(《民法典》第862条第1款)权利人主要是指合法拥有技术的主体,也包括其他有权对外转让技术的人,技术转让合同实际上是一种无形财产的买卖。

2. 技术许可合同概念

技术许可合同是指合法拥有技术的权利人,将现有特定的专利、技术秘密的相关权利许可他人实施、使用所订立的合同。(《民法典》第862条第2款)技术许可合同并不涉及技术的整体转让,只是一方许可另一方在一定期限内利用其技术。

3. 技术转让合同与技术许可合同的联系

我国《民法典》合同编第20章第3节同时规定了技术转让合同和技术许可合同,这

就表明两者之间存在密切的联系和相似的规则,主要表现在:(1)技术转让与技术许可的标的都是已经开发出来的、权利人合法拥有的技术成果。(2)技术转让、技术许可合同的类型具有多样性。(3)技术转让合同与技术许可合同都具有要式性。(4)技术转让合同与技术许可合同都具有双务性、有偿性。

4. 技术转让合同与技术许可合同的区别

虽然技术转让合同与技术许可合同具有共同特点,但是二者之间存在显著差别,主要体现在:技术转让合同规定的是先有特定的专利、专利申请、技术秘密的相关权利,其中,专利申请权可以单独作为技术转让的对象。技术许可合同规定许可的是现有特定的专利、技术秘密的相关权利。技术许可合同中明确对外许可的只有专利和技术秘密,不涉及专利、专利申请、技术秘密的知识、技术、经验和信息,通常是公有领域的技术,也不属于技术转让合同的范畴,这些事实、技术、经验和信息,如果涉及技术服务时,则按技术服务合同处理。

小贴士

技术转让合同的内容复杂,涉及转让技术的范围、转让的对象、受让人使用转让技术的范围和方式、技术的保密、使用费的支付,以及对使用技术产生的新的技术成果的归属等,技术转让合同涉及专利的,还要明确专利申请日、申请号、专利号和专利权的有效期限,因此,当事人应当采用书面形式订立技术转让合同。

二、技术转让合同、技术许可合同的类型

(一) 技术转让合同的类型

《民法典》第863条第1款规定:"技术转让合同包括专利权转让、专利申请权转让、技术秘密转让等合同。"由此可见,技术转让合同包括如下类型:

1. 专利权转让合同

所谓专利权转让合同,指专利权人作为让与人将其获得的专利权转让给受让人,受让人接受该项专利权,并按照约定支付价款的合同。专利权是依法批准的发明人或其权利受让人对其发明成果在一定年限内享有的独占权或专用权。

2. 专利申请权转让合同

专利申请权转让合同是指当事人之间就专利申请权的转让所订立的合同。与专利权不同,专利申请权是指发明人或者设计人对其专利技术享有的一种专属性权利,它是授予专利权以前依法享有的权利。发明人或设计人在就其发明创造成果申请专利前,可以通过订立专利申请权转让合同,将其申请专利的权利转让给受让人并收取一定的价金。

3. 技术秘密转让合同

所谓技术秘密转让合同,是指权利人将其拥有的技术秘密转让给受让人,受让人支

付一定费用的合同。技术秘密,是指不为公众所知悉的技术,即专利技术以外的技术,包括未申请专利的技术、未授予专利权的技术以及不受专利法保护的技术。

(二) 技术许可合同的类型

《民法典》第 863 条第 2 款规定:"技术许可合同包括专利实施许可、技术秘密使用许可等合同。"由此可见,技术许可合同包括如下几种类型:

1. 专利实施许可合同

专利实施许可合同,是指专利权人及其授权的人作为许可方许可受让人(或称被许可人)在约定期限和范围内实施专利,而受让人应支付约定使用费的合同。

2. 技术秘密使用许可

技术秘密使用许可合同是指技术秘密的权利人将技术秘密成果提供给被许可人,允许其在约定的时间、范围、用途等享有使用权,被许可人依约支付相应使用费的技术许可合同。

三、技术转让、技术许可合同的效力

(一) 技术让与人、技术许可人的主要义务

1. 转让技术或者许可被许可人实施、使用其技术

技术让与人、技术许可人按照约定许可被许可人实施、使用其技术。

2. 权利瑕疵担保义务

保证自己是所提供的专利技术的合法拥有人,并且保证所提供的专利技术完整、无误、有效,能够达到合同约定的目的。

3. 不得限制技术竞争和技术发展的义务

根据《民法典》第 864 条规定,技术转让合同可以约定让与人和受让人实施专利或者使用专利技术的范围。实施专利或者使用专利技术的范围,是指实施专利的期限、实施专利或者技术秘密的地区和方式。但是,技术转让合同的当事人不得以合同条款限制技术竞争和技术发展,包括:(1)不得通过合同条款限制另一方在合同标的技术的基础上进行新的研究开发;(2)不得通过合同条款限制另一方从其他渠道吸收技术,或者阻碍另一方根据市场的需求,按照合同的方式充分实施专利和使用技术秘密。

4. 按照约定提供资料和指导的义务

按照合同的约定,交付实施专利有关的技术资料,提供必要的技术指导。

5. 保密义务

技术秘密转让合同中如果约定的是独占性转让,那么在合同生效后,该项技术秘密的主要技术权益属于技术秘密转让合同中的受让人。为了保障受让人该项技术秘密的技术权益不受侵害,技术秘密转让合同的让与人有义务对该项技术秘密的相关资料和使

用方法承担保密义务,不得泄露给第三人,并不得在受让人已经使用该项技术秘密的范围内使用该技术秘密和就同一技术秘密再与第三人订立技术秘密转让合同。

(二)技术受让人、技术被许可人的主要义务

1. 按照合同的约定,支付转让费、使用费的义务

技术受让人、技术被许可人应当按照合同约定支付转让费、使用费,未按约定支付使用费的,应当补交使用费并按照约定支付违约金;不补交使用费或者支付违约金的,应当停止实施专利或者使用技术秘密,交还技术资料,承担违约责任。

2. 按照合同约定使用、实施技术的义务

技术受让人、技术被许可人按照合同约定使用、实施技术。未经让与人同意,不得擅自许可第三人使用该项技术秘密。使用技术秘密不得超越合同约定的范围。实施专利或者使用技术秘密超越约定的范围的,未经许可人同意擅自许可第三人实施该专利或者使用该技术秘密的,应当停止违约行为,承担违约责任。

3. 保密义务

技术转让合同的让与人对受让人转让的技术,有的是处于保密状态的技术,有的技术虽已公开,但是相关的背景材料、技术参数等未曾公开,这些技术及相关材料有可能涉及国家利益或者让与人的重大经济利益。因此,受让人对让与人提供或者传授的技术和有关技术资料,应当按照合同约定的范围和期限承担保密义务。对超过合同约定范围和期限仍需保密的技术,受让人应当遵循诚实信用的原则,履行合同保密的附随义务。违反约定的保密义务的,应当承担违约责任。

(三)技术后续改进的成果分享

所谓后续改进,即在技术转让合同有效期内,一方或双方对作为合同标的的专利技术或者技术秘密成果所作的革新和改良。后续技术成果通常是在原有的基础上进行改进的结果,如没有让与人所转让的专利或技术秘密,后续改进也无从谈起。但在技术后续改进之后,就涉及技术成果的分享问题,《民法典》第 875 条规定:"当事人可以按照互利的原则,在合同中约定实施专利、使用技术秘密后续改进的技术成果的分享办法;没有约定或者约定不明确,依据本法第 510 条的规定仍不能确定的,一方后续改进的技术成果,其他各方无权分享。"该条规定了后续技术成果的归属和分享规则,概括起来:第一,须遵守约定优先的原则。第二,遵守在没有约定时依协议补充的原则。第三,遵守由后续改进方享有的原则。

(四)其他知识产权转让与许可的参照适用

虽然《民法典》第 20 章第 3 节规定的"技术转让合同和技术许可合同",主要调整的对象是专利技术、技术秘密等技术成果,但是这些知识产权客体的转让、许可合同关系与技术合同转让、许可存在明显的相通之处,因而通过参照适用的立法技术,既可以实现立

法技术的简约,避免规则的重复、臃肿,也可以关照到不同类型的知识产权客体的差异性,此外也为这些知识产权客体的转让、许可法律关系的调整提供明确的规范依据。《民法典》第876条规定:"集成电路布图设计专有权、植物新品种权、计算机软件著作权等其他知识产权的转让和许可,参照适用本节的有关规定。"该条明确了诸如集成电路布图设计专有权、植物新品种权、计算机软件著作权等其他知识产权的转让和许可,可以参照适用《民法典》第20章第3节的规定。

(五)技术进出口合同或者专利、专利申请合同的特别法适用

技术进出口合同是我国境内的自然人、法人或者其他组织从国外引进或者向国外输出技术与技术输出国或者技术引进国的当事人订立的合同。随着改革开放实践的推进,技术进出口已经成为对外开放的重要领域,但是技术进出口主要是技术转让,这可能涉及国内行业发展、国计民生,甚至国家安全,因而对于重要领域的核心关键技术的进出口,需要获得有关部门的审批。如果特别法对此有专门规定,则依据特别法优于一般法适用的法理,应当优先适用特别法的规定。就专利、专利申请合同而言,《专利法》《专利法实施细则》都有相关的规定,则应当优先适用特别法的规则,只有在特别法没有规定或者规定不明确时,应当适用《民法典》合同编有关技术合同章的有关规定。《民法典》第877条规定:"法律、行政法规对技术进出口合同或者专利、专利申请合同另有规定的,依照其规定。"

第四节 技术咨询合同和技术服务合同

一、技术咨询合同

(一)技术咨询合同的概念和特征

技术咨询合同是指受托人凭借其自身所掌握的技术,就委托人所要求的特定技术咨询项目和课题等提供的咨询服务。《民法典》第878条第1款规定:"技术咨询合同是当事人一方以技术知识为对方就特定技术项目提供可行性论证、技术预测、专题技术调查、分析评价报告等所订立的合同。"从该规定可以看出技术咨询合同的特点在于:第一,主体具有特殊性。第二,咨询服务内容具有特殊性。第三,咨询意见具有参考性。

(二)技术咨询合同的内容

1. 委托人的主要义务
(1)按照约定阐明咨询问题的义务。
(2)提供技术背景材料及有关技术资料、数据的义务,为受托人进行调查论证提供必要的工作条件。

(3) 承担受托人进行调查研究、分析论证、试验测定的经费。

(4) 接受受托人的工作成果的义务,支付报酬的义务。

2. 受托人的主要义务

(1) 按期完成咨询报告或者解答问题的义务。

(2) 按照约定的要求提出咨询报告的义务。

(3) 发现委托人提供的资料、数据等有明显错误或者缺陷,应当及时通知。

(三) 违反技术咨询合同的违约责任

1. 委托人的违约责任

在技术咨询合同中,委托人的主要义务是按照约定提供必要的资料,接受受托人所提供的工作成果。但如果委托人违反了相应的义务,应当承担违约责任。《民法典》第881条第1款规定:"技术咨询合同的委托人未按照约定提供必要的资料,影响工作进度和质量,不接受或者逾期接受工作成果的,支付的报酬不得追回,未支付的报酬应当支付"。该条实际上确立了委托人违反技术咨询合同两种违约行为:一是未按照合同约定提供必要资料。二是拒绝接受或者逾期接受工作成果。

2. 受托人的违约责任

第一,受托人未按照合同约定的期限提供咨询报告,应当减收或者免收报酬,并承担违约责任。

第二,受托人提供的咨询报告不符合约定,应当减收或者免收报酬,并承担违约责任。

二、技术服务合同

(一) 技术服务合同的概念和特征

1. 技术服务合同的概念

技术服务合同是指当事人一方用自己的知识、技术信息和劳务,为他方解决特定技术问题,他方接受服务工作并支付报酬(服务费)的协议。其中,技术服务工作的一方称为服务方,接受服务成果的一方称为委托方。《民法典》第878条第2款规定:"技术服务合同是当事人一方以技术知识为对方解决特定技术问题所订立的合同,不包括承揽合同和建设工程合同。"技术服务合同中所称的特定技术问题,是指需要运用科学技术知识解决专业技术工作中有关改进产品结构、改良工艺流程、提高产品质量、降低产品成本、节约资源能耗、保护资源环境、实现安全操作、提高经济效益和社会效益等问题。

2. 技术服务合同的特征

从上述定义可以看出技术服务合同具有以下特征:

(1) 合同的标的是运用专业技术知识、经济和信息解决特定技术问题的项目。

(2) 服务内容是改进产品结构、改良工艺流程、提高产品质量、降低产品成本、节约资源能耗、保护资源环境、实现安全操作、提高经济效益和社会效益等专业技术工作。

(3) 工作成果有具体质量和数量指标。

(4) 技术知识的传递不涉及专利和技术秘密成果的权属。

3. 不属于技术服务合同情形

根据技术服务合同特征判断,下列合同不属于技术服务合同:

(1) 以常规手段或者为生产经营目的进行一般加工、定作、修理、修缮、广告、印刷、测绘、标准化测试等订立的加工承揽合同和建设工程的勘察、设计、安装、施工合同。但以非常规技术手段,解决复杂、特殊技术问题而单独订立的合同除外。

(2) 就描晒复印图纸、翻译资料、摄影摄像和体验等所订立的合同。

(3) 计量检定单位就强制性计量检定所订立的合同。

(4) 理化测试分析单位就仪器设备的购销、租赁及用户服务所订立的合同。

(二) 技术服务合同与其他合同的区别

1. 技术服务合同与技术咨询合同的区别

技术咨询合同与技术服务合同的区别体现在:

(1) 技术服务合同的服务方不仅要向委托方传授技术知识和经验,而且还需要为委托方解决特定的某一项技术问题;技术咨询合同顾问方只是为委托方进行决策提供参考性意见和方案,而不具体从事合同所指向的具体科技工作。

(2) 技术服务合同的服务方为委托方完成的工作成果,应保证质量,并对实施结果承担责任;而技术咨询合同是顾问方按照合同约定的条件向委托方提供参考性的咨询报告和意见,一般并不承担决策失误造成的损失责任。

(3) 技术服务合同一般发生在研究开发成果转让和技术项目实施之后;而技术咨询合同主要发生在研究开发技术成果和技术项目实施之前。

2. 技术服务合同与技术转让合同的区别

虽然技术服务合同与技术转让合同都是技术合同的一种类型,但二者存在明显区别,主要表现在:

(1) 合同所涉及的具体技术不同。在技术服务合同中,受托人是凭借其所掌握的技术知识为委托人解决特定的技术问题。但就其所掌握的技术而言,主要是公有技术,即已经进入公有领域的技术。而在技术转让合同中,让与人所转让的是受法律保护的尚未进入公有领域的技术,如专利权、技术秘密等。因此,如果当事人就公有领域的技术签订了技术转让或技术许可合同,且技术提供方进行了技术指导、传授技术知识,则该合同应当按照技术服务合同处理。

(2) 在技术服务合同中,受托人提供技术服务的主要目的是解决委托人所面临的特定技术问题。而技术转让合同的让与人并非为了解决受让人所面临的技术问题,其主要目的在于实现特定技术成果的转让。

三、技术服务合同的效力

(一) 委托人的主要义务

(1) 按照约定为受托人进行调查论证提供必要的工作条件,完成配合事项的义务。

(2) 接受工作成果的义务,对受托人完成的工作成果承担保密义务。

(3) 支付约定报酬的义务。

(二) 受托人的主要义务

(1) 按照约定完成服务项目、解决技术问题的义务。

(2) 保证工作质量,并传授解决技术问题的知识的义务。

(3) 妥善保管和使用委托人交给的样品、材料和技术资料的义务。

(4) 发现委托人提供的资料、数据、样品等不符合约定的,应当及时通知委托人补充、修改。

(5) 费用负担义务。

四、违反技术服务合同义务的责任

(一) 委托人的违约责任

根据《民法典》第884条第1款规定:"技术服务合同的委托人不履行合同义务或者履行合同义务不符合约定,影响工作进度和质量,不接受或者逾期接受工作成果的,支付的报酬不得追回,未支付的报酬应当支付。"委托人的违约责任主要体现在如下几个方面。

(1) 如果委托人没有按照技术服务合同的约定提供相关的技术资料、样品、数据等材料,并因此影响了工作进度和质量,应当支付报酬。

(2) 委托人迟延接受工作成果的,在法律上构成受领迟延,委托人应当支付受托人保管工作成果所生的保管费,以及赔偿因为受领迟延给受托人带来的损害。

(3) 如果委托人违反相应的附随与协助义务,也应承担相应的违约责任,赔偿受托人所受的损失。

(二) 受托人的违约责任

根据《民法典》第884条第2款规定:"技术服务合同的受托人未按照约定完成服务工作的,应当承担免收报酬等违约责任。"受托人的违约责任主要体现在如下几个方面:

(1) 受托人如果没有在合同约定期限内交付工作成果的,构成迟延履行,应当承担迟延责任。

(2) 受托人对委托人交付的样品、技术资料保管不善,造成损失、缺少、变质、污染或者损坏的,应当支付违约金或者赔偿损失。

(3)如果受托人的服务存在缺陷的,委托人享有选择权,委托人如果同意利用的,受托人应当减少报酬并采取适当的补救措施。

五、技术咨询合同和技术服务合同中新技术成果的归属

在技术服务合同和技术咨询合同中,当事人可能利用对方提供的资料、数据、样品、材料和场所或相关的技术成果,而进一步开发出新的技术成果。《民法典》第 885 条规定:"技术咨询合同、技术服务合同履行过程中,受托人利用委托人提供的技术资料和工作条件完成的新的技术成果,属于受托人。委托人利用受托人的工作成果完成的新的技术成果,属于委托人。当事人另有约定的,按照其约定。"

六、技术中介合同和技术培训合同的规定

技术中介合同,是指当事人一方以知识、技术、经验和信息为另一方与第三方订立技术合同进行联系、介绍、组织工业化开发并对履行合同提供服务所订立的合同。

技术培训合同,是指当事人一方委托另一方对指定的专业技术人员进行特定项目的技术指导和专业训练所订立的合同,不包括职业培训、文化学习和按照行业、单位的计划进行的职工业余教育。

依照《民法典》第 887 条规定:"法律、行政法规对技术中介合同、技术培训合同另有规定的,依照其规定。"

【案例 20-3】

2016 年 7 月 29 日,被告常熟市旭升钢材有限公司(甲方)与原告江苏力维检测科技有限公司(乙方)签订技术服务合同书,被告委托原告对其扩建钢卷加工车间及辅助用房项目进行职业病危害预评价及职业病危害防护设施设计专篇并编制评价报告书,协助甲方通过报告书的专家评审,双方约定项目评价费用 3 万元。双方还在合同中规定了违约金条款:任何一方违约,向另一方支付违约金,金额为本合同项目评价费的 20%。

缔约后,被告支付原告 50% 项目费用计 15000 元,原告依据被告提供的资料编制了职业病危害预评价报告书主报告及资料性附件、职业病防护设施设计专篇主报告及资料性附件,并于同年 9 月将报告交付被告。因被告未及时履行剩余 15000 元项目评价费用,原告遂诉讼来院。

【解析】

被告接受原告技术服务,应支付对价,其未及时履行剩余 15000 元项目评价费用,构成违约,应继续履行服务费 15000 元并支付违约金。关于违约金金额,以本案被告欠付金钱债务 15000 元所造成的原告实际损失为基础,兼顾合同的履行情况、当事人过错程度以及预期利益等综合因素,据此,法院依照《合同法》第 109 条、第 114 条之规定,判决

被告常熟市旭升钢材有限公司给付原告江苏力维检测科技有限公司技术服务费15000元并支付违约金3000元。

如果适用《民法典》,应该依据第884条的规定判决,即:技术服务合同的委托人不履行合同义务或者履行合同义务不符合约定,影响工作进度和质量,不接受或者逾期接受工作成果的,支付的报酬不得追回,未支付的报酬应当支付。

思考与练习

一、简答题

1. 简述技术合同的法律特征。
2. 如何确定技术开发合同中技术成果的法律归属?
3. 技术开发合同的当事人分别负有哪些义务?
4. 简述委托开发合同中技术风险责任。
5. 简述技术转让合同与技术许可合同的当事人分别负有的义务。
6. 简述技术转让合同与技术许可合同的违约责任。
7. 简要技术咨询合同和技术服务合同当事人分别负有的义务。

二、案例分析

【基本案情】

原告与被告签订了《技术服务合同》,合同约定原告为被告二硅钢酸轧机在线监测系统及PMS系统提供维护诊断技术服务,原告具体技术服务事项为:(1)负责在线设备监测维护诊断技术服务;(2)负责量化点检服务器PMS系统技术服务。合同项目总费用为70000元整(不含税),合同交工验收后一次付清。合同签订后,原告按合同约定履行了合同义务,合同项目竣工,被告进行了验收。被告一直未按合同约定履行支付义务,原告多次与被告沟通要求被告支付款项,但一直未履行付款义务。

【思考讨论】

依据《民法典》的相关规定,该案如何裁决?

【分析要点】

《民法典》第878条第2款规定:"技术服务合同是当事人一方以技术知识为对方解决特定技术问题所订立的合同,不包括承揽合同和建设工程合同。"本案当事人签订的是技术服务合同。

《民法典》第882条规定:"技术服务合同的委托人应当按照约定提供工作条件,完成配合事项,接受工作成果并支付报酬。"本案被告虽然接受了工作成果,但一直未支付报酬,构成违约,应当承担违约责任,支付原告合同项目总费用70000元及延期费用的利息。

第二十一章 保管合同

【学习目标】
1. 了解保管合同的含义。
2. 掌握保管合同的特征。
3. 了解和掌握保管合同当事人的主要义务。

【引例】
贾某因装修房屋,把一批古书交朋友王某代为保管,王某将古书置于床下。一日,王某楼上住户家水管被冻裂,水流至王某家,致贾某的古书严重受损。
请问:保管人王某是否应赔偿贾某古书的损失?

【解析】
《民法典》第897条规定:保管期内,因保管人保管不善造成保管物毁损、灭失的,保管人应当承担赔偿责任。但是,无偿保管人证明自己没有故意或者重大过失的,不承担赔偿责任。保管人王某系无偿保管且无故意、重大过失,不应负担赔偿责任。无偿保管是助人行为,法律为了鼓励这种行为,对无偿保管人的责任的要求要宽松些,轻过失可以免责。

第一节 保管合同概述

一、保管合同的概念

保管合同又称为寄托合同,是指保管人保管寄存人交付的保管物,并按约定返还该物的合同。《民法典》第888条第1款规定:"保管合同是保管人保管寄存人交付的保管物,并返还该物的合同。"保管物品的一方称为保管人,交付物品保管的一方称为寄存人或寄托人。

小贴士

保管合同始自于罗马法。罗马法把寄托分为通常寄托与变例寄托。通常寄托是指受寄人应于合同期满后将受托保管的原物返还寄托人,而变例寄托是指受寄人得返还同种类、品质、数量之物,包括金钱寄托、讼争物寄托及危难寄托。

二、保管合同的特征

（一）寄托合同是实践合同

《民法典》第 890 条规定："保管合同自保管物交付时成立，但是当事人另有约定的除外。"一般情况，保管合同是实践合同，保管合同的成立，既要有双方为保管的要约和承诺，又要有寄存人交付保管物的行为，缺一不可。如果当事人仅仅达成合意，保管合同尚未成立，必须交付标的物合同才能成立。双方当事人达成合意，但还没有交付保管物，此时仍处于缔约阶段。如果一方当事人反悔，不应承担违约责任，仅可能承担缔约过失责任。但是当事人有特别约定的，自双方当事人达成合意之日起成立，该合同仍然可以成为诺成合同。此时，保管物的交付就成为合同履行的内容。

【案例 21-1】

小白在南城百货五楼上班。某商业公司在南城百货大楼前设立有车辆停放处。小白多次将其摩托车停放在某商业公司设立的车辆停放处。9 月 26 日中午，小白又将该车停放在此处，并向某商业公司支付了 1 元钱，某商业公司的管理人员向小白出具《购物广场临时车位使用票》，票面上注明时间 9 月 26 日，并注明：(1)本票仅限车位临时使用，非车辆保管费。(2)车主请自行购买车辆保险。(3)盖章有效，遗失不补。小白当天晚上去取车发现车已不见，于是向派出所报案，公安部门已立案，但尚未有侦查结果。

根据小白的申请，法院委托评估公司对小白的摩托车价值进行评估，该公司作出《价格评估意见书》，结论为价值 6517 元。双方经协商未果，小白遂将某商业公司诉至法院，请求赔偿经济损失 6517 元。法院审理后认为，某商业公司收取小白一定费用后在指定的场所给小白停放车辆，车辆保管合同成立，某商业公司作为保管人，未妥善尽其保管义务，致使小白的车辆丢失，应当承担赔偿责任。故某商业公司应依据《价格评估意见书》的评估价值 6517 元予以赔偿给小白。

【解析】

本案处理的关键点在于涉案协议是车辆保管合同还是车位租赁合同。如是车辆保管合同，则保管人须按车辆价值赔偿损失。如是车位租赁合同，则应驳回车主的诉讼请求。因此，对上述协议的不同界定会出现截然不同的结果。

保管合同为实践性合同，保管合同自保管物交付时成立。《民法典》第 890 条规定："保管合同自保管物交付时成立，但是当事人另有约定的除外。"车位租赁合同是诺成性的双务有偿合同。除非当事人另有约定，保管合同必须以物的交付为成立要件，必须能够体现保管合同中保管人对车辆的实际占有和控制这一本质法律特征。而车位租赁合同的成立无须交付标的物或履行特定行为。

本案中，被告某商业公司收取原告小白一定费用后在指定的场所供原告停放车辆，虽被告出具给原告的凭证明确注明有"购物广场临时车位使用票",并作出明示:"本票仅限车位临时使用,非车辆保管费",但从被告的行为来看,是凭票取车,并经核对票面上的号码一致后才予以放行,被告的停车处已具有对车辆的控制权,被告的行为已具有保管性质,因此,双方应为车辆保管合同,被告作为保管人,未妥善尽其保管义务,致使原告的车辆丢失,应当承担赔偿责任。故原告主张被告赔偿车辆损失,应予支持。故被告应依据《价格评估意见书》的评估价值予以赔偿。

(二)保管合同可以是有偿合同,也可以是无偿合同

《民法典》第889条规定:"寄存人应当按照约定向保管人支付保管费。当事人对保管费没有约定或者约定不明确,依据本法第510条的规定仍不能确定的,视为无偿保管。"保管合同一般是无偿的,如果是有偿的,需要当事人约定。按照《民法典》第510条仍不能确定的,推定为无偿保管。

(三)保管合同以保管行为为标的,以物品的保管为目的

保管合同中,保管人的主要义务是妥善保管寄存人交付的保管物,并按照合同约定将保管物返还给寄存人,保管合同是一种提供服务的合同。《民法典》第888条第2款规定:"寄存人到保管人处从事购物、就餐、住宿等活动,将物品存放在指定场所的,视为保管,但是当事人另有约定或者另有交易习惯的除外。"这是《民法典》中新增的条文,我国《民法典》将这种保管义务扩大到了以购物、就餐、住宿等活动为业的经营者。"视为保管"需要具备两个条件,一是需要到购物中心、餐厅、宾馆等场所从事购物、就餐、住宿等活动,二是需要将物品存放在指定的场所,如专门的停车场、寄存柜等设施。

【案例21-2】

刘某在超市购物,使用了超市的自动寄存柜。购物后持密码条去取寄存柜的东西时,发现皮包丢失,里面有手机、现金等贵重物品。刘某可以要求超市赔偿吗?

【解析】

根据《民法典》第890条规定:"保管合同自保管物交付时成立,但是当事人另有约定的除外。"保管合同自保管物交付时成立。

超市提供储物柜应当保障安全使用,这是消费者和超市之间购物合同的随附义务。《消费者权益保护法》第7条规定,"消费者在购买、使用商品和接受服务时,享有人身、财产安全不受损害的权利。"超市的经营者应当采取合理合法的有效措施,来保护消费者寄存于储物柜中财物的安全,使消费者接受服务的同时,没有后顾之忧,不必担心自己的财物被盗。

这是《消费者权益保护法》赋予消费者的权利,超市经营者不得以告知、免责等方式损害消费者的这一权利。同时《消费者权益保护法》第18条也规定了经营者保证商品和服务安全的义务,其第一款规定:"经营者应当保证期提供的商品和服务符合保障人身、

财产安全的要求。"这意味着经营者对其向消费者提供的储物柜等场所,应当采取必要合理的措施,保障人身财产安全。《民法典》第888条第2款规定:"寄存人到保管人处从事购物、就餐、住宿等活动,将物品存放在指定场所的,视为保管,但是当事人另有约定或者另有交易习惯的除外。"超市负有保管义务,违反保管义务,应当承担相应的责任。因此超市应当赔偿刘某的损失。

(四)保管合同为不要式合同

法律和行政法规没有对保管合同要求某种特定的合同形式。保管合同可以是口头形式,也可以是书面形式。

(五)保管合同是继续性合同

继续性合同是指合同的内容,不是一次性给付就可以完成,而是继续地实现。保管合同中,保管人需要持续地履行保管义务,具有继续性的特点。

第二节 保管合同当事人的主要义务、权利

一、保管人的权利、义务

(一)给付保管凭证的义务

《民法典》第891条规定:"寄存人向保管人交付保管物的,保管人应当出具保管凭证,但是另有交易习惯的除外。"保管人出具的保管凭证,证明已收到保管物,证明当事人之间存在保管合同的法律关系。从交易习惯来看,无偿、小额的保管合同,保管人一般不给寄存人出具保管单据。

(二)妥善保管的义务

保管人首要义务是保管标的物的义务。《民法典》第892条规定:"保管人应当妥善保管保管物。当事人可以约定保管场所或者方法。除紧急情况或者为维护寄存人利益外,不得擅自改变保管场所或者方法。""妥善保管"是指保管人对于保管物的保管应尽相当的注意义务。

在有偿的保管合同中,保管人应尽善良管理人的注意义务。无偿的保管合同中,保管人应尽和保管自己所有财物同样的注意义务,如果保管人有故意或重大过失时,应对保管物的毁损、灭失负赔偿责任。所对应的法律条文是《民法典》第897条规定:"保管期内,因保管人保管不善造成保管物毁损、灭失的,保管人应当承担赔偿责任。但是,无偿保管人证明自己没有故意或者重大过失的,不承担赔偿责任。"

(三)亲自保管的义务

《民法典》第894条规定:"保管人不得将保管物转交第三人保管,但是当事人另有约

定的除外。保管人违反前款规定,将保管物转交第三人保管,造成保管物损失的,应当承担赔偿责任。"保管人亲自保管,有保管人自己保管,也包括使用履行辅助人辅助保管。保管人擅自让第三人代为保管的,是违法的转保管,如果保管物因此而发生的损失,保管人应当承担赔偿责任。

(四) 保管人不得使用保管物的义务

《民法典》第 895 条规定:"保管人不得使用或者许可第三人使用保管物,但是当事人另有约定的除外。"未经寄存人许可,保管人不得使用或者许可第三人使用保管物。

(五) 危险通知的义务

《民法典》第 896 条规定:"第三人对保管物主张权利的,除依法对保管物采取保全或者执行措施外,保管人应当履行向寄存人返还保管物的义务。第三人对保管人提起诉讼或者对保管物申请扣押的,保管人应当及时通知寄存人。"依据诚信原则,保管人也应当及时把有关情况通知寄存人。

(六) 返还保管物的义务

《民法典》第 900 条规定:"保管期限届满或者寄存人提前领取保管物的,保管人应当将原物及其孳息归还寄存人。"寄存人领取保管物的,保管人应当及时交还。保管人返还的保管物品应当是原物,原物产生孳息的,保管人还应返还保管期间的原物孳息。《民法典》第 901 条规定:"保管人保管货币的,可以返还相同种类、数量的货币;保管其他可替代物的,可以按照约定返还相同种类、品质、数量的物品。"

(七) 保管人的留置权

《民法典》第 903 条规定:"寄存人未按照约定支付保管费或者其他费用的,保管人对保管物享有留置权,但是当事人另有约定的除外。"其中,"其他费用",一般是无偿保管合同中产生的相关、必要费用,无偿保管合同保管人也可以行使留置权。

二、寄存人的义务

(一) 支付保管费和必要费用的义务

《民法典》第 902 条规定:"有偿的保管合同,寄存人应当按照约定的期限向保管人支付保管费。当事人对支付期限没有约定或者约定不明确,依据本法第 510 条的规定仍不能确定的,应当在领取保管物的同时支付。"在无偿保管中,寄存人对保管人为保管支付的必要费用,应当予以偿还。

(二) 保管物瑕疵的告知义务

《民法典》第 893 条规定:"寄存人交付的保管物有瑕疵或者根据保管物的性质需要

采取特殊保管措施的,寄存人应当将有关情况告知保管人。寄存人未告知,致使保管物受损失的,保管人不承担赔偿责任;保管人因此受损失的,除保管人知道或者应当知道且未采取补救措施外,寄存人应当承担赔偿责任。"保管物自身的瑕疵,是指保管物自身存在破坏性缺陷的情形。保管物本身的性质,是指保管物为易燃、易爆、有毒、有放射性等危险物品或易腐物品的情形。保管物有瑕疵或者需要采取特殊措施保管的,寄存人应将情况告知保管人。未履行该告知义务的,保管物因此受到的损失,保管人不负担赔偿责任。保管人因此而受到损失的,寄存人应当承担赔偿责任。

(三) 贵重物品的申明义务

《民法典》第898条规定:"寄存人寄存货币、有价证券或者其他贵重物品的,应当向保管人声明,由保管人验收或者封存;寄存人未声明的,该物品毁损、灭失后,保管人可以按照一般物品予以赔偿。"贵重物品未声明的,该物品毁损灭失后,保管人可以按一般物品予以赔偿。

【案例21-3】

张女士与王先生因合租房屋相识。张女士将1个四轮拉杆旅行箱交给王先生保管,后王先生将该旅行箱丢失,王先生被张女士告上法庭,要求赔偿。张女士诉至一审法院称,自己将拉杆箱转交时告知王先生箱内有自己的全部心血,箱内有珠宝、衣物、证件、银行卡等贵重物品。之后,王先生突然告诉自己箱子丢了,并称是将箱子放在走廊的公用管道间里丢失的。故要求判令王先生赔偿物品损失16万余元、补办各种证件费用5万元,并赔偿精神损失1万元。

王先生答辩称,张女士让自己保管箱子时称只是一个普通的箱子,里面是一些生活用品和不穿的衣物,箱子不值钱,丢了也没关系。自己表示其居住的群租房不安全,万一丢失,概不负责,最迟两个月必须取走。自己曾多次催促张女士将箱子取走,并告知箱子存放在楼道公用间。张女士答应取走,并说就放在公用间,丢了也没关系,但之后并未取走箱子。自己发现箱子不见后,立即通知了张女士,并帮其寻找,但没有找到。王先生表示其愿为自己的过失承担3000元赔偿责任。一审法院按照一般物品酌情确定王先生向张女士赔偿3000元。一审法院经审理判决后,张女士不服,上诉至二中院。北京市第二中级人民法院终审驳回张女士上诉,维持一审法院作出王先生赔偿张女士3000元的判决。

【解析】

张女士与王先生之间存在无偿保管合同关系。王先生未完全履行妥善保管保管物的义务,导致保管物丢失,亦不能证明其在保管期间没有重大过失,一审法院判令其向张女士承担赔偿责任,于法有据。

《民法典》第898条规定:"寄存人寄存货币、有价证券或者其他贵重物品的,应当向保管人声明,由保管人验收或者封存;寄存人未声明的,该物品毁损、灭失后,保管人可以按照一般物品予以赔偿。"张女士称其向王先生交付的保管物中包括珠宝等贵重物品,但其提交的现有证据不足以证明其在订立保管合同时已向王先生声明,王先生对此亦予以否认,故一审法院按照一般物品酌情确定王先生向张女士赔偿3000元,并无不当。

思考与练习

一、思考题

1. 试述保管合同的法律特征。
2. 试述有偿保管合同与无偿保管合同在法律效力上有何区别。
3. 试述保管合同中的保管人负有的义务。
4. 试述保管合同中的寄存人负有的义务。

二、案例分析

【基本案情】

××物业管理有限公司与城关镇A小区签订了物业管理合同,负责该小区卫生保洁、安全防护、车辆管理等,物业管理费用为每月30元,每月15日交纳。之后,居住在城关镇B小区的张×购买了一辆摩托车,因工作地点与A小区相近,张×与该小区物业管理公司协商,将车辆停放在该小区物业管理区域内,每月交纳车辆保管费20元。双方协商一致后,张×向该物业管理公司交纳了三个月的保管费,该公司向张×出具了收据,言明保管时间三个月。到期后,张×仍将车辆停放在该小区院内,但未交纳保管费。第二年,张×车辆被盗,经公安机关勘查现场,发现小区大门及车库锁均被剪断。后张×起诉要求××物业管理有限公司承担保管责任,赔偿因摩托车丢失造成的损失7500元。

【思考讨论】

1. 本案属于何种合同?
2. 依据《民法典》的相关规定,如何裁决?

【分析要点】

1. 按照《民法典》第890条规定:"保管合同自保管物交付时成立,但是当事人另有约定的除外。"本案中,张×与××物业管理有限公司之间虽成立保管合同关系,但张×非A小区居民,不应适用A小区与物业管理有限公司的交易习惯,故因张×未交纳保管费,双方之间保管合同应认定为无偿保管合同。

2. 根据《民法典》第897条规定:保管期内,因保管人保管不善造成保管物毁损、灭失的,保管人应当承担赔偿责任。但是,无偿保管人证明自己没有故意或者重大过失的,不承担赔偿责任。双方保管合同是无偿保管合同,××物业管理有限公司对张×的车辆丢失不存在重大过失。据此,法院应当判令驳回原告诉讼请求,××物业管理有限公司不承担保管责任。

第二十二章 仓储合同

【学习目标】
1. 了解仓储合同的含义。
2. 掌握仓储合同的特征。
3. 了解和掌握仓储合同当事人的主要义务。
4. 掌握仓单的含义和转让效力。

【引例】
6月2日,某粮油经销公司(存货人A)与某仓储公司(保管人B)订立仓储小麦60万公斤的合同。仓储合同约定,仓储期间是7月12日到11月12日,仓储费20万元。如果任何一方违约,违约金是全部仓储费的20%。保管人B开始清理仓库准备接货,同时拒绝了三家公司仓储的合作要求。7月10日,存货人A书面通知保管人B,由于收购的小麦不足10万公斤,不需要在保管人B仓库里仓储了,终止合同履行,同时表示歉意。保管人B同意终止合同,要求存货人A支付违约金4万元。因存货人A拒不支付,保管人B向存货人A提出索赔。

请分析:保管人B向存货人A提出索赔,能否得到法院支持?

【解析】
保管人B可以得到法院支持。依据《民法典》第905条的规定:"仓储合同自保管人和存货人意思表示一致时成立。"保管人B和存货人A的仓储合同已成立生效,保管人B为了履行合同进行了清理仓库,同时拒绝了三家公司仓储的合作要求。由于存货人A的违约行为,存货人A应当向保管人B支付违约金4万元。

第一节 仓储合同的概述

一、仓储合同的概念

仓储合同是指一方当事人(仓库营业人)为对方储存货物,对方当事人支付价款的合同。《民法典》第904条规定:"仓储合同是保管人储存存货人交付的仓储物,存货人支付仓储费的合同。"该合同是一种特殊的保管合同,也是商事合同。

> **小贴士**
> 仓储业随着商品经济发展,从保管业中发展、壮大起来的营业。仓储合同也作为一种独立的有名合同出现在合同法律中。许多民商分立的国家将仓储合同规定在商法中,作为商事合同的一种。我国具有民商合一的立法传统,所以仓储合同规定在《民法典》中。

二、仓储合同的特征

(一)保管人是有仓储设备并且专门从事仓储保管业务的主体

保管人是以仓储保管为业的经营人,又称为仓库营业人。保管人要有仓储保管的硬件条件,对外经营的仓库或者场地,还可以有冷藏、防腐、通风等仓储设备。《民法典》第906条第3款规定:"保管人储存易燃、易爆、有毒、有腐蚀性、有放射性等危险物品的,应当具备相应的保管条件。"

> **小贴士**
> 仓储是产品生产、流通过程中因订单前置或市场预测前置而使产品、物品暂时存放。它是集中反映工厂物资活动状况的综合场所,是连接生产、供应、销售的中转站,对促进生产供应链的提高效率起着重要的辅助作用。同时,围绕着仓储实体活动,清晰准确的报表、单据账目、会计部门核算的准确信息也同时进行着,因此仓储是物流、信息流、单证流合一的商事经营活动。

(二)仓储合同保管对象是动产

保管人需要用自己的仓库和仓储设备提供保管服务,所以,仓储物是动产,不能是不动产。

(三)仓储合同是一种诺成合同

《民法典》第905条规定:"仓储合同自保管人和存货人意思表示一致时成立。"这是《民法典》中新增的条文。该规定已经明确了仓储合同为诺成合同,诺成合同就是保管人和存货人意思表示一致时成立。这是因为仓储合同是商事合同的特性决定的,有利于对存货人的权利保护。

(四)仓储合同为双务、有偿合同、不要式合同

仓储合同双方当事人在合同成立后互负给付义务,保管人储存存货人交付的仓储物,存货人支付仓储费,双方的义务具有对应性和对价性,所以是双务、有偿合同。保管人的商事身份属性也决定了仓储合同是双务、有偿合同。仓储合同没有要求特定的形式,因此是不要式合同。

三、仓储合同和保管合同的联系与区别

在权利、义务内容上,虽然仓储合同可以参照一般的保管合同,但是在具体内容上还

是存在明显区别的。主要表现为：

1. 合同主体不同。仓储合同保管人是仓库营业人，法律对于保管合同的保管人没有要求。

2. 合同成立时间不同。仓储合同是诺成合同，保管合同是实践合同。

3. 合同是否有偿方面不同。仓储合同都是有偿合同。保管合同可以是有偿合同，也可以是无偿合同。

4. 是否签发仓单不同。仓储合同给付仓单。保管合同给付保管凭证。

第二节 仓储合同当事人的主要义务、权利

一、保管人的义务

（一）验收的义务

《民法典》第907条规定："保管人应当按照约定对入库仓储物进行验收。保管人验收时发现入库仓储物与约定不符合的，应当及时通知存货人。保管人验收后，发生仓储物的品种、数量、质量不符合约定的，保管人应当承担赔偿责任。"保管人按照约定验收。保管人验收时发现入库仓储物与约定不符合的，应当及时通知存货人。没有及时通知的，视为验收合格。验收后，由于保管人未尽到入库接收、验收的义务，造成存货人损失的，保管人应当承担损害赔偿责任。

（二）给付仓单的义务

1. 仓单的概念

仓单，是指仓库保管人在存货人寄托仓储物以后，应存货人的请求，向存货人填发的记载有关保管事项的单据，它也是提取仓储物的凭证。《民法典》第908条规定："存货人交付仓储物的，保管人应当给付仓单、入库单等凭证。"在实践中，有关仓单的立法模式有多种：

(1)两单主义。这种立法例是指保管人同时填两份仓单，一份为提取仓单，用以提取仓储物，因此可以转让，另一份为出质仓单，可以作为债权的担保。

(2)一单主义。在这种立法模式中，保管人仅仅填发一份仓单，其既可为转让依据，也可为担保的依据。

(3)并用主义。其将选择权赋予存货人，可以选择请求保管人填发两单或者一单。我国《民法典》第908条并没有规定保管人要签发两份不同的仓单。我国立法采用的是一单主义，它的优点是避免仓单关系变得复杂化，也可避免存货人利用两单的分离获取不当的利益。

2. 仓单的性质

仓单的性质主要体现在以下几个方面：第一，仓单是有价证券。第二，仓单是一种物

权证券。第三,仓单是一种要式证券。第四,仓单是一种文义证券。第五,仓单是一种证权证券。

3. 仓单的内容

依据《民法典》第909条规定,保管人应当在仓单上签字或者盖章。仓单包括下列事项:(1)存货人的姓名或者名称和住所。(2)仓储物的品种、数量、质量、包装及其件数和标记。(3)仓储物的损耗标准。(4)储存场所。(5)储存期限。(6)仓储费。(7)仓储物已经办理保险的,其保险金额、期间以及保险人的名称。(8)填发人、填发地和填发日期。

4. 仓单的转让

仓单是一种有价证券,在法律上具有可转让性。《民法典》第910条中规定:"仓单是提取仓储物的凭证。存货人或者仓单持有人在仓单上背书并经保管人签名或者盖章的,可以转让提取仓储物的权利。"根据这一规定,仓单持有人有权通过背书的方式转让仓单。仓单的转让必须符合以下三个条件:一是必须由存货人或者仓单持有人在仓单上背书。二是保管人应当在仓单上签字或者盖章。三是仓单已交付。

在转让仓单时,因为仓单是无因证券,即使其基础关系无效或者被撤销,也不应当影响仓单转让的效力。如当事人基于买卖合同而转让仓单,事后该买卖合同因欺诈而被撤销,但仓单已经因背书而被转让,买受人仍然享有仓单上记载的权利。

(三)容忍义务

《民法典》第911条规定:"保管人根据存货人或者仓单持有人的要求,应当同意其检查仓储物或者提取样品。"仓储合同是服务于存货人的合同,保管人应当容忍存货人检查仓储物或者提取样品的麻烦。

(四)通知和紧急处置义务

《民法典》第912条规定:"保管人发现入库仓储物有变质或者其他损坏的,应当及时通知存货人或者仓单持有人。"仓储物有变质,是指出现腐烂、异状等。仓储物其他损坏的,是指仓储物减少或价值减少、超过了仓储物标明的有效期等。保管人应当及时通知存货人或者仓单持有人。

《民法典》第913条规定:"保管人发现入库仓储物有变质或者其他损坏,危及其他仓储物的安全和正常保管的,应当催告存货人或者仓单持有人作出必要的处置。因情况紧急,保管人可以作出必要的处置;但是,事后应当将该情况及时通知存货人或者仓单持有人。"根据这个条文,分为货主的必要处置和保管人的必要处置。货主的必要处置,先由保管人催告。在紧急情况下,保管人可以作出必要的处置。如抛弃腐烂、变质的食品等。

(五)妥善保管的义务

《民法典》第917条规定:"储存期内,因保管不善造成仓储物毁损、灭失的,保管人应当承担赔偿责任。因仓储物本身的自然性质、包装不符合约定或者超过有效储存期造成仓储物变质、损坏的,保管人不承担赔偿责任。"保管人未尽到妥善保管义务,是过错责任。在仓储物本身的自然性质、包装不符合约定或者超过有效储存期造成仓储物变质、损坏的,保管人不承担赔偿责任。

(六) 返还保管物的义务

《民法典》第914条规定:"当事人对储存期限没有约定或者约定不明确的,存货人或者仓单持有人可以随时提取仓储物,保管人也可以随时请求存货人或者仓单持有人提取仓储物,但是应当给予必要的准备时间。"在没有约定仓储期间或者约定不明确的,存货人可以随时提取仓储物。保管人也可以随时请求存货人或者仓单持有人提取仓储物,但是需要给予必要的准备时间。"给予必要的准备时间",因为仓储物大多是大宗货物,存货人提取后需要相应场所存放或者找买家处分仓储物,都需要一段准备时间。

二、存货人的义务

(一) 如实说明义务

《民法典》第906条规定:"储存易燃、易爆、有毒、有腐蚀性、有放射性等危险物品或者易变质物品的,存货人应当说明该物品的性质,提供有关资料。存货人违反前款规定的,保管人可以拒收仓储物,也可以采取相应措施以避免损失的发生,因此产生的费用由存货人负担。"存货人对于危险物品或易变质物品有如实说明的义务。保管人在拒收或者采取相应措施之间可以选择,由此发生的费用由存货人负担。

(二) 按时提取仓储物的义务

《民法典》第915条规定:"储存期限届满,存货人或者仓单持有人应当凭仓单、入库单等提取仓储物。存货人或者仓单持有人逾期提取的,应当加收仓储费;提前提取的,不减收仓储费。"仓库的安排有一定计划性。

《民法典》第916条规定:"储存期限届满,存货人或者仓单持有人不提取仓储物的,保管人可以催告其在合理期限内提取;逾期不提取的,保管人可以提存仓储物。"逾期不提取,造成压库的,未经催告不能提存;催告之后,才能提存仓储物。

> **小贴士**
>
> 提存,指由于债权人的原因而无法向其交付合同标的物时,债务人将该标的物交给提存机关而消灭债务的制度。《民法典》第557条第2款规定,提存可以导致债权债务终止。

第三节 仓储合同的法律适用

仓储合同是在保管合同的基础上发展起来的一种合同类型。但是,考虑到仓储合同的特殊性,法律上又将其作为独立的有名合同类型加以规定。《民法典》第918条规定:"本章没有规定的,适用保管合同的有关规定。"本条文使用"适用"的表述,就是在法律上承认仓储合同与保管合同具有类似性,保管合同和仓储合同的关系是一般规定和特殊规定的关系,保管合同的许多规则可以适用于仓储合同。

思考与练习

一、思考题

1. 试述仓储合同的法律特征。
2. 比较仓储合同与保管合同。
3. 仓储合同的保管人和存货人负有哪些义务?
4. 试述仓单的性质。

二、案例分析

【基本案情】

2015年8月21日,原告蜀光酒业公司与被告国泰酒厂签订《仓储合同》,约定原告提供场地及酒罐给被告存储白酒使用,并约定了保管费的计算方式按实际储存数量和时间以单价70元/吨/月计算。2015年8月24日至2018年12月25日被告共将3241.64吨白酒存储于原告提供的场地和酒罐,原告按约履行保管,但被告至今未付仓储保管费。原告多次催要,被告均找理由推诿,拒绝支付。原告提起诉讼,请求仓储保管费及违约金,同时请求原告对其占有保管的被告白酒在上述债权的价值范围内享有留置权,在上述债权的价值范围内优先受偿。

【思考讨论】

依据《民法典》的相关规定,法院应如何裁决?

【分析要点】

根据《民法典》第905条的规定:"仓储合同自保管人和存货人意思表示一致时成立。"本案中,仓储合同已成立生效,原告已提供场地及酒罐给被告存储白酒使用,被告未付仓储保管费。原告请求仓储保管费及违约金,法院应当支持。

根据《民法典》第918条的规定:"本章没有规定的,适用保管合同的有关规定。"第903条规定:"寄存人未按照约定支付保管费或者其他费用的,保管人对保管物享有留置权,但是当事人另有约定的除外。"因此本案原告对其占有保管的被告白酒在上述债权的价值范围内享有留置权,原告有权在上述债权的价值范围内优先受偿,法院应当支持。

第二十三章 委托合同

【学习目标】
1. 掌握和理解委托合同的概念和特征。
2. 掌握委托合同当事人义务的规定。
3. 理解间接代理中的委托。
4. 了解委托合同的任意解除。
5. 了解委托合同的终止。

【引例】
　　甲方和乙方就进行投资管理有关事项签订一份《委托理财协议》，约定现有资金1万美元，乙方本着以最高盈利为目的，在账户最大亏损在现有资金35%范围内给甲方进行交易；当账户亏损达到现有资金的35%时，乙方必须通知甲方，须经甲方同意方可进行交易。合同签订后，甲方即按乙方要求向香港亨达公司温州分公司账户汇入人民币68800元。之后，乙方利用其所谓的香港亨达公司大陆工作人员身份，为原告开通外汇买卖账户，并在亨达公司开设的网站交易平台直接进行外汇买卖，且在资金亏损达35%时没有依约通知原告，致使原告68800元本金在半个月内亏损殆尽。

【解析】
　　委托理财合同是委托人与代理人约定，委托人将其资金、证券等资产委托给受托人，由受托人在证券、期货等金融市场上从事股票、债券等金融工具组合投资、管理活动所签订的合同。委托理财合同系属委托合同纠纷中的其中一种。委托理财作为一种新的投资方式，其本身对于参与各方甚至整个社会均有益处，但应在不违反法律、行政法规强制性规定的前提下进行。本案主要争议焦点是《委托理财协议》效力如何认定以及认定后的法律后果问题。

　　根据我国国务院发布的《非法金融机构和非法金融业务活动取缔办法》第4条规定："本办法所称非法金融业务活动，是指未经中国人民银行批准，擅自从事的下列活动：……（3）非法发放贷款、办理结算、票据贴现、资金拆借、信托投资、金融租赁、融资担保、外汇买卖。"本案中，被告未经有关部门批准，擅自从事代客境外买卖外汇的非法金融业务活动，该行为违反了上述《非法金融机构和非法金融业务活动取缔办法》的规定，故其与原告所签订的《委托理财协议》应依法认定无效。

　　根据《民法典》的规定，合同无效后，因该合同取得的财产，应当予以返还；有过错的一方应当赔偿对方因此所受到的损失,双方都有过错的,应当各自承担相应的责任。本案中,被告应当返还原告所交付的 68800 元,但原告在与被告签订合同时,未尽谨慎注意义务,未核实被告是否具有经营外汇理财的资质,对造成合同无效亦有过错,故其应在现有资金 68800 元的 35% 范围内承担责任;其余损失 44720 元则应由被告予以赔偿。

第一节　委托合同概述

一、委托合同的概念和特征

委托合同又称委任合同,是指当事人双方约定一方委托他人处理事务,他人同意为其处理事务的协议。在委托合同关系中,委托他人为自己处理事务的人称委托人,接受委托的人称受托人。《民法典》第 919 条规定:"委托合同是委托人和受托人约定,由受托人处理委托人事务的合同。"这就明确界定了委托合同的内涵。

(一) 委托合同的法律特征

1. 委托合同的标的是劳务

委托人和受托人订立委托合同的目的,在于通过受托人办理委托事务来实现委托人追求的结果,因此,该合同的客体是受托人处理委托事务的行为。

2. 委托合同是诺成、非要式、双务合同

(1)诺成合同。委托人与受托人在订立委托合同时不仅要有委托人的委托意思表示,而且还要有受托人接受委托的承诺,即承诺与否决定着委托合同是否成立。委托合同自承诺之时起生效,无须以履行合同的行为或者物的交付作为委托合同成立的条件。

(2)非要式。委托合同成立不须履行一定的形式,口头、书面等方式都可以。

(3)双务合同。委托合同经要约承诺后合同成立,无论合同是否有偿,委托人与受托人都要承担相应的义务。对委托人来说,委托人有向受托人预付处理委托事务费用的义务,当委托合同为有偿合同时还有支付受托人报酬等义务。对受托人来说,受托人有向委托人报告委托事务、亲自处理委托事务、转交委托事务所取得财产等义务。

3. 委托合同可以是有偿的,也可以是无偿的

委托合同是建立在双方当事人彼此信任的基础上。委托合同是否有偿,应以当事人双方根据委托事务的性质与难易程度协商决定,法律不作强制规定。

(二) 委托与代理的区别

代理是指代理人以被代理人的名义,在被代理人授权的范围内与第三人所实施的行为。

1. 代理关系与委托合同关系的联系

代理与委托合同关系十分密切,主要表现在:

(1)在委托代理中,委托合同常常是授权行为的基础。

(2)在委托代理中,代理人在代理权范围内,以被代理人的名义从事行为,由此所产生的法律效果,由被代理人承担。

2. 代理关系与委托合同关系的区别

代理和委托是两种不同的法律关系,其区别在于:

(1)委托仅仅是发生在委托人和受托人之间的内部合同关系,是双方关系。而代理涉及代理人与第三人和本人的关系,是三方关系。

(2)代理权的产生基础是多样的,委托合同只是代理权产生的主要的基础关系。

(3)在代理关系中,代理人必须以本人的名义从事活动,否则不能构成直接代理。而委托合同的受托人,既可以以委托人的名义,也可以以受托人自身名义进行活动。受托人是否以委托人名义处理事务,并不影响委托合同的性质。

(4)代理事务仅限于作出或接受意思表示,所以,其范围仅包括法律行为和准法律行为。而委托合同中的受托人既可以根据委托实施法律行为,也可以根据委托实施事实行为。

二、委托合同的分类

(一)有偿委托和无偿委托

依据委托人是否需要支付报酬,委托合同可以区分为有偿委托和无偿委托。所谓有偿委托,是指在合同中约定委托人要向受托人支付报酬或者没有对是否需要支付报酬作出约定的委托合同。所谓无偿委托,是指在合同中约定不支付报酬的委托合同。《民法典》第928条第1款规定:"受托人完成委托事务的,委托人应当按照约定向其支付报酬。"依据这一规定,支付报酬必须要当事人之间存在约定,因而如果当事人之间如果没有就支付报酬作出约定的情况下,可认为委托人无须支付报酬。由此可见,《民法典》采取了以无偿为原则,有偿为例外的模式。

在法律上,区分有偿委托和无偿委托具有重要意义,其主要区别在于:第一,委托人是否具有支付报酬的义务不同。第二,是否属于双务合同不同。第三,两种类型的委托义务不同。

(二)一般委托和特别委托

一般委托,是指委托人概括授权给受托人处理某些事项的委托。在一般委托中,委托人对受托人进行了较为抽象和概括的授权,并不仅仅针对某项或数项具体的事务。根据《民法典》第920条的规定:"委托人可以特别委托受托人处理一项或者数项事务,也可以概括委托受托人处理一切事务。"委托人可以委托受托人处理数项事务。在委托中,如果委托人就多个事项进行概括的授权,可以称为一般委托或概括委托。而特别委托是指委托人针对某一项或几项具体的事务对受托人进行授权。

一般委托中,由于委托人的授权较为概括,所以受托人的权限较大。而在特别委托中,委托人的授权明确针对某项或几项具体的事务,所以受托人的权限较小。

(三) 单独受托与共同受托

依受托人的人数,可将委托区分为单独受托和共同受托。单独受托,是指委托人仅委托一个受托人的委托。共同受托,是指委托人委托两个或两个以上的受托人的委托。《民法典》第932条规定:"两个以上的受托人共同处理委托事务的,对委托人承担连带责任。"此即为共同受托,即受托人为两人以上,共同处理委托事务。

第二节 委托合同的效力

一、委托人的主要权利义务

(一) 支付报酬的义务

有偿的委托合同,在委托事务完成后,委托人应当按照约定向受托人支付报酬。即使是委托合同中并没有约定报酬的,但依据习惯或者依据委托事务的性质应该由委托人给付报酬的,委托人仍然有支付给受托人报酬的义务。

一般处理事务完毕,委托关系才终止。但在委托事务未全部完毕之前合同提前终止的,受托人得就其已处理之部分,请求报酬。因不可归责于受托人的事由,委托合同解除或者委托事务不能完成,委托人应当根据受托人处理委托事务所付出的工作时间或者所提供事务,给付受托人相应的报酬。

(二) 预付和偿还委托费用的义务

1. 预付费用的义务

由于委托合同的特点是受托人用委托人的费用处理委托事务,因此,受托人对于费用没有垫付的义务,预付费用是委托人的义务。受托人处理委托事务,如委托律师向法院提起诉讼,就应当先预付诉讼费。因为费用是为了委托人的利益而需要支出的,它与合同约定的报酬不是一个概念。委托人支付的预付款,如果委托事务处理完毕,尚有剩余,受托人应当返还给委托人。

2. 偿还受托人支出必要费用的义务

由于受托人处理委托事务应当由委托人事先预付费用,受托人就没有垫付费用的义务,但如果垫付了,则有请求偿还的权利,即受托人为处理委托事务所垫付费用,委托人应当偿还。应当把委托人支付报酬与偿还处理委托事务所应负担的费用相区别。偿还处理委托事务的费用不是对价关系。所谓必要费用,比如差旅费用、有关财产的运输费、仓储费、交通费、邮费，等等。受托人处理事务所支出的费用，不仅会有金钱支出，有时也会有物的消耗。至于判断费用的支出是否必需，应当依据所委托事物的性质及处理时的具体情况来定。

3. 委托人偿还利息的义务

偿还费用还应包括自受托人暂付费用之日起的利息。如果双方当事人在订立合同时对利率有约定的，事后就应按其约定，如果对利率没有约定或者约定的不明确时，就应当依照法定利率计算。

（三）承受委托的法律效果的义务

委托人应当承担受托人所为的法律行为的法律效果，既包括积极效果也包括消极效果。

受托人在委托权限范围内认真处理委托事务，在自己毫无过错和过失的情况下，使自己的财产或者人身造成损害的，有向委托人请求赔偿的权利。

（四）不得擅自重复委托

相互信任是委托合同双方当事人订立合同的基础，它具有严格的人身属性，因此，《民法典》第931条规定，委托人如果要把委托事务再委托他人处理，需要征得受托人的同意。委托人另行委托第三人处理委托事务，可能给受托人造成损失，如报酬减少。造成受托人损失的，受托人可以向委托人请求赔偿损失。

（五）对于意外风险所致损害的赔偿义务

《民法典》第930条规定，受托人处理委托事务时，因不可归责于自己的事由受到损失的，可以向委托人请求赔偿损失。

受托人在处理委托事务过程中因不可归责于自己的事由遭受损害的情况有很多，例如，由于委托人在受托人无过错的情况下，解除委托合同的；委托人未经受托人同意，又委托第三人处理同一事务致使受托人报酬减少；等等。

二、受托人的主要义务

（一）在授权范围内处理委托事务的义务

受托人在处理委托事务时，应以委托人指示的权限为准。以受托人权限范围为标准把委托划分为两大类，即特别委托和概括委托。

划分特别委托与概括委托的意义在于，使受托人能够明确自己可以从事哪些代理活动，也使第三人知道受托人的身份和权限，使之有目的、有选择地订立民事合同，以防止因代理权限不明确而引起不必要的纠纷，即使发生纠纷，也便于根据代理权限确定当事人之间的相互责任。

1. 特别委托

特别委托是指双方当事人约定受托人为委托人处理一项或者数项事务的委托。特别委托一般有以下几种情况：

(1)不动产出售、出租或者就不动产设定抵押权。

(2)赠与。由于赠与属于无偿行为，所以需要有委托人的特别授权。

(3)和解。在发生纠纷后，有关人员在处理问题时需要双方当事人彼此作一定的妥协与让步，以终止争执或者防止争执的协议，它包括民法上的和解或者诉讼法上的和解，以至破产法上的和解。

(4)诉讼。当事人就有关事宜向法院提起诉讼，请求法院依照法定程序进行审判的行为。

(5)仲裁。仲裁是指当事人发生争执时，不诉请法院判决，而是提请仲裁机构判断。受托人接受特别委托时，对于委托事务的处理，可以采取一切为维护委托人的合法权益而必要的合法行为。

2. 概括委托

概括委托是指双方当事人约定受托人为委托人处理一切事务的协议。例如，委托人委托受托人处理其买卖业务或租赁业务的所有事宜，即是概括委托。

(二) 亲自处理委托事务的义务

委托人选择受托人是以对其能力(业务能力、专门知识)和信誉的信赖为前提，该合同的订立，既体现了委托人对于受托人的办事能力和信誉的信任，也表明受托人了解委托人和愿意为其办理委托事务的意志。这种彼此信任是委托合同赖以订立和存续的基础。因此，委托合同强调当事人的人身属性。这样就要求受托人应当亲自办理委托事务，受托人不得擅自将自己受托的委托事务转托他人处理。

《民法典》第922条对于转委托的情况作了如下规定：第一，转委托须事先取得委托人的同意。合同是以双方当事人自愿为原则，当事人意思表示一致，受托人才可以再委托第三人代为处理委托事务。第二，在紧急情况下受托人为维护委托人的利益转委托的，对第三人的行为不承担责任。例如，委托人临时患急病，不能前去处理，由于情况紧急，如果不转托第三人代为处理，就会使委托人遭受损失。

(三) 按照委托人的指示处理委托事务的义务

《民法典》第922条规定，受托人按照委托人的指示处理委托事务，这是受托人首要的义务。受托人原则上不得变更委托人的指示，如果受托人在处理委托事务的过程中，因客观情况发生变化，为了维护委托人的利益而需要变更委托人的指示时，需要符合以下条件并应当经委托人同意：

(1)因情况紧急，需要立即作出新的措施。

(2)由于客观上的原因，难以和委托人取得联系。

(3)依据情况,转委托为了委托人的利益所必须。

(四)尽到必要的注意义务

委托合同是受托人接受委托人的委托而订立,因此,受托人应当严格按照委托人的指示,在委托人授权的范围内维护委托人的合法权益,完成委托事务。

(五)报告的义务

《民法典》第924条规定,受托人在办理委托事务的过程中,应当根据委托人的要求,向委托人报告事务处理的进展情况、存在的问题,以使委托人及时了解事务的状况。如果委托合同约定了报告的时间,受托人应按时进行报告。

委托合同终止时,受托人应就办理委托事务的情况,向委托人全面报告办理经过和结果,如处理委托事务的始末、各种账目、收支计算等,并要提交必要的书面材料和证明文件。

(六)转交财产的义务

《民法典》第927条规定,受托人应当将自己因处理委托事务而取得的各种利益及时转交给委托人。这里所说的"取得的财产",包括取得的金钱、实物,以及金钱与实物所生的孳息,以及其他财产权利。例如,受托人因出售委托人的物品而取得的价金,或为委托人出租房屋所取得的租金等。

受托人转移利益的义务,不仅适用于受托人,还适用于转委托的第三人。

第三节 间接代理中的委托

一、第三人知道代理关系的间接代理

第三人知道代理关系的间接代理,是指受托人以自己的名义,在委托人的授权范围内与第三人订立的合同,第三人在订立合同时知道受托人与委托人之间代理关系的代理。

《民法典》第925条规定:"受托人以自己的名义,在委托人的授权范围内与第三人订立的合同,第三人在订立合同时知道受托人与委托人之间的代理关系的,该合同直接约束委托人和第三人;但是,有确切证据证明该合同只约束受托人和第三人的除外。"这就明确规定了间接代理,从该规定可以看出,第三人知道代理关系的间接代理应当符合如下要件。

(1)受托人以自己的名义在委托人的授权范围内与第三人订立合同。
(2)第三人知道知道受托人与委托人之间的代理关系。
(3)第三人必须是在订立合同时就知道委托人与受托人之间存在代理关系。

(4)没有确切证据证明合同仅约束受托人和第三人。

二、第三人不知道代理关系的间接代理

《民法典》第 926 条规定了第三人不知道代理关系的间接代理,依据该规定,受托人以自己的名义与第三人订立合同时,第三人不知道受托人与委托人之间的代理关系的,受托人因第三人的原因对委托人不履行义务,受托人应当向委托人披露第三人,委托人因此可以行使受托人对第三人的权利。该条确立了如下两项权利。

(一)委托人的介入权

委托人的介入权,是指当受托人因第三人的原因对委托人不履行合同义务时,委托人依法有权进入受托人与第三人之间的合同关系,直接向第三人主张合同权利。如前所述,委托人行使介入权的前提是受托人以自己名义与第三人订立合同。第三人在订立合同时,不知道受托人与委托人之间有代理关系。否则,受托人与第三人订立的合同,依据《民法典》第 925 条的规定,直接约束委托人和第三人,因而也不存在委托人介入权问题。

(二)第三人的选择权

第三人的选择权,是指当受托人因委托人的原因导致不能履行对第三人的合同,第三人依法有权选择向受托人或者委托人主张权利。《民法典》第 926 条第 2 款规定:"受托人因委托人的原因对第三人不履行义务,受托人应当向第三人披露委托人,第三人因此可以选择受托人或者委托人作为相对人主张其权利,但第三人不得变更选定的相对人。"根据《民法典》第 926 条第 2 款的规定,第三人行使选择权除了第三人在订立合同时,不知道受托人与委托人之间有代理关系以外,还必须具备以下条件:一是受托人因委托人的原因对第三人不履行义务。二是受托人已经向第三人披露了委托人。三是第三人作出了选择。

(三)第三人和委托人的抗辩权

抗辩权,是指对抗对方的请求或否认对方的权利主张的权利,又称为异议权。《民法典》第 926 条第 3 款规定:"委托人行使受托人对第三人的权利的,第三人可以向委托人主张其对受托人的抗辩。第三人选定委托人作为其相对人的,委托人可以向第三人主张其对受托人的抗辩以及受托人对第三人的抗辩。"该条确立了如下两项抗辩权:

1. 第三人的抗辩权

它是指在委托人行使介入权的情况下,第三人针对委托人提出的请求可享有的向委托人提出的抗辩权。第三人的抗辩权既包括主张委托人的介入权不成立,也包括第三人在与受托人发生交易过程中,对合同的成立、效力以及合同的履行等所享有的抗辩权。

2. 委托人的抗辩权

它是指在第三人行使选择权,向委托人提出请求以后,委托人可享有的向第三人提

出的抗辩权。由于委托人与第三人之间并无直接的合同关系,因而委托人抗辩事由的范围是法律直接规定的,包括委托人对受托人的抗辩和受托人对第三人的抗辩,委托人都可以依法向第三人主张。

第四节　委托合同的任意解除权

一、任意解除权的概念和特征

所谓任意解除权,是指在委托合同履行过程中,委托人和受托人都有权随时解除合同。委托合同是以双方信任为存在的条件,如果一方不守信用,失信于另一方,继续履行合同已无必要,法律赋予了双方当事人的权利,即只要一方想终止合同,就可以随时解除合同,而且无须有任何的理由。《民法典》第 933 条规定:"委托人或者受托人可以随时解除委托合同。因解除合同造成对方损失的,除不可归责于该当事人的事由外,无偿委托合同的解除方应当赔偿因解除时间不当造成的直接损失,有偿委托合同的解除方应当赔偿对方的直接损失和合同履行后可以获得的利益。"

二、任意解除权的行使

法律虽然赋予了当事人任意解除权,但是只有在当事人实际行使了相关的权利之后,委托合同关系才能够实际解除,具体包括:

(一)当事人应当在合理期限内行使解除权

解除权需要在合理期间内行使。我国《民法典》第 564 条也强调了当事人应当在法律规定或者当事人约定的解除权行使期限内行使解除权,否则解除权消灭。没有法定或者约定解除权行使期限的,权利人应当在对方催告后的合理期限内行使权利。在合理期限内仍然没有行使的,该权利消灭。

(二)行使解除权的一方当事人必须通知相对方

依据《民法典》第 565 条的规定,当事人一方解除合同的,应当通知对方,原则上"合同自通知到达对方时解除"。由此可见,任意解除权必须以通知的方式行使,通知到达才能够产生合同解除的效果,通知到达才能够产生合同解除的效果。

三、任意解除权的放弃

任意解除权虽然是一种法定权利,但毕竟是当事人享有的一种私权,一般不关涉公共利益,约定排除该权利,通常也不损害第三人利益,因此应当允许当事人通过约定予以排除,如果当事人事先通过约定禁止任意解除,应当尊重当事人的意思,在此情形下应当认为约定排除任意解除权是有效的。

四、行使任意解除权后的报酬请求权

《民法典》第 928 条第 2 款规定:"因不可归责于受托人的事由,委托合同解除或者委托事务不能完成的,委托人应当向受托人支付相应的报酬。"依据这一规定,在委托合同解除后,受托人也可能享有报酬请求权。所谓不可归责于受托人的事由,是指合同解除系因委托人的原因或者不可抗力导致合同被解除,而受托人对合同解除没有过错。在此情况下,如果受托人确实已经完成了全部或者部分事务,理应获得报酬。需要指出的是,因行使任意解除权而产生的报酬请求权的问题,仍然属于任意性规范,当事人可以通过约定予以排除。

五、行使任意解除权后的损害赔偿

《民法典》第 933 条中规定:"因解除合同造成对方损失的,除不可归责于该当事人的事由外,无偿委托合同的解除方应当赔偿因解除时间不当造成的直接损失,有偿委托合同的解除方应当赔偿对方的直接损失和合同履行后可以获得的利益。"因此,在解除合同后,如果因一方当事人行使任意解除权,造成了对方当事人的损害,还需要承担相应的赔偿责任。但承担损害赔偿责任必须符合如下要件:第一,必须是因行使任意解除权造成损失。第二,必须不存在不可归责于当事人的事由。

第五节 委托合同的终止

委托合同的成立,是以双方信任为基础,为人格专属的法律关系,如果当事人一方死亡、丧失行为能力或者破产,其继承人、法定代理人与合同的另一方当事人能否取得互相的信任尚不确定,为了避免不必要的纠纷出现,法律规定在这些情况下,委托合同可以终止。

一、因一方行使解除权而终止

在合同解除的情形下导致委托合同终止,委托合同终止行使解除权包括四种情形:
(1)在一方根本违约的情况下,依据《民法典》第 563 条的规定行使违约解除权从而导致合同终止。
(2)当事人依据《民法典》第 993 条规定的委托合同任意解除权导致合同终止。
(3)当事人依据合同约定的解除事由而解除合同。
(4)当事人在合同订立后通过双方达成协议解除合同。

二、主体消灭或丧失行为能力

《民法典》第934条规定:"委托人死亡、终止或者受托人死亡、丧失民事行为能力、终止的,委托合同终止;但是,当事人另有约定或者根据委托事务的性质不宜终止的除外。"根据该规定,因为主体的变化导致委托合同终止的情形有三种:

(1)委托人死亡或者丧失行为能力。
(2)受托人死亡或者丧失行为能力。
(3)当事人破产或者解散。

思考与练习

简答题

1. 试述委托合同的法律特征。
2. 委托与代理存在哪些联系与区别?
3. 委托合同的委托人负有哪些义务?
4. 委托合同的受托人负有哪些义务?
5. 委托合同的终止事由有哪些?

第二十四章　物业服务合同

【学习目标】
1. 了解物业服务合同的概念。
2. 了解前期物业服务合同的含义。
3. 了解物业服务合同当事人的权利和义务。
4. 了解物业服务合同解除的规定。

【引例】
甲房地产公司(建设单位)与乙物业服务公司签订前期物业服务合同,委托乙为A小区提供物业服务工作。前期物业服务合同尚未到期,甲就通知乙解除前期物业服务合同,理由是乙未按前期物业服务合同的约定向甲支付款项。甲另行与丙物业服务公司签订了前期物业服务合同,要求乙退出A小区,由丙进驻。甲将A小区的房屋持续出售,至与乙发生争议时,已经出售90%以上。

请问:甲是否有权将乙更换成丙?为什么?

【解析】
虽然前期物业服务合同是由房地产公司甲与物业服务公司乙签订的,但乙已经与业主建立了物业服务合同法律关系,解聘、另聘的权利归业主,甲无权解聘乙,无权将乙更换成丙。

第一节　物业服务合同概述

一、物业服务合同概述

(一) 物业服务合同定义

物业服务合同是指物业服务企业与业主委员会订立的,规定由物业服务企业提供对房屋及其配套设备、设施和相关场地进行专业化维修、养护、管理以及维护相关区域内环境卫生和公共秩序,由业主支付报酬的服务合同。

(二) 物业服务合同性质

物业服务合同从性质上来说,就是明确物业服务人和业主之间在物业服务合同中权利义务的协议。其中,物业服务人指的是与业主订立物业服务合同,并且按照法律规定或者合同约定提供物业服务的主体,主要为物业服务企业,也包括其他管理人。业主是指物业的所有权人,即已经建成并投入使用的各类房屋及与之相配套的设备、设施和场地的所有权人。业主与物业服务人订立物业服务合同,业主支付费用,物业服务人提供物业服务。根据物业服务合同的特点,通说认为它是一种委托合同。

二、物业服务合同的特征

(一)物业服务合同的主体具有特定性,且双方地位平等,不存在隶属关系

根据《民法典》第937条第2款的规定,物业服务人包括物业服务企业和其他管理人。物业服务合同的一方当事人是业主,另一方当事人是物业服务人。业主是特定物业服务区域内对建筑物内的住宅、经营性用房等专有部分享有所有权,对专有部分以外的共有部分享有共有和共同管理权利的人。业主不限于自然人,也可以是法人、非法人组织。物业管理人一般是物业管理公司,也可以是非法人组织、自然人。

(二)物业服务合同以劳务为标的

物业服务合同的目的是为业主以及业主团体处理物业管理事务提供服务。物业管理服务的对象是物业管理事务。物业管理事务包括多个方面,物业管理事务主要可分为三类:一是物业管理的专项业务,它包括工程管理、治安保卫、消防安全环境卫生、园艺绿化、车辆管理等;二是物业管理的特色业务,它包括特约服务和便民服务;三是物业管理的多种经营业务。

(三)物业服务合同是双务合同

物业服务合同是物业服务人和业主签订的明确物业服务合同中权利义务的协议。所以物业服务合同是双务合同,合同双方当事人享有相应的权利和义务,合同双方当事人应当依照约定合理行使应有的权利,履行应尽的义务。

(四)物业服务合同是要式合同

根据《民法典》第938条第3款的规定,物业服务合同应当采用书面形式。另外《物业管理条例》第21条规定:"在业主、业主大会选聘物业服务企业之前,建设单位选聘物业服务企业的,应当签订书面的前期物业服务合同。"第34条第1款规定:"业主委员会应当与业主大会选聘的物业服务企业订立书面的物业服务合同。"这些条文分别规定了前期物业服务合同与普通物业服务合同均应当以书面形式订立。所以物业服务合同是要式合同。

(五)物业服务合同是诺成合同

物业服务合同当事人意思表示一致时即可成立,不需要履行特别的行为,所以物业服务合同是诺成合同。

（六）物业服务合同是有偿合同

业主与物业服务人订立物业服务合同，业主支付费用，物业服务人提供物业服务，所以物业服务合同是有偿合同。

三、物业服务合同的内容

根据《民法典》938条第1款、第2款规定，物业服务合同的内容一般包括服务事项、服务质量、服务费用的标准和收取办法、维修资金的使用、服务用房的管理和使用、服务期限、服务交接等条款。物业服务人公开作出的有利于业主的服务承诺，为物业服务合同的组成部分。

通常，一份物业合同包括以下内容。

（一）总则

总则是对物业服务合同的总的说明，在总则中，一般应当载明下列主要内容：合同当事人，包括委托方和受托方的名称、住所和其他简要情况介绍；签订本物业服务合同的依据；委托物业的基本情况。

（二）委托管理事项

委托管理事项，即物业具体负责哪些方面的管理，有哪些管理的任务等。一般来说，从我国法律规定来看，物业委托管理的管理事项主要包括以下内容：建筑物本体建筑的维修养护与更新改造；物业公用设备、设施的使用管理、维修、养护和更新；物业区域内市政公用设施和附属建筑物、构筑物的使用管理、维修、养护与更新；等等。

（三）管理服务费用

物业服务合同中的管理费用应主要包括如下内容：管理费用的构成；管理费用的标准、总额、缴纳方式与时间以及结算等。

（四）合同双方的权利与义务

不同的物业，其物业管理的项目和具体的内容也不同，物业管理服务的需求和双方的权利与义务也不可能完全一致。所以，对于不同类型的物业，合同双方都要根据该物业的性质和特点，在物业服务合同中制订出有针对性的、适宜的权利与义务关系。

（五）合同期限以及违约责任

合同期限是指当事人履行合同和接受履行的时间。物业服务合同期限一般应根据各地的实践经验以及具体的实际情况而定，但一定要明确合同的起止时间。所谓违约责任，是指合同一方或双方当事人违反合同规定的义务，依照法律规定或合同约定由过错一方当事人所应承担的以经济补偿为内容的责任。

第二节 物业服务合同的类型

按照服务提供的所在阶段不同,可以分为前期物业服务合同和一般物业服务合同。

一、前期物业服务合同

(一)前期物业服务合同的概念

前期物业服务合同,是指在业主、业主大会选聘物业服务人之前,建设单位与其选聘的物业服务人订立的物业服务合同。前期物业服务合同是一个过渡性合同,它存在于业主大会成立并选聘物业管理人之前的过渡时期。

前期物业服务合同是建设单位和物业服务人订立的,旨在为业主和物业服务人建立物业法律关系的合同。建设单位虽然是签订主体,但并不是物业服务法律关系的主体,服务的对象只能是业主。

(二)前期物业服务合同的签订及终止

在业主、业主大会选聘物业服务企业之前,建设单位选聘物业服务企业的应当签订书面的前期物业服务合同。该合同对于全体业主具有约束力。

根据《民法典》第940条,建设单位依法与物业服务人订立的前期物业服务合同约定的服务期限届满前,业主委员会或者业主与新物业服务人订立的物业服务合同生效的,前期物业服务合同终止。

二、一般物业服务合同

一般物业服务合同,是指由业主与物业服务人订立的物业服务合同。进一步讲是由业主支付费用,物业服务人在物业服务区域内为业主提供建筑物及其附属设施的维修养护环境卫生和相关秩序的管理维护等物业服务的合同。

第三节 物业服务人的权利和义务

一、物业服务人的权利

(一)管理权利

物业服务人有管理物业服务事项,管理业主的权利。

(二)催收业务费用的权利

业主具有支付物业费的义务,根据《民法典》第944条的规定,业主违反约定逾期不支付物业费的,物业服务人可以催告其在合理期限内支付,合理期限届满仍不支付的,物业服务人可以提起诉讼或者申请仲裁。

(三)不定期合同中的解除权

在不定期合同中,物业服务人有解除权。根据《民法典》第948条的规定,物业服务期限届满后,业主没有作出续聘或者另聘物业服务人的决定,物业服务人继续提供物业服务的,原物业服务合同继续有效,但是服务期限为不定期。也就是说,定期物业服务合同期限届满后,双方以提供服务和受领服务的行为成立了不定期物业服务合同,原物业服务合同除期限条款外,其他继续有效。

因此,《民法典》第948条规定,当事人可以随时解除不定期物业服务合同,但是应当提前60日书面通知对方。因此,在不定期物业服务合同中,物业服务人有任意解除权。

二、物业服务人的义务

(一)亲自处理物业服务合同主要工作的义务

根据我国《民法典》第941条的规定,物业服务人将物业服务区域内的部分专项服务事项委托给专业性服务组织或者其他第三人的,应当就该部分专项服务事项向业主负责。物业服务人不得将其应当提供的全部物业服务转委托给第三人,或者将全部物业服务支解后分别转委托给第三人。另外,我国《物业管理条例》第39条规定:物业服务企业可以将物业管理区域内的专项服务业务委托给专业性服务企业,但不得将该区域内的全部物业管理一并委托给他人。

(二)履行物业服务有关职责的义务

根据我国《民法典》942条的规定,物业服务人应当按照约定和物业的使用性质,妥善维修、养护、清洁绿化和经营管理物业服务区域内的业主共有部分,维护物业服务区域内的基本秩序,采取合理措施保护业主的人身、财产安全。对物业服务区域内违反有关治安、环保消防等法律法规的行为,物业服务人应当及时采取合理措施制止、向有关行政主管部门报告并协助处理。

物业服务人的职责具体包括:

1. 妥善维修、养护清洁绿化和经营管理物业服务区域内的业主共有部分

物业服务人的义务首先是对物业服务区域内所有建筑物中的共有部分进行维修、养护等,这是物业服务人的主要合同义务。维修、养护是针对建筑物及其附属设施的本身功能、寿命,主要包括正常保养和定期检查,其目的在于保持物业整体功能的正常运转,达到业主对物业的保值甚至增值的功能。清洁、绿化是对物业区划内环境的美化和保持,使业主的生活环境能够保持适宜。

2. 维护物业服务区域内的基本秩序

物业服务区域内的基本秩序,包括公共生活秩序、道路交通秩序环境管理秩序等。在物业区域内,为保障业主正常的生产、生活,物业服务人应当负有维护共同生活秩序的义务。

3. 采取合理措施保护业主的人身、财产安全

此种义务也称为安全保障义务,防止建筑物对业主的危害,防范违法犯罪人员实施侵害业主人身的财产的行为;对于业主之外接近或者进入物业服务区域的人员的人身安全,也应负有职责,防止建筑物的脱落致害他人。

小贴士

对此,我国《物业管理条例》第 46 条有更为详细的规定:物业服务企业应当协助做好物业管理区域内的安全防范工作。发生安全事故时,物业服务企业在采取应急措施的同时,应当及时向有关行政管理部门报告,协助做好救助工作。物业服务企业雇请保安人员的,应当遵守国家有关规定。保安人员在维护物业管理区域内的公共秩序时,应当履行职责,不得侵害公民的合法权益。

4. 对违法违规行为的制止,报告以及协助义务

《物业管理条例》第 45 条第 1 款规定:对物业管理区域内违反有关治安、环保、物业装饰装修和使用等方面法律、法规规定的行为,物业服务企业应当制止,并及时向有关行政管理部门报告。

(三) 公开与报告义务

根据《民法典》第 943 条的规定,物业服务人应当定期将服务的事项、负责人员、质量要求,收费项目、收费标准、履行情况,以及维修资金使用情况业主共有部分的经营与收益情况等以合理方式向业主公开并向业主大会、业主委员会报告。

物业服务人的公开事项主要包括:

1. 服务的事项

物业服务人应当依据物业服务合同的内容在物业服务报告中将服务事项明确列明。

2. 负责人员

负责人员与物业服务事项、质量等息息相关,物业服务人应当将物业服务企业的人员列明,包括总负责人和各项事项的负责人。

3. 质量要求

物业服务人应当对每种具体服务事项的质量要求明确说明。

4. 收费项目和收费标准

物业服务人应当在报告服务事项中,说明哪些事项是收费事项,哪些项目不是收费项目。物业服务人应当说明服务收费执行的是何种标准,是否超出约定的标准。物业服务人应当提前说明收费标准,以利于业主对收费进行监督。

5. 维修资金使用情况

所谓维修资金,就是指由业主缴纳的专门用于住宅共有部分、共用设施和设备维修所需的资金。

【案例24-1】

鑫鑫家园小区个别居民楼因外墙年久失修出现外墙面脱落,小区业主要求物业公司进行维修,物业公司未给予回复。后小区业主将物业公司告上法庭,要求物业公司履行修缮义务。本案中,由于居民楼外墙面属于业主共有,物业公司应承担维修、养护义务,因此法院判令物业公司履行修缮义务。

第四节　业主的权利和义务

一、业主的权利

(一) 业主有决定权

业主大会是小区的最高权力机关,下列事项由业主共同决定:制定和修改业主大会议事规则;制定和修改管理规约;选举业主委员会或者更换业主委员会成员;选聘和解聘物业服务企业;筹集和使用专项维修资金;改建、重建建筑物及其附属设施;有关共有和共同管理权利的其他重大事项。

(二) 解聘和解除合同权

根据《民法典》第946条的规定,业主依照法定程序共同决定解聘物业服务人的,可以解除物业服务合同,决定解聘的,应当提前60日书面通知物业服务人,但是合同对通知期限另有约定的除外。

业主大会的决议解聘与续聘是共同法律行为。业主大会作出解聘的决议后,由业主委员会通知物业服务人解除物业服务合同。这种解除是单方法律行为。对于定期物业服务合同,业主一方有单方解除权,可以在到期前解除,物业服务人一方没有单方解除权。

小贴士

业主的单方解除权在性质上是任意解除权,行使这项权利无须提出理由,无须对解除理由进行举证。业主的单方解除并不免除责任。解除合同造成物业服务人损失的,除不可归责于业主的事由外,业主应当赔偿损失。

二、业主的义务

(一) 支付物业费的义务

根据《民法典》第 944 条的规定,业主应当按照约定向物业服务人支付物业费,物业服务人已经按照约定和有关规定提供服务的,业主不得以未接受或者无需接受相关物业服务为由拒绝支付物业费。物业服务人不得采取停止供电、供水、供热、供燃气等方式催交物业费。

(二) 重大事项的告知义务

对装修涉及业主的共同利益,可能对他人的生活造成影响,也直接涉及物业服务人的管理工作,因而业主有预先告知义务和配合义务。根据《民法典》第 945 条第 1 款规定,业主装饰装修房屋的,应当事先告知物业服务人,遵守物业服务人提示的合理注意事项,并配合其进行必要的现场检查。

另外,根据我国《民法典》第 945 条第 2 款的规定,业主转让、出租物业专有部分,设立居住权或者依法改变共有部分用途的,应当及时将相关情况告知物业服务人。

(三) 业主委员会的职责

(1) 召集业主大会会议,报告物业管理的实施情况。
(2) 代表业主与业主大会选聘的物业服务企业签订物业服务合同。
(3) 及时了解业主、物业使用人的意见和建议,应当监督和协助物业服务企业履行物业服务合同。
(4) 监督管理规约的实施。
(5) 业主大会赋予的其他一些职责。

【案例 24-2】

张某购买了阳光小区的房屋后,一直未实际居住。物业公司通知其缴纳物业费时,张某称未在该小区居住,拒不支付物业费。根据我国《民法典》第 944 条的规定,业主应当按照约定向物业服务人支付物业费,物业服务人已经按照约定和有关规定提供服务的,业主不得以未接受或者无需接受相关物业服务为由拒绝支付物业费。因此,无论张某是否在本小区居住,均应支付物业费。

第五节 物业服务合同的续聘和终止

一、物业服务合同的续聘

续聘,是指在物业服务合同期限届满前,业主依法共同决定继续法明原物业服务人提供本物业区域内的物业管理服务,并支付物业费的行为。

根据《民法典》第947条的规定,物业服务期限届满前,业主依法共同决定续聘的,应当与原物业服务人在合同期限届满前续订物业服务合同。物业服务期限届满前物业服务人不同意续聘的应当在合同期限届满前90日书面通知业主或者业主委员会,但是合同对通知期限另有约定的除外。

业主行使续聘权,应取得物业服务人的同意,双方达成合意的,与原物业服务人在合同期限届满前续订物业服务合同,且续聘须遵循一定的程序。物业服务人在合同到期不同意续聘的,原物业服务合同终止,双方当事人的权利义务终止,不再受该合同的约束。物业服务期限届满前,物业服务人不同意续聘的,应当在合同期限届满前90日书面通知业主或者业主委员会,但是合同对通知期限另有约定的除外。

二、物业服务合同终止后的义务

一般而言,合同终止后,该合同规定的权利义务会随着合同的终止一并消失,但是根据我国民法的诚信原则,以及物业服务事物的特殊性,在物业服务合同终止后,原来的物业服务人应当在合理范围内承担一定的义务。

(一)退出、交还的义务

根据《民法典》第949条的规定,物业服务合同终止的,原物业服务人应当在约定期限或者合理期限内退出物业服务区域,将物业服务用房、相关设施、物业服务所必需的相关资料等交还给业主委员会、决定自行管理的业主或者其指定的人。

(二)配合如实告知的义务

根据《民法典》的规定,物业服务合同终止的,原物业服务人应该配合新物业服务人做好交接工作,并如实告知物业的使用情况和管理状况,便于新的物业服务人做好物业服务工作。

> **小贴士**
>
> 另外,物业服务人违反上述规定的,不得请求业主支付物业服务合同终止后的物业费,并且在该期间进行善后工作时,造成业主损失的,应当向业主赔偿损失。

(三)继续服务的义务

原物业服务人于交接前负有继续服务的义务,并享有报酬请求权。根据《民法典》第950条的规定,物业服务合同终止后,在业主或者业主大会选聘的新物业服务人或者决定自行管理的业主接管之前,原物业服务人应当继续处理物业服务事项,并可以请求业主支付该期间的物业费。在物业服务合同终止后,原物业服务人员应当继续提供该物业区域内的物业服务,直至业主或者业主大会选聘出新的物业服务人或者在决定自行管理的业主接管物业服务。

思考与练习

一、简答题

1. 简述物业服务合同的概念。
2. 简述物业服务合同的特征。
3. 简述物业服务人的义务。

二、案例分析

【基本案情】

金鹏房地产开发有限公司建造了"江海人家"小区,2010年5月1日,在楼盘开始销售以后,便聘请中通物业服务有限公司负责物业管理。该物业公司资质等级为三级。双方签订了三年期的《物业管理委托合同》。2010年10月初,已有200多户业主陆续入住该小区。当地的一家著名企业成功信托有限公司为了解决员工的住房问题,购买了两栋大楼,占整个小区面积的1/3,但是,其仅为该小区的一个大业主。同年12月,该公司员工也陆续入住,各个入住的员工直接与成功公司之间签订租赁合同。

为管理小区,中通物业从农村聘请了维修、保洁、保安等二十余人。但他们未经培训即上岗。由于物业公司的维修人员技术不熟练,维修人员多次与业主发生争议,一名维修人员甚至将成功公司的一位员工打伤,成功公司强烈不满,便提出解聘中通物业,并同时聘请了当地的汇佳物业公司负责小区物业管理。但是,中通物业拒绝汇佳物业入驻,成功公司又联名了小区的其他150户业主直接向法院起诉,以中通物业服务质量差,且物业费过高为由,要求解聘中通物业,并要求中通物业赔偿将其员工打伤的医疗费用等损失。

【思考讨论】

1. 依据《民法典》分析,成功公司能否解聘中通物业?
2. 依据《民法典》分析,成功公司能否聘请汇佳公司管理小区物业?

【分析要点】

1. 在本案中,金鹏公司与中通物业之间签订的合同名称虽为《物业管理委托合同》,但其性质并不属于委托合同。其理由如下:第一,二者合同目的不同。第二,受托人行为时的名义不同。第三,受托人处理事务的性质不同。第四,是否具有有偿性不同。一般的委托合同既可以是有偿合同,也可以是无偿合同。而物业服务企业提供物业服务本质上属于经营性活动的范畴,这也决定了物业服务合同是一种有偿合同。第五,委托合同中,受托人处理委托事项的法律后果和所支出的费用均由委托人承受。

从性质上看,物业服务合同也不是在某个业主与物业服务企业之间订立的,而是在全体业主与物业服务企业之间订立的。将物业服务合同的一方主体界定为全体业主而非单个业主,其意义主要在于:一方面,有利于强调合同对全体业主的拘束力。换言之,物业服务合同订立之后,不论单个业主是否参与了物业服务合同订立过程,或者是否参与对合同重要条款的表决,其都应当受到合同的拘束。另一方面,单个业主不得单方面变更或者解除合同,而只能通过特定的程序,由业主大会作出相应的变更、解除合同的决定。

综上,成功公司不是物业服务合同的主体,无权解除合同。

2.成功公司无权代表全体业主解除物业服务合同,并聘请新的物业服务企业

选聘和解聘物业服务企业或者其他管理人须经全体业主表决通过,选聘和解聘物业服务企业应当由业主共同决定,且需经专有部分占建筑物总面积过半数的业主并占总人数过半数的业主同意。只有经过这一合法程序作出解聘物业服务企业的决定,人民法院才应予以支持。

第二十五章 行纪合同

【学习目标】
1. 理解行纪合同的概念。
2. 了解行纪当事人的权利和义务。

【引例】
老王将一堆西红柿交给老刘代卖,约定老刘卖后可以提取5%的价款作为酬劳。老刘便将西红柿摆在自己的菜摊上,随自己的菜卖了出去,老王与老刘订立的合同具有何种合同的性质?(　　)
A. 委托合同　　　B. 承揽合同　　　C. 行纪合同　　　D. 中介合同

【解析】
正确答案为C。

在委托合同中,受托人通常以委托人的名义处理事务。在承揽合同中,往往是由承揽人为定作人完成一定工作,交付一定的工作成果。在中介合同中,中介人向委托人报告订立合同的机会,因此,老王与老刘的合同非为委托合同、承揽合同、中介合同。老刘以自己的名义将西红柿出售给第三人,老刘与第三人为买卖合同的当事人。在西红柿出售以后,老刘应当将价款交付给老王,同时可以要求老王支付约定的报酬。因此,老王与老刘的合同具有行纪合同的性质。故本题应选C项。

第一节　行纪合同概述

一、行纪合同概念和起源

行纪合同,是指当事人约定一方接受他方的委托,以自己的名义为他方从事贸易活动,他方给付一定报酬的协议。其中,在行纪合同中,以自己名义办理业务的一方当事人是行纪人,给付报酬的另一方当事人为委托人。

小贴士

我国清朝末年制定的民法典中关于行纪合同的概念,是在移植了德国民法上佣金代理人这一术语的同时,又参照古代民事活动中"牙行"一词而命名。所以"行纪合同"一词最先于我国清末时期的民事立法中所采用,在新中国成立后的很长一段时期内,理论上并不沿用"行纪合同"的概念。

行纪合同制度作为大陆法系国家特有的一项法律制度,产生于欧洲中世纪,完善于18世纪末英国大革命时期。行纪合同制度的产生对于促进社会专业化分工,实现经济的规模效益,节约信息成本,降低交易费用意义重大,因而许多大陆法系国家都在自己的法典中规定了行纪合同制度。

二、行纪合同的内容

根据法律规定,行纪方接受委托方的委托,就代办事项,双方协商一致,签订合同。合同的主要内容如下:

(1)代办事项。其中包括寄售、代购、代销货物等其他事项。

(2)代办事项的具体要求。凡属寄售和代购代销货物,应明确具体货物品名、规格、型号、质量、数量,以及最低销价或最高购价和时间要求。

(3)货物保管责任及费用承担。行纪合同应该表明货物保管的双方责任,以及相关费用的承担分配。

(4)酬金的计算,以及酬金的给付方式、给付时间等。

(5)违约责任,以及执行本合同发生争议时的解决方式。所谓违约责任,是指合同一方或双方当事人违反合同规定的义务,依照法律规定或合同约定由过错一方当事人所应承担的以经济补偿为内容的责任。当事人可以在订立合同时就解决争议的方式进行协商确定。

第二节 行纪合同和其他合同的异同

行纪合同制度作为一项独立的法律制度,既有别于委托合同制度,又有别于代理和中介合同制度,行纪合同的成立不仅须具备一般合同的成立要件,还须具备特别成立要件。行纪合同的效力又分为对内效力与对外效力。

其主要区别如下:

一、行纪合同与信托的异同

(一)信托合同概念

信托合同是基于信任,为达到经济上、社会上的某种目的而转移信托人的财产,由受托人为了他人利益而加以管理或处分的财产关系。信托关系大致有委托人、受托人和受益人三方主体,信托权利义务关系是围绕着信托财产的管理和分配而展开的。

> **小贴士**
> 行纪合同虽亦可称为"信托",但与英美信托制度不同。英美法的信托制度源于英国中世纪的用益权制度。其所称信托实质上是一种管理财产的法律关系。在此项关系中,一人拥有财产所有权,同时负有为另一人利益使用该财产的义务,此项财产称信托财产。

(二)行纪合同与英美信托制度的区别

行纪合同与英美信托制度的主要区别在于:

1. 关系的性质不同

英美法的信托为财产管理关系,类似于大陆法系的某些他物权制度,而行纪为一种合同关系。

2. 当事人数量不同

在信托法律关系中,当事人会涉及三方,而行纪法律关系只涉及两方当事人。

3. 财产所有权的转移不同

信托法律关系中的信托财产发生所有权转移,而行纪法律关系中的委托财产不发生所有权转移。

4. 责任不同

违反行纪合同发生违约责任,而在英美法中则有完全不同于合同责任的信托责任。

二、行纪合同与委托合同的异同

(一)委托合同概念

委托合同,是指受托人以委托人的名义和费用为委托人办理委托事务,委托人按约支付报酬的协议。委托合同的标的既包括法律事务,也包括非法律事务。其特征有:

(1)委托合同是典型的劳务合同;受托人以委托人的费用办理委托事务;

(2)委托合同具有人身性质,以当事人之间相互信任为前提;

(3)委托合同既可以是有偿合同,也可以是无偿合同;

(4)委托合同是诺成的、双务的合同。委托合同又称委任合同,是指委托人和受托人约定,由受托人处理委托事务的合同。

(二)行纪合同和委托合同的联系

就行纪合同的实质而言,其具有委托合同的一般特征,表现为:二者均为提供服务的合同;二者均以当事人双方信任为基础;受托人均受委托处理一定的事务。

(三)行纪合同和委托合同的区别

行纪合同和委托合同有以下明显的区别。

1. 委托事务范围不同

行纪合同中的事务为特定的,仅限于购买、寄售等法律行为,而委托合同中的事务通常不受限制,可以是法律行为也可以是事实行为。

2. 能否以自己名义进行活动不同

行纪合同中,行纪人只能以自己名义进行活动,其与第三人订立的合同不对委托人直接产生效力,而委托合同中,受托人可以自己名义亦可以委托人名义从事活动,其与第三人订立的合同可以对委托人直接产生效力。

3. 是否为有偿合同不同

行纪合同必须是有偿的,而委托合同可以有偿亦可以无偿。

4. 主体资格限制不同

行纪合同中行纪人只能是专门从事行纪业务的法人或自然人,而委托合同中对受托人的资格身份通常没有特别限制。

三、行纪合同与中介合同的异同

(一) 中介合同的概念

中介合同是指中介人向委托人报告订立合同的机会或者提供订立合同的媒介服务,委托人支付报酬的合同。因此,所谓中介,是指中介人向委托人报告订立合同的机会或者提供订立合同的媒介服务,委托人支付报酬的一种制度。中介人是为委托人与第三人进行民事法律行为报告信息机会或提供媒介联系的中间人。其特征如下:

1. 中介合同是由中介人向委托人提供中介服务的合同

中介人向委托人报告订立合同的机会或者提供订立合同的媒介服务,委托人是否与第三人订立合同,与中介人无关,中介人不是委托人与第三人之间的合同的当事人。

2. 中介合同的主体具有特殊性

中介活动有着二重性,它虽然可以促进交易,繁荣市场发展社会主义市场经济,但如果处理不当,也可能会干扰正常经济秩序,造成社会经济秩序混乱。因而,法律应当对中介人的资格作出规定,只有具备从事中介活动条件的法人、自然人或其他组织才可以成为中介人。

3. 中介合同是双务、有偿、诺成合同

中介合同中的委托人需要向中介人给付一定的报酬,作为对中介人活动的报偿。中介人以收取报酬的中介活动为常业。只要双方当事人意思表示一致,中介合同就可以成立,所以中介合同为诺成合同。另外,中介合同不需要采取特定的形式,所以,中介合同为不要式合同。

(二) 中介合同与行纪合同联系

中介合同与行纪合同的相同之处在于,二者都是基于双方当事人的信任而成立的提供服务的合同,中介人或行纪人都是为了委托人的利益而办理事务,二者均属于有偿合同。

(三) 中介合同与行纪合同的区别

1. 服务的内容不同

中介人提供的服务仅限于提供缔约机会或提供缔约的媒介,且不涉及法律行为;而行纪人可以为委托人从事各种贸易活动,可以自己的名义为法律行为。

2. 内容不同

中介人通常不对委托人与第三人关系的内容作出决定、不参与委托人与第三人的关系;而行纪人在履行合同时则可以与第三人建立法建关系可以为委托人的利益对自己与第三人合同关系的内容作出决定。

3. 费用不同

中介人从事中介活动的费用,在中介人促成合同成立场合,由中介人负担,在未促成合同成立场合,则只可要求委托人支付必要的中介费用;行纪人处理委托事务支出的费用,则由行纪人负担,除非当事人之间另有约定。

四、行纪和代理的异同

(一) 行纪和代理的联系

代理分为直接代理和间接代理。行纪合同与直接代理、间接代理都是发生于三方当事人之间的关系,并且都为他人活动,这是两者的相似之处。但在行纪中,行纪人以自己名义活动,其与第三人订立的合同,直接对自己发生效力,对委托人并无直接权利、义务关系;而在直接代理中,代理人以被代理人名义活动,其与第三人订立的合同,由被代理人直接承受其权利、义务关系。

(二) 行纪和代理的区别

行纪合同与间接代理的区别主要体现在以下几个方面:

1. 是否直接享有权利、义务不同

行纪人与第三人之间订立的合同,行纪人对该合同直接享有权利、承担义务;间接代理制度中,代理人与第三人订立的合同,有时可以直接对被代理人产生合同效力,由被代理人即委托人享有权利、承担义务。

2. 第三人不履行义务的责任承担不同

行纪合同关系中,第三人不履行义务致使委托人受到损害的,除非有特别约定,由行纪人承担损害赔偿责任;间接代理制度中,类似情形,经由间接代理人即受托人披露义务的履行,被代理人即委托人有介入权,可基于介入权的行使,直接要求第三人承担损害赔偿责任。

3. 委托人不履行义务的责任承担不同

行纪合同关系中,委托人不履行义务致使第三人受到损害的,除非有特别约定,由行纪人对第三人承担损害赔偿责任;间接代理制度中,类似情形,经由间接代理人,即受托人披露义务的履行,第三人有权选择被代理人,即委托人来主张损害的赔偿。

第三节 行纪合同的特征

行纪合同具有如下特征:

一、行纪合同是双务、有偿合同

行纪合同中,行纪人负有为他方办理买卖或者其他商事交易的义务,委托人则负有给付报酬的义务,双方共同承担一定的义务,双方的权利和义务具有对应性,因此,行纪合同属于双务合同。行纪人为委托人从事贸易活动的目的是获取经济报酬,委托人则要依照合同约定向行纪人支付报酬。

二、行纪合同是诺成、不要式合同

行纪合同只需要双方当事人之间的意思表示一致则可成立,不需要一方当事人的实际履行,所以,行纪合同是诺成合同。而行纪合同的成立无须具备特定的形式,因此,行纪合同是不要式合同。

三、行纪合同主体资格的限定性

在我国,从事行纪业务的行纪人必须是经过批准经营行纪业务的自然人、法人或者非法人组织,未经法定手续批准或者核准经营行纪业务的自然人、法人和非法人组织不得经营行纪业务。而行纪合同中的委托人则可以是自然人,也可以是法人、非法人组织。

之所以对行纪人的主体资格做出严格限制.其目的还是保障委托人的利益不受侵害。因为行纪人如果是经登记的法人或自然人,则行纪人的资格证明、财务状况必将受到登记机关的审查,在经过这种审查后,只有有资质的行纪人才能被登记为行纪营业人,最终才能使行纪人更好地完成委托人对他的委托。

四、行纪人以自己的名义为委托人办理委托事务

行纪人在为委托人从事贸易活动时,须以自己的名义进行。行纪人在与第三人实施法律行为时,自己即为行为主体,由该法律行为所产生的权利、义务均直接由行纪人自己承受。行纪人无须以委托人身份建立法律关系,更无须向对方表明其与委托人之间有委

托关系。

五、行纪人为委托人的利益办理委托事务

行纪合同中的行纪人虽与第三人直接发生法律关系,但因该关系所生的权利义务最终应归于委托人承受,因此,在行纪人与第三人进行交易时,应充分考虑到委托人的利益,并将其结果归属于委托人。行纪人为委托人所购、售的物品或委托人交给行纪人的价款或行纪人出卖所得价金,虽在行纪人的占有或者暂时所有之下,但其所有权最终归于委托人。这些财产若非因行纪人的原因而发生毁损、灭失的风险,也由委托人承担。

六、行纪合同的标的是行纪人为委托人进行贸易活动

行纪人提供的劳务是与第三人进行贸易活动,通常仅限于买卖、代购、代销物品等贸易活动。

第四节 行纪人的权利和义务

一、行纪人的权利

(一)报酬请求权

行纪人为委托人从事贸易活动,主要目的就是获取经济报酬。因此,行纪人完成或者部分完成委托人委托的事项,有权依照有关法律规定或者当事人的约定,要求得到相应的报酬。另外,行纪人有一定的费用请求权,行纪原则上不应另外收取除报酬以外的费用,因此,必须依照约定或许习惯才可以请求偿还费用。

(二)行纪人的介入权

行纪人卖出或者买入具有市场定价的商品,除委托人有相反的意思表示以外,行纪人自己可以作为买受人或者出卖人。行纪人的这种权利,叫作介入权。

所谓介入,是指行纪人自己为出委人或买受人,而不另与第三人成立买卖合同的情形。介入权的成立,需要具备如下要件:

(1)委托出卖或买人的物品须为有市场定价的有价证券或其他商品。

(2)委托人未作出反对行纪人介入的意思表示。

(3)行纪人尚未实行委托的贸易活动。如果行纪人已经与第三人完成交易行为,卖出或买人的物品,则基于该交易行为所发生的权利义务,行纪人负有将其移转于委托人的义务。

介入权为形成权,其行使需要行纪人一方向委托人发出意思表示,可以是明示,也可以是默示。介入权一经行使,在委托人和行纪人之间即成立买卖合同。在此场合,行纪

合同并不消灭,一方面,行纪人仍须妥善处理事务;另一方面,行纪人仍有权依据行纪合同关于报酬的约定,请求委托人付清报酬。

(三) 行纪人的提存权

行纪人就委托物具有提存权。根据《民法典》第957条的规定,行纪人按照约定买入委托物,委托人应当及时受领。经行纪人催告,委托人无正当理由拒绝受领的,行纪人可提存委托物。委托物不能卖出或者委托人撤回出卖,经行纪人催告,委托人不取回或者不处分该物的,行纪人可提存委托物。行纪人行使提存权之前,应当催告委托人,这是必经程序。

(四) 行纪人的留置权

根据《民法典》第959条的规定,行纪人完成或者部分完成委托事务的,委托人应当向其支付相应的报酬。委托人逾期不支付报酬的,行纪人对委托物享有留置权,但当事人另有约定的除外。行纪人行使留置权时还应当符合行使留置权的条件。

二、行纪人的义务

(一) 行纪人依委托人的要求办理行纪事务的义务

行纪人为委托人进行贸易活动时,应依照委托人的指示。根据《民法典》第995条的规定,若行纪人低于委托人指定的价格卖出或者高于委托人指定的价格买入,应当经委托人同意,否则,委托人可以不承认该买卖对其发生效力。若行纪人愿意补偿其差额时,则该买卖合同对委托人发生效力。若行纪人高于委托人指定的价格卖出或者低于委托人指定的价格买入时,如合同约定行纪人可以增加报酬的,从约定;没有约定或者约定不明的,依照《民法典》第510条确定;不能确定的,该利益归属于委托人。但委托人对价格有特别指示的,行纪人不得违背。

(二) 妥善保管委托物的义务

行纪人占有委托物的,应当对委托物妥营保管,行纪人如果发现委托物交付时有瑕疵或者易腐烂、变质的,应当及时通知委托人。所谓妥善保管委托物是指,行纪人应尽善良管理人的义务,当然,除非委托人另有指示,行纪人并无为保管的委托物办理保险的义务,因此,对于物的意外灭失、毁损,只要行纪人已经尽到善良管理人的义务,可不负责任。

(三) 合理处分委托物的义务

根据我国《民法典》第954条的规定,行纪人经委托人同意,可以处分该物。不能与委托人及时取得联系的,行纪人可以合理处分。行纪人因保管不善或疏于检验造成委托物损失的,应负赔偿责任。

（四）负担行纪费用的义务

由于行纪人的活动为营业活动，其支出的费用应当由自己负担，除当事人有特别约定外，不得在报酬外另外向委托人要求费用补偿。为此，我国《民法典》第952条规定，行纪人处理委托事务支出的费用，由行纪人负担，但是当事人另有约定的除外。

第五节　委托人的权利和义务

一、委托人的权利

（一）验收权

对于行纪结果，委托人有权检验。如行纪人未按照指示实施行纪行为，委托人有权拒绝接受行纪结果，并可要求行纪人赔偿损失。

（二）损害赔偿请求权

在行纪人与第三人订立合同的情况下，如果第三人不履行义务致使委托人受到损害的，委托人有权要求行纪人赔偿损失。

（三）取回委托物的权利

在行纪人没能售出标的物时，委托人有取回标的物的权利。

二、委托人的义务

（一）委托人有接受行纪人处理事务结果的义务

委托人应及时接受行纪人所完成的行纪事务，对按约定购进的委托物应及时验收。否则，行纪人对该物品的瑕疵不承担责任。如果委托人无故拒绝接受委托物的，经行纪人催告仍不接受的，行纪人可以将委托物提存。委托人委托行纪人出卖物品的，委托物不能卖出或者委托人撤回出卖的，委托人应当及时取回或者处分该物。

（二）支付报酬的义务

行纪人完成或部分完成委托事务的，有权请求委托人支付报酬，因此，委托人有向行纪人支付报酬的义务。所谓报酬，是指行纪人为行纪行为的对价，其数额应由双方当事人约定。

一般认为，行纪行为的实行，为委托人支付报酬的条件。行纪人仅仅与第三人订立了合同，此时尚无权请求报酬。行纪人因其过失致使不能向委托人交付委托卖出物的价金或买进的物品的，丧失报酬请求权。如果行纪人和第三人间订立的合同因有瑕疵或其他法定原因,如受欺诈、胁迫、乘人之危等,而导致该合同被撤销的,相当于行纪人未履行行纪行为,自然不得请求报酬。

行纪人因不可归责于自己的事由致使不能完成行纪行为的,如果已做了部分履行,且该部分履行相对于全部委托事务来说可以独立存在的,则有权就委托事务完成的部分请求委托人支付报酬。若虽然仅完成了部分委托事务,但委托人的经济目的已完全达到的,行纪人有权请求全部报酬的支付。行纪人和委托人对行纪报酬另有约定的,依其约定。

(三) 及时受领的义务

行纪人按照行纪合同的约定为委托人买回委托物的,委托人应当及时受领。经过行纪人催告,委托人无正当理由拒绝受领的,行纪人可以提存委托物。仅就这点而论,委托人的受领义务属于不真正义务。

(四) 处分的义务

委托物不能卖出或委托人撤回出卖时,委托人应该将委托出卖物取回或处分。若经行纪人催告后仍不取回或不处分的,行纪人有权就该委托出卖物提存。委托人取回或者处分委托物,应当在合理的期限内作出。

【案例 25-1】

甲公司与乙公司约定,由乙公司在某地独家经销甲公司的产品,后乙公司积压了一部分产品,要求退回甲公司,甲公司拒绝,双方引起争议。在本案中,甲、乙公司签订的经销合同是买卖合同,而不是代销合同,只有代销合同才是行纪合同。因此,甲、乙公司之间不是行纪关系,乙公司不能退回产品。

思考与练习

一、简答题

1. 简述行纪合同的特点。
2. 简述行纪合同中行纪人的义务。
3. 简述行纪合同中行纪人的权利。

二、案例分析

【基本案情】

甲与乙订立了行纪合同,甲将一批水果交给乙出售,要求在 10 天之内售完,价格不低于 5 元/斤,售完后乙可以按照销售款的 5% 提成。由于突发泥石流,道路堵塞,乙根本没有办法将水果运出,水果发生腐烂。乙又无法同甲取得联系,便以3元/斤的价格处理了一部分水果,剩下的水果乙自掏腰包全部买下,从而处理了全部的水果。

【思考讨论题】

1. 甲将水果交付给乙,水果的所有权归属于谁？为什么？

2. 乙是否应就水果腐烂而向甲承担违约责任？为什么？

3. 乙以3元/斤的价格处理了一部分水果,是否需要补足2元差额？为什么？

4. 乙自己购买水果,从而将甲的水果全部处理,乙能否要求甲支付报酬？为什么？

【分析要点】

1. 水果的所有权归属于甲。因为在行纪合同中,委托人将委托物交付给行纪人,并不发生所有权的转移。

2. 乙无须就水果腐烂而向甲承担违约责任。行纪人占有委托物的,应当妥善保管委托物。水果腐烂是因为突发泥石流堵塞道路使水果无法运出而引起的,这应属于不可抗力而引发的损失,乙不构成违约。因此,水果腐烂的损失由甲自负。

3. 乙不需要补足差额。按照《民法典》第954条的规定,委托物交付给行纪人时有瑕疵或者容易腐烂、变质的,经委托人同意,行纪人可以处分该物;和委托人不能及时取得联系的,行纪人可以合理处分。虽然乙以低于甲的指示价格将水果卖出,但若非如此,甲的损失更大。因此,乙的行为适当,甲不得拒绝接受乙的行纪行为。

4. 乙可以要求甲支付报酬。水果属于具有市场定价的商品,在甲没有反对意思表示的情况下,乙可以行使介入权,自己作为买受人。乙行使介入权后,仍然可以要求甲支付报酬。

第二十六章 中介合同

【学习目标】
1. 掌握中介合同的概念。
2. 掌握中介合同的内容。
3. 了解中介合同的法律效力。

【引例】
秦某通过中介看中一套二手房,并在《承购意向书》中同意房屋总价为36万元,一周后签订买卖合同。按意向书约定,秦某当天付了1万元意向金。一周后,秦某反悔,要中介退回意向金,遭到中介拒绝。为此,秦某把中介告上法庭。法院经审理查明,秦某根据意向书付了1万元意向金,意向书对意向金的用途及处理方法作出了明确约定:"议价成功后,意向金转为购房定金,如承购方违约不承购或不依约履行,则意向金由出售方没收"。庭审中,中介出示证据证明,在收到意向金次日,上家张某在《承购意向书》上签字确认并收取定金人民币1万元。据此,一审法院驳回了秦某的请求。秦某未上诉。[1]

【解析】
意向金的处理不同于定金,其遵循"合同自由"原则,根据双方的约定处理。在实践中,按照法院判决及行业惯例,意向书中对意向金的约定及上下家议价是否成功是意向金能否返还的关键。在议价成功前,按照规定,上下家均有权单方面终止对中介的委托,因此意向金应当返还。不过,上下家撤销委托给中介造成损害的,应承担赔偿责任。议价成功以上下家就买卖主要条款达成一致或定金支付为准。

一般来说,上家收到中介转付的意向金后,上下家产生定金法律关系。这意味着任何一方拒绝交易,都要按"定金罚则"处理,即上家不卖房需双倍返还意向金,下家不买房不能拿回意向金。在此,有两点需要说明:一是意向金的处理应当有明确的书面约定;二是中介方应当履行告知义务并遵守诚信原则,否则不能擅自把意向金转为定金。

一、中介合同的概念

所谓中介,是指中介人向委托人报告订立合同的机会或者提供订立合同的媒介服

---

[1] 中介纠纷意向金不是定金 是否可退来源:找法网 时间:2019-12-02 03:05:11 https://china.findlaw.cn/fangdichan/fcjfal/qtfcjfal/218773.html

务,委托人支付报酬的一种制度。中介人是为委托人与第三人进行民事法律行为报告信息机会或提供媒介联系的中间人。因此,《民法典》第 961 条规定,中介合同是中介人向委托人报告订立合同的机会或者提供订立合同的媒介服务,委托人支付报酬的合同。

二、中介合同的法律特征

(1)中介合同是一方当事人为他方报告订约机会或为订约媒介的合同。

(2)中介合同为有偿合同。

中介人的活动实现中介目的时,委托人才会履行支付报酬的义务,因此,中介合同为有偿合同。

(3)中介合同为诺成合同和不要式合同。

(4)中介合同的委托人一方的给付义务的履行有不确定性。

在中介合同中,中介人的活动实现中介目的时,委托人才会履行支付报酬的义务。而中介人能否实现中介目的具有不确定性,因此委托人的给付义务的履行也具有不确定性。

三、中介合同的法律规定

(一) 中介人的权利

1. 中介人有取得报酬的权利

根据《民法典》第 963 条的规定,中介人促成合同成立的,委托人应当按照约定支付报酬。对中介人的报酬没有约定或者约定不明确,依据本法第 510 条的规定仍不能确定的,根据中介人的劳务合理确定。因中介人提供订立合同的媒介服务而促成合同成立的,由该合同的当事人平均负担中介人的报酬。中介人促成合同成立的,中介活动的费用,由中介人负担。从该条规定可以看出:

(1)报酬支付的前提,须是中介人促成委托人与第三人的合同成立。

中介人取得报酬必须具备两个要件:

第一,中介人所介绍的合同,必须成立;委托人支付报酬是以中介人已为委托人提供了订约机会或经介绍完成了居间活动,并促成了合同的成立为前提条件。所谓促成合同成立,是指合同合法、有效成立,如果所促成的合同属无效或可撤销的合同,不能视为促成合同成立,中介人仍不能请求支付报酬。

第二,合同的成立,与中介人的介绍有因果关系。即合同的成立是因中介人的中介行为而促成的。中介人促成合同成立后,可以按照中介合同约定向委托人请求支付报酬。只有两者同时具备,委托人才负有支付报酬的义务。如果对中介人的报酬没有约定或者约定不明确的,依照《民法典》第 61 条的规定。仍然不能确定的,则根据中介人的劳务等诸多原因,如中介人所付出的时间、精力、物力、财力、人力以及中介事务的难易程度等因素,合理确定。因中介人提供订立合同的媒介服务而促成合同成立的,由该合同的当事人平均负担中介人的报酬。如果委托人解除中介合同后又与因中介而认识的第三人订立合同,中介人并不因中介合同解除而丧失报酬的请求权。

(2)受益的当事人平均负担报酬的义务。

支付报酬以中介种类的不同而有不同的标准。报告中介,因中介人仅向委托人报告订约机会,而不与其相对人发生关系,中介人的报酬应当由委托人给付。在媒介中介合同中,中介人应将有关订约的事项向各方当事人如实报告,也就是说,不仅应将相对人的情况报告给委托人,而且也应将委托人的情况报告给相对人,不论中介人是同时受相对人的委托,还是未受相对人的委托,中介人均负有向委托人和相对人双方报告的义务。正是基于此,如果没有特别约定,媒介中介人的报酬原则上由交易双方当事人即委托人和相对人平均分摊。

2. 中介人必要费用请求权

根据《民法典》第963条2款的规定,中介人未促成合同成立的,不得请求支付报酬;但是,可以按照约定请求委托人支付从事中介活动支出的必要费用。

中介人未促成合同成立的,可以要求委托人支付必要费用。这是由于在未促成合同成立之前,中介人有可能做了大量工作,比如免费替业主发布广告、带领多个客户到物业察看并进行介绍、提供选购意见、解答买卖手续的咨询等,否定或不认同适当费用,对于中介人而言是有失公平的。而且,中介人为中介活动支出的必要费用是为了委托人的利益而付出的,所以由委托人支付这些必要费用是必要的。

(二) 中介人的报告义务

报告义务是中介人在中介合同中承担的主要义务,中介人应依诚实信用原则履行此项义务。即中介人负有将与订立合同有关的情况向委托人如实报告的义务。中介人应当按照委托人的要求采取实事求是的态度,忠实而尽力地履行这项义务。在指示中介中,关于订约的有关事项,如相对人的信用状况,相对人将用于交易的标的物的存续状况等,中介人应就其所知如实向委托人报告。在媒介中介中,中介人应将有关订约的事项向各方当事人如实报告,也就是说,不仅应将相对人的情况报告给委托人,而且也应将委托人的情况报告给相对人,不论是中介人是同时受相对人的委托,还是未受相对人的委托,中介人均负有向委托人和相对人双方报告的义务。

订立合同有关事项,包括相对人的资信状况,标的物的基本情况以及履约能力等与订立合同有关事项。订立合同的有关事项根据不同的合同而有所区别,对中介来说,不可能具体、全部了解,只须就其所知道的情况如实报告委托人就可以了。但作为中介人应当尽可能掌握更多的情况,提供给委托人,以供其选择。依照诚实信用原则,中介人就一般对于订约有影响的事项虽不负有积极的调查义务,但就所知事项负有报告于委托人的义务。

思考与练习

一、简述题

1. 简述中介合同的概念特征。
2. 简述中介人的权利。
3. 简述中介人的义务。

二、案例分析

【基本案情】

张某通过中介信息看到一套二手房挂牌出售,觉得比较合适,随即通过中介联系看房并达成购买意向,当天向中介付了意向金1万元。但是,当中介联系到上家,确认房屋买卖事宜并转付意向金时,上家反悔,以家庭意见不统一为由拒绝卖房。无奈,中介只得通知张某,居间不成功,上家不肯卖房,请他另换其他房屋,或取回意向金。但张某认为,买卖不成,中介公司应承担违约责任。经多次协商,张某与中介未取得一致。张某把中介告上法院,要求中介按照"定金法则"承担赔偿责任。法院一审判决驳回了张某的赔偿请求,二审维持原判。

【思考讨论】

张某的请求是否有法律依据?请说明理由。

【分析要点】

在这类纠纷中,有个共同的特征,即下家认为既然与中介签订了中介合同,约定了具体的买卖条件,且付了一定数额的意向金或预付了部分房款,最后却未能买到房子,那就是中介违约了。此类纠纷称为"包购纠纷",即下家误认为中介必须成功,否则即是违约。

近几年,由于房价上涨,这样的纠纷非常多。买房不成而房价上涨,购房者心理难以平衡。这样的主张法院是不能支持的。中介服务是信息服务和媒介服务,中介服务最显著的特征是"中介性",即中介人不是上下家任何一方的代理人,其服务行为是事务性行为,不是法律行为,不能决定买卖最后能否成功,当然也不能承担上下家任何一方的权利或义务。当然,若中介不成,根据我国《民法典》的规定,中介不得向委托人收取报酬。中介活动的商业风险依法由中介人自行承担。

第二十七章 合伙合同

【学习目标】
1. 掌握合伙的概念和特征。
2. 了解合伙事务的执行的含义及对外执行的代表效力。
3. 了解合伙出资的财产类型。
4. 掌握合伙人对合伙债务的无限连带责任。
5. 了解合伙合同终止的事由。

【引例】
甲、乙、丙三人各出资2万元,在某学校校内开了一个小卖部,没有到市场止部门办理登记。三人的合同约定,甲负责进货,乙、丙负责盯摊销售,利润按出资比例分配。乙负责盯摊时出售了过期腐坏食品,造成十余名学生腹泻住院。经查,当时甲外出旅游,丙因病住院。

请问:
1. 甲、乙、丙三人的合同是什么合同?
2. 甲、乙、丙三人对学生的侵权责任,是单独责任还是连带责任?

【解析】
1. 甲、乙、丙三人的合同是共享利益、共担风险的合伙合同。
2. 甲、乙、丙三人对学生的侵权责任应当承担连带责任。

第一节 合伙合同概述

一、合伙合同的概念

我国《民法典》第967条规定,合伙合同是两个以上合伙人为了共同的事业目的,订立的共享利益、共担风险的协议。

此次《民法典》合同编新增了"合伙合同"一章,得到了民法学界和商法学界的广泛关注。而在学界中,争议的焦点在于,就合伙立法而言,一元制的民事立法、一元制的商事立法以及二元制的民商分立立法,哪一种立法模式更有利于我国合伙制度的发展。

主张民商合一的观点认为,民事合伙与商事合伙具有共通性,应在《民法典》中规定二者的普遍适用规则,二者共同适用《民法典》中关于合伙的规定。

主张民商分立的观点认为,民事合伙和商事合伙并不完全相同,二者之间差异明显,如民事合伙虽具有一定的组织性,但其组织性相对较弱,且不以营利为目的,无须进行登记,仅以契约形式存在而适用合同法规则;而商事合伙具有较强的组织性,以营利为目的且须进行登记 而适用商法规则。同时,商事合伙在法律适用上优先适用商事单行法,只有出现法律漏洞时方可寻求民事法律规范的调整。

二、合伙合同的内容和特征

(一) 合伙合同的内容

对于合伙合同的内容,我国《合伙企业法》有明确的规定,合伙合同中,应当载明下列事项。

(1)合伙企业的名称和主要经营场所的地点。

(2)合伙目的和合伙企业的经营范围。

(3)合伙人的姓名及其住所。

(4)合伙人出资的方式、数额和缴付出资的期限。

(5)利润分配和亏损分担办法。

(6)合伙企业事务的执行。

(7)入伙与退伙。

(8)合伙企业的解散与清算。

(9)违约责任。

另外,合伙协议可以载明合伙企业的经营期限和合伙人争议的解决方式。

(二) 合伙合同的特征

1. 合伙合同的人数至少为两人

合伙合同是双方或者多方法律行为,是两人以上的意思表示达成合意的协议。合伙合同具有一定的人合性,当事人因人身信赖关系而结合到一起。

2. 合伙人必须有共同的事业目的

这是合伙合同与其他财产关系合同的一个重要区别,各合伙人具有共同的利益追求,可以是实现经济利益的经营活动,也可以是其他活动,这使合伙合同得以区别于双方当事人各自实现对应的民事生活目的的意思表示一致的协议。

3. 合伙合同当事人共享利益、共担风险

共享利益是指全体合伙人都享有合伙的利益;共担风险是指合伙人都要承担合伙带来的财产损失的风险,如亏损、对外负担债务等。

4. 合伙合同的内容是明确合伙人共同经营合伙事业的目的,共同出资,对合伙事务的共同管理和执行,共享利益、共担风险的协议

在合伙合同中,各合伙人之间应当相互合作,为了共同的事业目的而从事相关活动。

5. 合伙合同是不要式合同

一般合伙协议可以采取口头形式,也可以采取书面形式,因而合伙合同是不要式合同。合伙合同原则上是不要式合同,并不需要以书面形式订立,但是法律另有规定时,则以书面形式订立。

小贴士

我国《合伙企业法》第4条规定,合伙协议依法由全体合伙人协商一致、以书面形式订立。该法第14条也规定,设立合伙企业应当"有书面合伙协议"。因此,如果设立合伙企业,则各合伙人必须依照《合伙企业法》规定采用书面形式订立合伙合同。

【案例27-1】

张三与李四合伙买了一辆卡车跑运输,因资金有缺口就邀请好朋友王五出资参加合伙。王五出资10万元,但明确表示,不管盈利多少,自己一分钱不要,该10万元也不用退给自己。后汽车销售商要求张三、李四、王五就汽车尾款的偿还承担连带责任。本案中,王五是赠与人,不获合伙利益,不是合伙人,不应承担责任。

第二节 合伙人的权利和义务

一、合伙人的权利

合伙人的权利是指合伙人在共同经营合伙事业中享有的各项权利。合伙人的权利主要有以下几个方面。

(一) 对合伙事务作出决定的权利

合伙事务的决定权,指的是有关合伙中的共同合伙事业的经营、合伙事务的执行等作出决定的权利。合伙事务的决定权原则上属于全体合伙人共有,但是根据私法自治的原则,就作出决定的程序而言,如何确定各合伙人对于合伙事务决定权的大小,属于意思自治的范畴,即合伙人可以约定各自决定权的大小。

《民法典》第970条第1款规定,合伙人就合伙事务作出决定的,除合伙合同另有约定外,应当经全体合伙人一致同意。原则上,对于合伙事务的决定,应当经全体合伙人一致同意。但是在合伙合同中对于合伙事务的决定另有约定的,则应当尊重各合伙人的意思自由,以各合伙人的约定为准。

(二) 共同执行合伙事务的权利

根据《民法典》第 970 条第 2 款的规定，合伙事务由全体合伙人执行，这表明，在一般情况下，全体合伙人都有权执行合伙事务，全体合伙人都可以根据法律规定成为事务执行人，各合伙人均有执行合伙事务的权利和义务。

(三) 部分合伙人执行合伙事务的权利

《民法典》第 970 条第 2 款规定，合伙事务由全体合伙人共同执行。按照合伙合同的约定或者全体合伙人的决定，可以委托一个或者数个合伙人执行合伙事务。因此，合伙事务执行人确定以后，就应当由事务执行人处理合伙对内和对外事务。

> **小贴士**
>
> 合伙事务执行人，是指按照合伙合同的约定或者全体合伙人的决定，受托执行合伙事务的一名或者数名合伙人。虽然合伙的决策权由所有合伙人享有，但是合伙事务的具体执行却未必要求所有人参与，由于某些特定事务的专业性要求，以及各合伙人个体能力的差异委托一人或者数人执行合伙事务，往往更有效率，也更见成效。
>
> 当然，由于合伙具有很强的人身信任关系，原则上每个合伙人都可以对外代表合伙从事合伙事务的执行，其法律效果归属于合伙，因此关于合伙于事务执行人的确定属于内部约定事项，不得对抗善意第三人。
>
> 执行合伙事务的合伙人有权对外代表合伙从事经营活动等民事行为，由此产生的法律后果归属于本合伙，责任应当由全体合伙人承担。事务执行人执行合伙事务所得的收益归全体合伙人。

(四) 对合伙事务执行的监督权

《民法典》第 970 条第 2 款规定，合伙事务由全体合伙人共同执行。按照合伙合同的约定或者全体合伙人的决定，可以委托一个或者数个合伙人执行合伙事务；其他合伙人不再执行合伙事务，但有权监督执行的情况。

> **小贴士**
>
> 从该条规定中可以看出，在合伙确定合伙事务执行人之后，其他合伙人对于合伙事务执行人执行合伙事务的情况有监督权。因此，当合伙事务执行人不遵守法律、协议，不履行职责时，其他合伙人有监督的权利。

(五) 对合伙事务执行的异议权

根据《民法典》第 970 条第 3 款规定，合伙人分别执行合伙事务的，执行事务合伙人可以对其他合伙人执行的事务提出异议；提出异议后，其他合伙人应当暂停该项事务的执行。异议权的目的就在于保护合伙人的合法权益,避免合伙人的合法权益因为合伙事务执行人的行为而受到损害。

因此,执行合伙事务执行人具有异议权,在合伙人分别执行合伙事务时执行事务合伙人享有的对其他合伙人执行的合伙事务提出异议,并使该项事务暂停执行的权利。该异议直接导致合伙事务执行的暂停,以充分保护各合伙人的利益。待导致异议的情形消失后,各合伙可以决定继续执行该项合伙事务。

(六) 转让财产份额权

合伙人的份额,是指合伙人因出资而对合伙按比例或约定享有的财产权利,是一种财产权,可称为份额权。份额按出资比例确定,合伙合同另有约定的除外。

根据《民法典》第974条的规定,除合伙合同另有约定外,合伙人向合伙人以外的人转让其全部或者部分财产份额的,须经其他合伙人一致同意。而合伙份额的转让分为对内转让和对外转让,因为合伙合同具有一定的人合性,因此,对内转让,没有特别限制,对合伙人份额的对外转让需要经过其他合伙人的一致同意。

二、合伙人的义务

合伙人的义务是指在合伙人共同经营合伙事业过程中,各合伙人应当履行的义务。合伙人的义务主要有:

(一) 出资义务

根据《民法典》第968条的规定,合伙人应当按照约定的出资方式、数额和缴付期限,履行出资义务。成立合伙关系,须设定合伙各方的出资义务。

对于出资而言,出资是形成合伙财产的基础。出资的数额由当事人约定,没有明确约定的,可以推定当事人均等出资。实际出资的期限,可以是合伙成立时,也可以是约定的其他时间。没有约定具体出资期限的,可以按照合伙事业的进程确定出资期限。

(二) 不得请求分割合伙财产

根据《民法典》第969条的规定,在合伙合同终止前,合伙人不得请求分割合伙财产。合伙财产是指全体合伙人共有的用于共同的合伙事业的财产,包括合伙人的出资、经营合伙事业积累的财产以及依法取得的其他财产。合伙财产是共同经营事业的物质基础,也是对外清偿债务的责任财产,因此,我国法律明确限制了合伙人对合伙财产的分割。

(三) 不得请求支付报酬

《民法典》对合伙事务执行人请求支付报酬进行了一定的限制,其第971条规定,合伙人不得因执行合伙事务而请求支付报酬,但是合伙合同另有约定的除外。由于执行合伙事务既是合伙人的权利,又是合伙人的义务,因此原则人合伙事务执行人不得因为对事务的执行而请求支付报酬。但是,根据私法自治原则,合伙合同中另有约定的除外。

第三节 合伙债务和利润

一、合伙的利润分配和亏损分担

合伙利润是指各合伙人为了共同的事业目的,从事经营活动所产生的收益和利益;而合伙亏损是指各合伙人在从事经营活动过程中产生的损失。对于合伙的利润分配和亏损分担,我国《民法典》有着明确的规定。

根据《民法典》第972条的规定,合伙的利润分配和亏损分担,按照合伙合同的约定办理;合伙合同没有约定或者约定不明确的,由合伙人协商决定;协商不成的,由合伙人按照实缴出资比例分配、分担;无法确定出资比例的,由合伙人平均分配、分担。据此,利润分配和亏损分担的确定,根据以下顺序来确定:

第一,约定优先原则,对于合伙的利润分配,以及合伙亏损的分担,应当首先按照合伙合同的约定,这既是意思自治的表现,也是合伙利润分配和亏损分担的首要依据。

第二,如果在合伙合同中没有约定利润分配和亏损分担的原则,或者约定不明确的,则由各合伙人协商决定利润分配和亏损分担原则。

第三,如果各合伙人就利润分配和亏损负担协商不成的,则由合伙人按照实缴出资比例分配利润、分担亏损。应当注意的是,不是按照约定的出资比例,而是应当按照实缴出资的比例来确定。

第四,如果合伙合同中各合伙人没有约定利润分配和亏损负担的标准,事后也无法达成一致意见,并且无法确定各合伙人的出资比例的,则由合伙人平均分配利润、分担亏损。

二、合伙债务的承担

合伙债务,是指合伙成立后,合伙人经营共同的事业过程中产生的,应由各合伙人承担的债务。《民法典》对合伙债务的承担有明确的法律规定。

我国《民法典》第973条规定,合伙人对合伙债务承担无限连带责任。这表明各合伙人对合伙人经营共同事业过程中产生的债务,既承担无限责任,也要承担连带责任。

小贴士

所谓无限责任,是指合伙人共有的财产与合伙人的其他财产,都是清偿合伙债务的责任财产。债权人可以请求以合伙财产作为责任财产清偿,也可以请求以某合伙人、部分合伙人或者全体合伙人的财产作为责任财产清偿。所谓连带责任,是指每一个合伙人都对合伙的全部债务承担责任。在诉讼上,债权人可以以全部合伙人为被告,也可以以部分合伙人或者一个合伙人为被告,债权人有一定的选择权,可以自己决定被告。

对于清偿合伙债务超过自己应当承担份额的合伙人,有权向其他合伙人追偿。因此,各合伙人对合伙债务承担连带责任后,可以在合伙人内部按照份额重新分担责任,多承担责任的合伙人可以向其他合伙人追偿,这表明各合伙人有追偿权。

【案例 27-2】

甲、乙、丙三人合伙开了一家烧烤店,合伙合同约定甲、乙各出资 30 万元,合伙事务执行人丙出资 50 万元,还约定各合伙人按出资比例分配利润、分担亏损。因丙一直不分配利润,甲、乙起诉丙要求按实际出资分配前一年的利润。甲、乙已经出资到位,丙声称出资了 50 万元,但其提供的证据表明只出资 30 万元。按照约定优先规则,本案应按合伙合同约定的比例分配利润,丙应补足 20 万元出资款。

第四节　合伙合同的期限和终止

一、合伙期限

合伙期限指的是合伙的存续期限。《民法典》第 976 条规定,合伙人对合伙期限没有约定或者约定不明确的,依据本法第 510 条的规定仍然不能确定的,视为不定期合伙。因此,一般来说,对于合伙期限,合伙人会在合伙合同中提前对合伙期限进行约定,但是合伙人对合伙期限没有约定,或者合伙人对合伙期限约定不明确的,应当根据《民法典》第 510 条确定。

《民法典》第 510 条规定,合同生效后,当事人就质量、价款或者报酬,履行地点等内容没有约定或者约定不明确的,可以协议补充;不能达成补充协议的,按照合同相关条款或者交易习惯确定。从《民法典》该规定来看,确定合伙期限的规则应当按照以下的顺序来确定:

(1) 如果合伙人在合伙合同中约定了合伙的存续期限,则应该以合伙合同中合伙人约定的合伙期限为准,这是确定合伙期限的首要依据和标准,只有在各合伙人对合伙期限没有约定时,才考虑其他法律规定,这也是最普遍的做法。

(2)如果各合伙人在合伙合同中,对于合伙期限没有约定,或者各合伙人对合伙期限的约定不明确时,各合伙人可以在事后达成合伙期限的补充协议,来确定合伙期限。

(3)在合伙合同中没有约定合伙期限的情形下,并且在事后各合伙人也无法达成合伙期限的补充协议,合伙期限则应当按照合同相关条款或者交易习惯确定。

(4)在以上几种方法都不能确定合伙期限时,则将该合伙视为不定期合伙。

二、不定期合伙

不定期合伙,指的是合伙期限为不定期,合伙人可以随时解除合伙的合伙形式。不定期合伙包括三种情况:

(1)合伙人在合伙合同中对合伙期限没有约定。

(2)推定的不定期合伙,是指各合伙人对合伙期限没有约定,或者各合伙人对合伙期限约定不明确,依据《民法典》第510条的规定仍不能确定的,则应该视为不定期合伙。

(3)合伙期限届满后,实际履行形成的合伙。根据《民法典》第976条的规定,合伙期限届满,合伙人继续执行合伙事务,其他合伙人没有提出异议的,原合伙合同继续有效,但是合伙期限为不定期。

小贴士

我国《民法典》第976条第3款规定,合伙人可以随时解除不定期合伙合同,但是应当在合理期限之前通知其他合伙人,该法律条款表明不定期合伙特有的随时解除权,是对合伙人行使随时解除权的规定。随时解除权也称为任意除权,解除权的行使,不以提出解除理由为必要,更无须对解除理由进行证明。虽然可以随时解除不定期合伙合同,但因解除造成其他合伙人损失且解除人有过错的,仍应承担赔偿责任。

三、合伙合同终止

合伙合同的终止,是指合伙合同的法律关系终止,具体而言是指由于出现特定的法律事实,已经存在并且发生法律效力的合伙合同法律关系,以及因合伙关系而产生的权利义务归于消灭。

(一)合伙合同终止的原因

根据《民法典》第977条的规定,合伙人死亡、丧失民事行为能力或者终止的,合伙合同终止;但是,合伙合同另有约定或者根据合伙事务的性质不宜终止的除外。

因此,合伙合同终止的原因有如下几点:

1.合伙人死亡、丧失行为能力或终止

因为合伙具有很强的人合性,不同于《合伙企业法》第48条第1款所规定的合伙人当然退伙的情形之一,《民法典》第977条规定合伙人死亡、丧失民事行为能力或者终止将导致合伙合同终止。原因在于,合伙企业作为依法成立的以营利为目的的经济组织,应尽量维持其存在以避免丧失经济价值。

《民法典》第977条以但书的形式规定了例外情形:因合伙合同另有约定导致合伙合同不终止,而由发生该情事的合伙人退出合伙,甚至由其继承人或法定代理人代替成为新的合伙人;或者根据合伙事务的性质不宜终止的,则不发生合伙合同终止的后果。

2. 合伙合同约定的合伙期限届满或终止事由发生

合伙合同约定合伙期限届满或终止事由的,即为附终止期限或附解除条件,可分别适用我国《民法典》第160条、第158条的有关规定,《民法典》第160条规定,附终止期限的民事法律行为,自期限届满时时效。《民法典》第158条规定,附解除条件的民事法律行为,自条件成就时生效。合伙期限届满或终止事由发生时,合伙合同当然终止。在合伙成立后合伙人亦可补充约定终止事由。

> **小贴士**
>
> 《民法典》第976条第2款规定,合伙期限届满,合伙人继续执行合伙事务,其他合伙人没有提出异议的,原合伙合同继续有效,但是合伙期限为不定期。即全体合伙人默示变更合伙合同使合伙继续,且因无法推断出合伙期限而为不定期合伙。该条亦可适用于终止事由发生后合伙人继续执行合伙事务的情形,原理相同。

3. 合伙目的已经实现或不能实现

《民法典》第967条规定,合伙合同是两个以上合伙人为了共同的事业目的而订立的协议。全体合伙人都负有按照合同约定的方式促进共同目的实现的义务,且往往当事人并未在合伙合同中规定所有具体义务,而是在追求共同目的过程中基于合伙合同产生各种具体义务。如果合伙合同目的已经实现或已实现不能,合伙合同均因此终止。

> **小贴士**
>
> 合伙目的是否实现或者合伙事业是否已经完成,应依据合伙目的事业之性质及合伙合同的内容加以确定。以营利为目的持续经营某项事业的合伙,通常不存在合伙目的已经实现的状态;而以完成某项具体事务为目的的合伙,其目的是否实现则较为明确。
>
> 合伙目的不能实现,是指合伙人订立合伙合同的目的不能实现。主要原因有:部分合伙人退伙导致合伙经营活动难以继续;合伙财产丧失较多,而合伙人就增资无法达成合意,导致合伙事业继续经营不能;合伙具有人合性,因合伙人感情破裂,无法继续共同合伙;合伙事业客观条件无法满足,如未获得审批,或者被吊销营业执照等。

(二) 合伙合同终止后的财产分配

合伙合同终止后,合伙财产应当按照一定的程序进行清偿和分配。《民法典》第978

条规定,合伙合同终止后,合伙财产在支付因终止而产生的费用以及清偿合伙债务后有剩余的,依据本法第972条的规定进行分配。《民法典》第972条规定,合伙的利润分配和亏损分担,按照合伙合同的约定办理;合伙合同没有约定或者约定不明确的,由合伙人协商决定;协商不成的,由合伙人按照实缴出资比例分配、分担;无法确定出资比例的,由合伙人平均分配、分担。据此,利润分配和亏损分担的确定,根据以下顺序来确定:

(1)首先按照合伙合同的约定处理。

(2)如果合伙人没有约定或者约定不明确的,则由各合伙人协商确定。

(3)如果各合伙人协商不成的,则由合伙人按照实缴出资比例确定。

(4)如果各合伙人无法确定各合伙人的出资比例的,则由合伙人平均分配。

【案例27-3】

2018年8月1日,张三和李四双方签订了一份《舞蹈中心合伙协议》,约定由张三进行运营管理,李四以10万元货币进行投资,舞蹈中心房屋租赁、装修、设施购置超过10万元的,由张三补足。但双方在合伙协议中未约定合伙期限。2019年10月1日,双方就舞蹈中心的管理观念出现了分歧,加之在运营过程中,双方多次发生矛盾,遂张三提出终止合伙合同,并请求对合伙财产进行分割,李四不同意其终止合伙合同,称现在舞蹈中心处于盈利状态,且处于起步阶段,张三不能随便终止合伙。

根据《民法典》第976条的规定:"合伙人对合伙期限没有约定或者约定不明确,依据本法第510条的规定仍不能确定的,视为不定期合伙。合伙期限届满,合伙人继续执行合伙事务,其他合伙人没有提出异议的,原合伙合同继续有效,但是合伙期限为不定期。合伙人可以随时解除不定期合伙合同,但是应当在合理期限之前通知其他合伙人。"这意味着,如果合伙有明确合伙期限,在期限届满前,不能随意退伙,但如果没有明确约定合伙期限,合伙人在通知其他合伙人后,可以随时解除不定期合同,并对合伙财产进行分割。因此,张三在合理期限之前通知李四后,可以终止《舞蹈中心合伙协议》。

思考与练习

一、简答题

1. 简述合伙合同的特征。
2. 简述合伙合同人的权利和义务。

二、案例分析

【基本案情】

2010年11月,陈某甲与周某签订《合同》,约定合伙经营某矿山及某选厂。其中,矿山、选厂的经营生产事务由陈某甲全权负责,周某有权进行矿山、选厂行政财务监督。合伙过程中,陈某甲向冯某借款共计380万元。之后,陈某乙入伙,三人签订《合股协议》,约定陈某乙入伙前的680万元债务由三股东共同负担。后冯某请求陈某甲、陈某乙、周某偿还其借款。

【思考讨论】

依据《民法典》分析,陈某乙是否应对该债务承担连带责任?

【分析要点】

依据《民法典》第970条,合伙人可就合伙事务的执行作出约定。《民法典》第973条规定,因执行合伙事务产生的债务,应由全体合伙人承担连带责任。本案中,陈某甲与周某签订的《合同》中约定,二人合作期间矿山、选厂的经营生产事务,由陈某甲全权负责。陈某甲为合伙事务对外筹借资金,属于履行前述合同约定的经营生产事务职责范围,因此周某应承担连带责任。陈某乙入伙后,三人签订的《合股协议》明确约定,某矿对外所欠债务680万元由三股东共同承担。因此,陈某乙亦应对该债务承担连带责任。

第二十八章 准 合 同

【学习目标】
1.掌握无因管理的概念。
2.掌握无因管理的成立要件。
3.掌握不当得利的概念。
4.掌握不当得利的成立要件。

【引例】
张甲听到龙卷风将要来袭的天气预报,想到同村的李乙房屋破旧,很可能会被龙卷风摧毁。李乙出国探亲,家中无人,张甲找人帮其加固房屋,用了人工费、材料费等合理费用1万元,折下的废料卖了150元。

请问:
1.张甲实施了什么行为?张甲与李乙形成了什么法律关系?
2.加固费用1万元、出卖废料所得150元应如何处理?
3.张甲是否有权请求李乙支付报酬?
4.房屋因加固未被龙卷风毁损,李乙是否构成了不当得利?

【解析】
1.张甲实施了无因管理行为,与李乙形成了无因管理之债的法律关系。
2.加固费用1万元为必要费用,李乙应当支付给张甲。出卖废料的150元是管理事务所得财产,张甲应当交付给李乙,也可以通知李乙抵销。
3.无因管理是无偿行为,张甲无权请求李乙支付报酬。
4.房屋未被龙卷风毁损,避免了损失,避免了损失也就是获得了利益,但李乙不构成不当得利,其获得的利益有法律根据(法律对无因管理的规定)。

第一节 无 因 管 理

一、无因管理的概念

无因管理,也称为无因管理行为,是指管理人没有法定的或者约定的义务,为避免他人利益受损失而管理他人事务的行为。

无因管理之债是根据法律规定,因发生无因管理事实而在管理人与本人之间形成的债的关系。无因管理之债,一方为管理人,另一方为受益人(也称为本人)。无因管理之债的内容,是管理人请求受益人偿还因管理事务而支出的必要费用;管理人因管理事务受到损失的,可以请求受益人给予适当补偿。"管理人没有法定的或者约定的义务,为避免他人利益受损失而管理他人事务的,可以请求受益人偿还因管理事务而支出的必要费用;管理人因管理事务受到损失的,可以请求受益人给予适当补偿。"(《民法典》第 979 条第 1 款)

无因管理、不当得利因与合同有类似之处,由此形成的民事权利均属债权,因此被称为准合同,也称为准契约。《民法典》合同编的第三分编是"准合同",该分编没有规定的,适用"合同编"通则的有关规定,但是根据其性质不能适用的除外。

小贴士

从道德角度讲,无因管理的行为是见义勇为、患难相助、助人为乐的高尚行为。无因管理制度要保护这种行为,倡导互相帮助的理念和善良风俗,同时又要防止对他人事务不必要的干预。对他人事务不必要的干预、管理可能构成侵权行为。

通常认为,无因管理是事实行为,而非民事法律行为,即无因管理是因管理行为的事实发生债权债务关系,而不是因为当事人的意志发生债权债务关系。无因管理作为一种事实行为,不要求管理人必须是完全民事行为能力人。有些无因管理行为,限制民事行为能力人、无民事行为能力人也可以实施。无因管理是合法的事实行为,是为法律所鼓励的行为。

无因管理是无偿行为,管理人不能因为管理行为而要求受益人给予报酬,即管理人无报酬请求权。但是有权要求受益人支付必要费用(管理的成本),有损失的有权要求补偿。

管理人管理事务欠缺要件,但是受益人享有管理利益的,受益人应当在其获得的利益范围内向管理人承担相应义务。(《民法典》第 980 条)

二、无因管理的成立要件

(一) 没有法定或者约定的义务

构成无因管理的基本前提是,管理人对他人事务的管理没有法定或者约定的义务,也称为无法律上的原因。具体来说,包括以下两种情形:

1. 无法律上的义务

所谓法律上的义务,是指依据法律规定而产生的义务。例如,依据法律规定负有赡养、扶养、监护等义务的,行为人履行相关赡养、扶养、监护的,不构成无因管理。公众服务机构的人员履行职责的行为,也是履行法定义务的行为。如警察帮助居民脱离危险,是履行职责的行为,不构成无因管理。

2. 无合同上的义务

合同上的义务也就是约定义务,是指接受委托,承担受托人的义务,或者因为雇佣、承揽等合同产生义务。如保管人对寄存人的财产尽保管义务,是履行合同的行为,明显不是无因管理。"没有义务而替别人办事"为法律允许甚至鼓励,是因为管理的本质是为了受益人的利益,或者是为了受益人应尽的义务而进行管理。

(二) 行为人实施了管理他人事务的行为

构成无因管理,以管理人所管理的事务为他人事务为构成要件,此为客观要件。管理事务包含的范围十分广泛,包括处理、管理、保存、改良及提供各种服务和帮助等,只要是有利于避免他人损失,或有利于他人的行为,都属于管理他人事务的行为。管理他人事务,可以是对他人的财产进行管理,也可以是对他人的非财产事务进行管理。例如,张某癫痫发作,李某将其送至医院,就属于非财产事务的管理。在管理事务的过程中,管理人有可能确切地知道其在为某个具体的人管理事务,也有可能不知道本人的具体身份,但这并不妨碍无因管理的成立。

【案例28-1】

阳台上晾晒的被子属于他人,管理人在下雨时将其收进房屋,管理人不知道被子的主人,并不妨碍无因管理的成立。

将自己的事务误认为他人的事务而管理,称为幻想管理。幻想管理不构成无因管理,因为欠缺客观要件。例如,甲想为乙做事,喂养乙的牛,后来发现喂养的是自己的牛,甲为幻想管理(不构成无因管理)。

(三) 管理人具有为他人利益进行管理的意思

为他人利益进行管理的意思,又称为管理意思,是指管理人具有通过管理活动为他人谋利,或将管理所获得的利益归属于他人的意思。管理意思为无因管理成立的主观要件,欠缺主观要件不构成无因管理。例如,误替他人交了电费,不具有为他人利益的意思,欠缺了主观要件。

无因管理的本质特点在于,其是在无法定或约定的情况下,为他人管理事务,而非自己管理事务。在判断管理人有为他人管理事务的意思时,通常要求在管理行为发生时,大体上知道该事务属于他人。但是,这并不意味管理人必须明确地知道本人是谁,具体认识到本人的身份,而只需要管理人有为他人管理事务的意图即可。有关是否存在管理的意思,应当由管理人负举证责任。无因管理是事实行为,管理人为他人利益的意思,无须向他人(受益人)表示,即可构成无因管理关系。实施某种行为是为了自己的利益,自不构成无因管理行为,但管理他人事务,兼为自己利益的,不影响成立无因管理。例如,张甲见邻居李乙的房屋失火,为了防止自己的房子被殃及,前去救火,应认定构成无因管理。

(四)管理人不应违背本人明示或可得推知的意思进行管理

1. 管理人的管理行为符合本人明示或可以推知的意思

构成无因管理,应当以管理人的管理行为符合本人明示或可以推知的意思为前提,这就要求管理人在从事管理事务时,如果知道本人的存在,而且可以联系到本人,则应当与本人联系,以确定本人是否愿意由他人管理其事务。

如果本人事先已经明示了其事务管理的方法、管理的期限等,且管理人了解本人这一意思,则管理人不应当违背本人的这一意思管理其事务,否则,管理人管理本人事务的责任将加重。如果本人告知管理人,要求其停止管理,则管理人应当停止管理活动。无因管理制度既保护管理人的利益,鼓励助人为乐的行为,同时,也保护个人利益免受他人不当的干涉,因此,如果管理人明知本人明示或可得推知的意思,则出于对本人私人事务的尊重,一旦本人要求管理人停止管理,管理人即不得再实施管理行为。

2. 管理行为应符合受益人的真实意思

管理人的管理行为应符合受益人的真实意思,即管理人应按照受益人明示或可推知的意思进行管理。例如,登山遇险人发出求救信号,周围的人前去救援是按受益人的明示实行管理行为的。没有收到求救信号,得知有人遇险去救援,是按可推知的意思实行管理行为的。

3. 管理事务不符合受益人真实意思的,管理人不享有请求支付必要费用和请求适当补偿的权利

管理事务不符合受益人真实意思的,管理人不享有请求支付必要费用和请求适当补偿的权利,但是受益人的真实意思违背公序良俗的除外。(《民法典》第979条第2款)管理人违反受益人真实意思进行管理,对于因其管理所生损害,虽无过失,也要承担损害赔偿的责任。但是,管理人的真实意思违反公共秩序和善良风俗的,不影响无因管理的成立。

【案例28-2】

某甲为逃避扶养义务,把患精神病的妻子赶出家门,某乙收留该精神病患者,尽管不符合某甲的真实意思,某乙的行为仍为无因管理,仍可请求必要费用,有损失时可以请求适当补偿。

三、无因管理的追认

当受益人知悉管理情事而予以追认时,无因管理即转变成"有因管理",这种"有因管理",即是一种委托关系。无因管理行为被追认后,适用委托的规定。"管理人管理事务经受益人事后追认的,从管理事务开始时起,适用委托合同的有关规定,但是管理人另有意思表示的除外。"(《民法典》第984条)不仅事后可以追认,管理事务仍在继续时也可追认。追认是受益人的单方法律行为,不是管理人的承诺,故而适用委托合同的规定使管理人处于较不利的地位时,管理人可以另以意思表示拒绝。管理人毕竟是做好事的人,对其的法律保护要尽量周到。

四、无因管理之债的内容

(一) 管理人的义务

管理人管理他人事务后,产生相应的义务,主要为以下内容:

1. 适当管理、继续管理的义务

"管理人管理他人事务,应当采取有利于受益人的方法。中断管理对受益人不利的,无正当理由不得中断。"(《民法典》第981条)适当管理,即要以有利于受益人的方法进行管理。对需要连续进行的无因管理,不得擅自中断。例如,收留了一个走失的儿童,须儿童得到妥善安置后才能终止管理。再如,替外出的人修房子不能修到一半就扔在那里,但若得到要统一拆除的消息后,可以中断,以防止产生损失。

2. 通知义务

"管理人管理他人事务,能够通知受益人的,应当及时通知受益人。管理的事务不需要紧急处理的,应当等待受益人的指示。"(《民法典》第982条)

3. 报告及权利移转的义务

"管理结束后,管理人应当向受益人报告管理事务的情况。管理人管理事务取得的财产,应当及时转交给受益人。"(《民法典》第983条)

(二) 管理人的权利

管理人的主要权利包括以下几项:

1. 费用偿还权

管理人有权请求受益人偿付由无因管理行为支出的费用。只要是管理人因管理事务支出了合理费用,管理人有权请求本人偿还。合理费用主要包括两种:

(1)必要的费用,即因为事务管理而必须支出的费用。例如,因收留他人走散的动物而支出的饲养费用。判断费用是否必要,应以社会一般人完成相同管理行为所需支出的费用为标准。

(2)有益的费用,即虽然不是必要的费用,但属于有益于被管理人的费用。例如,在收留迷路儿童时,为其支出的教育费用。

对于上述两项费用,管理人都有权请求本人偿付。

2. 负债清偿请求权

管理人在管理事务的过程中,除支付相关的管理费用外,管理人还可能因管理活动向他人负担了债务。此种请求权与费用偿还请求权,构成无因管理的两个核心元素。对债务负担的范围要依具体情形进行判断,只有因管理行为所必须负担的债务以及对管理事务有意的费用,管理人才有权请求本人偿还。

3. 损害补偿请求权

在管理事务的过程中,管理人本身有可能遭受损害,对于此种损害,仅凭补偿管理人支出的管理费用或负担债务,可能无法完全弥补管理人所遭受的损失,管理人可以请求受益人给予适当补偿。

五、无因管理的法律效力

行为人未经本人许可而管理他人事务,将构成侵权,受害人有权请求行为人承担侵权责任,但在行为人的管理行为构成无因管理的情形下,该管理行为即具有阻却违法的效力。根据《民法典》第979条的规定,管理人在管理本人事务时,虽然没有得到本人的允许,但不仅不构成侵权,管理人反而可以依法向本人请求偿还因管理事务而支出的必要费用,这就实际上肯定了无因管理具有阻却违法的效力。

第二节 不当得利

一、不当得利的概念

不当得利,是指没有合法依据(合法原因),有损于他人而取得利益。不当得利的法律事实发生以后,就在不当得利人与利益所有人(受害人)之间产生了一种权利义务关系,即利益所有人有权请求不当得利人返还不应得的利益,不当得利者有义务返还,这说明不当得利是债发生的原因之一。

不当得利之债,是因不当得利产生的债权债务关系。得利人没有法律根据取得不当利益的,受损失的人可以请求得利人返还获得的利益。返还不当得利的请求权,是债权请求权。在此行为之中,取得利益的人称受益人,遭受损害的人称受害人。

不当得利的客观表现是"损人利己"。不当得利的产生可以因为人的行为,也可以因为自然事件。这种行为或者事件(原因事实),产生了一方获得利益、另一方受损害两个结果。不当得利常与侵权行为并存,并产生竞合关系,此种情况下,由当事人选择如何主张请求权。

二、不当得利的成立要件

(一)一方取得财产利益

不当得利是以一方获得利益为前提的。如果无人获得利益,也就不存在得利"当"与"不当"的问题。所谓获利,是指因为一定的事实而导致其财产的增加或不减少。一方取得财产利益是因一定的事实结果而获得了或增加了财产或利益上的积累。受益人获得的利益限于财产利益,即可以用金钱价值衡量的利益,精神利益不属于这里的利益范畴。

判断受益人是否受有财产利益,一般以其拥有的财产或利益和若未与他人发生利益变动所应有的财产或利益总额相比较而决定。凡是财产状况或利益较以前增加,或者应减少而未减少,为受有利益;既有得利又有损失的,损益抵销后剩余有利益的,也为受有利益。具体而言,取得财产利益主要表现为以下几种形式。

1. 财产或利益的积极增加,即通过取得权利、增强权利效力或获得某种财产利益或义务的减弱而扩大财产范围

(1)取得财产权或其他财产利益,例如所有权、用益物权、债权、担保物权、知识产权等。占有在我国虽非一种权利,但通说认为占有是一种具有财产利益性质的法律上的地位,通过占有亦可获得财产上的利益,故可因占有而成立不当得利。

(2)财产权的扩张或效力的加强,受益人在原有权利的基础上扩张了行使权利标的范围或效力范围,也属受有利益。如因第一次序抵押权消失而使后次序抵押权依次上升。

(3)权利或利益上的限制或负担消灭,如存在于所有物上的抵押权消灭,对所有人也属一种得利。

2. 财产或利益的消极增加,即因财产或利益本应减少而未减少所得的利益

(1)债务的减少或消灭。债务人以其总财产为一般债权提供担保,债务的减少或消灭,使债务人原本应履行债务的负担减少或解除,对他而言,也是得利。

(2)本应设定的权利负担未设定。

(3)劳务或物的使用。例如甲依据与乙签订的劳动合同为其提供劳务,后该劳动合同因违反劳动法而被宣告无效,乙因甲提供的劳务而受有利益。无合法权利擅自使用他人之物的人也因物的使用而受有利益。

(二) 一方受到损害

一方受到损害,是指一方当事人遭受到财产上的损失。仅仅有一方受有财产上的利益,而未给他人带来任何损失,不成立不当得利。如甲投资兴建广场,邻近乙的房屋价值剧增,乙获有利益但未给甲带来损失,乙对甲而言不成立不当得利。这里的损失,既包括现有财产或利益的积极减少,也包括应增加而未增加(可得利益)利益的丧失。

对于后一种情形,受损人无须证明该项事实如未发生即确实可以增加财产,只须证明若无该项事实,依通常情形,财产当可增加,即为受有损失。也就是说,"应增加"的判定不必以其"必然增加"为必要,只要在通常情况下受损人的利益能增加即为"应增加"。如无权使用他人房屋,不管他人是否使用该房屋或是否有出租房屋给第三人的打算,都可认为该房屋所有人受有相当于租金额的损失,因为他对房屋进行使用收益的潜在价值受到侵害。

构成不当得利的要件之一,在于一方受损,"于自己有利,于他人无损"的事实不构成不当得利。例如,甲的宏伟大厦盖起来之后,临近的乙的地价随之猛涨,乙取得的是反射利益,不构成不当得利,因为对甲并没有产生损害结果。

(三) 获利与受损之间具有因果关系

受益人取得利益与受损人所受损失间的因果关系,是指受损人的损失是由受益人受益所造成的。但受损人的损失与受益人的受益,范围不必相同,受益大于损失,或损失大于受益,均无不可,它只影响受益人返还义务的范围。并且,受损人所受的损失与受益人所得的利益,其形态也不必相同。如无权处分他人之物,受益的无权处分人获得的是物的价金,而物的原所有人丧失的是该物所有权,但仍不影响不当得利的成立。

对于取得利益与所受损失之间的因果关系,有直接因果关系说与非直接因果关系说之争。

(1) 直接因果关系说。直接因果关系说主张取得利益与受有损失必须基于同一事实发生,如果是基于两个不同的事实发生,即使这两个事实之间具有牵连关系,也不应视为具有因果关系。

(2) 非直接因果关系说。非直接因果关系说主张,取得利益与受有损失不必基于同一事实,只要两者之间具有可依社会观念认可的牵连关系,即如果没有受益的事实,他方即不致受有损失时,则二者之间便具有了因果关系。

(3) 两种主张在有第三人行为介入时产生的结论不同。如乙偷窃甲的现金,清偿了乙对丙的债务,依据直接因果关系说,丙的受益是基于乙的清偿行为,甲的受损是基于乙的偷窃行为,它们是两个不同的事实,受益与损失间不具有因果关系。而依据非直接因果关系说,则受益与损失间因两个事实上的牵连关系而具有了因果关系。

通说认为,为了充分发挥不当得利对不公平的财产变动关系的调节作用,应采非直接因果关系的主张。因此,只要他方的损失是由获得不当利益造成的,或者说没有不当利益的获取,他人就不会造成财产的损失,均应认定受益与损失间有因果关系。一方财产的增加在于另一方财产的减少,或者一方财产的减少使另一方的财产增加。例如,甲、乙的鱼池相邻,因大雨,甲鱼池里的鱼随水流进入了乙的鱼池,乙的财产增加了,甲的财产减少了,两者有因果关系。乙虽无过错,但仍构成不当得利。

(四) 没有法律根据

不当得利中的"不当"就是指没有法律根据,即利益的取得没有合法的原因,没有法律的直接规定或者没有当事人给相对人增加财产的意思。在不当得利中,受损人要求返还的利益必须有合法的基础,如果损害是由受损人的违法行为造成的,法律将不对此种损害提供救济。具有法律上的原因是受益人保有利益的权利基础,没有合法的权利基础就构成不当得利。

不当得利的成立以获利人所获利益欠缺法律上的原因为前提,没有法律根据可以分

为自始没有法律根据和嗣后丧失法律根据,如误替别人交了电费,收电费者自始没有法律根据。具体包含以下几种情形:

(1)当事人之间不存在有效的合同关系。这主要是指如果合同无效、被撤销、不成立或者被解除,当事人获利不再具有法律上的原因,从而构成不当得利。出卖人依据合同收取了货款是有法律根据的,合同被解除后自始失去了效力,收取的货款因嗣后丧失了法律根据而变成了不当得利。

(2)不具有法律规定的原因。如果法律上规定了作为义务等,当事人因履行此种义务而遭受损害的,不得向受益人请求返还不当得利。例如,兄姐履行了扶养弟妹的义务,这属于法律义务,不能请求不当得利返还。

(3)无道德上的义务。法律上的原因也包括基于亲属关系等产生的道德上义务。例如,丧偶女婿对岳父母的赡养,虽然没有法律义务,但有道德上的义务,因此也不构成不当得利。

(4)受损人并没有就其遭受的不利表示同意。在受损人遭受损失后,如果其就其所遭受的不利表示同意,则该同意的表示就可以成为"法律根据",否则,获利人的获利即构成不当得利。

三、不当得利的基本类型

不当得利可分为给付型不当得利和非给付型不当得利。

(一)给付型不当得利

给付型不当得利,指受益人受领他人基于给付行为而移转的财产或利益,因欠缺给付目的而发生的不当得利。这种欠缺给付目的既可以是自始欠缺给付目的,也可以是给付目的的嗣后不存在,或者是给付目的的不达。这里的给付目的,即给付的原因。给付者给与财产总有一定目的或原因,或为债务的消灭,或为债权的发生,或为赠与,这里的目的或原因就成了受领给付者受取利益的法律上的根据。如果由于某种原因,给付目的(原因)不存在或不能达到,那么受领给付者的受有利益便会因为无法律上的根据而成为不当得利。

1. 自始欠缺给付目的

指给付之时即不具有给付的原因,其典型为非债清偿及作为给付的原因不成立、无效或被撤销。非债清偿是指没有任何法律上的债务而以清偿目的为一定给付的行为。如甲对于其已清偿的欠乙的债务疏于注意又进行清偿,乙所受的第二次清偿,便构成非债清偿的不当得利。诉讼时效届满后的债务清偿,不为非债清偿,受偿人不构成不当得利。

在以下情形中,虽没有给付原因,但排除不当得利的成立。

(1)履行道德义务而为给付。基于道德上的义务为给付行为符合社会道德观念,一且给付,即不得依不当得利请求返还。如对无抚养义务的亲属误以为有抚养义务而予以抚养,对被抚养的亲属不得依据不当得利要求返还支出的抚养费。是否为道德上的义务,应依一般社会观念及当事人之间的关系、给付标的物的价值等情况认定。

(2)为履行未到期债务而清偿。清偿期到来之前,债务人并无清偿义务,此时债务人的清偿应是非债清偿,但债权人的受领并非无合法原因,此时的清偿也发生债务消灭的效果,故不发生不当得利。

(3)明知无债务而为清偿。给付人明知无给付义务而任意为给付,不发生不当得利。但给付时作出保留如附有条件,或给付不以给付人意志为转移的,仍成立不当得利。

(4)因不法原因而为给付。不法原因是指给付原因违反国家的强行法规范以及违反社会公共利益,如为清偿赌债而为的给付。但不法原因仅存在于受领人一方时,不阻却不当得利的发生。

2. 给付目的嗣后不存在

是指给付时虽有法律上的原因,但其后该原因不存在,因一方的给付而发生不当得利。属于这种不当得利的主要有:附解除条件或终期的法律行为,条件成就或期限届满,当事人一方因该民事法律行为受有另一方的给付;依双务合同交付财产后,因不可归责于双方当事人的事由致一方不能为对待给付,该方所受的给付;合同解除后因先前生效合同而受领的给付。

3. 给付目的不达

为实现将来某种目的而为给付,但因种种障碍,给付目的不能按照给付意图实现的,受领给付欠缺保有给付利益的正当性,因而构成不当得利。如预期条件的成就而为附条件债务的履行,结果条件不成就,因而不达给付的目的。

(二) 非给付型不当得利

非给付不当得利,是指基于给付以外的事由而发生的不当得利,包括人的行为、自然事件以及法律规定。人的行为,又可分为受益人的行为、受损人的行为和第三人的行为。基于这些事由构成不当得利的原因,是受益者无受其利益的权利,所以,非给付不当得利的"无法律上的原因"即为受益者无权利而受有利益。

1. 基于受益人的行为

基于受益者的行为而发生的不当得利,主要指侵害他人权益而发生的不当得利,受益者的行为可以是事实行为,也可以是法律行为。前者如侵夺他人所有物或擅自占有、使用、消费他人之物;后者如无权处分人将他人之物对于第三人为有效处分。在司法实践中,基于受益人的行为而发生的不当得利主要有:

(1)无权处分他人之物。这又因无权处分是有偿处分与无偿处分、受让人是善意与恶意而有不同的效力:无权处分人为有偿处分,受让人于受让时为善意,受让人因善意取得制度取得物之所有权。无权处分人因有偿的处分行为受有利益,构成不当得利。原所有人得就其所得利益请求不当得利返还。受让人于受让时为恶意,此时受让人不能取得物之所有权,原所有人得对其主张所有物返还请求权,因无权处分人受有利益,所有人也得不行使所有物返还请求权,而向其请求不当得利返还。

无权处分人为无偿处分,受让人于受让时为善意,受让人因善意取得制度取得物之所有权,无权处分人因无偿处分未获有利益,不成立不当得利,如果无权处分人的行为构成侵权行为,原所有人得向其请求侵权损害赔偿,如果其不构成侵权行为,依通说,原所有人得类推适用关于不当得利制度下第三人返还义务的规定要求,受让人在无权处分人不能返还的范围内负返还责任。受让人于受让时为恶意,此时受让人不能取得所有权,原所有人得向其主张所有物返还请求权。

(2)无权使用或消费他人之物。如擅自在他人墙壁上张贴广告牌,未经他人同意使用他人的度假屋等。无权使用或消费他人之物所得的利益多为节省自己应支出的开支的费用,受损人的损失则是因自己之物被他人使用而丧失了可能取得的利益,是一种应增加而未增加的利益,如前所述,这种利益不以必然增加为必要,只要在通常情形下可以增加即可。

(3)擅自出租或转租他人之物。如甲与乙签订的房屋租赁合同到期后,承租人甲未返还房屋给出租人乙,而是将其转租给丙,由此获得的租金构成不当得利,乙可以向其主张不当得利的返还。

(4)侵害他人知识产权或人格权。如无权使用他人知识产权因使用而获得利益的可以构成不当得利,权利人可以请求返还。再如未经他人同意擅自使用他人的姓名或名称而获得利益的,对权利人也构成不当得利。

受益者的上述行为在有故意或过失时通常也构成侵权行为,如未经他人同意使用他人的名称构成了对权利人人格权的侵犯,受损者也由此享有对受益者的侵权损害赔偿请求权,产生了不当得利请求权与侵权损害赔偿请求权的竞合,受损者可择一行使。

2. 基于受损者行为

这种不当得利以受损人为他人支出费用最为典型,如误将他人的家畜当作自己的家畜饲养,误以他人事务为自己的事务而管理。

3. 基于第三人行为

基于第三人行为的不当得利主要有:债务人对债权的准占有人(债权凭证持有人)清偿,使债权消灭,致真正的债权人受有损失;债权的让与人在让与通知前,债务人对让与人清偿,致债权的受让人有损害;第三人将甲的肥料施予乙的田地中等。

4. 基于法律规定

基于法律规定的不当得利,是指在一定事实或行为发生时,法律不问当事人的意思,直接规定发生一定得利的效果。如在因附合、混合、加工而获取被添附物所有权时,允许被添附物原所有人向受益者依据不当得利请求权主张以被添附物价值相当的利益返还。

5. 基于事件

如甲池塘的鱼因天降暴雨冲入乙的池塘;甲饲养的家禽吃掉乙的饲料等,都是基于事件发生的不当得利。

四、不当得利之债的内容

不当得利之债的内容,从得利人的角度观之,是返还义务。

(一) 法定不得请求返还的情形

法定不得请求返还的不当得利,称为特殊不当得利。"得利人没有法律根据取得不当利益的,受损失的人可以请求得利人返还取得的利益,但是有下列情形之一的除外:(1)为履行道德义务进行的给付;(2)债务到期之前的清偿;(3)明知无给付义务而进行的债务清偿。"(《民法典》第985条)

(1)为履行道德义务进行的给付,即给付具有履行道德义务的性质。例如,张甲的父亲去世后,张甲误以为自己对虽成年但残疾的弟弟张乙有法定的扶养义务,就按月给张乙送粮、送钱,送了三个月后得知自己并无法定扶养义务,欲请求返还。张甲对张乙虽无法定给付义务,但其三个月的给付具有道德义务的性质,故不得请求返还。履行道德义务的给付与赠与不同,前者的给付无法律根据,后者的给付有法律根据。

(2)债务到期之前的清偿,不管是明知未到期而清偿,还是因过失误以为到期而清偿,都不能请求返还不当利益。不能请求返还者有二:

①已交付的款项或者其他财产不能请求返还。

【案例28-3】

甲公司欠乙公司100万元货款,按照约定应在12月1日至10日交付,甲公司2月1日就将款项转入乙公司的账户,后甲公司需要一笔周转资金,欲以乙公司构成不当得利为由把100万元要回来,到12月1日再归还。显然,甲无权请求返还该。

②中间利息不能请求返还。例如,甲公司提前10个月偿还100万元货款,乙公司得到相当于10个月利息(中间利息)的利益,对此甲无权请求返还。

(3)明知无给付义务而进行的债务清偿,是故意的非债清偿。"明知"是故意,过失的清偿可以不当得利为由请求返还。非债清偿是没有对价的清偿。

【案例28-4】

在制作口罩的原料熔喷布供应紧张期间,甲公司尚未与乙公司订立买卖合同时,就将货款打入乙公司的账,但乙公司拒绝与甲公司订立合同(拒绝了甲公司的订单)。甲公司打款是希望获得对价的,不为非债清偿,公司对货款构成不当得利,应当予以返还。

(二) 善意得利人的返还义务

善意得利人,是指不知无法律根据而取得利益的得利人。"得利人不知道且不应当知道取得的利益没有法律根据,取得的利益已经不存在的,不承担返还该利益的义务。"(《民法典》第986条)不知无法律上的原因,不以无过失而不知者为限,因过失而不知者,亦属善意。增加财产的得利人为善意时,仅于现存的利益范围内负返还义务,获得的利益已经不存在的,就不存在返还的问题。现存的利益包括原所受利益和原所受利益的变形,包括物的变形(扩张物、代价物)和利益形态的转化。

原形虽不存在,而得利人的财产总额增加时,说明现存利益仍然存在。善意得利人在返还时,并不附加利息。通说认为,现存利益的确定应以受损失人请求返还之时为准。

现存利益不以受益人取得利益的原形为限,原形虽发生变化,但只要其财产价值仍然存在或其代偿利益仍然存在,即有现存利益。凡受益人的财产总额因取得利益而增加,且该财产总额增加尚存在,则可判定有现存利益存在。以下几种情形都属于现存利益:

(1)原物以及利用原物(物或权利)衍生的其他利益,如法定孳息。但通说认为,受益者受领的孳息或使用利益,在某些情形下,无全部返还义务,如经受益者特殊经营能力而获取巨大收益时,只须返还通常人一般可收取的平均利益。

(2)受益人取得的利益经消费而不存在,但受益人因消费不当取得的他人利益而使自己节省的消费支出。

(3)受益人取得利益原形不存在,但受益人取得的对第三人损害赔偿请求权、保险金请求权、对价请求权等代偿利益。如甲无合法原因取得乙的房屋,致使乙受有损失,甲嗣后又将该房屋卖给丙而获得交换价金也为现有利益。不过此时,如果因为甲的交易能力,使该房屋的交易价格远远高于一般市场交易价格,通说认为甲只需按房屋的一般市场价格对乙返还其不当得利。

善意受让人为取得利益或维持利益所支出的费用,可以在返还现存利益时,要求权利人偿还有关费用或从现存利益中予以扣除。这些费用以为取得或保管、增加利益的必要、有益费用为限。因受领标的物的性质或瑕疵造成受领人的损害也可类推适用这一规则。

(三) 恶意得利人的返还义务及赔偿责任

恶意得利人,是指明知或应知无法律根据而取得利益的得利人。这种恶意,可以发生在受领财产时,也可以发生在受领财产之后,即恶意分为自始恶意和嗣后恶意。"得利人知道或者应当知道取得的利益没有法律根据的,受损失的人可以请求得利人返还其取得的利益并依法赔偿损失。"(《民法典》第987条)恶意受领人,应将现存利益附加利息一并偿还,如有损害,应当予以赔偿。

恶意得利人与善意得利人的返还义务和责任不同:前者返还现存利益加损害赔偿;后者返还现存利益。恶意受益人负担较善意受益人严厉的返还义务,应当返还其当初所受的一切利益、本于该利益所生的利益以及当初所受利益的利息。若恶意受领的利益不存在,不论其不存在的原因如何,受益人都应当如数偿还,不得主张因利益不存在而免除偿还义务。

恶意受益人为取得、保存增加该利益所支出的必要费用,可以向权利人主张偿还,或从返还额中扣除;恶意受益人支出的有益费用,只能在现存的增加额限度内要求返还,或予以扣除。

恶意受益人依上述方法返还受损者利益,仍不足以弥补受损者损失时,恶意受益人应承担赔偿义务。此项赔偿义务为一种特别赔偿义务,不以受益人故意或过失为要件。

(四)受损失人对第三人的返还请求权

"得利人已经将取得的利益无偿转让给第三人的,受损失的人可以请求第第三人在相应范围内承担返还义务。"(《民法典》第988条)

> **小贴士**
>
> 适用本条应注意两点:第一,第三人须是无偿受让,第三人若是有偿受让的,自不得请求其返还,否则就危害了交易安全。第二,要考察第三人为善意还是恶意,以确定其返还的范围和承担的责任。

不当得利受领人将其所受领的标的物无偿让与第三人,则于受领人因此免除返还义务的限度内,第三人对受损失者负返还责任,这是不当得利制度下第三人的返还义务。因为第三人所受利益,是由于不当得利受领人的让与行为,第三人受有利益有法律上根据,与受损者之间不成立不当得利义务,但第三人无偿取得利益,相对于受损者的受有损失,显失公平,故唯有赋予第三人返还的义务才能实现对受损者的保护。

第三人的返还损失义务成立要件为:

(1)受领人为无偿让与。

(2)受领物为受领人应返还的物,不限于原物,原物孳息、代偿物亦包括在内,如受领人将原物与他人交换的物赠与第三人,受损者对于第三人在原物价格限度内有返还赠与物的请求权。

(3)受领人因无偿让与而免除返还义务。第三人的返还义务是以受领人的返还义务被免除为前提的,如果受领人仍有返还义务,第三人则无须承担此义务。如受领人为恶意受领人时,由于其返还义务并不因受领利益不存在而免除,第三人无须负返还义务,但受领人无资力或死亡的,第三人仍须负返还之责。

【案例 28-5】

张甲的一个旧手提包不慎丢失，李乙以为是有人当废品丢掉的，捡到后送给了王丙。张甲在超市与王丙不期而遇，认出了自己的包，包的夹层里有张甲绣的记号。张甲向王丙索要该包。王丙的抗辩理由是，包是李乙送给我的，我与你没有关系。

李乙是善意相对人，根据《民法典》第 986 条的规定，张甲无权向其请求返还，但按照《民法典》第 988 条的规定，张甲有权向王丙请求返还，张甲与王丙之间成立不当得利之债的法律关系。

思考与练习

一、简答题

1. 简述无因管理的成立条件。
2. 简述不当得利的成立条件。

二、案例分析

【基本案情】

张忠义与叶小华系朋友关系，均在北京泓祥嘉鑫装饰有限公司工作。2013 年初张忠义与前妻正在进行离婚诉讼，为了规避离婚分割财产，张忠义委托公司会计童丹萍将自己每月工资转入叶小华账户内，2013 年 7 月至 2015 年 8 月 25 日期间，张忠义通过童丹萍共向叶小华转入工资款 343000 元。2015 年 12 月底，张忠义与前妻离婚之后，多次要求叶小华返还其工资款，均被拒绝。张忠义诉至法院，认为叶小华取得其工资款属于不当得利，应当返还。

【思考讨论】

此案中叶小华取得张忠义工资是否属于不当得利？

【分析要点】

经法院审理查明，张忠义曾委托童丹萍将其工资转给叶小华，张忠义不仅知情而且系其自愿行为。张忠义、叶小华及童丹萍就工资转账事宜存在事实上的合同关系，并不符合《民法典》第 985 条"得利人没有法律根据取得不当利益的，受损失的人可以请求得利人返还取得的利益"的规定。所以，张忠义以不当得利为由要求叶小华返还其工资款的理由不能成立。

参 考 文 献

1. 刘贵祥.合同效力研究.北京:人民法院出版社,2012.
2. 崔健远.合同法(第六版).北京:法律出版社,2016.
3. 朱广新.合同法总则研究.北京:中国人民大学出版社,2018.
4. 韩世远.合同法总论.北京:法律出版社,2018.
5. 隋彭生.合同法要义.北京:中国人民大学出版社,2018.
6. 梁慧星.民法总则讲义.北京:法律出版社,2018.
7. 朱庆育.合同法评注选.北京:北京大学出版社,2019.
8. 杜月秋,孙政.民法典条文对照与重点解读.北京:法律出版社,2020.
9. 龙卫球.中华人民共和国民法典合同编释义.北京:中国法制出版社,2020.
10. 戚兆岳.《中华人民共和国民法典.合同编》释义.北京:人民出版社,2020.
11. 黄薇.中华人民共和国民法典解读(合同编).北京:中国法制出版社,2020.
12. 徐涤宇.合同法学(第三版).北京:高等教育出版社,2020.
13. 王竹.民法典关联法规与权威案例提要:合同编.北京:中国法制出版社,2020.
14. 杨立新.中华人民共和国民法典·合同编释义.北京:人民出版社,2020.
15. 最高人民法院民法典贯彻实施工作领导小组.中华人民共和国民法典合同编理解与适用.北京:人民法院出版社,2020.
16. 中华人民共和国民法典使用一本通合同编.北京:人民法院出版社,2020.
17. 朱广新,谢鸿飞.民法典评注:合同编 通则.北京:中国法制出版社,2020.
18. 隋彭生.合同法(第九版).北京:中国人民大学出版社,2020.
19. 中国审判理论研究会民事审判理论专业委员会.民法典合同便条文理解与司法适用.北京:法律出版社,2020.
20. 高云.民法典时代合同实务指南.北京:法律出版社,2020.
21. 国家法官学院,最高人民法院司法案例研究院.中国法院2020年度案例合同纠纷.北京:中国法制出版社,2020.
22. 李永军.合同法(第五版).北京:中国人民大学出版社,2021.
23. 王利明.合同法(第二版)上册.北京:中国人民大学出版社,2021.
24. 李少伟,张晓飞主编.合同法.法律出版社,2021.

推荐网站：

1. 国家工商行政管理总局官网 http://www.saic.gov.cn/zcfg/
2. 商务部官网 http://www.mofcom.gov.cn/
3. 中国保险监督管理委员会官网 http://www.circ.gov.cn/web/site0/
4. 中国证券监督管理委员会官网 http://www.csrc.gov.cn/pub/newsite/
5. 中国消费者协会信息网 http://www.cca.org.cn/
6. 国家知识产权局官网 http://www.sipo.gov.cn/
7. 中国大律师网 http://www.maxlaw.cn/
8. 中国人民银行网官网 http://www.pbc.gov.cn
9. 中国金融律师网 http://www.jinronglvshi.cn
10. 中国法学网 http://www.iolaw.org.cn/
11. 北大法宝网 http://www.pkulaw.cn/